塘耕次

王弼の易注

明徳出版社

JN164228

はじめに

本書は『易』の経文《けいぶん》のうち、特に爻辞《こうじ》に見える王弼《おうひつ》の注釈部分を訳し、意見や解説を加えたものである。

最初に『易』の本、並びに王弼注について概観しておこう。

現在、十三経注疏本など一般に通行するスタイルの『易』では、おおよそ卦形《かけい》（卦符、卦画《かかく》）と卦辞《かじ》（彖辞《たんじ》）があり、次いで彖伝《たんでん》、象伝《しょうでん》（大象伝《だいしょう》）、爻辞《こうじ》と続く。各爻辞の後に象伝（小象《しょうしょう》伝）が付いている。また、乾卦と坤卦に限り、特に文言伝《ぶんげんでん》が付いている。六十四番目の未済《びせい》の後に、繫《けい》辞《じ》伝、説卦《せっか》伝、序卦《じょか》伝、雑卦《ざっか》伝が続いている。これらの配置は王弼の制定と考えられている。このうち、『易』の経文といわれるものは、卦形と卦辞、爻辞で、伝統的な見方では、それぞれ伏羲《ふくぎ》、文王、周公が作者とされて来た。現在ではそれは疑問視されている。

卦辞は各卦の重要な義、つまり意義、内容を総合的に述べたもの。爻辞は各爻の下に付けて爻の義や吉凶などの判断辞を述べたもの。諸々の「伝」は経文の解釈であり、孔子が作者といわれて来たが、主に孔子の後学たちの手になるものであろう。このうち、大象伝は卦を上体（上卦）と下体（下卦）に分け、卦の内容を説明したもの。小象伝は主に各爻の位置に重点を置き、爻辞を解説したもの。繫辞伝は『易』の内容を哲学的に解説し、かつ易占の理論についても論じたもの。説卦伝は八卦の義とそれが象徴する事物などを説明したもの。序卦伝は六十四卦の排列の順序を説明したもの。雑卦伝は各卦の内容を簡潔な短文で要約したものである。本書では、便宜上、文王、周公、孔子を経や伝の作者として扱うことがある。

『易』の経文成立の順序は、最初（西周時代）に卜辞を整理して卦形や爻辞が生まれ、その後、卦名、卦辞が出来たと考えられている。「伝」の類は比較的成立が新しく、戦国時代頃から始まり、漢代には経と並ぶほど重要な書となり、二者をあわせて『周易』と称されるようになった（本書では『易』と称する）。王弼は経文のうち、卦辞、爻辞に注を付けたが、卦辞注は少なく、爻辞注が圧倒的に多い。本書の爻辞注訳では当然卦辞注も参考にした。伝の中では彖伝、文言伝、大小の象伝に王弼は注を付けた。このうち、彖伝は卦辞を解釈し、『易』解釈の基本的な方法も提示しているため、大変重要である。王弼の卦辞注が少ないのも、彖伝の解釈で十分と考えたためであろう。

今、彖伝の重要な指摘で、卦義（一卦の中心的な義）に関し、王弼も頼りにしている説を二、三示してみよう。たとえば、卦義は六爻のうちの主要な一爻が決定している、あるいは卦義は上体と下体の二体が決定している、さらに、卦名が卦義を示している、また、陰陽の消長が卦義を明らかにしているというような説である。

本書では彖伝、ならびにその王弼注を重視し、爻辞注を訳す時の参考にした。文言伝注、大小の象伝注もそれぞれ参考にした。本書で卦辞の王弼訳や訓読の後に置いた文章は、主に彖伝とその王弼注を基本にしてまとめたものである。＊印は筆者の意見や解説、或は付加的な説明であり、爻辞注の訳文の後に付けたものが多い。

王弼の注釈の基本的な立場も見ておこう。現在、『易』の卦辞、爻辞は本来吉凶を占うことを主とした占筮の辞に過ぎなかったというのが、ほぼ定説になっている。したがって、『易』はもと迷信的な要素が強い著作であった。しかし、その中には編纂者（卜官）たちの、歴史的体験や生活、処世の知恵なども含まれていたであろう。孔子や後学たちによる伝は、それらを整理し人生論、宇宙論、政治論、教育論というような哲学的で高尚な議論に昇華させていった。王弼の注釈の姿勢は、実はこの伝の立場に基づいているのである。

今、『易』の経文を読み、あわせて王弼注も読めば、経文がもと、純粋な占いの辞であったとしても、教訓と見れば啓発されることも多い。読者は『易』がもと、占いの書であったことを忘れず、一方でそこから幅広く世界や人生に対する指針をくみとり味わうとよいのではなかろうか。

ここで、『易』の経文を読み進めればすぐに気づく二つの疑問についてあらかじめ述べてみたい。

(1)　爻辞には卦辞の内容と矛盾するものがある。

例えば泰《たい》の卦辞は「吉で亨《とお》る」とあり、順調に事が運ぶとされるが、上六《じょうりく》（頂上の陰爻）の爻辞は「城壁が崩れ、空堀《からほり》に復《かえ》る」と不吉な語が付けられている。豊の卦辞は「豊。亨《とお》る」とあるが、上六の爻辞は「凶」とある。小畜の卦辞は「雨降らず」とあるが、上九《じょうきゅう》（頂上の陽爻）の爻辞は「雨降る」とある。

しかし、この矛盾は次のようなことから生じる。王弼によれば、卦は時で、爻は時の変化に適《かな》うものという。つまり、爻は時に応じて変化することを示している。そのため、六つある爻辞の内容も時に従って変化し、必ずしも卦辞と同じにはならないのである。これらのことは、王弼の『周易略例』明爻通変、略例下などで論じられている。

爻辞と卦辞の内容の矛盾に関し、次のような疑問もある。既記のように、王弼はすべてがそうではないが、卦辞の義は六爻のうち一つの主要な爻（主爻《しゅこう》）によって決定するとみていた。たとえば、履卦が「虎の尾を履んでも咥《か》まれない」（卦辞）のは、主爻の六三《りくさん》（下から三番目の陰爻）のすぐれた働きのせいだという。しかし、六三の爻辞には、逆に「虎の尾を履んで咥まれる。凶」と不吉な語が付けられている。しかし、この矛盾も、卦辞が一卦の内容を総合的に論じているのに対し、爻辞が対応する爻同志（初爻と四爻、二爻と五爻、三爻と上爻）の反発、協調、隣同志の爻の憎悪、親密、遠く離れた爻同志の融和など、その時々の情況や位の上下に注目するため、各爻の内容も複雑に変化するからである（詳しくはそれぞれの本文を参照）。

(2)　六爻の爻辞の内容に統一性がない。

各卦の爻辞は神意を占った独立した短文であり、何らかの客観的な判断により六つ列べられたものであろう。しかし、後世の目からみれば、その客観的な判断の基準が分かりにくく、単に無造作に列べられたように見えるものが多い。

爻辞の内容も、一つの統一された筋でまとまったものは少なく、統一された筋で通そうとすれば、付会に陥る危険がある。また、ある爻で他爻との関係を論じている場合、他爻でも同じ話題で似たような記述を予想するが、異なった話題になっていることが多い。さらに、ある爻が君子として扱われているのに、別の爻の記述ではその爻が小人や悪人並みに扱われ、評価が低いことがある。これは爻と爻の複雑な関係から、矛盾した判断が生れてくるためで、『易』を読む場合に注意すべきことである。

これ以外にも論じることはあるが、それらは本文中の適宜な部分に譲ることにした。

最後に訳出について述べよう。

『易』の卦辞や一爻ずつ独立した爻辞は、短い上に理解しにくく、王弼注も詳しいとはいえ説明不足でわかりにくい。唐代に孔穎達《くようだつ》らによって作られた『周易正義』(以下『正義』と略称)は王弼のいわゆる義理易を基本にしながら、彼が説明を省いた点なども詳しく記述し、最も頼るべき本である。しかし、『正義』は王弼が斥《しりぞ》けた漢易の考え方を一部取り入れるなど、本来からはみ出して解釈したり、王弼注を誤解している部分も幾つかある。『周易補疏』(焦循)などでそれらを勘案しながら、訳出の参考にした。他にも各種の文献を参考にしたが、主なものを巻末にまとめて示した。

本書は『易』ならびに王弼注の解釈を知りたいと望む読者を対象にした。特に専門家だけに読まれることを意識しなかったため、常識的なことまで説明があり、くだくだしいと思われるかもしれない。しかし、占いの書は本屋にあふれても、王弼注まで立ち入って、理解を深めようとする人は少ない。専門用語の多さに悩むせいもあると思う。その結果、『易』に見える東洋人の宇宙、教育、戦争、政治、文化など幅広い叡智のもとを学びがたくさせているのは口惜しいことである。そのため、できる限り初学の人にも分かりやすくなることを心がけ、言葉を補いつつ日本語としても読みやすいことを目標とした。

王弼の『易』注は『易』の学問の一つの方向性を示した貴重な資料である。長く易学の王座を保ち、後世への影響は甚大で、現代にも影響力を持ち続けている。邦訳されるのはおそらく最初であり、小生にとっても大きな喜びである。なお、王弼の『周易略例』も彼の易解釈の基本的な考えを述べた重要な著作であり、他に訳本も見えないため訳出することにした。

底本はともに四庫全書本としたが、前者については『周易正義』（十三経注疏整理本・李学勤主編。以下、整理本と略称する時がある）などを参考にして、字を改めた個所がある。

＊ 漢易は象数易ともいう。数理を重視し、六十四卦を十二月・二十四節気に配当したり、干支を八卦に当てたり、五行を人体の五臓になぞらえたり、三百六十の関節を一年の日数になぞらえたりする。漢代に盛行し、孟喜、焦延寿、虞翻などの人物が出て、卦や爻をさまざまに操作し、五体、八宮、納甲、卦気などの複雑な解釈法を創出した。主に国家の命運などを占った。王弼はそのような操作に反対し、経文をもっと素直に読み、その奥にある深い真理を汲取り、個人に役立つ知恵の書、哲学の書として活用しようとした。このような解釈に立つ易を象数易に対して義理易という。

王弼の易注 ※ 目次

王弼注

1 乾

䷀乾下乾上

乾。元亨利貞。

乾。元《はじま》り、亨《とお》り、利ありて、貞《ただ》し。

卦は陽爻六本から成り、陽気が極めて強い。これを純陽と呼ぶ。卦辞に「乾、元亨利貞」とある。ここに王弼注はないが、彼は「乾は元り、亨り、利ありて、貞し」と読み、「元亨利貞」を乾の持つ四つの美徳、さらに乾は四つの徳を主宰しているとも考えたようである。彼が『易』解釈で参考にした文言伝は、そのような方向で理解している。大略、「乾によって万物ははじまり（元）、順調に成長し（亨）、利益を得（利）、正しいままに終わる（貞）」という意味である。さらに、聖人はこのような四徳にならい、人々を導びいて行かねばならないと考えられた。一方、『易』を本来運命判断や吉凶を見る占筮の書と考える学者は、別の読み方をした。その場合、「乾は元《おお》いに亨る。貞しきに利あり」と読み、大略、「占って乾卦（の不変）が出た場合、大いに順調に事が運ぶ。しかし、正しい態度を守らねばならない」という意味になる。

王弼は元亨利貞をいつも、「元、亨、利、貞」と離して読んでいたわけでない。『易』の言葉は筮辞（占いの判断辞）と理解せねば通じない場合が多い。元亨利貞の語は坤《こん》、屯《ちゅん》、随、臨、无妄《むぼう》、革の諸卦にも見えるが、本書では、他の易書の用例などを参考にし、筮辞のように読み下したことが多い。ちなみに、元亨利貞を四徳と見た文言伝や、王弼が最も参考にした彖伝は、主に孔子の後学の儒者たちの手になると見られ、既述のように実践的な占いよりも、人としての道を説き、哲学的で高尚な議論を展開している。一方、宋代の朱子は哲学的な面と同時に実践的な占いの面も重視した。

「乾」に話をもどせば、「乾」は「乾坤」という語もあるように、通常は有形の天の意味である。しかし、王弼は「乾」を有形の天の背後で天を使役する無形の主宰者と考えた。「天とは形の名称である。健とは、形を働かせるものである。そもそも、形は物にとってわずらわしいものである。天は有形であって、しかも終始永く保って欠けることが無く、物の先頭となる。このような天を統率して働きを出させるものは至健ではなかろうか」(彖伝注)。

王弼によれば天を動かしているのは、無形の主宰者の「乾」ということになる。そして「乾」の本質的な徳は「健」と主張する。つまり、剛健、至健などと使われる場合の「すこやかさ」「力強さ」である。

初九

潛龍。勿用。

潜龍なり。用いる勿《なか》れ。

【王弼】文言に備わっている。

＊乾卦の後に付された文言伝で論じられているという意味である。

文言伝の引用の前に、爻辞を読む時の基本的な概念などを知っておきたい。九は陽を表す。初爻は最下にある第一爻を表す。初爻と上爻は王弼によれば、原則として位の無い地であり（『周易略例』辯位）、物事の始めと終わりを表す。初九は位が無く、微弱な力しか持たない。陽はよく変化し、龍も地に潜んだり、天を飛んだり十分に変化するので乾卦の陽爻を龍に喩える。また龍は聖人にも喩える。初爻は最下に居るので、「潜んでいる龍」という。

さて、文言伝の初九《しょきゅう》を論じた部分を見れば、問答体で大略次のようにある。「〝潜龍なり。用いる勿れ〟とはどういう意味か。先生がいうには、龍の徳があって隠れている者である。険しい世の中にあっても本来の志を変えない。名を挙げることもなく、世間から逃れても気が滅入ることがなく、正しいとされなくともむしゃくしゃしない。楽しいと思えば行ない、心配があれば避ける。こころざしを堅く守り通して動かない。これが〝潜龍〟である」と。「潜む」とは、身を隠す以外に、世俗に汚されない意味もある。初九は徳はあっても、まだ実力が備わらず、世間に出て活躍する時でないので、「用いる勿《なか》れ」というのである。

九二

見龍在田。利見大人。

見龍《げんりゅう》 田《でん》に在り。大人を見るに利あり。

【王弼】 潜んでいる場所から出てくるから、「見《げん》龍（現われた龍）」という。地上にいるから「田に在り」という。（地上に姿を現した龍のような聖人の）徳の施しはあまねく、しかも中位にいて偏りがない。二は君主の位でないが君主の徳を備えている。初は潜んで現われず、三は懸命に勤めはげみ、四は跳び上がろうかと迷い、上はたかぶりすぎている。「大人物に会うとよい」という時の大人物とは、二と五だけである。

＊ 上爻と五爻は天（天道）、四爻と三爻は人（人道）、二爻と初爻は地（地道）を示す。天道、地道、人道を三才とよび、これで宇宙全体を示している。「田に在り」とは、初爻は地でも地の下、二爻は地の上で、「田」に当る。

九二は位が少し上がった。陽気が強まり、今まで潜んでいた龍が地上に姿を現した。二と五の位は、それぞれ上体（上卦）と下体（下卦）の中央であり、『易』では「中位《ちゅうい》」と呼び特に重んじられる。中和や中庸の徳と結びつき、人格に偏りがない温厚な人物とされることが多い。九二は中位にあることで、天下の人々が期待する大人物とされる。隠れていた賢者が実力をたくわえて漸く世間に現われたのである。ちなみに、文言伝の注には、「龍の徳があり、正中（陽爻で正しく、中位にあって偏らない）の者である。世間に善事を行っても、功績を誇らない。徳は広大で人を感化する。君位にいなくとも君主の徳がある」というようなことを述べている。初爻は世間を避けていたが、二爻は漸く徳行を現わし、世俗を教化する。だから、世人はこの大人物に会って意見を求めれば利益を得るのである。

九三

君子終日乾乾、夕惕若厲、无咎。

君子は終日乾乾《けんけん》、夕べまで惕《おそ》れ、厲《あやう》きが若《ごと》し。咎无し。

【王弼】 下体の極にいて、上体の下にいる。中の位におらずに、重剛の険難（けわしさ）を履《ふ》んでいる。上は天にいるのでないから、尊位に安んじることができない。下は田にいるのでないから、居に安んじることができない。もっぱら下道を修めれば上位者の徳をなくしてしまい、もっぱら上道を修めれば下位者の礼をなくしてしまう。そのため、終日怠ることなく努力し、夕べまでつつしみ恐れて、危険な状態に対するようにする。三は下卦の上に居て、驕ることなく、上卦の一段下に居て憂えることがなく、時によりておそれ、微細な兆候に気をつけておれば、危険で疲れるとはいえ、災難はない。下卦の一番上に居るのは上九のたかぶりすぎるのより勝っている。そこで、知力を尽くして災難から免れる。乾の三は下卦の上にいて、亢龍（たかぶりすぎる龍）の悔いから免れ、坤の三は下卦の上にいて、龍同士が戦う災いから免れる。

＊ 九三は上体（上卦《じょうか》）と下体（下卦《かか》）の境目で最も危険な位。この位の困難さについては、文言伝注でも、大要次のようなことが述べられている。

「九三は下卦の頂上で、上卦に至ろうとする場所、同時に下卦の尽きて終わる場所にいる。上卦に至ろうとする時に、上を犯さない者こそ、至ろうとするのを知る者である。このような人物こそ、仕事を成就できる。下卦の終極にいて、その終わりを全うできる者こそ、終わりを知る者である。〝初め有らざる靡し、克《よ》く終わり有ること鮮《すくな》し〟（『詩経』大雅、蕩之什）とは、初めはみな善でも、最後までそれが続くのは少ないことを示している。物事を速く進行させるには、利が義（正義）より勝っているが、終わりを堅持するには、利は正義に及ばない。正義を保つことが出来るのは、ただ、終わりを知る者だけであることよ」。

三の位は会社組織でいえば、上卦の管理職と下卦の非管理職の境目である。非管理職とはいえ、今一歩で管理職に手が届く。上位者としての礼を執るべきか、下位者としての礼を執るべきか、判断も難しい。中位を得ず、下に剛強な陽を踏みつけている。陽は好んで険難を行うので、陽を踏むのも極めて危うい。そのため、多くの困難に直面していることを自覚し、常に微細な兆候に配慮し、決断を誤らなければ、危険な位だが災難を免れることはできるのである。「重剛の険難」の「重剛」とは、九三が下に踏む二つの陽を指す。しかし、九三を挟む上下の陽を指すと考えても通じる。

爻辞は「君子は危険で苦労の多い位にいて、日を終えるまで怠らず努力し、夕べに至るまでつつしみ、あたかも危険がせまるかのようにしている。そのようであれば、災難を免かれる」意味。他の爻が「龍」の比喩を用いるのに、この爻だけ「君子」を用いる理由について、王弼は次のようにいう、「易とは象である。しかし、象の生ずるのは義からである。かくかくの義があり、その後に象でそれを明らかにする」と（文言伝注）。つまり、爻辞の「潜んでまだ働きを示さない」（初九）や、「地に現れて天下に役立つ」（九二）という義（意味）は、龍の象にふさわしい。しかし、「夕べに至るまで恐れつつしむ」のは、龍の象にふさわしくなく、君子の象の方がよりふさわしいというのである。

九四

或躍在淵。无咎。

或《まど》いて躍るも淵に在り。咎无し。

【王弼】下体の極を去り、上体の下に居る。乾の道が変わるときである。四は、上は天にいるわけでなく、下は田にいるわけでなく、中は人に居るわけでない。重剛の険難を踏み、（天、地、人の中で）安定した居場所がない。実に進退に常無いときである。九五の尊位に近く、聖道を進めて尊位への道を進もうとする。しかし、下の群集を促しても、（まだ許しを得ず）自分だけで跳び上がっても、届くものではない。かといって、今の居に静かにしようとしても、（九五の君主の側に居て民衆の苦境を救うべき地位であるから）落ち着いて居られない。自分は王位にまで進んで良いのかどうかとためらい、志をまだ決することができない。災禍を除くという公事に気を使い、私的欲望を成就するために進むことはない。しかし、それでもまだ疑い深く考慮するなら、誤った決断に至らないであろう。かくして「咎は无い（災難を免れる）」。

＊ 九四は下体を離れ、上体に昇ったが、上下に板ばさみにされる危険な地位。会社組織でいえば、非管理職から管理職に就いた。この地位はすぐ上に五の尊位があるため、比較的下位の役職から尊位にも手が届く重要な役職までと幅広く解することができる。何事も決断が難しい。自分の正しい道を進めて、社長（君王）になろうとしても、部下（臣下や民衆）たちの許可を得るのに困難があり、決断ができず迷う状態。『正義』によれば、周の西伯、のちの文王が王になろうとする心をもちながら、なお諸侯を率いて紂王に事えている状態である。爻辞は「躍り上がって上を目指そうとしたが、思案の結果、もとの淵潭に止まり、災いはない」意味である。なお、経文の中に「龍」は出てこないが、内容は龍を連想させるもので

ある。

九五

飛龍在天。利見大人。

飛龍　天に在り。大人を見るに利あり。

【王弼】二のように地を行くのでなく、四のように淵から跳び上がろうとするのでなく、天位にあるのだから、飛ぶでなければ何であろうか。こうして「飛龍」という。龍の徳を持って天位にいるため、大人物としての道は順調に行く。そもそも、王位は徳によって盛んになり、徳は王位によって伸びる。至徳を以って盛位にいるのだから、万物が仰ぎ見るのも当然ではなかろうか。

＊　五の位は盈満を嫌う『易』によれば、理想の位であり、尊主（天子、君主、首長）に当る。五は龍の徳を持った人物が理想の位にいて、徳と位が合致し万物に仰ぎ見られる。九二の大人《たいじん》にも、九五の大人にも、志ある人々は面会すればよい。しかし、位からいえば、九二にとっても九五の大人は仰ぎ見る人物である。九二と九五が助け合い、天下に恩沢を施すのが理想的である。

既述のように（九二）、六爻を天地人の三種の位に分ければ、五爻は天に当る。そこで「飛龍が天に在る」という。龍の徳を持つ人物が天子の位にあるため、物事は順調に運ぶ。『正義』によれば、周の文王が牢獄から出て天子になったように、有徳の人物は位によって高い徳を発揮できる。残念ながら、孔子には聖徳があっても位が無かった。

上九

亢龍。有悔。

亢龍なり。悔い有り。

＊ ここに王弼の注はない。文言伝の解説によれば、「貴くとも位がなく、高くとも民がない。賢人が下位にいても輔けとならない。そのため、動けば悔いがある」という。王弼の文言伝注には、「下に陰がない」「賢人が下にいて位に当っていても助けにならない」「上卦の極にいて位がない。ただ一人動くだけで味方がない」と述べている。上爻には位が無く、下にも応援となる陰がなく、陽の賢人がいても助けにならないというような意味である。

上九は陽気が極点まで上り詰めたもので、勢いは極めて盛んである。したがって「亢龍」（たかぶりすぎた龍）という。『易』は盈満を嫌うので、五の位を最高と考える。頂上まで上るとむしろ危うい。爻を見ても下はすべて陽爻で、援護してくれる陰爻が一つもないことが分かる。

用九

見羣龍、无首。吉。

羣龍を見るに首《かしら》となること无《な》し。吉。

【王弼】九は天の徳である。聖人は天の徳を用いることができるので、群龍の義が見える。そもそも剛健で人の先頭にいれば物は従ってくれず、逆に柔順で不正をすれば必ず邪道に入る。そのゆえに乾の吉は先頭に立たないことにあり、坤の利は永貞（正しさを永く保ち続けること）にある。

＊ 九は陽爻であり、乾卦の六爻はすべて九である。用九は、九つまり陽爻の用い方を述べている。六爻とも陽だから、羣龍という。「羣龍を見るに首となること无し」とは、陽剛の強さがあるが、隠して発揮せず、柔の穏やかさを見せて、先頭に立たないことをいう。剛の強さを押し通せば、人々が付いてこない。剛健の徳だけ用いて先頭に立てば、驕りたかぶって人々の支持は得られない。このため「乾の吉は首となること无きに在り」（王弼注）という。

乾卦と坤卦の二つだけは純陽、純陰の卦だから、六爻以外に別に陽と陰の用い方を述べる一爻が設けられた。

＊ 「利見大人」の語が、九二と九五にある。九二の爻辞の場合、王弼の注では、世間の人々が九二のような大人に会えば利を得るといっている。九五の爻辞の場合も同じように、竜の至徳を持ち、天位にある九五の大人が存在するため、天下の人々は広くその化をこうむり、利を得ると述べている。ただ、九二は竜徳を備えた有能な君子とはいえ、九五の尊主を無視して臣下の職分を逸脱してはならない。九五にとっても九二の有能な君子の輔けを得るのは重要である。両者の協調で民は大いに恩沢を受けることになる。

2　坤

䷁坤下坤上

坤。元、亨。利牝馬之貞。君子有攸往、先迷後得主利。西南得朋、東北喪朋。安貞吉。

坤。元《はじま》り、亨《とお》る。牝馬の貞を利とす。君子往く攸有るに、先んずれば迷い、後《おく》るれば主を得て利あり。西南に朋を得、東北に朋を喪う。安貞の吉なり。

【王弼】坤は貞《ただ》しいと利があり、牝馬のようであれば、利があるのである。馬は下にあって地上を行くもので、また牝馬であれば至順である。至順であってはじめてものごとは順調に行く。それだからこそ、坤は牝馬のように貞であってこそ利がある。

＊　坤は陰爻六本から成り、陰気が極めて強い。これを純陰と呼ぶ。坤は乾と対となり、万物を生じさせる根源的な存在である。先述のように、乾は有形の天を主宰するものであり、対となる坤は有形の地を主宰するものである。無形の坤が有形の地を背後で使役している。乾徳の本質が健（剛健・至健）であったように、坤徳の本質は順（柔順・至順）である。

坤（大地の徳）は天の下で、へりくだり、天のように活発に動くように見えない。そこから、牝馬（雌馬）に見立てる。『正義』には、牛も柔順なのに、なぜ雌馬なのかという問いに（説卦伝には「坤は牛為り」とある）、牛は柔順であるが大地を限り無く行くことができず、「坤」の広生の徳が見えないと述べている。また、乾における龍の徳と比較し、馬は龍に比べて劣るが、行動範囲は広く、大地の広育の象徴となると論じている。

乾は万物に対し、条件をつけず限りなく利を与えるが、坤は、牝馬のような柔順さを持つ場合に限り、利を与える。それは坤の徳が乾の徳よりやや劣ると見られる証拠である。乾の剛健と坤の柔順（素直で逆らわない）が対《つい》となり、互いを補完することが、天地が万物を生み育てるために重要となっている。地は至順の徳で万物を受け入れ上に載せ、養い育てるが、それは剛健の徳で万物を生む天の働きを承け、補佐しているのである。両者の働きで、天地は永く持続可能になる。王弼は整理していう、「地とは形の名称である。坤とは地を支配するものである。いったい、両雄があれば必ず争い、二主があれば必ず危うい。地の形を有し、天の剛健と組となり、永い間、滅びることなく持続できる（とすれば）それは地の形を支配するものが、至順だからではなかろうか。もし、道を行くのに牝馬のような柔順さで行かず、永貞（柔順という正しさの保持）を発揮することをよしとせず、元来の方直の上にさらに剛を加え、柔の上にさらに円を加えて、過剛、もしくは過柔となるなら、安静を求めても難しい」と（彖伝注）。

卦辞は大略、「（乾と対になる）坤によって万物ははじまり、順調に成長する。坤は牝馬のような従順さをもつのが貞《ただ》しいありかたである。坤の徳をもつ君子が出かける場合、先頭に立てば迷い、後《おく》れて行けば主人を得て、幸いである。西南に行けば陰の仲間を得、東北に行けば陰の仲間を失う。そのように、同類を離れて反対の類に行くことで、安静で貞正の吉を得る」意味。

西南は「説卦伝」によれば坤の方位で、陰地。万物が養いを受ける地である。陰地ゆえに陰が西南に行けば「朋を得る」。東北は西南の反対（陽地）ゆえに「朋を喪う」。しかし、陰はその仲間を離れて反対の仲間（陽）へ出かけて、はじめて安静であり貞正を得て吉である。

坤は純陰で陽の強さがないから、先頭に立つことは避けねばならない。常に陰同士で行動するのも避ける。女が夫の家に嫁し、臣下が君主に召し抱えられるように、仲間を離れて陽と結ぶことで、むしろ安住の地を得ることができる。

初六

履霜、堅冰至。

霜を履んで、堅冰至る。

【王弼】微細な霜から始り、ついには堅い氷となる。これがいわゆる至って柔らかいが、その運動は剛ということである。陰の道は本来卑弱だが、後にだんだんと積み重なり堅剛となる。このため、「霜を履む」ということで、その始まり（の至柔）を明らかにした。陽の特徴として、弱いものから始り、剛が顕著になってくるものではない。そこで出処で違いを明らかにし、乾卦の初爻を「潜」（世間から身を隠す）としたのである。

＊　乾卦の場合、初爻から剛を発揮し、時宜により出処に違いがあることを「潜」や「躍」や「飛」などの

語で明らかにしている。坤卦の場合は、初爻は至柔であり、次第にそれが積み重なって剛となる。この両者の違いを乾卦の出処を示して述べたとするのである。

＊　先の乾卦は陽爻ばかりであったが、坤の初六で始めて陰爻が登場する。陰は陽の強さに比べ力が弱く、陽の剛強に比べ柔弱である。したがって、坤卦で始めて登場した陰の初六は、至柔と呼んでよい。陽は登場した当初から陽剛の強さを持つが、陰は至柔で登場し、徐々に力を増し、陽と見間違えるほど剛強になる。最後に陽と一戦交え血を流すほどになる。陰が徐々に強さを増すことを「霜を履む時節になれば、やがて堅い氷が張るようになる」（爻辞）と表現する。

小象伝や坤の文言伝、『正義』などは、陰と陽を価値的にとらえ、陽を善、陰を悪、陽を賢、陰を愚、陽を君子《くんし》、陰を小人《しょうじん》などと見る。この見方では、坤卦で始めて登場した陰の初六は、生じたばかりの悪である。この悪はまだ最下に居て、勢いは至って微弱であるが、君子は油断してはならない。初六の爻辞は、悪の芽は肥大する前に摘み取らねばならないという警告を含んでいると解釈する。

王弼も陰には本来的な弱さがあることを認めていた。そのため、行き届いた忠告をしている。坤卦文言伝の「坤は至柔にして動くや剛、至静にして徳は方なり」を承け、「（坤は至柔であるが、）動きは方直で邪を為さない。柔の上にさらに円（＝柔）であるのは、消の道である。坤の徳は至静であるが、（物を生むのに邪でなく）、その徳は必ず方正である」という。本来の至柔の道をさらに柔によって弱めることをせず、もう一方の本来の方直、方正を守ることを勧めている。「消の道」とは、身を滅ぼす道、衰弱、衰退の道で、坤の強さが失われていくことをいう。この忠告には、陰をおとしめるより、むしろ陰の本来的な強さを評価しようとする姿勢が感じられる。

六二

直方大。不習无不利。

直方大なり。習わざれども利あらざる无し。

【王弼】中位にいて正を得（下卦の中央かつ陰爻陰位で正）、最も地の形質（直・方・大）を極めている（六二は坤の道に最も純粋なもの）。それだからこそ、自然にまかせて、物は自《おの》ずから生れ、修営（作為）に借りることなく、功は自然に成る。そのため、「習わざれども利あらざるなし」（学習しないですべてうまくいく）という。

＊　六二は中《ちゅう》に居て、陰爻陰位の正位を得ており、直・方・大の地の本質を極めているから、あらゆる動きを自然の性に任せることができる。自然に任せておれば万物は勝手に生育する。王弼は老子注を書き、老荘思想の無為を尊んだ。ここの注の「其の自然に任せて物は自ずから生じ、修営に仮らずして功自ずから成る」には、老荘思想の無為を尊んだ影響が見える。爻辞の「不習」は静かなことの比喩ともいい、無作為に通じるという説がある（楼宇烈『王弼集校釈』）。

なお、直は物を生んで邪でないこと、方は体が安静であること、大は物をすべて載せること（『正義』）。

六三

含章可貞。或従王事、无成有終。
章を含み、貞なるべし。或いは王事に従うも、成す无くして終わり有り。

【王弼】三は下卦の極に昇りつめているが、陽から疑われないのは経文にあるような義に応じるからである。つまり、事のさきがけとならず、他がいうのを待ってから応じ、命令をまってから動く。美を内に含みかくして、正しい態度を取ることができるからである。だから、「章を含む、貞なるべし」という。事が有れば従い、あえて先頭とならない。だから、「或いは王事に従う」という。事の主とならず、命に順《したが》って終わる。だから、「成す无くして終わり有り」という。

＊ 六三は陰爻陽位で正位でない。不正の位は通常失位と批判されるが、ここでは大きな欠点と見られていない。逆に陰爻ゆえに表面に派手さはないが、陽位に居て、陽の美（「章」という）を内に秘めると評価されている。陰爻陽位の欠点が、むしろ陰と陽で奥深い美を織り上げ、さらに陰爻陽位ゆえに、強さを持ちながら、先走って目立つような行為をしないと見られるのである。しかし、下体の極まで上り、かつ陽位だから勢いや才能を陽から疑われるおそれがある。したがって、自分を抑えて上に仕える謙虚な態度が必要である。「章を含み、貞なるべし」は内に美を秘め、正しい態度をとることができること。正しい態度とは、事業の先がけとならず、王の命令を待ってから動くこと。事業の主役とならず、命にしたがい身を安全に終えるのを「成す无くして終わり有り」という。

六四

括嚢。无咎、无譽。

嚢《ふくろ》を括《くく》る。咎も无く、誉れも无し。

【王弼】陰の卦（坤卦）にいて、陰をもって陰にいる（陰爻陰位）。中位を履んでおらず、直方の資質がなく、陽の仕事をするのでもなく、章の美を内に含んでいるのでもない。それゆえに、袋を括るように、智慮や作為をしまう時に当たっており、賢人は隠れる。謹慎しておれば良いのであり、泰卦（後出）の道のように順調に事が運ぶことはない。

＊六四は陰爻陰位ゆえに、六三のような内に秘めた美はない。中位でないから地の本質を極めているともいえず、君主の助けにもならない。よって、袋を括るように、閉じこもって謹慎するのが望ましい。

六五

黄裳。元吉。

黄裳なり。元《おお》いに吉。

【王弼】黄は中の色である。裳（スカート）は下半身の飾りである。坤は臣下の道であり、（六五は臣下としての）美が下に尽されている。そもそも体は剛健でないが、十分物の情（剛強でなく、文を含むという真実）を極めたものであり、理に通じたものである。柔順の徳をもって盛位におり、文徳があり、物の道理に十分通じるものである。黄裳を垂れて元吉を得るのは、武力を用いるのではない。陰の盛んを極めて、陽の疑いを招かない。それは文（中和の品徳）を中にもっているからであり、美の至りである。

＊五は一般に尊主の位で、最高の位置とされるが、六五は陰ゆえに臣下で極めて貴い者をいう。しかも、中位《ちゅうい》ゆえに柔順で、中和の穏やかさで物事の道理に通じている。また陰で中位を得ていることから、中和の徳で威武を用いることがなく、文徳を発揮する。黄色は中国では中央の色として貴ばれる。「黄裳」は黄色の裳。「裳」は和装でいえば「はかま」に当り、下半身に着ける。したがって「裳」で臣下を喩え、「黄裳」で身分が貴い臣下の象徴とした。「黄は中の色、裳は下の飾り」とは『左伝』昭公十二年に見える。

上六

龍戰于野。其血玄黄。

龍 野《や》に戦う。其の血は玄黄。

【王弼】陰の道は卑順で、盈満でなくて、はじめてその美を全うできる。もし、盛んであって止むことがなく、陽の地を占拠すれば、陽はがまんできなくなり、陰と野に戦うことになる。

＊上六は陰が伸長を続け、頂点の位まで来た。陰はもと柔順、卑順を本質とするが、ここまで勢いが極ま

れば陽から疑われる。極点まで昇りつめた陰は勢いが強く、龍に喩えられる。乾卦の龍からの疑いを招き、互いに戦う。天の色は玄で地の色は黄（文言伝『正義』）。「玄黄」は、天と地がまざり合ったもの。陰陽が互いに傷つくから「其の血は玄黄」という。「野」は坤卦の領域を飛び出して、陽の領域で争うから「野」という。

爻辞の情況は、成長して龍に見まがう陰と、真実の龍（陽）が、陽の領域で戦い、互いに傷つき血が混じり合う事態であろう。

用六

利永貞。

永貞に利あり。

【王弼】用六の利は、永く貞正を保つことにある。

＊ 乾卦の用九は陽の用い方を述べ、坤の用六は陰の用い方を述べている。陰は柔弱に堕し、弱さゆえに不正や邪佞に陥る心配がある。陰の柔順の道は永く保持するのが難しい。そのため、貞、つまり正しく堅固な徳を永く守ることが望まれる。乾卦の場合、陽の強さを陰の道によって抑えるのが好ましいとされたが、陰の場合は、陰自身の弱さから、陽の道を用いるとその領分を犯す恐れがあり、そこで、陰としての柔順の正道を永く堅固に守り続ければ、大きな業績をあげることが出来るとされるのである。

3　屯

䷂震下坎上

屯。元亨、利貞。勿用有攸往、利建侯。

屯《ちゅん》。元《おお》いに亨《とお》り、利ありて貞《ただ》し。用《もっ》て往《ゆ》く攸《ところ》有る勿《なか》れ、侯《きみ》を建つるに利あり。

屯は屯難、つまり困難の意味。屯卦は陽爻ばかりの乾と、陰爻ばかりの坤の次に位置する卦である。陰爻・陽爻両種が現われ、陰柔と陽剛が始めて交わる卦とされる。万物は陰柔と陽剛が交わらなければ生じないが、剛と柔が交わったばかりは、十分に通じ合わずに困難が生じるので「屯《ちゅん》」という。或は一卦の始めの初九の陽爻が、六二の陰爻と交わりはじめることを、難が生じることとする見方もできる。

万物は陰と陽が交わらなければ生じない。その点で屯は世の始まりを示す。また、困難を経過することで物事は大いに通じるようになる。したがって、屯は困難の意味を持ちながら、「大いに通じる」（元《おお》いに亨《とお》る）とされる。しかし、世は草創の時で、まだ安定せず、君主を置くこと以外、積極的に事を行えば困難に陥る。起業してまもない創業者が一人で多くの事を行えば混乱を招くため、急いで各部署に事情通を置き、仕事を委任する。それが「侯を建つる」に当るであろう。

王弼の卦辞注に大略、「剛と柔が交わったばかりは、十分に通じあうことがないので、屯（困難）が生まれる。しかし、交わらなければ物は滞る。だからこそ、屯があることで、物は大いに通じる。大いに通じることにより、困難はなくなる。これによって、〝利ありて貞《ただ》し〟（物は利を得て、正しくなる）。進んで事を行えば、ますます困難となる。（世の開闢の時は、困難があり、安定しないため、天子なら安閑とせず）君（諸侯）を建てて安定を得なければならない」と見える。

初九

磐桓。利居貞。利建侯。
磐桓す。貞に居るに利あり。侯《きみ》を建つるに利あり。

【王弼】屯のはじめに居て、動けば困難が生じる。進むべきでないから「磐桓す」（進まないようす）である。この時にいて利はどこにあるのか。ただ、貞に居り（正しさを守り）、君主を建てることではないか。そもそも乱をやめるには静を用い、静を守るには君主を用いる。民を安んじるは正にあり、正を広めるは謙にある。屯難の世では、陰は陽を求め、弱は強を求め、民はその主を思う時である。初爻はその首（はじめ）におり、へり下っている。初爻はこの義を備えている。民を得るのも当然である。

＊ 初九は屯の始め。困難の始まりで動けば困難が生じやすい。「磐桓」は進み難いようす。そのため「貞に居るに利あり」で、正しさを守り、静止しているのが望ましいのである。困難の時代、弱い陰は陽を求め、民は有能な君主を求めようとするが、初九は位が無いながら（既述『周易略例』辯位）、君主にふさ

わしい。その理由は、陽爻の強さを持つこと。さらに、陽でありながら最下に位置し、六二の下、つまり陰の下にへりくだる謙虚さを持つことである。正しさが広く受け入れられるには、謙虚な人柄が望ましい。初九は乱世の庶民が君主に頼りたいとき、その期待に合致し、民の人気を得るにふさわしい人物である。

＊　卦辞に「侯《きみ》を建つるに利あり」といい、初爻にも「侯を建つるに利あり」とある。卦辞の場合は「賢者を封建して君主にするとよい」という一般的な意味であり、爻辞の場合は、「この初爻のように、強くて謙虚で正しい徳を持つ人物が君主にふさわしい」というのである。卦には中心的な働きを示す爻があり、主爻といわれるが、屯卦では初爻がそれに当る。爻辞に卦辞と同じ語句が使われているのを見ることも、主爻を探す一つの参考となる。

六二

屯如邅如。乘馬班如。匪寇婚媾。女子貞不字。十年乃字。

屯如《ちゅんじょ》たり邅如《てんじょ》たり。馬に乗りて班如たり。寇《あだ》するに匪《あら》ざれば、婚媾せんとす。女子貞にして字せず。十年乃ち字す。

【王弼】六二の志は五にあり、初に従わない。屯難の時にあり、正道がまだ行なわれず、初九と近いので九五と仲良くなれず、初が迫ってくるのに苦しんでいる。このゆえに邅如（行き悩んで進めない）。時はまさに屯難で、正道はまだ通じていない。遠くへ行こうとしても、進むのが難しいため、「馬に乗りて班如たり」（馬で出かけても、馬が止まって戻ろうとする）。寇とは初をいう。初の難が無ければ五と婚姻する（初九が寇するのでなければ九五と結婚する）のだが。このために、「寇するにあらざれば婚媾せんとす」という。志は五にあって初に従わない。そこで、「女子貞にして字せず」（女は貞正を守って初九の愛を受けない。字は字愛のことで撫愛、愛護の意味）、という。屯難の世は勢いとして十年を越えないもので、十年すれば常の状態に復帰する。常の状態に復帰すれば本来の志を得ることができる。そこで、「十年乃ち字す（十年すれば五の愛を受ける）」という。

＊ 六二が九五に引かれるのは、下体と上体で対応関係（「応」という）にある爻同士が、陰と陽のためである。これを「正応」ともいい原則として好ましい関係と見られる。陽爻同士、陰爻同士は原則として対立する。これを「敵応」（或は「無応」）ともいう。六二の陰を女性、九五の陽を男性と見れば、六二にとって九五は正式な交際相手である。そのため、「屯如《ちゅんじょ》たり邅如《てんじょ》たり。馬に乗りて班如たり」と、屯難でまだ正道が行なわれない困難な世を、馬に乗りながら行き悩みつつ九五に向かって進む。しかし、六二の隣（すぐ下）に陽爻の初九がある。隣同士の関係を「比」といい、陰と陽であれば親しみやすい。比と応を比較すれば、応の方が正当性が勝っている。そのため、初九は六二と九五の間を妨害する厄介な人物と見られる。『易』では陰が陽の上にあることを「乗《じょう》」（乗《の》る）といい、陰が陽の下にあることを「承《しょう》」（承《う》ける）という。前者は陰が陽を踏み付け、後者は陰が陽に承事している。通常、陽は君子、陰は小人に比擬されるから前者は陰の傲慢さを示し、否定的評価、後者は陰の謙虚さを示し、肯定的評価となる。今、六二は陰で初九の陽の上に乗っているため、陽から睨《にら》まれ、困難はさらに増す。「寇《あだ》するに匪《あら》ざれば、婚媾せんとす。女子貞にして字《じ》せず」とは、初九が自分に寇をしなければ、九五と結び合えるのに。しかし、

自分は貞節を守り、初九の愛を受けない意味。しかし、困難な時代は、長くともおよそ十年で終了するのが普通である。十年経過すれば、六二は九五と愛し合うことができるであろう。

先に初九は民の人気を得るにふさわしい人物と述べた。しかし、ここでは六二に言い寄り、迫害するストーカーまがいの人物と見られている。爻辞は乾卦や艮卦のように首尾一貫した主題や思想で統一されていることは少なく、無関係に並べただけに見えるものが多い。また、既記の通り、各爻の役割も一貫せず、ある爻が他爻との事情で善になったり、悪になったりする矛盾があることに注意すべきである。ちなみに、王弼の『周易略例』卦略では、屯卦の二爻は初爻を求めて、困難にもくじけず進んで行くと述べている。しかし、ここの屯卦の王弼注では、二爻は初爻から逃げようとしている。どちらが王弼の本来の説か不明である。

六三

即鹿无虞、惟入于林中。君子幾不如舍、往吝。
鹿に即《つ》くに虞无く、惟だ林中に入る。君子《くんし》は幾《ほとん》ど舍《お》くに如《し》かず。往けば吝。

【王弼】三は五に近づいて寇（初九）の難はない。四は五に比している（隣あっている）がその気持ちは初にあって、自分（三）の路を邪魔しない。三は進むことができて、屯邅《ちゅんてん》（行き悩むこと）がない。路が安易なのを見て、九五の気持ちを推量しない。五の応は二なので、三が五に往っても、どうしても受け入れられない。虞人（山林を管理する役人）の道案内が無くて、狩猟するのとどこがちがうであろうか。獣を見つけるが虞人がおらず、いたずらに林中に入って獣を獲ることができるであろうか。「幾」は辞である。一体君子の行動は、恨辱を選びとるものであろうか。それゆえに、五を思う気持ちを止めるにしくはない。出かけていけば、恥をかき困窮するであろう。

＊ 六三には応がない（上六は同じ陰爻）。そのため、陽を求めて初九に向かうが、初九にはすでに六四の応がある。やむなく九五を求めようとする。この時、前方の六四はすでに初九の応を持つので、六三の道を妨害せず、六三は安心して進んで行ける。しかし、実は九五にはすでに正式の応（六二）が存在する。六三はこのことに早く気づき、行くのを断念すべきであった。六三は不正の位で、しかも中位でないから、事情を深く考慮できない。この軽率な行動が「森の案内人（虞）もいないのに、林の中に鹿狩りに行く（鹿に即《つ》く）」と批判されるのである。「君子は幾《ほとん》ど舎《お》くに如《し》かず」は、君子はそのような恥ずかしい行為はやめるのが望ましい意味。

六四

乗馬班如、求婚媾。往吉、无不利。

馬に乗りて班如たり、婚媾を求む。往けば吉、利あらざる无し。

【王弼】二は初に比して（隣あって）いるが、貞を守って初に従わない。二のその態度は、自分（四）の初に向かう気持ちを害なわないものである。四は初との交際を求めて、往けば必ず受け入れられるであろう。

こうして「往けば吉、利あらざる无し」という。

＊　六四は初と陰陽応じている。しかし、初のすぐ隣に陰（六二）がいるため、六四は妨害されるのではないかと危ぶんでいる。しかし六二には正応の五が存在するので、五への貞節を守り、自分（四）の気持ちを妨害するはずがない。六四はそのように判断して初に進んで行く。この行動は当然吉である。「馬に乗りて班如たり」とは、六四が馬に乗って初を求めていくこと。班如とは、六二爻辞に見えるが、ここでは二が行く路の邪魔をするのではないかと疑い、六四が思うように馬を進められないようす。

九五

屯其膏。小貞吉、大貞凶。
其の膏《あぶら》を屯す。小は貞にして吉、大は貞なれど凶。

【王弼】屯難のときに尊位の高みにいる。しかし、広く施して万物に恩恵を与え、弱くて滞っているものを救済し、群小を順調に生活させることができない。かえって、二の応だけにつながり、大きな恩沢を出し渋り、施しを光大にすることができない。気持ちが頑なで、好《よしみ》を同じくする二だけを思い、他人が間に入ってくるのを許さない。小人においては、これは貞であって吉だが、大人においては貞であっても凶である。

＊　九五は尊主の位で、恩恵を多くの人に与えなければならない。しかし、六二と陰陽応じている。

先に「正応」は原則として良好な関係と述べたが、ここでは好ましくないと見られている。五は六爻の中で最も高位で、天子や君主に相当する。君主は臣下や庶民に対し、分け隔て無く恩恵を与えなければならず、偏愛の対象があってはならないのである。今、屯卦の五には二の正応が存在する。正応は私的結合とされ、五は恩恵の対象を二に限定していると見られる。二以外に恩恵を与えないことを、「其の膏を屯す」という。君主としてはむしろ正応がなく、人々に広く接するのが望ましい。五は大きな正義を行えない人物である。この卦は初九と九五が陽爻で、注目される対象であるが、君主としては、初爻がよりふさわしい（初九を参照）。

「小貞吉、大貞凶」は、「特定の者だけを偏愛し、広く恩沢を施さないのは、小人においては貞（正しい態度）で吉であっても、大人においては貞であっても凶となる」意味。謙卦の卦辞の『正義』に「或有於小人為吉、大人為凶。若屯之九五小貞吉、大貞凶、及否之六二包承小人吉之類是也（或いは小人に於いて吉為《た》り、大人において凶為る有り。屯の九五の「小貞吉、大貞凶」及び否の六二の「包承。小人吉」の類の若《ごと》きは是《こ》れなり）」とあるのを参考にした。

上六

乗馬班如。泣血漣如。

馬に乗りて班如《はんじょ》たり。泣血漣如《れんじょ》たり。

【王弼】険難の極にいて、下には応援がない（上と三は陰同士）。進むにも行くところがない。五に比しているが、五は（二を偏愛し）その恩沢を出し惜しみ、恩沢の享受を許さない。居るにも安定を得ないし（上爻は屯難の極）、行くにも出かけるところがない（出かけるべき三は敵応）。窮困でふさがってしまい、心を向けて敬い仰ぐところがないから、「泣血漣如」（血の涙を流して大泣きする）である。

＊　上六は上卦険難の極で、安住できない。五の陽と隣り合っているが、五は二を偏愛するだけで、助けにならない。三の応に助けを求めても、三は自分と同じ陰の敵応で、もはや心を向けるところがない。困窮して涕《なみだ》を流し、大泣きするほかない。

4　蒙

䷃坎下艮上

蒙。亨。匪我求童蒙、童蒙求我。初筮告、再三瀆、瀆則不告。利貞

蒙。亨る。我　童蒙を求むるに匪《あら》ず、童蒙　我に求む。初筮は告ぐ、再三すれば瀆《けが》る。瀆るれば則ち告げず。貞しきに利あり。

蒙は蒙昧の意味。知識に暗いことである。下体は坎《かん》、上体は艮《ごん》で、彖伝は「山の下に険がある。険があって止まるのが蒙」と説明している。これは艮の山と止まる、並びに坎の険しい、つまり物象と義象から蒙を説明したのである。王弼はそれをさらに「退けば険に困《くる》しみ、進めば山にはばまれる」といい、「向かって行くところがわからない」と蒙の意味を敷衍している。

経文には「童蒙」という語が見えるが、肉体的あるいは精神的に幼くて蒙昧の意味。知識を開くことが「啓蒙」であり、蒙昧と逆なのは開明、明智、文明である。

ここでは、蒙昧や知識の問題が考察されているが、興味深いのは、次の言葉であろう。

「蒙の役立つところは、正道を養うに好都合なところである。そもそも、聖以上の明るさはなく、蒙以上の昧《くら》さはない。しかし、蒙の状態で正を養うのが聖人の功績である。そうだとすれば、明るさで正を養うのは、

聖人の道を失うものである」と（彖伝注）。

「蒙」は本来聖人・君子が啓発すべき無知蒙昧な人物を指している。しかし、ここでは指導すべき聖人自身が指導に当って持つべき徳となっている。大略、「聖人は童蒙の正義を養うが、聖人自身はいかにも蒙昧のようすで彼らを導かねばならない。それが聖人の功績だ」という意味である。『正義』は「聖人の徳があっても、沈黙すれば、いよいよ測りがたい人物に見える。徳を外にひけらかすなら浅薄さが分かる」というような解説を加えている。明智を持つことは重要だが、それを隠すようにする。これは、『易』の経文そのものにも見える考え方であるが、王弼はそれをさらに強調したのである（明夷卦も参照）。ちなみに、明智をできる限り隠すのが望ましいというのは、老荘思想的な考え方である。

陽はプラス評価、陰はマイナス評価が一般なので、蒙昧を問題にすれば、陰は指導者に教えを請う蒙昧な人物、陽は指導者・教師に当る。蒙昧の時代、陰は陽に求め、晦は明に求めて暗さを開こうとする。そのため、蒙卦では九二の陽と上九の陽が指導者になるが、どちらかといえば九二の方が適任になる（後述）。

卦辞に付けた王弼注の大意は以下のようになる。

「筮とは疑問に結着をつけるものである。童蒙が来て私に求めるのは、迷いに結着をつけようとするからである。結着のつけかたが一つでなく、どれに従えば分からないようにするなら、また迷ってしまう。このため、童蒙が真面目に問う初回には答えを告げ、再三問うてくるようであれば、汚すことになるのでやめる。童蒙自身を汚すことになるからである。初筮ができるのは、ただ九二だけであろうか。剛であって中位にいるから、疑惑に決断を下すことができる」

文末は、九二が陽剛の強さを持ち、中位に在ることから、啓蒙する者として高く評価している。

「貞《ただ》しきに利あり」は、文字通りは「正しい態度を守るのが必要」の意味。「正しい態度」とは、先に述べたように、明智を隠し、得意気にみせつけない態度である。

初六

發蒙。利用刑人、用説桎梏。以往吝。
蒙を発《ひら》く。用《もっ》て人を刑し、用て桎梏を説《と》くに利あり。以て往《ゆ》けば吝《りん》。

【王弼】蒙の初めにいて（蒙昧の初期の段階）、二がその上を照らしている。こうして、蒙が発《ひら》く。初の蒙が発き、疑いが明らかになって、九二が人を刑するのも、刑を解くのも的を射ている。しかし、「人を刑する道で、今後も進んでいけば、恥ずべきことになる」ので、人を刑する道は長く続けてはならない。

＊ 初六は陰で蒙昧、かつ位も無い。幸い隣に陽の九二がいる。陽ゆえに知識があり、中位に居て中和の態度も取れ、指導者にふさわしい。初の陰は二と陰陽相比して啓発される。二は陽の厳しさを持ち、時に刑具を用いて初を叱責することもあるが、初が賢明になれば、中和の態度で、刑具を外す寛容さも持っている。厳しさ、寛容さともに適切である。童蒙の指導者としては、若者の進歩を認めれば寛容も発揮せねばならない。

＊ 刑罰に対する否定的な見解は王弼の『老子』注にも見える。例えば、三十六章注に「唯だ物の性に因り、刑に仮《か》りて以て物を理《おさ》めず」、四十九章注に「若《も》し乃ち其の法網を多くし、其の刑罰を煩わしくすれば…

則ち万物は其の自然を失い、百姓は其の手足を喪う」とある。しかし、小象伝の注では、法制を正すという意味で、王弼はその必要性に言及している。

九二

包蒙。吉。納婦。吉。子克家。

蒙を包《つつ》む。吉。婦を納《い》る。吉。子　家を克《よ》くす。

【王弼】剛で中位に居り、力があって頼りになり、童蒙の落ち着くところである。広く受け入れて拒まないため、遠近の童蒙はみなやって来る。そのため、「蒙を包む。吉」。婦とは己（九二）に配偶となって婦自身の徳を完成させるものである。九二は体は陽で、よく蒙を包容し、剛をもってよく中位に居ることができる。この状態で配偶を納《い》れれば応じないものはない。だから「婦を納《い》る。吉」。九二は内卦（下卦）にあって、剛健で柔に接し、上下の陰に親しんで中《ちゅう》を得、任務に十分堪えることができる。このことを子息に当てはめれば、この子息は家のことを巧みに処理していけるという義である。

六三

勿用取女。見金夫、不有躬、无攸利。

女を取《めと》るに用いる勿れ。金夫《きんぷ》を見て、躬を有《たも》たず。利する攸无し。

【王弼】童蒙のとき、陰は陽に求め、晦は明に求め、それぞれその昧《くら》さを開くことを求める。六三は下卦の上にあり、上九は上卦の上にある。六三と上九は男女の義である。上が三を求めないのに、三が上に求めるのは、女が先に男を求めるものである。女というものは、行ないを正して命を待つものである。しかるに剛夫（頑丈な男性）を見てこれを求めようとしている（蒙卦は童蒙の方から明を求める。男女関係でいえば、女の方から男を求める卦である）。こうして「女はその躬《み》を有《たも》つことができない（貞節を固く守れない）」という。これを女に当てはめてみれば、行ないが順でないということになる。故に「女を取《めと》るに用いる勿れ」で「利する攸は无い」（そのような女を娶ってはならない。得にならない。）

＊　六三は上九と陰陽応じている。蒙昧な六三の陰が開明な上九の陽に啓蒙を求めて行く形である。しかし、両者は男女の関係でもある。蒙昧の時には陰が陽を求めるから、女の方から男に求めていく姿である。女は行ないを正し、男からの命を待つのに、六三は積極的に男性を求める女性、つまり貞節を固く守れない女性と見られる。しかも、上九は陽爻で卦の一番上にあり、男性度の強い男性。いわば「金夫」（強い男性）である。金夫に引き寄せられる女性は好ましくないとして、六三は否定的に見られる。

六四

困蒙。吝。

蒙に困《くる》しむ。吝《りん》。

【王弼】一人自分だけ陽から遠く、二つの陰（六三と六五）の中に居り、暗いのに啓発してくれるものがいない（応の初九も陰で、啓発してくれない）。それによって、「蒙に困《くる》しむ」という。蒙昧に困しんでいるのに、賢に親しみ、志を啓発することもできない。鄙《いや》しいことである。そのため「吝」（恥ずべき）という。

六五

童蒙。吉。

童蒙なり。吉。

【王弼】陰の質で尊位に居り、自分で瑣細なことまで監視することをせず、九二に委ねる。仕事を九二の能力者にさずけ、自分は己の聡明さを骨折って用いることはしない。功はこれによって手際よく運ぶ。そのゆえに、「童蒙なり。吉」という。

＊ 六五は尊主の位にあるが、陰ゆえに蒙昧な人物である。ただ、中位を得て温和であり、自分が開明でないことも心得ている。君臣関係からみれば、蒙昧な君主。しかし、「童蒙なり。吉」というのは、君主がもし蒙昧でなく知識豊富であれば、先走って他人の意見を聞こうとせず、独断に陥るおそれがある。蒙昧の弱点があるため、反って応の有能な九二の臣下に仕事を委任し、教えを請う気持ちを持つことができる。六五には蒙昧のもつ長所がよく出ている。

上九

撃蒙。不利為寇、利禦寇。

蒙を撃つ。寇《あだ》を為すに利あらず、寇を禦《ふせ》ぐに利あり。

【王弼】蒙の終わりにいて、剛をもって上にいる。童蒙（六三）を撃ち、その蒙昧を啓くことができるものである。故に「蒙を撃つ」という。童蒙（六三）が啓発を願い、自分（上九）が蒙を撃って暗さを去らせるなら、蒙を啓くという上下の願い（上九と六三、また衆陰の願い）に合致している。それだからこそ、すべてがおとなしく従ってくれる。童蒙のために、悪となる敵を防ぐなら、童蒙はみな付いて来る。しかし、童蒙を守り助けず、彼らが付いて来るので、それを取って害なおうとするなら、人々はみな叛く。このため、「寇を為すに利あらず、寇を禦ぐに利あり」である。

＊　上九は、六三の爻辞によれば、「金夫」で、男女関係に注目されていた。ここではもとに戻り、童蒙の啓発が主題となっている。上九は蒙昧な六三を指導するだけでなく、近づいてくる衆陰に対しても指導する。しかし、陽爻でしかも卦の一番上に位置して剛強に過ぎ、過酷な指導におちいりやすい。群陰が啓蒙を願って集まるのを利用し、殴打して害するおそれもある。このような行為は、悪の道への誘惑者を懲らしめるに適しているが、童蒙自身に対しては望ましくない行為である。

「寇を為す」は、上九が強すぎて穏やかな啓発ができず、過酷な指導におちいること。群陰が啓蒙を願って集まるのを利用し、殴って害を与える。その激しさは良くないという。

5　需

䷄乾下坎上

需。有孚。光亨。貞吉。利渉大川。

需。孚《まこと》有り。光《かがや》き亨《とお》る。貞にして吉。大川を渉《わた》るに利あり。

需は「須」と同じで、「待つ」意味。時期の到来を待つことである。

卦は下卦が乾で前進しようとする気持ちが強い。前方に坎の険難があるが、乾は剛健で、進んで行っても険難に陥ることがない。さらに、上卦九五の陽は天子の位に在り、中位にあって陽爻陽位の正位を得ている。したがって、卦辞に「光《かがや》き亨《とお》り、貞にして吉」（物事は大いに順調にゆき、正しさを守って、吉を得る）と喜ばしい語が掛けられている。「大川を渉るに利あり」は、この卦のようなめでたい時世には、前方に大河の険難があっても進んで出かけて功をあげることができる。時機を待ち、積極的に事を進めてよいという。しかし、各爻にはそれぞれ異なった事情があり、危ぶむ語も見られる。

大象伝に卦を説明して「雲　天に上るは需なり。君子　以て飲食宴楽す」とある。これは上卦の坎（雲）と下卦の乾（天）で需卦を説明している。「天に上った雲が雨になって降るのを待つのが需である。君子はこの卦にのっとり、飲食を楽しみながら、ゆったり時の至るのを待つ」というような意味に通常は解釈される。雲や天という自然の物象で卦を説明するのを取象説という。他の卦でも大象伝は取象説を採用するが、王弼はほとんど大象伝の取象説を無視する。大象伝の王弼注には、「童蒙がすでに啓発を受け、盛徳は輝き完成した。飲食し、宴楽するのはこの時だ」と述べ、唐突に前の蒙卦との関連から需を説明している。王弼は蠱卦の注や賁卦の注でも直前の卦との関連について言及している。直接に関連を言わない場合でも、それを意識していることが多い。ちなみに、『易』の序卦伝は乾坤から始まる卦の順序を、直前の卦との関連から説明している。

初九

需于郊。利用恒。无咎。
郊に需《ま》つ。用《もっ》て恒《つね》あるに利あり。咎无し。

【王弼】需（待つ）の時にいて、難から最も遠ざかっている（上体坎の険難から最も遠い）。進もうとする気持ちを十分に抑えている。害から遠ざかって時を待っている。進むべき幾（微妙な気配、兆候）を見て速やかに進んで行くことはできないが、待つ状態を保つことができる（から災難を免れる）。

＊ 初九は上卦坎の険難から最も遠い。遠く離れている意味で爻辞に「郊外で待つ」という。初爻で初心だから、進むべき兆《きざ》しに応じて速やかに進む能力は低い。そのため危難を前にして、あわてて動かず、普段の状態を保ち、難の治まる時を待つのが望ましい。

「用《もっ》て恒《つね》あるに利あり」の「恒」は、「恒常」の意味で、ここではその卦の通常の状態、つまり卦の本質をいうと理解した（『周易抄の国語学的研究（影印本）』による。以下『周易抄』と略す）。需卦は「待つ」ことが卦の本質である。よって、「用《もっ》て恒《つね》あるに利あり」は「待つのがよろしい」意味になる。

九二

需于沙、小有言、終吉。
沙《すな》に需《ま》つ。小《すこ》しく言有るも、終に吉なり。

【王弼】ますます進んで難（上体の水の険難）に近づいたので、「沙に需《ま》つ」という。まだ災難を招くに至らないので、「小《すこ》しく言有り」（少し文句をいわれる）という。近づいても難に迫っておらず、遠くても（初よりも一つ進んでいるので）時に後《おく》れることはない。健を履み中に居り（陽爻で、下体の中位）、出かけるタイミングを待っている。小言で責められることがあっても、最後には吉である。

＊　九二は陽の剛健さを持つが、中位を得ているため、猪突することなく、穏《おだ》やかにじっと機会を待つゆったりした性格を持っている。危険に近づいたので、「小しく言有り」と、少々文句が出るかも知れないが、大事には至らず、最後には吉である。「小しく言有り」は、危険に近づき過ぎ、災いを受けるぞという小言をくうこと。

九三

需于泥。致寇至。

泥に需《ま》つ。寇《あだ》の至るを致す。

【王弼】剛で難に迫り、道を進もうとしている。そのため災難を招き、寇（敵）を呼び起こす。まだ待機しているなら、剛健な身を災難に陥れることはない。災難がやって来るのは自分が招くのである。敬慎して防備しておれば、失敗はないであろう。

＊ 前方（上体）に水の険難がある。三は水に接する地点まで来た。それを「泥に需つ」という。みだりに進むという軽率さが、敵を呼ぶ状況を作る。したがって、この地点で時期を待つ方が、災害に陥らないですむのである。

六四

需于血。出自穴

血に需《ま》つ。穴より出《い》づ。

【王弼】およそ血と称するのは、陰陽が互いに傷つくことである。陰陽が接近したのに仲良くなれず、陽が進もうとしているのに、陰が通路を邪魔するなら、互いに害《そこな》いあうことになる。穴とは陰の路である。六四が坎の始めにいるのは穴にいるものである。九三の剛が進み、四は拒むことができない。侵略されて穴（険しい場所）から出て避けるが、四は柔順に命を聴き順うことによって咎を免れる者である。それで、「血に需つ、穴より出《い》づ」という。

＊ 六四は上体坎の険難のなかにいる。困難の状況で時を待っている。陽剛の九三が妄進してくる通路の穴に六四が居て、戦いあうことからの血のイメージがある。しかし、始めは戦っても、六四は陰爻でおとなしく、正位（陰爻陰位）の正しい人物であり、時宜を待って引下ることができる。それを「血に待つが、結局穴より出る」という。したがって、爻辞の「血に需《ま》つ」も、徹底して陽を拒んで抗戦するわけではない。

九五

需于酒食、貞吉。
酒食《しゅし》に需《ま》つ。貞にして吉。

【王弼】「需」が「待つ」というのは、障害がなくなり通じることを待つ意味である。九五はすでに天子の位を得て、中正（中位で陽爻陽位の正位）の徳を暢《の》ばし、もはや待つ必要はない。それだからこそ、酒を飲み、飯を食べて自適しているだけで、「貞吉」（正しくて吉）を得る。

＊　九五は天位に位し、中正である。もはや下の乾の三爻のように、前方に険難があり、時を待つということもない。本来待つとは、障害がなくなり通じるのを待つことをいうが、九五は需の道の主人であり、これ以上待つ必要はない。すでに天子の位を得て、中正（中位で陽爻陽位の正位）の徳を暢ばしている。それだからこそ、酒を飲み、飯を食べて自適しているだけで、貞吉（正しくて吉）を得る。また、栄達した地位で飲食の用意をし、天下の人々を接待し、ともに楽しむ。この爻の「需」は待つ意味でなく、人々を酒食の宴楽に招く、つまり請待のおもむきがある。天下の賢人を招いて楽しむニュアンスである。上卦の坎は険難の象であるが、ここではその意味で解釈しておらず、もっぱら中正の美徳を持つ面から解釈している。

上六

入于穴。有不速之客三人來。敬之終吉。
穴に入る。速《まね》かざるの客三人来たる有り。之れを敬すれば終に吉なり。

【王弼】六四が穴から出たわけは、三と同調できず、三の進路を塞いだが、避けなければ害があると分かり、穴から出て三を避けざるを得なかったのである。上六は卦の終極にいて、もはや進路を塞ぐものではない。三と正応であり、三が自分のところへ来れば、自分の応援となる。そのため、害を畏れて避けることはなく（しりごみすることなく）、穴に入ったままで固めている（静かにしていること）。三陽（下卦の三つの陽）が思い切って進んで来ないわけは、難の終わるのを待っているからである。難が終われば来るので、招く必要がない。上六は難の終わりだから、三陽は自然にやって来る。無位の地にいて（上は、位の無い所）、一陰の身で、こちらへ来る三陽の主となるので、必ず彼らを敬って後、吉となる。

＊　陽は前進しようとする性質を持っている。下卦の三陽も上卦に進もうとしている。六四は九三の陽と戦い、血を出し穴から出て三を避けたが、上六は九三と正応で、三が来れば自分の応援となる。そのため、害を恐れて避ける必要はなく、穴にそのまま残る。しかし、上六は上卦険難の終わりで、険しさの収束地を示している。乾の三陽も危険を冒して来るわけでなく、険難の収束する時を待つ。険難の収束とともに、三陽は招かなくとも自然にやって来る。柔弱で位の無い陰は、勢いのある三陽を軽んじてはならない。三陽に対し主人の態度をとって応対するのでなく、恭敬な態度を示さなければならない。

＊　小象伝には、「上六は无位の地にいて、位に当らない者である。しかし、三陽に恭敬を示すことで吉を得ることができる。そのため、位に当らなくとも大きな失敗にはならない」とある。「位に当る」「位に当らない」とは、通常陰爻陰位か陽爻陽位を「位に当る」（当位あるいは得位）といい、プラス評価、陰爻陽位、陽爻陰位を「位に当らず」（不当位あるいは失位）といい、マイナス評価となる。王弼は初爻と上爻は无位（無位）と考えるから、たとえ上爻に陰が来ても陽が来ても得失は問題にしない。したがって、象伝の語は上に在ること自体を「位に当らず」と表現したものと、王弼は見たのであろう。

6　訟

☰☵坎下乾上

訟。有孚窒。惕中吉。終凶。利見大人、不利渉大川。

訟。孚《まこと》有るも窒《ふさ》がる。惕《おそ》るれば、中の吉なり。終《お》うれば凶。大人を見るに利あり、大川を渉るに利あらず。

訟は訴訟、裁判の卦。上卦乾は剛健でたくましく、下卦坎は険《けわ》しい。険しい気持ちを懐いて、性質が剛健であれば、訴訟が起りやすい。

訴訟は不和から起こり、簡単には解決しない。困難が甚だしいからである。正しい道理があっても通ぜず、恐懼している者であって、はじめて吉を得ることができる。しかし、訴訟は終わりまで続けてはならず、中途でやめれば吉である。根源をふさいで、訴訟をまねかないようにしなければ、たとえ自分が正しく、最後まで続けても、やはり凶である。訴訟は道理があっても塞がって順調に行かない。恐れて慎み、中途で止めるようにすればよい。卦辞の「訟は孚《まこと》有るも窒がる。惕《おそ》るれば中の吉（中途で終わる吉を得る）なり。終うれば凶」というのはこのような意味である。手際よく聴断するものがいなければ、真実があってもそれを明らかにできない。道理があるのに、塞がれて懼れている者に、訴訟を中途でやめ吉を得させるには、有能な聴断の主がいるはずである。それは九二であろうか。九二は剛をもって下卦の二位に居り、群小たちを正し、裁断は中和を失わず、この任に応じることができる。

右は彖伝《たんでん》に付けた王弼注の大意を示した。

「大人を見るに利あり、大川を渉るに利あらず」は、「裁判のような難しい案件には、大人物に面会して助言を受けるのがよい。ただ、大河を渉るような思い切ったことをすべきでない」意味になる。

九二は大人物に相当する。また、聴断の主でもある。上下から陰に挟まれ、塞がっているが、陽剛で強く、閉塞状態に堪えることができる。また、中位で、中庸の徳を持ち、訴訟や争いを終わりまで進めるような行き過ぎはしない。時機を見てやめさせることができる。王弼はこの卦の主爻を九二と考えた。しかし、九二は中《ちゅう》であっても正（正位）でないため、中正（中位で正位）の九五の方が聴断の主として、よりふさわしいようにも思われる。九二は裁判係争中の当事者で、九五が聴断の主という説もある。

さらに、九二の爻辞を見れば少しもよいところがない（後述）。これは九二が中位を得、陽爻で充実している点を見ている彖伝と、下位の九二が、下から九五を訴える点を見ている爻辞の違いである。彖伝と爻辞とで見方が違い、評価が分かれる事例は、珍しいことではない。

なお、大象伝には「天と水と違《たが》い行くは訟なり。君子以て事を作《な》すには始めを謀る」と上下の卦体の物象から卦を説明している。これは大略、「中国では天は西に動き、大河（水）は東に注ぐ。このような行き違いから訴訟は起こる。君子は、事を始める場合、訴訟の例を参考にして、その始めを慎重に考える」という意味である。

王弼は既記のように、物象を排しようとするので、ここでも天と水から卦体を説明する前段は無視して、およそ次のようなことを述べている。「孔子は〝訴えを聞いてとりさばくことにおいて、私は他人と変わらない。しかし、それよりも私は訴訟を無いようにさせる〟といっている（『論語』顔淵篇）。訴訟を無いようにさせるには、始めを慎重に考える。始めを慎重に考えるのは制度を立てることにある。契（割符、契約、誓約）の不明なことが訟の生まれる所以である。訟の起こる所以は契の誤りである。そのため、徳のある人物は契を司り、人にもとめない（契約をきちんと監督し、人を責めることをしない）」と。文意を取りにくい部分もあるが、おそらく有徳者や聖人は法律にのっとって人を裁き、個人的な好みで人を裁くのではないということであろう。

初六

不永所事。小有言、終吉。

事とする所を永くせず。小《すこ》しく言有るも、終《つい》には吉。

【王弼】初六は訴訟の始まりで、訟を終えるまで続けてはいけない。そのため訴訟を最後まで続けることがなければ吉である。総じて、陽は唱導し、陰はそれに和し、陰が先に唱導するものではない。九四が呼んだのでそれに応じ、九四から犯されて、訴訟となった。初は訴訟の始めにいて、訴訟に先走って行動することはない（相手から言われてからそれに応える形）。やむなく訴訟とならざるを得なかったが、訴訟を終えると、その言い分は明晰である。

＊　初六は何かのことで、九四に呼び出され、犯された、つまり道理に合わぬことをされた。道理に合わ

ぬこととは、訴訟を起こされたことであろう。おとなしい初六もやむを得ずそれに応じ、本格的な訴訟が始まった。訴えたのはおそらく九四であり、初六もやむを得ず訴えに応ぜざるを得なかった。初六は陰柔でおとなしく、訴訟に先走って行動するつもりはなく、中途で止めたく思い、深入りするつもりはない。「小しく言有る」は、やむを得ず訴訟の場で弁解したことをそのようにいう。しかし、自分の方に正当性があるので、結局初六の言い分は明晰で筋が通っている。

＊ 初六と九四は陰陽応じ、助け合う正応関係だが、王弼は二者の関係を係争関係と見ている。ちなみに、程頤の『易伝』では、初六は第三者と訴訟になるが、九四は初六を援助する友好的な人物扱いである。

九二

不克訟。歸而逋其邑。人三百戸、无眚。

訟に克《か》たず。帰りて其の邑に逋《のが》る。人三百戸、眚《わざわい》无し。

【王弼】陽剛のため、訴訟中に謙遜にへりくだることができない。しかも、下位（二）にいて、上（五）を訴えるので、勝てないのは当然である。敗訴し、もし懼れて、自分の邑に逃げ隠れることができるなら、災いを免れることができる。三百戸以上の邑なら、隠れるところではない。隠れても強いものに寄り掛ることになるため、災いを免れることができない。

＊ 九二と九五は陽爻と陽爻の敵応で、乖き合う関係になる。ここでは、九二の訴える相手が九五という設

定になっている。

＊　既述のように、彖伝《たんでん》の注釈では、王弼は九二を卦の主爻ととらえ、優れた徳を持つように見ている。しかし、爻辞の注釈では九二は欠点をもっており、有徳者に見えない。『周易略例』略例下も参照。

六三

食舊德。貞厲。終吉。或從王事无成。

旧徳を食《は》む。貞にして厲《あや》ぶむ。終《つい》に吉。或《あるい》は王事に従うも、成す无し。

【王弼】柔弱の体で上九に順い、九二のように下から上を訴えるようなことはしない。そのため、上九から侵奪されず、自分の所有を安全に保つ。そこで、元通りの禄を食《は》むことができ、失うことがない。争訟の時に、両剛（二と四）の間にいて、たがいに近い関係だが、二と四のどちらに対しても満足することがない（正応の上九がいるから）。かくして、「貞にして厲《あや》ぶむ」（身を正しく保ちつつ、なお危ぶんでいる）という。柔の体は争うことがなく、上九と応の関係でつながっているため、衆（二と四）は三を圧倒することができない。それゆえ、「終に吉」という。上九は壮で、争訟には必ず勝つため、彼に逆らうことは難しい。したがって、六三は王者の仕事に従うことはあっても、自分から先走って仕事を完成させることはしない。

＊　王者とは上爻を指すように見える。しかし、上爻には位が無い。ここでは、王者を上爻と限定せず、六三が某君に仕えるとき、あたかも王者に仕えるように、その仕事を助けてはたらくという意味であろう。

九四

不克訟、復即、命渝、安貞、吉。

訟に克《か》たず、復《かえ》って即《したが》い、命《めい》を渝《か》え、貞《ただ》しきに安んずれば吉なり。

【王弼】（九四は訴訟に勝てず）初六の弁解は明晰である。

上位の九四から下位の初六を訴えるが、初六を犯す行為を改めることもできるから、その災難は大きくない。もし本来の道理に戻ってそれに従い、以前に初六と争うことになった命《めい》を変え、貞正に安んじ、初六を侵犯しないなら、道を失うことはない。「仁を行うのは己自身によるのである」。だから吉がついて来る。

＊ 九四から下位の初六を訴えるが、初六に行った理不尽な行為を、上位にいることで改めることもできるから、その災難は大きくない。もし本来の道理に戻ってそれに従い、以前に初六と争うことになった命《めい》を変え、貞正に安んじ、初六を侵犯しなければ、道を失うことはない。「仁を行うのは己自身によるのである」という（『論語』顔淵篇）。行ないを改め、仁道に戻れば吉がついて来る。

＊ 九四がなぜ、もとの悪い行為を改めることができるのか。王弼の説明はないが、陽剛でも柔位（陰位）に在るため、強さばかりでなく、柔軟性も持っていると見られるからであろう。このような説明は省略されていることが多い。

九五

訟、元吉。

訟には、元《おお》いに吉。

【王弼】尊位を得て、訟卦の主である。中正をもって（陽爻陽位で正。上卦の中央）枉直を裁断する。中《ちゅう》なので過剰でなく、正なので邪でない。剛であって溺れることなく、公であって偏りがない。そのため、「訟には元《おお》いに吉」である。

＊　訟卦の主爻について。彖伝の王弼注は、九二についても「善聴の主」といい、二を主と呼んでいる。しかし、九五も中正で、剛であり、公であり、明らかに善聴の主にふさわしい。しかし、『正義』によれば、これは他の卦、例えば復卦にも見られる。訟卦の場合、二はこの卦の意味上の主であり、五はこの卦の尊位にある主、つまり位における主であるという。小畜卦の彖伝の王弼注も参照。なお、彖伝では一卦両主を認めるが、王弼はできるかぎり一爻を主とする立場を通そうとしている（『周易略例』明象）。しかし、王弼がどちらの爻を主爻と考えたのか、分かりにくいことがある。主爻の問題については履卦も参照。また、主爻の問題については、西川靖二「王弼の『易』解釈における卦主について」に詳しい。

上九

或錫之鞶帶、終朝三褫之。

或いは之れに鞶帯《はんたい》を錫わるも、朝を終うるまでに三たび之れを褫《うば》わる。

【王弼】訴訟の極で、剛をもって上に居り、訴訟に勝つことができるものである。しかし、勝訴して天子から賜わりものを受けても、その栄誉をどうして永く保てようか。そのため、朝政を終えるまでに賜わった大帯を三度も奪われることになる。

＊ 上九は訟卦の極に居て、最後まで訴訟をやり遂げる人物である。剛で項上に居るから、勝訴した者といえる。訴訟はできるだけ中途で決着をつけるのが望ましいため、最後まで続けて勝訴しても全く誉めるに値しない。天子から勝訴の褒美に大帯を賜っても、朝政を終えるまでに三度も奪われる結果になる。なぜなら、謙譲によって賜わった栄誉は永続するが、勝訴で賜わった栄誉は、奪われても不思議はないからである。

＊「或」は「そういうことも有る」というニュアンス。「之れに鞶帯《はんたい》を錫わること或《あ》るも」と読むこともできる。

7　師

☷☵坎下坤上

師。貞。丈人、吉、无咎。

師。貞は丈人なれば、吉にして咎无し。

師は軍隊、戦《いくさ》の意味。上卦は坤で柔順、下卦は坎で険難。一陽五陰の卦である。一陽五陰、あるいは一陰五陽の卦では、陰陽の数が少ない方が主体的な働きを持つため、唯一の陽（九二）が主爻となり、卦義を決定する役割を持っている。九二は六五の尊主と応じ、信頼され寵愛されている有能な臣下である。「行険而順」（彖伝）の「行険」は、九二が下体坎の険難の中に在ることから、困難な道を行く、あるいは困難な事を行う意味になり、「順」とは上体坤が順であることに由来する語で、九二が困難な事を命じられても、柔順に実行する意味になる。陽爻のため、剛強さ、厳しさも兼備している。このような徳を具えておれば、天下を使役し苦しめても、民衆は従うと彖伝は論じている。軍隊の大将としてこの有能を具えた人物を「丈人」（卦辞）と呼ぶ。軍隊ではかような長が必要とされる。

卦辞に付けた王弼注の大意は以下のよう。「丈人とは、いかめしく立派な人物の称である。正しい軍隊は、丈人の大将を得れば吉である。戦争を起こし、兵を動かすのに功がなければ罪となる。丈人の大将を得るような吉があって、はじめて災難を免れる」

なお、「吉、无咎」は「吉によりて咎无し」の意味。吉があることにより、もと災難がある状態から免れること。「无咎」（咎无し）とは、本来の道を得ることにより、もとの災難の状態を免れるというニュアンスである。王弼の『周易略例』略例下を参照。

初六

師出以律、否臧凶。

師出《い》づるに律を以てす、否なるも臧なるも凶。

【王弼】軍隊の始めは兵を整えることである。兵を整えるには律（軍律）を用いる。律を失えば混乱する。このことから、「師出づるに律を以て」し、律を失ってはいけない。律を失って臧（功）があっても、どうして失敗と異なろうか。令を失って功があっても、法では許さない。したがって、師は律をもって出かけなければ、否と臧（失敗と成功）どちらも凶である。

＊　初六は事の始まりで、軍隊を始めて出動させる時に当る。始めは師（軍隊）を律によって整えるのが最も重要なことである。

九二

在師中。吉、无咎。王三錫命。

師に在りて中《ちゅう》す。吉にして咎无し。王　三たび命を錫《たま》う。

【王弼】剛で中位におり、五に応じている。師において中《ちゅう》を得たものである。上の寵を受けて（王位である六五と正応の関係）、軍隊の主である。任は大きく役は重く、功が無ければ凶である。そのため、吉を得て（＝功があってはじめて）災難を免れる。軍隊を出して吉を得るのは、邦を懐《なつ》けるよりも善いことはない。邦が懐けば衆は服す。錫（賞賜、恩賞）はこれより重いものはない。こうして、王の委ねた任務を成就することができるのである。

＊九二は中位に居て、剛の強さと中和を兼備している。上の寵を受け（王位である六五と正応の関係）、軍隊の主である。戦《いくさ》の場合、結果が優先し、功績がなければ凶となる。功績の中で大きなものは、相手国を慣れ親しませることである。邦が懐けば衆は服従し、これより重いものはないほどの恩賞を受ける。

＊「三たび命を錫《たま》う」とは、君主から三度褒美を賜ること。『正義』には「一命　爵を受け、再命　服を受け、三命　車馬を受く」とある。

六三

師或輿尸、凶。

師或いは尸《かばね》を輿《にな》う。凶なり。

【王弼】陰で陽位におり、柔で剛に乗っている。進んでも応援が無く、退いても守る所が無い。この状態で軍隊を用いても、戦車の上に死体を積む凶を得るのは当然である。

＊　六三は上六と陰同士で、進んで行っても応援を得られない。退いて、もとに戻っても、不正の位（陰爻陽位）で落ち着けず、さらに陽剛の上に乗る傲慢さがあり、九二の反感を買うだけ。進んでも退いても思うようにならない。このような状態で軍隊を動かしても、戦車の上に死体を積むことになるだけである。

六四

師左次。无咎。
師　左に次《とま》る。咎无し。

【王弼】位を得ているが応がなく、応援が無ければ軍隊を出すことはできない。位を得ているから、止まるべきである。（止まるべき場所としては）左に止まれば災難はない。用兵の法は右背後に高地があるのが理想である。だから、その高地の左前方の低地に止まるのである。

＊　六四は陰爻陰位で位を得ているが、陰爻で力弱く、中位《ちゅうい》でもない。能力があまり高くない人物と考えられる。そのうえ、応がなく、援助してくれるものがない。そこで、軍隊を進めず、止まるのが望ましい。

軍隊を駐屯させる場所としては、右背後に山陵があり、その左前方の低地の場所がふさわしい。動かず、ここに駐屯すれば功績はないが、守るべき道は十分に守っていることになる。

＊「左に次《とま》る」は、右後方に高地を置いて、左前方の低地に駐屯する。『正義』は『漢書』に見える韓信の言葉、「兵法は山陵を右背とし、水沢を前左にせんと欲す」を挙げている。

六五

田有禽、利執之、无咎。長子帥師、弟子輿尸。貞凶。

田に禽有り、之を執《とら》うに利あり、咎无し。長子師を帥《ひき》い、弟子《ていし》尸を輿《の》す。貞なるも凶。

【王弼】軍隊を用いる時にあって、柔が尊位を得ている。陰は先に唱道することなく、柔は物を犯すことがない。相手から犯されてから後にこれに応じて出る。犯されて出て行くので、道理として当然正直である。したがって、「田に禽有り」(田中に禽がいて、苗を先に犯したので)、これを捕らえても災禍はない。柔は軍の長官ではない。陰は剛武ではない。そのため、自分自身で出かけて行くことはなく、必ず他の人物に権限を授ける。授けても正しい人物を得なければ、兵は従わない。そのため、長子が軍を率いるのがよい。年少者が軍を率いると凶なのは当然である。

＊六五は尊主。中位で中庸の徳を持つが、陰柔で剛武でない。長所は、我意を強硬に主張することなく、人に逆らわないことである。そこで、自ら軍隊を率いて出かけることなく、必ず他の有能な人物に権限を

授ける。特に軍隊では有能な人物でなくては成果があがらない。六五にとり有能な人物は九二になる。これが卦辞の「丈人」に当り、爻辞の「長子」に当る。爻辞の内容は、「田に禽（侵入者）がいる。先に侵略されたので、捕らえるとよろしい。災いは起こらない。戦争の時は長子（威厳のある者）が軍隊を率いるのが好ましい。年少者では屍を車に載せて帰ることになる。これでは正しい戦争だとしても凶である」。

＊　自分の領地が先に侵犯者に荒されたので、有能者に軍隊を率いさせて伐てばよいという。それを苗を食う禽獣が田に侵入した話に喩えている。

＊　「執之」は四庫全書本や整理本は「執言」に作る。その場合「言を執《と》り」と読み、「罪を言い立てる」意味。郭京『周易挙正』は「執之」と作る。今それに従った。「之れを執《とら》う」と読む。「言」は草書体の「之」と間違いやすいので錯誤が生じた可能性がある。

上六

大君有命、開國承家、小人勿用。

大君命有り、国を開き家を承《う》く、小人は用いる勿《なか》れ。

【王弼】師の極にいて、師《いくさ》の終わりである。大君の論功行賞に落度があってはならない。大きな功があれば、国を開かせ、家を継がせ、国を安んじさせる。小人を用いてはならない。国を安んじる道ではないからである。

＊　上六は師卦の極で終戦の時に当る。上六を勝利に働きのあった人物と見て、大君つまり天子が上六に爵命する、つまりその功績の程度によって論功行賞を行うのである。上六が大功をあげれば、国を開かせ諸侯とし、小功なら家を継がせ、卿大夫とする。仮に君子でなく小人なら、国を乱すもとであるから、諸侯にも卿大夫にもしない。通常、大君は六五を指すが、ここでは六五に限定せずとも、君主が一般的に論功行賞に当る際の注意を述べたものとして理解可能である。

8　比

䷇坤下坎上

比。吉。原筮。元永貞、无咎。不寧方來、後夫凶。

比。吉。原筮《げんぜい》す。元永貞にして咎无し。寧《やす》からざる方も来たる。後れるは凶（或いは、後夫は凶）。

先の師が反対になった卦である。同じく一陽五陰の卦で、九五の陽が主爻である。九五がこの卦の内容に重要な意義を持っている。彖伝の王弼注に次のようにいう。

「比（親しむ）の時にいて、必ず相手の親しみを求める真実の姿を窮め、筮して慎重に災いが無いことを求めて、（互いに親しみあえるのは）ただ、元永貞をもつ人物であろうか。いったい、群党（有象無象のグループ）が親しみあうようなものは、元永貞がなければ凶邪の道である。もし明察の主（九五）に遇わなければ、永貞を持つといっても災難から十分に免れることはできない。永貞を長く保たせ災難をなくさせる者は、ただ九五だけであろうか」

「元永貞」とは、元は大、永は常に変わらないこと、貞は正しさ、というような意味で九五を指す。親しむ時に悪人の群居になるのは邪の道である。中心となる正しい人物がいなければならない。九五は中位で、尊主。陽爻陽位で最も信頼の置ける人物である。彖伝に「上下が応じている」というのは、この主爻と六二の陰が応じ、好ましい関係になっていることをいう。ただ、九五以外はすべて陰であり、衆陰は陽に親しもうと、急いで九五に集まって来る。したがって、遅れてやって来るときは凶となる。

卦辞の大意は、「親しめば、吉を得ることができる。親しむには、必ず互いに相手の実情を窮め、占いによって決定する。互いが元永貞の徳を持つ相手と親しむなら災いから免れる。この親しみ安らぐ時には、安らぎを得ていない地域も、ことごとく素早くやって来る。後《おく》れるときは凶である」。

＊「原筮」は「実情を原《たず》ね窮め、占いで決す」（『正義』）。

＊「元永貞」は萃卦九五の王弼注には、「脩仁守正、久必悔消」とある。「仁を修め、正を守り、それを久しく続ける」というようなこと。『正義』では、「元永」は元は大、永は長。「元永貞」は大きくて永久的な正しさ。

＊「後夫」の「夫」は語辞（虚字。実質的な意味を持たない語）、または、実字として「丈夫（一人前の男子）」（『正義』）の意味。上六の『正義』によれば、後夫は上六を指す。

＊九五だけが陽で、他の陰はすべてこの陽に応じていると王弼はいう。一方で初六の爻辞では「初六には応がない」という。この場合は上下体に分け、原則的な応の関係に注目したのであろう。

初六

有孚比之、无咎。有孚盈缶、終來有它吉。

孚有りて之れに比《した》しむ、咎无し。孚有りて缶《ふ》に盈つれば、終に来たりて它吉有り。

【王弼】比（親しむ）の始めにいて、比の首（先頭）にあるものである。そもそも、信の心（誠実）をもたずに比の首におれば、災難はこれより大きなものはない。だから必ず「缶（酒を入れる瓦器）に満ちるほどの孚（まこと、誠実さ、真面目さ）があって」、然る後に比の災難（親しみから生まれる災難）を免れることができる。それゆえに、「孚有りて之れに比《した》しむ、咎无し」という。比の首にいて、一つの応だけに縛られることなく（初六に応がないことを肯定的に見ている）、私的な関係を結んだものだけに親密にし、他には物惜しみをする心がなければ、親しみを寄せないものはない。信を著わし誠を立て、それが質素な器に満ちあふれれば、最後には人々がやって来て、衰え尽きることがない。天下に親しみ、信を著わし、缶に満ちれば、応援に来る者は一方からだけであろうか。そこで、必ず他の吉（思いもよらぬ福）がやってくる。

＊　初六は比（親しむ）の始めにいる。交際の始めには、特に信頼できる真面目で誠実な態度が望まれる。初六には応がない（六四とは陰同士）。一般に、応のないのは孤立しており、否定的に見られる。しかし、見方を変えれば、私的な関係者だけに親しみ、他者に物惜しみする狭い料簡を持たないとされる。その結果、反《かえ》って親しみを寄せない者はいないことになる。彼のもとに応援に来る者は一方からだけでなく、必ず、思いもよらぬ方向から福（他吉）が来るのである。

六二

比之自内。貞吉。

之れに比《した》しむこと内よりす。貞にして吉なり。

【王弼】比の時にいて、中にいて位を得（陰爻陰位で正位）、つながりある応援が五にいる。初六のように、他の吉を来させることはできないが、自発的意志を守り、五とだけ応じ、貞《ただ》しい吉を得ることができる。

＊ 六二は正位で、誠実さを持ち、しかも中位にあるので、温和。思いがけない福はないが、誠実に正応との仲を守ることができる。

＊ 「内よりす」は内卦（下卦）にいて、外卦の五に親しむことであるが、自発的な意志で親しむ、あるいは内に持つ誠実さを失わないというニュアンスもある。

六三

比之匪人。
之れに比《した》しむに、人に匪《あら》ず。

【王弼】四は外より比《した》しみ、二は五のために貞を守っている。近くと親しむことができず、遠くには応がない。六三が親しもうとする者は、みな自分が親しむべき者でない。そのため、「之れに比しむに人に匪ず」という。

＊　六三には隣の六四が外から比《した》しもうとするが、陰同士で親しくなれない。隣のもう一つの六二は、九五と正応で、貞節を守り、親しくなれない。六三と遠く応じる上六も陰同士の敵応で親しくなれない。六三が親しもうとする者は、みな適切な人物でなく、親しめない者ばかりである。親しむべき時に親しめるものが誰もいないため、哀しむべき状態にある。

六四

外比之、貞吉。

外　之れに比《した》しむ。貞にして吉なり。

【王弼】外の九五に親しんでいる。四は正しい位を履み（陰爻陰位）、親しむ者として五の賢者を失っておらず、居るところは位を失っていない（正位）。このために、貞《ただ》しい比《した》しみ方で吉である。

＊　「外」は外の方角というような意味であろう。「之れ」は九五を指す。

九五

顯比。王用三驅失前禽。邑人不誡、吉。

比《した》しみを顕《あきら》かにす。王用《もっ》て三駆して前禽を失う。邑人誡めず、吉。

【王弼】比（親しむ）の主であり、応が二にある。比の道を顕らかにするものである。比の時に応と親しむことを顕らかにすれば、（広く親しむことにならず）親しむものが狭くなる。そもそも物に対して无私であり、ただ賢者にのみ親しめば、去るも来たるも（自分に親しみ）どちらも失うことがない。そもそも三駆の礼は、禽獣が逃げずに逆に自分の方に向かって来るなら、捨ててとらず、自分に背いて逃げれば弓で射る。来るのを愛して去るのを憎むからである。このゆえに、そのやり方はいつも前禽（自分に向かって来る禽）を取逃がす（つまり射殺《いころ》さない）。比を顕かにする、つまり私的な正応の関係にある者だけを愛する仕方で王位に在るのは、三駆の道を用いるものである。このために、「王三駆を用い、前禽を失う」という。中正を用いて（陽爻陽位で正、上卦の中位）、征討には常（道理）があり、曲がったところがない。邑（自分の領地）に討伐を加えることはなく、動くときは必ず叛逆する者だけを討つので、邑人（自領地の民）はおそれず、誡（防御・警戒）もしない。大人の吉を得ないが、比を顕かにする吉である。これは王者の使いとなることができても、王者自身となる道ではない。

＊　九五は主爻で、この卦で一番重要な意義を持っている。陽爻の剛健さを持ち、中正、温和で行為は正しく、尊主の位にあり、最も信頼できる。しかし、九五には私的な関係で結ばれる六二が存在する。民の上に立つ王者は、正応の関係を持つべきでない。王者は特定の者だけに親しむのでなく、背いて去るものも、来るものも、どちらも自分に親しませ、失うところがないようにする。これが上に立つ者の真の方法である。したがって、九五は比《ひ》（親しみ）の中でもランクが下の「顕比」（比《したしみ》を顕《あきら》かにする）の吉は得られても、「大人の吉」は得ることができない。

＊「三駆」は「三駆の礼」といい、禽獣を狩るときに守る礼。禽獣が逃げずに逆に自分の方に向かって来るなら、捨ててとらず、自分に背いて逃げれば弓で射る。これは来る者を愛し、去る者を憎む礼である。「前禽」は自分に向かって来る禽。三駆の礼では前禽は射殺せずに取逃がす。これは私的な正応関係にある者だけを愛する偏った親しみ方である。九五が六二の正応を持つのは、三駆の礼に似て、親しみ方のランクが低いというのである。

＊「邑人誡めず、吉」は、「中正の美徳を持った九五の征討には常（道理）があり、曲がったところがない。そのため邑（自分の領地）に討伐を加えることはなく、動くときは必ず叛逆する者だけを討つので、邑人（自領地の民）はおそれず、誡（防御・警戒）もしない。大人の吉を得ないけれども、比を顕かにする吉」ということである。王弼によれば、これは王者の使いとなることができても、王者自身となる道ではない。

上六

比之无首。凶。

之れに比《した》しむに首《しゅ》无し。凶。

【王弼】「首无し」とは後《おく》れることである。親しむ卦の終わりにいて、遅れて来る人物である。親しむ道がすでに完成し、他の人がみな親しんでいるのに、比の道をともに終えることもせず、衆人に棄てられてしまう。凶なるのは当然である。

＊「首无し」とは、文字通りは先頭にいないこと。王弼は後《おく》れることという。上六は親しむ卦の終わりにいて、遅れて来る人物である。親しむ道がすでに完成し、他の人物がみな親しんでいるのに、比の道をともに終えることもせず、衆人に棄てられる。凶なるのは当然である。

＊比の道は五において、すでに完成したとみるので、上六は遅れて来る人物に喩えられている。

＊「比之」の語が数度見える。読みは「之《こ》れに比《した》しむ」であるが、「之れ」を本爻とみるか、本爻以外の他爻とみるか迷う。たとえば、初六「有孚比之、无咎」の「之」を本爻とみる場合、「初六に誠信の心があれば、他爻は初六に比《した》しんで来るので、初爻は災難を免れる」意味になる。王弼や『正義』はもしかすれば、両者の意味を含めているのかもしれない。参考に初六以後をみれば、六二の「之れ」は内から比しむので、明らかに他爻、つまり九五を指している。六三の「之れ」も他爻である。六四も他爻、上六も他爻である。中井履軒は、比卦の初六注で「之字は本爻を指す。諸爻もみな此れに放《なら》う。初六は孚有り。九五は乃ち来たりて之れに比しむ」という（『周易逢原』）。『易』の経文解釈は意見が分かれ、曖昧模糊として分かりにくいが、面白い点でもある。

9　小畜

䷈乾下巽上

小畜。亨。密雲不雨、自我西郊。

小畜。亨る。密雲あれど雨ふらず。我が西郊よりす。

小畜は「小《すこ》しく畜《とど》める」意味。下卦乾の象は天で、本来上にあるもの。三個の陽気も強く、勢いよく上進しようとする。上卦は陰卦で、陽の上進を止めようとする。しかし、強さに隔たりがあり、下卦のうち一陽（九三）だけ、隣の陰に止められても、他の二陽は簡単にすり抜けて行く。「小《すこ》しく畜める」のは、上卦が下卦の一部（九三）だけを畜めるのである。しかし、陽の志も一部通るので「小畜は亨る」（卦辞）。爻は一陰五陽で、六四の陰が卦の意義を決定する爻となっている。他の陽はすべてこの一陰に応じると見る。陰爻陰位で正位を得ているだけでなく、上下がこれに応じるため、九三は六四を侵犯できない。

もし、上の陰卦が下卦の陽の上進を十分に止めることができれば、陰陽は肉迫し、次第に和合し、陰陽の気は凝結して雨となる。しかし、二陽は困難もなく早々と六四を通過して行くので、密雲（厚く重なった雲）を生ずるだけで「雨が降らない」。「雨が降らない」は、恩徳の施しが行き渡らない意味も含んでいる。

象伝は一卦を上卦と下卦の総体としてとらえ、卦辞の「密雲あれど雨降らず」を説明している。つまり、上の陰卦と下の陽卦の争いと見ている。そのため、六四の陰と初九の陽は本来陰陽応じ、親しむはずだが（それぞれの爻辞を参照）、象伝では六四は陽の進路を邪魔すると見る。このように爻辞は六爻を独立させ、各爻を別の見方で考察するため、「雨が降る」場合もある。既記の通り、卦辞と爻辞の一見矛盾する記述は小畜に限らず、他の卦でも見られる（訟卦、履卦など参照）。

＊ 陰卦とは一陰二陽の卦。逆に陽卦とは一陽二陰の卦をいう。集団では少数者が多数者を支配することから少ない方を卦の主とする（繫辞伝下）。なお、乾☰は陽卦、坤☷は陰卦。

初九

復自道。何其咎。吉。

復《かえ》るに道よりす。何ぞ其れ咎あらん。吉。

【王弼】乾の始めにいて、巽の初めに升っていく。四は初の応で、自分（初九）を拒まないものである。陽をもって陰に升り、（本来陽がおるべき上の位置に）復《かえ》るのにその正しい道により（陽が上進するのは正しいあり方）、上卦の巽も順であって逆らうことがない。どうして害され災いを受けることがあろうか。道理からいって吉である。

＊ 初九は上進し、応の六四へ向かう。六四は初と正応で拒まず受け入れる。上卦巽《そん》の徳は「順《したが》う」。六四

は巽に属し、初九の気持ちに素直に合せる。陽爻の初九が、本来陽が居るべき上の位置に復《かえ》るため、「復るに道よりす」（正しい道によって復る）という。上卦の巽も順であり、陽に逆らうことがない。害され災いを受けることがないので吉である。

＊「帰るに道よりす」は、初爻と四爻が応ずるのが『易』の示す正しい道であるとも理解できる。

九二

牽復。吉。

牽《ひ》かれて復《かえ》る。吉。

【王弼】乾の中にいて、上卦巽の五に升っていく。五は畜の極ではなく、自分を抑えるような固い態度のものでない。陽爻の自分に応じてくれる陰爻でもないが、（固い態度のものでないので、）五に引かれて、復ることができるので吉である。

＊乾の中位《ちゅうい》にいて、上卦巽《そん》の五に上っていく。五は畜の極ではなく、中位にいて中庸の志を持ち、自分を抑えるような固い態度のものでない。陽爻である自分に応じてくれる陰爻でもないが、固い態度のものでないので、五に引かれて、復ることができるので吉である。

＊「牽復」は「九五に引かれて復る」としたが、「牽」を「牽連」の意味とし、「初九と連立って復る」と解釈することもできる。二説を兼ねて、「初九と連立って復るのを、九五が引いてくれる」と解釈する

（『周易抄』）ことも可能であろう。

九三

輿説輻、夫妻反目。

輿　輻を説《だっ》し、夫妻目を反《そむ》く。

【王弼】上九は畜《とど》めるの極で、勢いの盛んなものである。上九に手を引かれて上って行くことができない。九三はこのような状態で進むから、まちがいなく車のスポークがはずれてしてしまうことになる。自分（九三）は下卦の陽の極であるが、上卦は陰卦であり、長女であって、この陰の長に止められ、上に復《かえ》っていくことができない。これを夫妻が互いににらみあう義に喩えている。

＊　九三と上九の両陽の関係を夫妻と喩え、反目する夫妻と見ている。上九は巽卦☴長女の一部だから、女性に喩えるのである。

＊　「輻」は「輹」ともいう。車輪のスポークに類したもので、車の動きに関わる重要部品である。日本名は「とこばしり」というが、仮にスポークと訳しておく。なお、大畜卦にも出てくる。

六四

有孚。血去惕出。无咎。

孚《まこと》有り。血去り惕《おそ》れ出《い》づ。咎无し。

【王弼】そもそも血というのは、陽が陰を犯すのである。四は陰の身で陽の三に乗っており、近いが互いに仲良くなれない（四の応は初）。三は（本来居るべき上にもどろうと）進むことにつとめ、自分（四）はそれをさえぎって隔て、まさに侵攻せんとしてくるのを懼れている。上九もまた三を憎み（応であるが正応でなく、同じ陽同士の敵応で反発する）、三の上進を制止する。四の志は上九と合致し、誠実な気持ちを共にする。三が迫るが自分を犯すことはできない。そのため、血は去り、懼れは除かれ、災難の無い状態を保つことができる。

＊ 六四は初九と応（正応）である。先の初九の記述では、六四は初九を受け入れた。ここでは、別の観点から六四と九三の関係に注目する。六四の陰は九三の陽の上に乗っている。陰として高慢な態度である。また、六四はすでに初九と陰陽応じる関係を持っているため、九三とは隣同士でも仲良くできない。そこで六四は九三の上進を拒む。九三は上九に上って行きたいが妨害される。上九も九三に反発している。したがって、四の志は上九と合致し、信頼しあって九三を制止する。九三との争いの結果、六四は傷を受け、血を流すような事態になるが、この信頼関係によって、やがて災難も収まる。

＊ 「孚有り」は、六四と上九の信頼関係をいう。

＊ 「惕れ出づ」とは、恐れが去る、つまり、心配が除かれること。「血」について、王弼は陰と陽が互いに傷つくものと述べている（坤の文言伝、需の六四注）。しかし、ここでは「陽が陰を犯す」ために出ると

述べている。

九五

有孚攣如。富以其鄰。

孚《まこと》有り、攣《れんじょ》如たり。富 其の隣と以《とも》にす。

【王弼】尊位を得て、二を疑わない。来ても拒まず、二が引かれて来ると、自分（九五）はそれを迎えて引き連れ、ひたすら抑える固い態度ではない。「孚《まこと》有りて引き連れる」ということである。陽爻で陽位に居り、充実に身をおくものである。盛んな勢いを保ち、充実に身をおき、上ってくるもの対し、固い態度で対応することがない。富を隣（二をいう）とともにするものである。

＊ 九五は盛んな勢いを保ち充実しているので、上ってくるもの対し、固い態度で対応しない。自分だけで富を独占せず、二を引き連れる。隣（二をいう）をも富まそうとするものである。

上九

既雨既處。尚徳載。婦貞厲。月幾望、君子征凶。

既に雨ふり、既に処る。徳の載るを尚ぶ。婦 貞なれど厲《あやう》し。月 望《ぼう》に幾《ちか》し。君子征《ゆ》けば凶。

【王弼】小畜の極にいて、十分に畜《とど》めることができるものである。陽（九三）が止められて亨《とお》らず雨となる。剛（三）は侵攻できず、上九は危害を受ける心配がなくなったため、安らかに処ることができる。巽を体とし、上に居て、剛も敢えて犯すことがないのは、（剛が柔の）徳を尚《とうと》ぶものである。陰の長となり、剛健（三）を畜《とど》めることができるのは、徳を積み載せるものである。（しかし、陰が陽を制止するのは）婦が夫を制し、臣が君を制するようなもので、貞とはいえ危険に近い。そこで、「婦は貞なれど厲《あやう》し」という。陰の盈盛はこれより盛んなことはない。そのため、「月は望（満月）に近い」という。満ちてさらに進めば、必ずその道を失う。陰が陽に疑われれば、必ず戦伐されることになる。君子であっても、行けば必ず凶である。そこで、「君子《くんし》征《ゆ》けば凶」という。

＊　上九は畜の極、勢いは最も盛んで、下卦の剛乾（九三）を止めることが出来る。上卦の上九に至って、最も徳（止める徳）を積み重ねた結果が出ており、上九を「徳　積載する者」という。「徳の極み」の意味である。九三をしっかり止めるので、陰陽は肉迫し、凝結して雨となる。しかし、巽は陰卦で長女。勢いがあるとはいえ、婦人が夫君を制し、臣下が君主を制するように陽を抑え込んでは、陽にその勢いを疑われることになり、戦伐の憂き目に遭う。よって、このままの状態で進めば凶が待ち受ける。

＊　「既に処る」は、上九の力が強いため、九三の侵攻をを止めることができる。そのため、上九は逃げて危害を避ける心配がなく、安んじて処ることができる意味。「月　望に幾し」は、「月（陰）が満月に近い」ことで、女性の勢いが過剰なことを喩える。「徳の載るを尚《とうと》ぶ」は、下卦の陽剛も力のある上九を敢えて犯すことができないことを「（剛が柔の）徳を尚ぶ」という。

10　履

䷉兌下乾上

履虎尾。不咥人。亨。

虎の尾を履む。人を咥《か》まず。亨る。

卦名の「履」は踏む意味。足で踏む意味から礼を踏む、道を踏む、つまり礼や道を実践する意味につながる。

上卦は乾で剛健、下卦は兌で和悦の徳を持つ。卦辞には「虎の尾を履《ふ》んでも咥《か》まれない。順調に事が運ぶ」とある。爻は六三の陰の下に九二の陽があり、陰柔な者が剛強な者を足の下に履《ふ》んでいる。喩えてみれば、弱者が虎の尾を踏みつけるようで、危険きわまりない。しかし、なぜか咥《か》まれない。六三は下卦和悦の体に属し、無邪気な顔で喜びながら、上卦乾の体に属す上九と陰陽応じている。つまり、六三は剛正の徳を持つ強者の応援を得ている。したがって、強い虎さえ六三を咥むことができないのである。ちなみに、下卦兌は末娘で、にこにこと愛くるしい少女を連想させる。

王弼は彖伝の説にもとづき、一卦の卦義を解釈するのに、原則として一爻を主とした。履卦の彖伝では六三の爻辞を引用しており、六三が大きな意義を持っていることが分かる。数の上から見ても陰爻はこの一つしかなく、主爻は六三になる。

王弼は履卦の彖伝注で主爻と、その具体的な働きについてやや詳しく述べている。一卦を成立させる主体は六三である。「総じていえば、彖伝は（ある爻が）一卦の主となる理由を述べている。三は履卦の主であり、柔で剛を履むのは危険を履むものである。虎の尾を履むとは危険なことをいう。三が悦んで乾に応じるからである。乾は剛正の徳である。六三は悦で、虎の尾を履んで咥《か》まれないのは、六三が悦んで乾に応じるからである。乾は剛正の徳である。六三は悦で、かの邪佞を行わず、悦で乾に応じている。虎の尾を履んでも、咥まれずに亨るのは当然である」

『周易略例』の明象にも「夫れ彖なる者は何ぞや。一卦の体を統論し、其の由る所の主を明らかにする者なり」とある。履卦では、既記のように彖伝は六三の爻辞を引用しており、六三が卦の意義を決定するのに重要な働きを持っていることが分かる。陰爻はこの一爻しかなく、主爻は当然六三になる。しかし、王弼は卦の意義を代表する主爻と同時に、単に位を得、時を得ている爻も主爻と見ている場合がある。多くは五番目の爻がこれに当る。主爻が二つあるように見える時があるため、注意を要する。また、『周易略例』の略例下には、「卦の体は一爻に由らざれば、則ち全て二体の義を以て之れを明らかにす。豊卦の類　是れなり」ともある。これは卦が上卦と下卦の義を取り、一卦の内容を説明すること、つまり「明以動、故豊」（明以て動く、故に豊）という例である。上卦震の徳「動」と、下卦離の徳「明」から、豊卦の義を明らかにしているのである。

初九

素履往。无咎。

素履にして往く。咎无し。

【王弼】履の初めに処り、履の始まりである。道を履《ふ》みおこなうには華美を悪《にく》む。そのため素（質素）であれば災難を免れる。履の初めにいて質素であれば、どこに行こうと従われないことはない。我独りだけが質素の願い（思い、志）を行うなら、乱暴な扱いを受けることはない。

＊ 初九は最下にあり、華美を悪み、質素を実践する者といえる。このようであれば、咎がないのは当然である。「素履」は質素を履み行う。「往く」は今後も質素を守って進むこと。

九二

履道坦坦。幽人貞吉。

道を履むこと坦坦たり。幽人にして、貞にして吉。

【王弼】道を履みおこなうには謙虚を尚《とうと》び、満ち足りた所に身を置くのを喜ばない。誠をつくすことに務め、かの外飾を憎むものである。二は間違いなくその通りで、陽爻でありながら陰位に処り、謙虚を実践している。内にあって中位（内卦の中位）を履み、隠れても顕《あらわ》れても同じ態度であろう（仮に外で貴くなっても栄誉となさず、内に隠れていても屈辱としない）。道を履む美はここにおいて盛んである。だからこそ、その履の道は謙を取って坦坦と裏表なく進み、険厄はない。幽に居て貞である（内卦にひっそりとしていて正しい)。吉を得るのは道理あることである。

* 九二は内卦(下卦)に在ることから、でしゃばらない人物とされる。また陽剛の強さを持ちながら、陰位にいるため、謙虚と見られる。中位でもあり、穏やかで正しい性質とされる。したがって、吉であるのは当然である。

六三

眇能視、跛能履。履虎尾、咥人、凶。武人為于大君。

眇にして能く視、跛にして能く履む。虎の尾を履む、人を咥《か》む、凶。人を武《しの》ぎて大君と為る。

【王弼】履の時は、陽で陽位にいても、やはり謙虚でないという。いわんや陰の身で陽位に居り、柔の身で二の陽剛の上に乗るのは、なおさら謙虚でなかろう。この状態で明(目がよく見える)としても、実は眇目である。これでよく歩けるとしても、実は跛足である。この状態で危険を履めば虎に咥《か》まれる。志は剛健にあるが、履むところ(礼)を修めず、威武で人をしのぎ、大君となろうとしている。これで志を行おうとしても、凶を免れない。それにもかかわらず、志は五に在る(九五のような大きな志を行おうとする)というのは、愚かなことも甚だしい。

* 六三は道の実践の時に、陰の身で陽位に居り、下に九二の陽を踏みつけている。道の実践には陽爻陽位

でさえ強さが勝り、正しいと見られないのに、まして六三は陰の身で陽位に居り、謙遜でなく高慢すぎる。眇目（片目が不自由）なのによく見えると思いこみ、跛（片足が不自由）なのによく歩けると勘違いしているようなものだ。この状態で危険を履めば虎に咥《か》まれることになる。

＊ 既記の通り、王弼によれば、履卦の主爻は六三であり、この主爻により、「危うい が亨《とお》る」という喜ぶべき語が記されている。しかし、「はじめに」でも書いたとおり、六三の爻辞に「人を咥《か》む。凶」と不吉な語があり、卦辞と爻辞が矛盾した記述となっている。その理由は、爻辞は「六三の成卦の体を去り、一爻の徳を指説する」（『周易略例』略例下）、つまり、爻辞（ならびに小象伝）は六三を一卦全体に占める価値の点から見るのでなく、諸爻との関係に注目し六三の独自の性質を見るのである。その点から見れば、六三は陰爻陽位の失位であり、さらに九二の陽を踏みつけているので凶になる。

九四

履虎尾、愬愬。終吉。

虎の尾を履み、愬愬《さくさく》たり。終には吉。

【王弼】至尊（五）の近くに迫り、陽をもって陽を承け（陽のすぐ下で五に承事し）、懼れ多い地にいる。そのため、「虎の尾を履み、愬愬たり（おそれ多い）」という。しかし、陽爻で陰位に居り、謙を本《もと》としている（陰位にいるのは、謙虚な態度であることを示す）。そのため、危険で懼れ多い地にいるとはいえ、最後には志を得る。そのため「終には吉」である。

＊　九四は陽爻の強さを持ち、至尊（九五）のそばの危険で「懼《おそ》れ多い地」に居る。至尊にお仕えしていても「虎の尾を履み、愬愬たり」と、九五の虎（至尊）の尾を履みそうで、びくびく懼れている。しかし、陰位で謙虚を基本としているため、危険だが最終的には吉が待っている。

＊　「懼れ多い地」は繫辞伝下に、「四は懼れ多し、近きなり」とあり、韓康伯の注に「位　君に逼《せま》る。故に懼れ多きなり」とある。五の尊位に近いので、「懼れ多い」という。

九五

夬履。貞厲。

夬《さだ》めて履む。貞なれど厲《あやう》し。

【王弼】尊位にいて剛をもって正しさを断行する。このゆえに、「夬《さだ》めて履む。貞なれど厲し」（きっぱりと実行する。正しいけれど危険）である。道を履みおこなうには盈満を憎むのに、五は尊位である。そのために危うい。

＊　九五は尊位で中位に在り、温和で、陽爻陽位で正位を得て正しい人物のはずだが、ここでは陽爻陽位の否定的な面が注目されている。つまり、陽が過剰で独断で物事を行うと見られている。しかも、満ち足りた位のため、謙虚さも薄いと低く評価され、危険と見られるのである。

上九

視履考祥。其旋元吉。

履むを視て祥《しるし》を考う。其の旋《もど》るときは元《おお》いに吉。

【王弼】禍福の兆候は履むところから生じる。履の極に処り、履の道の完成である。そのゆえに、今まで履んできた所を注意深く見て、禍福の兆候を考えるべきである。上九は履の極に処り、下の兌（悦び）に応じ、高い位置にいても危険でない。その理由は（極にいても、履み行ってきた道を堕落させず）、ふり返って行動するためである。履の道は大いに完成する。そのために、「元《おお》いに吉」である。

＊ 兪樾『羣経平議』周易一の説によれば、「祥」は「善」、「考」は「成」の意味である。「故可視履而考祥也」（王弼注）の部分は、「故に履むを視て祥を考《な》すべきなり」と読み、意味は「履んできた所をよく気をつけて見て、善を成すべきである」となる。この場合、卦辞は「履むを視て、祥を考《な》す」と読む。

11　泰

☷☰乾下坤上

泰。小往大來。吉亨。

泰。小往き大来たる。吉にして亨る。

上卦は純陰の坤、下卦は純陽の乾である。陽気は上昇し、陰気は下降するので、陰陽の気が交わり万物が生じる。この点で祝福すべき卦である。しかし、上下が過度に通ずれば、秩序は失われ混乱する恐れもある。王弼は大象伝の注でいう。「泰とは物が大いに通ずる時である。上下が大いに通ずれば、物はその節（秩序）を失う。そのため君主は物事を適宜に処理し、天地の本来の道を助け、それによって人民を扶《たす》け養う」と。「其の節を失う」とは、上下が通じ過ぎ、本来あるべき秩序を失うこと。そのため、暖冬や夏冷、作物の異変などが生じる。通じるのはよいが、通じ過ぎて乱れた秩序は回復せねばならない。

泰卦を人事に置き換えれば、上卦は陰で小人、下卦は陽で君子。下卦の君子の伸びる力が強く、上卦の小人が徐々に消滅して行く。これを「君子の道長《ちょう》じ、小人の道消《しょう》するなり」（彖伝）という。乾の象は天、坤の象は地で、卦形は天地が逆転し不吉なようだが、陰陽の気が交わる点で好ましい卦とされている。

＊　六十四卦の中で陽が長ずる六つの卦と陰が長ずる六つの卦を選び、一年十二個月や二十四節気に配当し、陰と陽の消長のようすを見ようとする考え方がある。漢易で盛んであり、これを十二辟卦《へきか》（十二消息卦、十二消長卦、十二月卦）と呼んでいる。復、臨、泰、大壮、夬、乾、姤、遯、否、観、剥、坤の十二卦がそれである。陽が長ずるのを「息」といい、陰が長ずるのを「消」という。彖伝は十二消息卦の一部で陰陽の消長に言及し、また君子、小人の盛衰を論じている。泰卦はその例である。王弼は陰陽の消長を君子、小人に対比して論じる程度で、漢易で発展した複雑な卦気説や消息説は退けようとしている。

初九

抜茅茹、以其彙。征吉。
茅《ちがや》を抜くに茹《じょ》たり、其の彙《たぐい》を以てす。征《ゆ》きて吉なり。

【王弼】茅《ちがや》の特徴は、根を抜くと一緒につながってくることだ。茹とは互いにつながりあうさまである。これと同じように、つながりあった三陽が志を同じくし、ともに外を志していく。初は類（仲間）の先頭である。自分が挙がると二と三はつながってついてくるが、茅の根がつながりあうかのようである。上卦は坤で柔順、陽の進出に応じて拒むことがない。三陽は進んで行き、みな志を得る。そのため、その類をつれて行って吉である。

＊　陽気は上昇する性質があるため、上に向かって昇っていく。坤の徳は柔順であり、拒むことなく陽を受

け入れる。

九二

包荒、用馮河。不遐遺、朋亡。得尚于中行。
荒を包み、馮河《ひょうが》を用う。遐《とおざ》け遺《す》てずして、朋亡《な》し。中行に尚するを得。

【王弼】剛健を身につけ、中に居り、（万物を生み育てる）泰の道を用い、荒穢の物をも十分包容し、河を徒歩《かち》渡りするような頑愚な者も受け入れる者である。心をもちいることは弘大で、遠ざけて棄てることがない。そこで「遐《とお》ざけ棄てず」という。私が無く、偏りが無く、光大を存するから、「朋亡《な》し（私的な徒党関係が無い）」という。このようであれば中行に尚することができる。「尚」とは「配」と同じである。中行とは五を謂う。

＊「荒穢」は荒れた土地をいう言葉であるが、ここでは素行の治まらない、汚れた人物をいうのであろう。「包」は広く受け容れる。「馮河」は大河を徒歩渡りするような頑愚な人物。『論語』述而篇に「暴虎馮河」と見える。「暴虎」は虎に素手で向うこと。

＊「朋亡《とも な》し」は、私的な交際仲間がないことをいう。九二の陽には六五の陰が応じ、実際には「朋」があるようにみえる。しかし、九二は陽で志が大きく、中位にあって、小さなことに心をとらわれず、広く世間と交際できる。したがって、私的な朋とだけ結ぶような狭い料簡の人物でない。王弼注の意味

は、私的な交際仲間に限定せず、心を光大（弘大）にし、広く仲間を受け入れれば、「朋《とも》亡《な》し」の状態になる。そのようであれば、六五のような良い配匹を得て喜ばしい、というのである。六五を参照。

九三

无平不陂、无往不復。艱貞无咎。勿恤其孚、于食有福。

平らかにして陂《かたむ》かざるは无く、往くとして復らざるは无し。艱《なや》みに貞なれば、咎无し。其の孚《まこと》を恤《うれ》うる勿《なか》れ、食に于《お》いて福有り。

【王弼】乾は本来上に、坤は本来下にいるものである。しかし、泰（安泰）なのは、気の降升のためである。そして三は天と地の境界にいて、本来いるべき天に復ろうとする。もといた所に復るなら、上にいて本来の尊さを守り、（坤卦は）下に復って本来の卑しさを守ることになる。かくして、往ったものは復ってこないことはなく、平らかなものは傾かないことはなく、天地はまさに閉塞しようとし、平らな路は傾こうとする。時はまさに大いに変わろうとし、世は大いに革《あらた》まろうとしているのに、九三はその正を失っておらず（陽爻陽位）、動くのにその応を失っていない（上六が正応）。艱難にあって十分貞（正）であり、正義を失っていない。そのために「咎无し」。信義がまことに著《あらわ》れているから、心配せずとも、その誠実さは自ずから明らかになる。そのために、「其の孚《まこと》を恤《うれ》うる勿れ、食（食禄）に于《お》いて福有り」という。

＊「気の降升」とは、上卦坤の陰気が降り、下卦乾の陽気が上昇することである。しかし、この卦は上卦

が坤地、下卦は乾天で、天地が逆転した形である。それが泰（安泰）と命名されるのは、下卦の陽気が上昇し、上卦の陰気が下降し、陰陽二気が交り、万物が生じる長所に注目するためである。しかし、乾が本来居るべき上に戻り、坤が本来居るべき下に戻れば、そこに安住して動かず、気の混合はなくなり、万物も生じない。世界は閉塞し、否卦の表す状態になる（否卦は次の卦に見える）。この移行・変革の状態を比喩的に、「平らかにして陂《かたむ》かざるは无く、往くとして復らざるは无し」（平坦なものはいつかは傾き、往ったものはいつかは復って来る）と述べている。このような大混乱の中で、九三は天と地の境界に居て、最も困難に遭遇している。しかしその中でも、陽爻陽位で正しさを失わず、上六の応も存在し、艱難の中でも十分に貞を守っている。このように信義を守る人物は、必ず俸禄を授かる福を得ることができる。

六四

翩翩。不富以其鄰。不戒以孚。

翩翩《へんぺん》とす。富ませずして、其の隣を以《もち》う。戒《いまし》めずして以て孚あり。

【王弼】乾は上に復《かえ》るのを心から願い、坤は下に復るのを心から願う。四は坤の初めにいて、居るところを固守せず、命を受ければ下へ退く。そこで、「翩翩」（飛ぶように急ぐ）という。坤の爻はみな下るのを願うため、自分（六四）が退けば五と上も従う。そのせいで、財産を用いる必要がなく、隣（五と上）を率いて行く。（五と上は）四と願いを同じくしている。そこで、下るようにと告げなくとも、心から従うのである。

＊　命とは命令。普通は五を命令の主体と見るが、ここでは五と限定する必要なく、「上位者が命令して」という義を取ればよいだけであろう。

六五

帝乙歸妹、以祉元吉。

帝乙　妹《まい》を帰《とつ》がしむ。以て祉《さいわい》あり、元《おお》いに吉。

【王弼】婦人が嫁《か》すのを帰《とつぐ》という。泰とは陰陽が交わり通ずる時である。女が尊位（五）にいて、中を履み（上卦の中位）、順に居り（上卦坤体に属す）、身を降して二に応じ、ともに感応しあって、中の道を用い、下に降ろうとする願いを遂げ、礼を失わない。「帝乙が妹を帰《とつ》がしむ」とは、実にこの義に合致している。順を履み、中《ちゅう》に居り、願いを遂げて福を得、かの陰陽交配のよろしきを尽している。そのため、「元《おお》いに吉」である。

＊　六五は尊位だが、やはり下《くだ》ろうとしている。そこで、王の帝乙が若い娘を臣下に嫁がせるという比喩を用いた。六五は陰で女性であり、中位にあって穏やか、坤の柔順という長所を持っている。そして、応で正位の正しい臣下（九二）への降嫁の思いを遂《と》げるのである。陰陽が交わり通じる泰の時、美徳を具えた者同士の陰陽の感応であるため、福を得、大いに吉である。

＊　「妹」は、帰妹卦の王弼注によれば、少女つまり、末娘のことである。

＊　帝乙とは殷の紂王の父という説がある。『易』のこの文章から見れば、娘も婿（臣下）も文句のつけようのない、正しい人物だったことになる。

上六

城復于隍。勿用師。自邑告命。貞吝。

城　隍《ほり》に復る。師を用いる勿れ。自邑にて告命す。貞なれども吝。

【王弼】泰の頂上におり、それぞれがすでに応の所へ戻り、泰の道はまさに滅びようとしている（否になろうとしている）。上下は交わらず、卑は上を承けず、尊は下に施しをしない。このために「城はくずれて堀に復った」。卑の道は崩れた（卑の道は上に仕えなければならないのに、下に向かい、上と交わることがなくなった）。「師を用いる勿れ」とは部下がすでに離れ、付いて来ないので、軍隊を出すこともできないことである。「自邑にて告命す。貞なれど吝」とは、否の道がすでに成り、自分の領地で政令を出しても、民ももはや従ってくれないのである。

＊　泰卦䷊の上卦は本来の居所である下に降ろうとし、下卦は本来の居所である上に升ろうとしている。上六になると、この逆転はほとんど完成し、上卦の坤は下に移り、否卦䷋の逼塞《ひっそく》の状態に近づいている。下に移った坤はさらに下に沈み、上に移った乾はさらに上に昇り、上下の卦はますます離れる。上下は交わらず、卑は上に承事せず、尊は下に施しを与えない状態になる。人事でいえば、君主と臣下の交わりが

なく、民衆は乱れ、君主が自分の領地で政令を出しても聞き入れられず、反乱者を討伐できない。これを「城隍《ほり》に復《かえ》る」（爻辞）と喩えた。

＊「貞なれども吝」は、自分の領地で政令を出すのは貞《ただ》しいが、もはや従ってくれるものはいないので「吝」（恥ずかしいことだ）という。

12　否

☷☰坤下乾上

否之匪人。不利君子貞。大往小來。

否は之《こ》れ人に匪《あら》ず。君子の貞に利あらず。大往き小来たる。

否は否閉、否塞、逼塞、閉塞、つまり塞《ふさ》がって通じない意味である。上卦の陽は上昇し、下卦の陰は下降する。先の泰と逆で、陰陽が交通せず、何も生み出さない。このような否閉の世は、「小人の道長じ、君子の道消す」で、小人が盛大、君子が衰退の時である。

「否は之《こ》れ人に匪《あら》ず」は、否閉の世は人の道が交通する時でないため「人に匪ず」という。「君子の貞に利あらず。大往き小来たる」は、「君子の貞《ただ》しさが評価されない。大（陽気）が外に去り、小（陰気）が内にやって来たから」という意味。否は先の十二消息卦の一つで、内（下卦）に居る陰の小人が、外の君子（陽）の勢いを弱め、下からさらに追い詰めようとする卦でもある。なお冒頭の語は「太平の世を害するは人に非ず」の意味で「之《こ》れを否《ふさ》ぐは人に匪《あら》ず」とも読める。

初六

拔茅茹、以其彙。貞、吉亨。
茅を抜くに茹たり、其の彙《たぐい》を以てす。貞なれば、吉にして亨る。

【王弼】否の初めにおり、順の始めにいて、仲間の先頭である。順は健ではない。どうして積極的に進んで征くことができようか。否の時におれば、動けば邪に入る。三陰ともつながり、道を同じくしているが、進んで行ってはならない。そのため、茅を抜けば根が一つにつながっているように、同士がみなつながり、同じく貞であり諂わなければ、吉で順調に行く。

＊ 泰卦の初爻は乾の始めにあり、剛健で進んで行って吉であった。しかし、否は君子にとって閉塞の時、つまり悪人が盛んで、軽率な行動はよくない。初六は坤の柔順の始めで、下卦の二陰と同じく、進むべきでない。普通に考えれば、初は九四と正応ゆえに進んで良く、六二、六三も同様であろう。しかし、すべてが通じない時は、応の関係も断絶している。陰爻は通常は小人、悪人とされる。しかし、閉塞した時代ではむしろ君子であり、静穏にして君主のために活躍する時を待つ。それでこそ正しくて諂いのない君子とされるのである。

六二

包承。小人吉。大人否亨。
包承す。小人《しょうじん》は吉。大人《たいじん》は否《ふさ》げば亨《とお》る。

【王弼】否の世にいて、二は位を得ている（陰爻陰位）。その十分な柔順さをもって上（九五）に仕えてその意に従い、小人の道は通じる。内は柔、外は剛、大人は小人をふさぎ止めることができるならば、道は通じる。

＊ 六二は陰爻陰位で正位を得、また中位に居る。下卦坤順の体に属し、至順な人物といえる。否の時は、小人《しょうじん》が盛んであるため、小人は小人の道をもとに、分を守り、応の九五の尊主に仕えてその意に従うのがよい。この卦の上体は剛、下体は柔。一人の人間としてみれば、下体は内面を示し、上体は外面を示す。小人なら内面は柔弱であっても、外面だけは剛にして尊主に仕えておればよい。大人《たいじん》なら、小人に乱されず、小人と交わらずに、小人の道を塞いでしまうよう努力すべきである。

＊「内は柔、外は剛」とは、朝廷（内卦）に小人が満ち、在野（外卦）に君子が追いやられている否の時を表している（また、一人の人間として見れば上述のようなことが言える）。否閉の時代は柔順で上にうやうやしく奉事すれば、小人は吉を得る。大人にとっては困難な時代である。しかし、大人も君に奉事しながら、君子の道を守り、小人の道をふさぎ止めるなら、通じるようになるという。九五の王弼注に「否を小人に施すは、否の休なり。唯だ大人にして後、能く然り」（否塞の道を施して、小人を滅ぼすことができるなら、否の美善なものである。大人にしてはじめてそれができる）とあるのが参考になる。

＊「包承」は奉承、つまり上にうやうやしく仕える、上の意を受け容れて仕えるなどの意。王弼以外の説では、包は包容、つまり上に受け容れられる、承は順承、つまりおとなしく仕える意とする解釈もある。

（張善文『周易辞典修訂版』）

六三

包羞。

包は羞あり。

【王弼】群陰（下卦の三陰）が、ともに小人の道で上の命を受け入れて仕えるが、六三は位は不正である（陰爻陽位）。不正な位に居て、上に包承するのでは羞をかくことになる。

＊　六三は下卦の陰のうち、位が最も高い。しかし、陰爻陽位の不正で、中位でもなく、したがって中庸の徳もない。そのため、不正によって上に取り入る心ばかり盛んな人物と見られている。

九四

有命无咎。疇離祉。

命《めい》有りて咎无し。疇、祉《さいわい》に離《つ》く。

【王弼】そもそも否の時に、命《めい》を出してはいけないのは、応じるものが小人だからである（応の初六は陰で小人）。小人に命ずるのは、君子の道を衰退させてしまうものである。ただ初六の志は君にあり、貞節を守り、進むことなく下位に居て逼塞している。そのため「九四は初六に命じても、災難はなく」、疇（疇匹《ちゅうひつ》、つまり仲間）は命を受け福に麗《つ》くことができる。疇とは、九四の応である初六のことである。

＊「初六の志は君に在り」は、初六を参照。九四は君主（九五）の傍にいる高位の臣として、初六にああしろ、こうしろと助言してやるのである。それを「命」という。

九五

休否。大人吉。其亡其亡、繫于苞桑。

否を休《び》にす。大人《たいじん》にして吉。其れ亡びん、其れ亡びんとして、苞桑に繫《かけ》る。

【王弼】尊にいて位を得（五の尊位で陽爻陽位）、否の時に善事を行えるものである。この否閉の道を施して、小人を滅ぼすことができるなら、否の美善なものである。大人にしてはじめてそれができる。だから、「大人にして吉」という。君子の道が衰退する時に、自分は尊位に居る。どうして安心しておれようか。そのため、危険だと注意しておれば、強固であることができる。

＊九五は否の時に、否の道をよく用い、小人たちを塞《ふさ》ぎ止めるような美善を行うことができる。それを「否を休《び》にす」という。

＊「其れ亡びん、其れ亡びん」は、危険が身近にあり、今滅びる、今滅びると自分を戒め、注意すること。

「苞桑」は桑が群がり繁っていること。転じて、根もとの土が固くてしっかりしている意味。「苞桑に繋《かけ》る」は、しっかりしたものに、自分をつなぎとめること。

上九

傾否。先否後喜。

否を傾く。先には否《ふさ》ぐも、後には喜ぶ。

【王弼】否の道を最初は傾け（毀そうとし）て、後には傾け尽してようやく通じる。だから「後には喜ぶ」。始めは否を傾け毀そうと努力しても、相変らず塞《ふさ》いでいたが、後には通じて、ようやく喜ぶ。

＊ 上九は否卦の終わりで、塞がる状態はここで極まった。極まればもとの通じる状態に復る。

＊ 否卦は小人、悪人が栄えている時で、内卦の陰はすべて小人、悪人と見られる。しかし、この否卦では六爻すべてに対し、否塞の世を開き、済《すく》う義を示そうとしている。特に下卦の三爻について、これを君子が下位で困しむ姿と見て、窮する時の道を示し、速やかにその行為を改め、否徳を除くべきことを説いている。（『周易精義』）

13　同人

䷌離下乾上

同人于野。亨。利渉大川。利君子貞。

人に野《や》に同《とも》にす。亨《とお》る。大川を渉《わた》るに利あり。君子の貞に利あり。

同人は和同、つまり人と協調して集まる意味。また人を集める意味。「同人誌」は共同で発行する書物のことで、名称は『易』のこの卦に由来している。乾天が上にあり、下から離火が炎上する。志を同じくする人が一所に集まるのに似ていて「同人」という。

「野」とは近隣で限られた者と集るのでなく、心を大きく持ち、私心なく広野で多くの者と集る意味。人と協調する場合、これを心がければ物事は順調に運び、大河を渉るような思い切った冒険もできる。

六二は唯一の陰で卦の意義に深く関わり、卦義を決定する重要な働きを持っている。唯一の陰ゆえ残りの陽爻はすべて彼に注目し、そこに集まろうとする。特に中位で陰爻陰位の正位を得、上卦の中正の九五とも応じているのが、卦の美点である。仮に陰だけでは、大きな働きも限界があるが、中正同士で結べば正義の力を発揮できる。

上下の体からみても、上卦乾は剛健の徳を持っている。しかし、剛健だけでは武に陥る危険があるが、幸い下卦は離で文明の徳がある。卦が持つこれらの長所を王弼は整理し、次のようなことを述べる。「野で協調して順調にゆき、大川を渉るようなことができるのは、六二だけでは無理であり、上卦の乾の道が下の陰卦（離卦）と互いに通じてできることである」（彖伝注）。「上卦乾は剛健を実行するのに、武を用いず、下卦離の文彩の光明を用いる。互いに邪で応じるのでなく、中正で応じている」（同上）。

これらの長所から、「君子の貞に利あり」と、君子の貞《ただ》しさが評価される卦である。

ちなみに、いわゆる「大同」は、民が平等で差別なく協調する世界をいい、中国古代に存在したとされ（『礼記』礼運篇）、同人の理想の形態である。

初九

同人于門。无咎。

人に門に同《とも》にす。咎无し。

【王弼】同人の始めにいて、同人の先頭である。上に応がなく、心には係吝がない。かの大同に通じ、門を出てみなと仲間となる。そのため、「人に門に同にす」という。門を出て広く交際するのだから、誰が咎めようか。

＊　初九は同人卦の始め、同人の先頭である。それを家の前の「門に集まる」と表現した。上には応がない（九四も同じ陽爻）。陰陽応じる関係を持つことは、一般に好ましいが、この卦は大同を理想とするから、

応を持つことは私的利害関係で結ぶ党派を持つことになり、悪い意味になる。その点、初には正応がなく、偏愛の心がない。初六は家を出て、私的交際に限定されず、幅広く交際しようとするから、咎める者は誰もいない。

＊　この卦以外にも、王弼は正応のないことを肯定的に見ることがある（屯卦・困卦・随卦・大過卦など）。

六二

同人于宗。吝。

人に宗に同《とも》にす。吝。

【王弼】応が五にあり、ただ五の主人にのみ親しんでいる。この主人に過度に心を傾けるなら、それは、否（閉塞）の道であり、心の用い方が偏狭で、いやしい道である。

＊　宗族のリーダー（本家の主人）に対して親しみ協調しているだけの狭い交際である、と批判している。初九は応が無いことから、同人の時にふさわしく、広い交際ができると肯定的に評価された。しかし、六二は五の正応があるため、偏愛の相手を持ち、広く人を愛する度量が足りないと否定的に見られている。王弼の彖伝注では六二は主爻とされ、陰爻陰位の正位を得て、中位に居り、乾に応じる美徳を持つにもかかわらず、爻辞での評価は低い。

九三

伏戎于莽、升其高陵。三歳不興。

戎を莽に伏せ、其の高陵に升る。三歳まで興さず。

【王弼】同人の際に居り（上卦と下卦の境界にいる）、下卦の極（一番上）にいる。上下を広く包むことができず、かの大同に通じることができない。党派に分かれ、同人の道に背こうとしている。比するところの二を貪り、上九の応の二に拠ろうとする。しかし、敵（九五）は剛健で、力でまともに対抗できる相手ではない。そのため、「くさむらの中に伏兵を置き」、高ぶったようすをかくして、顕かにしない。「高い丘に升り」、遠く望んで敢て進まない。敵の勢を計算すれば、三年は軍を起こすことができないであろう。三年も軍を起こすことができなければ、九五は二と仲良くなり、九五の道も完成する。そうなれば、九三はどこにも兵を動かせなくなる。

＊「上下を広く包むことができず、かの大同に通じることができない」とは、三は上卦と下卦の境界にいるが、どちらとも和同できない。その理由は陽爻陽位で強さが過剰、かつ中和の態度が取れないことにある。三にとって応の上九は同じ陽の敵応で親しめない。そこで、陰陽隣り合う比の六二に親しみ、これをのっとろうとする。しかし、六二は九五と陰陽応じる関係にある。そこで、三は五を攻撃しようとする。このように、比の関係にある二に親しみ、五を攻撃しようとすることが、狭い心の持ち主と否定的に見られるのである。なお、原則として、比の関係は応の関係よりも評価が低い。

九四

乘其墉、弗克攻。吉。

其の墉《かき》に乗るも、攻むる克《あた》わず。吉。

【王弼】上に処って下を攻め（上卦にいて下卦の三を攻める）、敵の高い垣に登る力を持っている者である（上に処り、高い所に登り三を攻めて二を奪おうとする）。不正の位に居り（陽爻陰位）、人と争っている。二はもとから五の応であり、三は自分（九四）を犯すものではないのに、三を攻めて二を求める。（三が二を求めるのは誤ったことであり）咎めながら、自分もそれに似たことをしているのは、義に違反し、理を傷つけ、衆の味方しないところである。そのため、高い垣に登るようなことをしても勝てない。しかし、勝てなければ自らを反省し、反省すれば吉を得る。勝てず反省するのは、吉を得る所以であり、苦しんで道理を反りみる者である。

＊ 唯一の陰は残る五陽が親しみ、手に入れようとする対象である。そこから爻同士の争いが生じる。九四は上から六二を得ようと下の九三と争う。九三も六二を得ようと九五と争う。どちらも人と争わず協調するという同人の義に背いた行動であり、人々の賛同を得ることはできず、試みは失敗に終わる。しかし、悪い結果は反省の材料となる。そのことからすれば、九四が勝利できないことは、反省して傲慢な気持ちを抑制することにつながり、むしろ吉である。

九五

同人、先號咷而後笑。大師克相遇。

人に同《とも》にするに、先に号《な》き咷《さけ》び、後に笑う。大師克《か》ちて相い遇う。

【王弼】彖伝には「柔　位を得、中《ちゅう》を得て乾に応ずるを、同人と曰う」という。してみれば、体は柔で中に居るのは、衆が容認するところである。剛を執り直を用いては、衆は従わない。そのため、近くでは二つの剛に隔てられ（六二との間を九三と九四によって隔てられ）、志を獲ることができない。それで最初は、泣き叫ぶ。中位《ちゅうい》で尊位なので、戦えば必ず勝つことができる。そのため、後には必ず笑う。しかし、人を自分のところに自然に落ち着かせることができず、強直を用いる。そこで、必ず大師（大軍）を必要として勝ち、その後に六二と遭うのである。

＊　九五は尊主で中位、陽爻陽位の正位でもあり、完璧といえるほど正しい人物である。しかし、それだけに厳しく頑《かたくな》な態度に陥りやすい。結果、九三と九四の反発を買い、六二との間を隔てられ、泣き叫ぶような目に遭う。しかし、軍隊を動かして戦えば、その強さで必ず勝利の笑いを得ることができる。強さで六二を自分に引き寄せることができるのである。しかし、人と協調する同人の義からいえば、この爻は六二に及ばない。なぜなら彖伝もいうように、六二は陰爻の柔軟さをもち、中位に居り、つまり柔軟で中和の態度が取れ、かつ上卦乾の強さと応じて、人々に信頼されるからである。一方、九五は同じ中正なが

ら、陽爻陽位で強さが過剰、厳しく堅苦しい態度を取りやすく、人々に嫌われ反発を招くのである。

上九

同人于郊。无悔。

人に郊に同《とも》にす。悔无し。

【王弼】「郊」とは都から遠い、外の極みである。人と集まろうとする時に、最も人から離れて疎遠となっている。そのため、親しむ者を得ないが、しかし、外にいるため内紛から遠ざかっている。だから後悔し、恥ずかしい思いをすることがない。とはいえ、遠く外にいるので、志を得ることができない。

＊ 上九は卦の極で、協調する応もない（九三も陽爻）。大同を目標とする時に、最も人と疎遠になっている。そのため、内の紛争に巻き込まれて後悔するようなことはないが、心から親しむ友もなく志を得ることができない。

＊ 王弼によれば、我執や我見にとらわれては、四海を一家とするような大同はできない。六二から九五まではすべて狭量で、大いに通じることができずに戦の危険があり、上九も後悔することがないとはいえ、結局和同できないので同様の危険を抱えている。このことを、上九の小象伝注で次のように述べている。「およそ同人の時に、安らかな気持ちでなければ、必ず軍隊を用いる。気持ちが大いに通じることができなければ、それぞれ私党を作って利を求める。楚人が弓を無くしたが、楚国を忘れることができなかった。

国を愛することが甚だしくなれば、他の禍をつくることになる。人と広く和同しなければ、剛健の爻はみな軍隊を用いるようになる」

楚王が弓を失う話が、『孔子家語』好生篇に見える。弓を失っても、楚の国の人間の手に拾われるので、それでよいではないかといった楚王は、楚の国の人間にとらわれすぎている。もっと大きく考え、同じ人間の手に拾われることになるので、それでよいではないか考えるべきだと孔子は教えた。『呂氏春秋』貴公篇などにも同類の話が見え、孔子に反対する老子の言葉も見える。

14　大有

䷍乾下離上
大有。元亨。
大有。元《おお》いに亨《とお》る。

卦は同人が逆になった形で、唯一の六五の陰が五陽を独占する形。大とは普通は陽をいうが、ここでは陰であっても尊位で中の徳を持ち、上下の五陽を独占するので「大有」、つまり大いに所有するという。彖伝の王弼注には、「柔で尊位におり、中位にいて、大いに所有している。大有卦には二つの陰はなく、応が分かれることなく、一陰が陽を独占している。上下がこの一陰に応じて、六五はすべての陽を受け入れる。これが大有の義である」と述べている。王弼は整理していう。「大有の徳は、六五が天の運行に応じているので（九二に応じているのを、下卦の乾天に応じていると見る）、天の時を失うことがなく進んで行く。剛健だから滞ることなく、文明があるから物を犯さない。天に応じているから盛大であり、時宜に随って進むので、背くものがない。そのために、大いに通じる」と。先の同人卦と卦体や爻の関係はほぼ同じなので、内容は理解しやすい。

なお、六五は陰爻陽位で当位でないが、下卦乾の九二と陰陽応じる長所を持っているので、彖伝において高く評価されている。仮にある爻が不当位で不吉に見えても、応（正応）の存在によって吉となることもあるのである。

初九

无交害。匪咎、艱則无咎。

交《にわ》かなる害无し。咎匪《あら》ざらんには、艱《なや》めば則ち咎无からん。

【王弼】下体乾卦の剛健の最初の爻で、大有（大いなる所有）の始めである。中《ちゅう》を実践し、満ちてもこぼすことのないようにできない。この状態で進んで行けば、後の害が必ず起こる。咎がないことを望み、困難を自覚して恐れておれば、災難から免れる。

＊初九は乾の初爻で陽爻陽位、剛健に過ぎ、しかも、中位でない。大有の時に、節度がなく所有に駆られ、盈満を求めてあふれすぎるほどで、謙虚にできない。「交害」は交切の害。交切は緊急の意味。よって、緊急の害、差し迫った害のこと。爻辞の大意は「差し迫った害はない。災難がないことを望むなら、悩み恐れておれば災難を免れるであろう」

九二

大車以載。

大車以て載す。

【王弼】責任は重いが、安定して危険でない。

有攸往、无咎。

往く攸有り、咎无し。

【王弼】健で中《ちゅう》に違うことがないから、五から任務を授けられている。任は重いが危うくなく、遠くに出かけても、遅滞することがない。そのため、どこに行こうと災難を免れる。

＊　陽の剛健を持ち、さらに中位にいるので、大きな徳（つまり大きな車）がある。六五の尊主から多くの仕事（荷物）を任されても、大きな車に載せており、荷物をつぶさず安定して運ぶことができる。任は重いが危険でなく、遠くに出かけても、遅滞することがない。そのため、どこへ行こうと災難はない。

九三

公用亨于天子。小人弗克。

公用《もっ》て天子に亨《つう》ず。小人は克《あた》わず。

【王弼】大有の時に、下体の極にいて、剛健の上に乗り、正位を履んでいる（初爻と二爻の両陽の上に乗り、陽爻陽位で正位を得ている）。五（天子）と功を同じくし、威権の盛んなことはこれ以上のものはない。公はこの位に当れば、妨害されずに天子にお目通りできる道を得る。小人ではこの位を持ちこたえることができない。もしこの位に当るなら、害がやってくる。

＊「三と五は功を同じくして位を異にす」（繋辞伝下）という。三爻と五爻は同じく陽位で働きは同じであるが、貴賤の位が異なるため、三爻は凶が多く、五爻は功が多い。この位に柔が来ると陰爻陽位で危険であり、剛が来てはじめて任に堪えることができる。ここでは、五は天子、三は五と同じ程度に力があり、四を通り越し、妨げられることなく五に直接奏上し、物事を処理できるほどだということ。三は三公ほどの威権を得ている意味である。（『周易抄』を参考にした。）

九四

匪其彭、无咎。

其の彭を匪《はい》すれば、咎无し。

【王弼】九四は正位を失い（陽爻陰位）、さらに上は至尊（五）の威に近く、下は至尊と権力を分かつ臣下（三）に近い。その恐怖は危険というべきである。かの聖智あるものであって、はじめてこの咎から免れることができる。三の勢いは至って盛んであるが、（四としては）至尊の五を放っておくことはできない。四は十分にこの道理をわきまえ、専心五に承事し、つねに旁（盛んな者、つまり三）を排斥するなら、災難を免れる。旁とは三をいう。

＊ 経文の「彭」を「旁」に作るテキストもある。どちらも同じような意味。「盛」の意味で、具体的には勢いの盛んな三を指している。焦循の『周易補疏』では、王弼は旁を「旁旁」、「彭彭」の意味、つまり「盛」の意味に取っているのに、『正義』では「旁」を「傍」つまり「かたわら」「そば」（四のかたわらにいる三を指す）の意味に誤解しているという。「匪其彭」は『周易抄』や『周易古写本』では、「そのかたわらをないがしろにす」と読んでいる。

六五

厥孚交如。威如、吉。
厥《そ》の孚あって交如たり。威如たり、吉。

【王弼】柔の身で尊位に居り、大有の時に中位にある。物を私することがないため、上下が六五に応じる。信（誠実）があり、志を発揮するため、「厥《そ》の孚《まこと》あって交如たり」。そもそも、物を私しないから、物もまた公である。物を疑わないから、物もまた誠である。公である上に信であるから、どのような困難があり、何に備えようというのか。言わずして教えは行なわれるため、どうして威がないであろうか。大いなる所有の主で、この道をもってするのでなければ、吉を得ることができようか。

＊　六五は大有の時に、尊位にいるが、陰柔でおとなしく、中位にあって、柔和な性格である。そのため、物を私有せず、人々を公平に扱い、疑うこともない。人々もその恩恵を受け、競って彼のもとに集まるので、厳重な備えがなくとも、かえって威信が立つ。言葉を発しなくとも、教えは行なわれるようになる。『老子』に「聖人は無為の事に処り、不言の教えを行う」（『老子』二章）、「大人　上に在り。無為の事に居り、不言の教えを行う」（『老子』十七章・王弼注）という。物を私有しないから人々に信頼される。そのため、簡易な守りですませ、厳重な備えをしない。このことで、かえって臣民は六五の君に畏服する吉が生じるのである。

六五は陰爻陽位の失位ゆえ、五位には陽爻がふさわしいようにも見えるが、陰には陽にある浮《うわ》ついた心がなく、誠実と評価されることがある。六五の高い評価の中には、この点も含まれている。「交如」は交際すること。ここでは交際を求めて人が集まって来るようすをいう。

上九

自天祐之。吉无不利。

天より之れを祐《たす》く。吉にして利あらざる无し。

【王弼】大有は物の豊富な世である。大有の項上におり、位にわずらわされないのは、賢を尊ぶ気持ちを持っている者である。他の爻はみな剛に乗るのに、自分一人だけ柔に乗るのは、順である。五には信の徳があり（六五を参照）、自分（上九）が五を履んでいるのは、信を実践する意味である。体は柔ではないが、剛体で柔に乗るのは、順を思う意味である。豊有の世にいて、物に心をわずらわされず、志を高尚にしているのは、賢を尊ぶ者である。爻にこの三徳があるのは、かの天が助けてくれる道を尽している。そのため、繋辞伝にもこの爻辞が具わっている。

＊　大有の時、人々はみな富有を求め思い悩むが、上九は位が無く、私有に心を煩わされず、富有を求めることもない。他の爻はみな陽剛に乗っているが、上九だけは陰柔に乗っている。剛の強さをもって五の柔に乗るのは、順（柔順）を望んでいる意味である。また、五の誠実を下に履むのは、自身が誠実を実行する意味である。富有の世に、柔順で静に安んじ、志を高尚にして賢者を尊ぶ人物といえる。

＊　上九は無位で清静高潔なため、富有を尊ぶことなく、賢を尊ぶ。王弼は初爻と上爻を「无位の地」と規定している。繋辞伝上に大有の上九について、「信を履み、順を思い、又た以て賢を尚ぶなり」と見える。「三つの徳」とは「履信」、「思順」、「尚賢」を指す。

15　謙

䷎艮下坤上

謙。亨。君子有終。

謙。亨る。君子は終わり有り。

謙は謙虚、謙遜、謙退、謙順などの語があるとおり、遠慮してへりくだる意味。上卦は坤で柔順、下卦は艮で止まる。人でいえば穏やかで増長しない性格。下る、或は低い位置にいることは寧ろ大きな効用をもっている。天は下って万物の生命を養い、地は下にいながら、陰気によって、天を輔佐している。象伝は謙の徳を賛美し高い評価を与えている。「天道は満ちたものを減らして、謙虚なものに増し、地道は満ちたものを変形させ、謙虚なものに行き渡らせ、鬼神は満ちたものを害して、謙虚なものに福を与え、人道は満ちたものを憎み、謙虚なものを好む。尊い者は謙虚によってますます光大となり、卑しい者は謙虚によって凌駕されることがない。君子は謙虚の美徳によって、終わりを全うできる」と。

『正義』は、卦辞に「吉」といわないのは、謙が吉であることは自明だからとする。また、大象伝の「君子以裒多益寡」を「君子　以て多きに裒《あつ》め、寡《すく》なきに益《ま》す」と読んでいる。もともと所有の多い者には、さらに与えて増やし、もともと所有の少ない者にも、与えて増やす意味だとする。上に立つ君子は、部下の行動を見て、それぞれに見合った応分の施しを、誰にもあまねく与えることである。

王弼は大象伝の注に次のようにいう。「もともと所有の多いものは、謙を用いることでなお与えられて所有が増え、もともと所有の少ないものも謙を用いることでなお与えられて所有が増える」と。つまり、謙を実行する者があれば、その官位の高下、謙の多少が勘案され、それぞれ区別して恩恵を与えられる。区別してそれぞれに見合った応分の施しを得ること、これが「物に随いて与え、施しは平を失わざるなり」（大象伝注。物の実体に随って与え、施しはひとしさを失っていない）という意味であろう。

異なった解釈もある。「裒多益寡」は、多く所有している者から減らし、所有の少ない者に増やすという意味。それが「施しを平しくする」ことだと。つまり、すべてを区別のない均一状態にすること。この場合、「裒」は「減らす」と読むが、この解釈は王弼や『正義』の理解と異なっている。

また、卦形について、大象伝は「地中に山有るは謙なり」といい、本来高い山が地下に埋まっているのは、へりくだっている喩えで、「謙」の名称にふさわしいという。『周易抄』では、大略「地中に山有る」の「地中」とは、大地の中央にある山のことという。続いて、そのような山は片田舎にある山と違い、四方の人々に木や草を刈らせ、施しを広く与える。卦は山が地の中に隠れている形でなく、大地の真ん中にある形で、施しが広く、用処があることを述べたのだと論じている。王弼は基本的に、八卦を物象に喩える大象伝の説は排しており、卦形については「大地の下に山がある形」とも「大地の中央に山がある形」とも、どちらとも述べていない。

初六

謙謙君子。用渉大川。吉。

謙の謙たる君子。用て大川を渉る。吉。

【王弼】謙卦の下位にいて、謙の謙なる者（謙のうえにさらに謙なるもの）である。「謙の謙」を身につけて十分に守ることができるのは、君子だけである。謙を守って大難（大川）を渉《わた》れば、害を与える人はいない。

＊ 謙卦の最下である初爻に居ることとは、謙のうえに更に謙であることを現わす。「謙謙」は謙虚なうえに更に謙虚であること。このような態度で進んで行けば、大きな困難や苦しみも乗り越えられる。

六二

鳴謙。貞吉。

謙に鳴る。貞にして吉。

【王弼】「鳴」とは、評判が世間に立つ意味である。位を得て中に居り（陰爻陰位で内卦の中）、謙であって正しい。

＊ 六二は陰爻陰位の正位。陰の上に、さらに陰を重ねるのは、甚だへりくだっているのであり、その上、

さらに中位にいて、温和・中庸である。謙遜で正しい人物ゆえに、評判は自然に世間に立ち、吉を得る。

九三

勞謙。君子有終、吉。

謙に労す。君子は終わり有りて吉なり。

【王弼】下体の極（下体の最上位）にいて、その位を履んでいる（陽爻陽位で正位）。上下に九三以外に民衆を分かつ陽がない。衆陰の模範として仰がれ、これ以上の尊さはない。しかし謙の世にいて、どうして尊に安んじておれようか。上に承事し、下を安らかにさせ、謙虚さで骨折って怠けることがない。そのために、吉である。

＊ 九三は唯一の陽爻で、衆陰に仰ぎ見られる。陽爻で力量を備えていれば傲慢になりやすいが、この人物は正位を得て正しい。唯一の陽として、力を発揮し民衆のために苦労しながら、功績を自慢することなく、謙遜を発揮できる。卦辞は「謙遜に骨を折る。君子は終わりを全うして吉である」意味。

六四

无不利。撝謙。

利あらざる无し。謙《けん》を撝《ふる》う。

【王弼】三の上にいて謙を用いるのは、上にいて下にへりくだる義である。五（君位）を承けて謙順を用いるのは（陰爻は順）、上行の道である（上を奉ずる道）。上に奉仕し、下に下る道を尽すため、すべて良からぬことがない。目指すところはすべて謙であり、則《のり》に違うことがない。

＊　六四は実力者の主爻三の上に居る。三の上位に居ながら、上卦坤の柔順に属し、また陰爻の素直さを身につけ、三に対して謙遜な人物である。五の尊主の傍らにいても、尊主に承事して謙遜である。上にも下にも謙遜を心がけ、つつましやかで謙の道に背かない。爻辞の「撝謙《きけん》」の「撝」を王弼は「指撝」といい換えている。「指撝」は指揮と同じで、指は目指す方向、心がける方向であり、謙遜を心がけて、それを発揮する意味であろう。

＊　「則《のり》に違うことがない」（不違則也）は、『正義』では理に合致する意味に取っているが、ここでは、「則」は「常」で常例と同じように考えた。謙の時は、謙を用いるのが常例である。したがって、「則に違わず」は「謙に違わない」意味になる（『周易大辞典』金景芳、呂紹綱を参考にした）。

六五

不富以其鄰。利用侵伐。无不利。

富まずして、其の隣を以《もち》う。用《もっ》て侵伐するに利あり。利あらざる无し。

【王弼】尊位にいて謙と順を用いている（陰爻で尊位。陰爻は順）。そのため、財物で招くことはなくとも、隣は自然に帰順して来るため、それを用いて役立てることができる。謙順をもって侵伐し、伐つのはみな驕った反逆者である。

＊　六五は陰のため、陽の充実がない。そこで、富んでいないという。また中位にあり、おだやかで謙遜。尊位にいてこの卦の示す謙と順の徳を用いることができる。したがって、財宝を使わなくとも、隣は六五に帰順してくる。隣は六三、上六をいう。彼らを用いて服従しない悪を伐つことができる。さらに謙順なため、無罪の者をむやみに討つことはなく、驕った叛逆者だけを討つのである。このようであるから、必ず利を得ることができる。

上六

鳴謙。利用行師征邑國。
謙に鳴る。用て師を行《や》り、邑国を征するに利あり。

【王弼】最も外にいて、内政に与《あずか》らない。そのため、謙の名があるだけで、志と成果は得ることができない。外にあって謙順を履行しても、邑国（小国）を征することができるだけである。

＊　上爻は謙の頂上で、謙で名声が上がっている人物を示す。しかし、上は位が無いため、朝廷内の政治

に関与せず、その点で謙の虚名を得ているに過ぎない。「内政に与らない」とは、内卦は朝廷内を現わし、外卦は朝廷外や在野を現わす。上六は外卦の一番外に居るから、内政に関与していないとする。在野で謙の名声を得ているだけなので、夷狄などの征伐に向かえば役に立つが、朝廷内で功を立てることはできない。「謙に鳴る」は、実事において謙の名を得ているのでなく、評判だけの、いわば虚名の謙を得ているにすぎない意味。

＊ 謙卦の各爻は、初爻と五爻は失位。初爻、二爻、四爻、五爻には応がない。四爻の陰は三爻の陽の上に乗っている。かろうじて、三爻が正位で上六と応じている。種々の欠点にも関わらず、初爻は吉、二爻は吉、三爻は吉、四爻は利あらざる无し、五爻も利あらざる无し、上爻にも否定的な評価の語はない。すべての爻に、凶咎悔吝という否定的な語は見られない。その理由は、これらの爻がそれぞれに謙の徳を身につけているからに他ならない。これによって、謙の徳に対する評価の高さが分かる。

16　豫

☷☳坤下震上

豫。利建侯行師。

豫。侯を建て、師を行《や》るに利あり。

謙卦が逆になった形。一陽五陰で九四が主爻である。

「剛応じて志行なわる」（彖伝）というのは、主爻の九四が初六と陰陽応じ、そのため志が実現するという喜ばしい卦である。また、四は唯一の陽で、他の陰も四を援護する。「順以て動く」（象伝）は上卦震は「動く」、下卦坤は「順《したが》う」。上卦・下卦二つの徳で豫卦を説明したのである。（規律、道理に）「順《したが》って動く」という好ましいイメージがある。これらにより、豫、つまり楽しむ、喜ぶという名称が付いている。

彖伝はまた豫の意義の大きさを次のように賛美している。「豫は順以て動く（規律に従って動く）。もとより、天地の運行も同じである。まして、人事の世界において、君主を建て、軍隊を起こす行為が、順で動かないでよかろうか。天地は順をもって動くため、日月は運行を過《あやま》たず、季節も狂いがない。聖人は順をもって動くため、刑罰は規則に反せず、民は服従する。豫という時はなんと偉大なことか」

初六

鳴豫。凶。

豫に鳴る。凶。

【王弼】豫の初めにいて、特に上（九四）と志を通じている。しかし、楽しみが分に過ぎれば際限がなくなり、志が窮まれば凶となる。どうして楽しみの評判を立ててよいであろうか。（分に過ぎて楽しむのはよくない）。

＊ 初六は楽しむ卦の最下で陰爻である。分にあった控えめな楽しみ方が望ましいのに、四爻の陽と応で意思を通じ合い、分に過ぎて楽しむ傾向がある。そのため戒告を受けている。

六二

介于石。不終日。貞吉。

介なること石の于《ごと》し。日を終えず。貞にして吉。

【王弼】豫の時にいて、位を得て中を履んでいる（陰爻陰位で内卦の中《ちゅう》）。貞正に安んじて、かりそめの楽しみを求めない。順であっても、おざなりに従うのでなく、楽しんでも中庸に違《たが》うことがない。そこで上との交際にもへつらうことなく、下との交際にも相手を侮蔑したりしない。禍福の生じる原因に明らであるため、かりそめに喜ぶことはない。必然の理をわきまえているため、その操《みさお》を改めない。よって、石のように品行は固く、(機運を見る速さは) 丸一日を終えることがないのは明らかである。

＊ 六二は陰爻陰位の正位で中《ちゅう》を履んでいる。陰で驕ることなく、貞正に安んじることができる。このような人物は、その場かぎりの逸楽を求めず、分を知って中庸に落ち着いている。人との交際も疎略でなく、万事に節度を心得、石のように固い節操も持っている。そのため、ものごとの機運を見る速さは一日も必要でない。悪を去り、善を修め、つねに正道を守り吉を得ることができる。

＊ 「介于石」は、石のように節操が固い意味。繫辞伝下にこの卦を「介なること石の如し」と説明している。

六三

盱豫。悔。遅有悔。

盱《く》して豫《たの》しむ。悔いあり。遅れるも悔い有り。

【王弼】下体の極で、上卦下卦の境目にいて、正位を履んでいない (陰爻陽位)。動豫の主 (九四) が、わがままに振る舞い楽しんでいるのを下から承けているため後悔が生れる。しかし、豫の時に、楽しみに遅れて従わなければ、豫の主、九四から憎まれる。位を得ていないのに、豫の主に従って楽しんでいるため、進退は後悔に取りつかれる。このようになるのは当然のことだ。

＊　三は上体と下体の境目で、身を保つに苦労する位である。しかも、中位でなく、陰爻陽位で正位でもない。すぐ上の九四はこの卦の主爻で、尊大でわがままに振る舞い楽しんでいる。三はこれに速く従えば後悔することがあろう。しかし、すぐ下に居ながら楽しみにつくのが遅れるなら憎まれる。「動豫の主」とは、「動き豫《たの》しむ卦の主人公」で、主爻の九四を指す。「動く」は上卦震の徳である。衆陰はみな唯一の陽、九四によって楽しみを得るのである。「睢盱《きく》」（王弼注原文）は、九四がいばってわがままに振る舞うさま。『正義』は異なる解釈をするが、ここでは『周易補疏』の説によって訳した。卦辞の大意は「わがままに振る舞い楽しむ。（それに従えば、）後悔する。遅れても後悔する」

九四

由豫、大有得。勿疑、朋盍簪。

由りて豫《たの》しみ、大いに得る有り。疑うこと勿ければ、朋《とも》盍《あ》うこと簪《はや》し。

【王弼】豫の時に、動の始めにいる（上卦震動の始め）。たった一人陽爻を体し、衆陰が従う。九四によって豫《たの》しみを得ないものはない。そこで「由りて豫しみ、大いに得る有り」という。そもそも、人を信じないと人もまた疑う。だから、疑うことがなければ、友人たちもみな急いで集まってくる。「盍」は合う、「簪」は疾（速いこと）である。

＊ 九四は唯一の陽で衆陰が集まって来る。衆陰を疑う心を持たなければ、彼らは信頼して集まり楽しむ。それによって、九四も大いに志を得て、楽しむことができる。「由りて豫《たの》しみ、大いに得る有り」は、「衆陰が九四に由って楽しみを得、その結果九四も事を行えば大いに得ることがある」意味。

六五

貞疾。恒不死。

貞なれど疾《や》む。恒に死せず。（『正義』は貞《まさ》に疾《や》むとか、貞《まさ》に疾《やまい》ありと読む）

【王弼】四は陽剛で動き、豫の主である。権を専らにし、牛耳をとり、自分（六五）が乗ることができる相手ではない。だから、あえて四と権を争わない。しかも中位で尊位であり、まだ亡びることはない。こういうわけで常に「貞なれど疾む」（尊位を得て正しいが、九四からの侵害を受けて病む）状態だが、ずっと死なずにすんでいる。

＊ 六五は尊主だが、下に実力者の九四を履んでいる。九四は陽で勢いを持ち、六五の陰より力がある。六五が下に踏みつけるような相手でなく、むしろ九四から侵害されるのを病む状態にある。しかし、六五は中位を得、尊位に居ることで、身を亡ぼすまでには至らない。

上六

冥豫成。有渝、无咎。

冥豫成る。渝《かわ》ること有れば、咎无し。

【王弼】動き楽しむ卦の極にいて、楽しみを極め尽している。よって節度のない歓楽が成就される。過剰な楽しみが止まなければ、どうして身を長く保てようか。そのため、過剰の悦びを改める必要があり、そうすることで始めて災難から免れる。

＊ 上六は楽しむ卦の極で、楽しみを極め尽している。しかし、節度のない歓楽をやめなければ、身を長く保つことはできない。「冥豫」は夜が来ても楽しむこと。一日中楽しみ、夜が来ても楽しむ。そこには、日が暮れたら節度をもって楽しみをやめるべきだ、という気持ちがこめられている。

17 随

䷐震下兌上
隨。元亨、利貞。无咎。
随。元《おお》いに亨《とお》り、利ありて貞《ただ》し。咎无し。

随はしたがう意味。天にしたがう、君主にしたがう、夫にしたがうなど、したがう対象はいろいろある。陰陽の関係では、通常は陰（柔）が陽（剛）に随うのが正しい。

象伝はこの卦を「剛来たりて柔に下る」と説明している。王弼によれば、震卦☳つまり剛が、兌卦☱つまり柔の下にあることをいう。剛で力あるものが、弱い柔にへりくだっている形。また、震の徳は「動」、兌の徳は「愉悦」。下卦が動き、上卦が悦ぶ形。へりくだって動くため、人に悦ばれ、多くの人は随うと考える。象伝ならびに王弼は、上下二体によって、卦義を説明しているのである。

王弼は続けて、「随う」の概念について掘り下げて論じている。

「物が随う時に、万事を大いに通じさせず、閉塞させてしまうなら、それは時に逆らうものである。人が随ってくる時に、利を与え、貞しくさせないのは、災いの道である。そのため、大いに通じ、利を与え、貞しくさせて、はじめて災難を免れることができる。物が随ってくる時、大通利貞（大いに通じ、利があり、貞しい）にするのは、時を得ているためである。時を得ていれば天下は随う。随の実行はただ時にある。時が異なり、随うべき時でなくなれば、否（閉塞、不通）の道である。このような理由から、時に随うという義は、何と偉大なことか」（彖伝注）

随卦は物に随う時、また主客を改めれば、物が随って来る時を現わす。多くの人が随う時ゆえ、君子は時に応じて世を大いに通じさせ、利を与え、貞しくさせなければならない。随卦の時こそ君子がそれを実行する最適のチャンスであり、このタイミングを逃せば咎が生じると説くのである。

彖伝に時の重要性は説かれ、王弼も時の働きを重視した。もともと「各卦は時であり、その爻は時の動き、変化するさまである」（『周易略例』明卦）と王弼は主張する。そして六爻の吉凶はその居所の条件により異なり、時によって変わるものとされる。したがって、時に応じて行うことは美徳なのである。なお、『孟子』に「孔子は聖の時なる者なり」というように、彖伝の「時」の重視は『孟子』の影響を受けているという（朱伯崑）。

＊　王弼、彖伝は上下二体によって、随の卦義を説明している。ちなみに、「剛来たりて柔に下る」を、次のように見る説もある。本来陽爻（剛）は上体に居るべきだが、随卦では下体に降《お》りて初位に居る。それを剛が柔にへりくだっていると見る。これは、爻の往来によって卦義を説明するものであるが、王弼はこの説を取っていない。

＊　卦辞の大意は次のよう。随卦が現わす時は、大いに通じ、利があり、貞しい時である。災難を免かれる。また、この時にこそ、君子は民衆を大いに通じさせ、利を与え、貞しくさせれば、災難を免かれる。

卦辞の利貞を「貞《ただ》しきに利あり」と読むこともできるであろう。この場合は次のような意味になる。多くの人が随うため「元《おお》いに亨る」。しかし、多くの人が随うためには、上位者の君子は正義を守らねばならない。これを「貞《ただ》しきに利あり」という。

初九

官有渝。貞吉。出門交有功。
官渝《かわ》ること有り。貞にして吉。門を出て交わるに功有り。

【王弼】随の始めで上には応がなく、かたよって私的につながるものはいない。動いて時に随うことができるため、一人の主につながる気持ちはない。私欲で随おうとせず、時の宜しきに随おうとする。だから官は変化し、随うことにおいて正しさを失わない。門を出ても間違った交際をしないので、何を失うことがあろうか。

＊「官」とは、心が守るもの、つまり志や主義などをいう。人が限定された人物やものだけに常時随うのは、束縛や拘束と変りないし、一つのものに固執すれば、悪い方向に流される恐れがある。その時々で変化し、最善のものに随うのが望ましい。つまり、人物より、「時」に随うことが重要である。随う対象を頻繁に変えれば、不節操と誤解されるかもしれない。しかし、小象伝に「官渝《かわ》ること有りとは、正に従えば吉なり」とあるように、随う対象を変えても、正しさに随っておれば吉なのである。ここでは初九に正

応がないため、「官渝ること有り」が可能なことを高く評価している。

六二

係小子、失丈夫。

小子に係《かか》わり、丈夫《じょうふ》を失う。

【王弼】陰の特徴は、随の世に身を置けば、独立することができず、必ずつながりをもつことである。六二は随の時に柔弱の身を持ち、かの剛動（初九）に乗っている。どうして九五への思いを持ち続け、近い初九にさからうことができようか。これ（初九）に随えば、彼（九五）を失い、両方に随うことはできない。五は自分の上におり、初は自分の下にいる。その理由から、「小子（初九）に係わり、丈夫（九五）を失う」という。

＊六二は陰で柔弱ゆえ、強い陽に頼ろうとする。幸い九五と陰陽応じている。六二が正式に随う相手は九五である。しかし、五は遠く離れているため、六二は隣の初九に随ってしまう。隣合う関係を「比」といい、「応」の関係より評価が低い。五は尊位に居るので「丈夫」といい、初九は卑しいので「小子」という。六二は近くの小子にとらわれ、九五の丈夫を失うことになる。

＊「剛動に乗る」の剛動とは初九を指す。下卦震の徳は「動く」、初爻は陽爻だから「剛動」という。六二が初九の上に位置することをいう。

六三

係丈夫、失小子。随有求得。利居貞。

丈夫に係《かか》わり、小子を失う。随《したが》わんとして求むる有れば得ん。貞に居るに利あり。

【王弼】陰の特徴は、随の世に身を置くと、独立することができず、必ずつながりをもつことである。下卦にいるが、二がすでに初に頼っているため、一体、どこに付けばよいのだろうか。そこで、初を捨て九四につながろうとし、心は丈夫（九四）に向かっている。四も応がないため（四と初は陽同士の敵応）、自分（六三）が四に随おうとすれば、六三の望みは実現しよう。だから「随わんとして求むる有れば得ん」という。上六は三にとって正応でないため、丈夫である四につながる。（自分の応でない四につながるため）どうして妄りに動いてよいであろうか。そのため、「貞に居るに利あり」（正しさを守るのがよろしい）という。初は自分より下、四は自分より上にいるから、「丈夫に係わり、小子を失う」という。

＊　六三も六二と同じ陰で弱く、陽に頼り随おうとする。近くの陽に初九と九四がある。初九はすでに六二と結んでいるため、六三の望みは九四に随うことで達成する。しかし、六三にとって九四は正式な応でないため、妄動せず、静かにするのが望ましい。随う時に弱者が強者に随うのは已むを得ないが、両者は正応でないため、目立つような無分別な行動は控えるべきである。初は自分より下なので「小子」といい、九四は自分より上なので「丈夫」という。

九四

隨有獲。貞凶。有孚在道以明。何咎。

随わんとして獲る有り。貞なれど凶。孚有り、道に在り、以て明らかにす。何の咎かあらん。

【王弼】悦ぶ（上卦の兌は愉悦）の初めにいて、下は二陰（六二と六三）に拠っている。六三は自分に随いたいと求めており、拒まなければ獲ることができる。そこで、「随わんとして獲る有り」という。臣の地にいて、正位を履まず（陽爻陰位の不正）、民を専有しており、臣の道を失っている。臣の正義に違うから、「貞なれど凶」（随うものを手にしたのは正しいとはいえ、臣下の道を失っており、凶）という。しかし、体は剛で喜びにいて（上卦兌説《だえつ》＝兌悦に属す）、民心を得て、十分仕事をさばき、功を成就できるものである。臣としての常義に背いているが、志は物を済《すく》うことにある。心は公誠をもち、正道において信を著わし、その功を明らかにすれば、何の咎があろうか。

＊ 九四の陽は九五の尊主の側に居て、下の二陰に乗り、これを専有し大きな勢力を持っている。主に随うべきでありながら、尊主を凌ぐほどの勢いがある。その点で臣下としての道に背いている。しかし、自分は剛で、しかも喜ばせることができるため、民心を得ることができる。そこで、公誠の心を持ち、正義の上に立ったうえで功績を明らかにするなら、咎はないであろう。

九五

孚于嘉、吉。

嘉に孚《まこと》ありて、吉なり。

【王弼】正を履み、中に居り、随の世に身を置いている。時に随う宜《よろ》しさを尽くし、人から信頼されている。そのため、「嘉吉」（善に心から向かっており吉）である。

＊　九五は随の時に、陽爻陽位で正位を得、中位も得ている。つまり「中正」を得ていることで、誠実に良きことを求め、時の宜しきを得ていると賞賛される。『正義』は「嘉とは善なり。…美善の吉を獲るなり」といい、爻辞を「嘉吉に孚《まこと》あり」と読ませている。しかし、ここでは「嘉に孚あり、吉」と読んだ。「嘉」とは「善」の意味。

＊　無理筋かも知れないが、「孚《まこと》ありて嘉吉なり」と読めば一番すっきり通じる。王弼の注だけではどのように読んでいいのかわかりにくい。

上六

拘係之、乃従。維之、王用亨于西山。

之れを拘《とら》え係《くく》り、乃ち従う。之れを維《つな》ぎ、王用て西山《せいざん》を亨《とお》す。

【王弼】随の体は陰が陽に随うものである。上六は上体の極にいて従わないものである。随の道はすでに完成しているのに、ただ一人従わないため、「これを捉えてくくり、ようやく従う」。「率土の浜、王臣に非ざる莫し（国の果てまですべてが王の臣下）」（『詩経』小雅・北山）であるのに、従わなければ、王が伐つことになる。そのために「これを縛ってつなぎ、王は西山を亨《とお》す」。兌は西方であり、山とは道の険しく隔たっていること。西方の険《けわ》しい土地にいて従わないので、王は出かけて、西山を切り開く。

＊　上六は随の極に居る。随卦は陰が陽に随うが、上六の陰は、すでに完成した随の道（五に於いて随の道は完成したと考える）に一人随おうとせず、孤立している悪人である。王者はこの悪人を随わせるのに、とらえて縛りつける必要がある。西とは上卦兌の示す方角。山は遠くて険阻な道をいう。王は兵を用いて出かけ、西の方角の険阻な場所を切り開き、王者の事業を完成させるのである。「王用亨于西山」の「亨」は「通」で切り開く意味。升卦六四も参照。

18　蠱

䷑巽下艮上

蠱。元亨。利渉大川。先甲三日、後甲三日。

蠱《こ》。元《おお》いに亨《とお》る。大川を渉《わた》るに利あり。先だって申《の》べること三日、後に申べること三日。

「蠱」とは『釈文』に「事なり、惑なり、乱なり」とある。単なる事より、乱れた事、惑乱させる事と否定的な評価につながっている。この卦に出てくる「父の蠱」「母の蠱」は、父や母の過失や失敗によって残った害悪、不始末の意味である。それにもかかわらず、「元いに亨る」のは、悪い事態も能力ある人物の処置に遇えば、好転すると考えるためである。下卦巽の徳は巽順。控えめに順う。上卦艮の徳は止まって静安。両方を合せると、焦って競い合うことなく、慎重に事を行う意味になる。

王弼の彖伝注には、卦について大略次のように述べる。

「蠱は事があって能力ある人物を待つ時である。役立つことができるのはこの時にある。物がすでに悦んで随っているなら（直前の随卦を受けていう）、かの法令が立つのを待ち、腐敗した事をおさめる。徳を進め、業を修め、進んでいけば順調にゆく。だから、〝元《おお》いに亨る。大川を渉るに利あり〟という。甲とは創制の令（始めて創った法令）である。新しい法令ができたときは、古い法令で罪を求めてはならない。新しい法令を発布する前三日（発布する日は四日目に当る）、発布して後三日は、法令をあまねく行き届かせ、その後で違反したものをはじめて誅する。事によって法令をねんごろにし（腐敗の事案によって法令をねんごろに知らせ）、一件落着して終われば、また始めにもどり、天の四時の運行のように止《や》まないようにする」。なお、巽卦九五を参照。

初六

幹父之蠱。有子、考无咎。厲終吉。
父の蠱《こ》を幹《かん》す。子有り、考《ちち》 咎无し。厲《あや》うけれど終《つい》に吉。

【王弼】事を処理する最初であり、任務に就いたばかりの者である。柔巽の質で父の残した不始末をさばき、先人の残した軌範を十分に受けつぎ、その任に堪えるものである。そのため、「子有り」という。事を処理する初めをまかされ、十分にその仕事に堪えるので、考（父）も咎がない。この理由から、「子有り、考《ちち》咎无し」という。事の初めに当たり危険であるが、よく仕事に堪えている。そのため、「終に吉」である。

＊　初六は事を処理する始め。陰で力強さはなく、危うさもあるが、下卦巽順に身を置き、おとなしく仕事に順うので、任務に堪えて着実に事を処理していける。
＊　「考」はふつうは亡くなった父をいう。しかし、生きている場合にも通用する。
＊　「幹」は物事をさばく、巧みに処理する意味。随卦などにも出てくる。

九二

幹母之蠱。不可貞。

母の蠱を幹す。貞なるべからず。

【王弼】内卦の中位に居り、母の不始末を取りさばくのにふさわしい。だから「母の蠱を幹す」という。婦人の性質は完全に正すのはむずかしい。自分の剛を抑え、たくみに処理し、また順（さからわず、おとなしく）にしなければならない。故に「貞なるべからず」（ひたすらな正義を振りかざしてはいけない）という。幹（取りさばき）に中の徳を失わなければ、中道を得る。

＊　九二は陽剛で内卦の中位。陽剛で強いが、中和の徳を兼備している。また、下卦巽に属し、順である。そのため、厳しすぎず、母の不始末を処理するのに適任である。婦人の性質は完全に正すことは無理で、母の不始末もひたすらな正義を振り立てて暴くのは控えねばならない。弱い母の不始末を取りさばくのに、九二はふさわしいと見られる。

九三

幹父之蠱。小有悔、无大咎。

父の蠱を幹す。小《すこ》しく悔い有るも、大《だい》なる咎无し。

【王弼】剛をもって父の不始末を取りさばくが、応（応援）もないから後悔することがある。位を履んで（陽爻陽位）、正義で父（の不始末のあと）を取りさばく。少し後悔することがあるとはいえ、結局大きな咎はない。

＊ 九三は陽爻陽位で剛直。中位でなく、激し過ぎる性格である。この激しさが父の不始末を処理するには適任である。味方の応援がなく（上爻は同じく陽爻）、その点、後悔が生れるかも知れない。しかし、正位を履み、正しい仕方で事に当たることができる。父の不始末を処理する場合、母に対するほどの困難はない。剛直で厳しく向かうことも許される。

六四

裕父之蠱。往見吝。
父の蠱に裕《ゆる》くす。往けば吝を見る。

【王弼】体は柔で正位におり（陰爻陰位）、剛直で取りさばかず、柔和で、父の不始末に対し十分ゆったりと対処するものである。しかし応援がないため、このままで進んでも、必ず同意の者を得ることはない。そのため、「往けば吝を見る」（進んでいけば恥をかくことになる）という。

＊　六四は陰爻陰位で過度の柔弱に陥っている。また、中位でもなく、遠慮がちである。そのため、九三のような厳しさに欠け、親が残した不始末にも緩慢にしか対応できない。応援になる味方もない（初は同じく陰爻）。このまま仕事を進めても、十分な成果は上がらず、恥をかくことになる。

六五

幹父之蠱。用譽。
父の蠱を幹す。誉れを用《もっ》てす。

【王弼】柔（陰）で尊位におり、中《ちゅう》の徳を用いて二の応援もある。この状態で父の不始末を引き受ける。声誉を得る道である。

＊　六五は陰柔で尊位に居り、中《ちゅう》の徳も具え、九二の応援もある。陰の弱さもあるが、自己主張せず、九二の有能な賢者を信任し、仕事を任せることができる。そのため、父の不始末を除くことができ、名声も得ることができる。「誉を用《もっ》てす」は、声誉を得る意味。

上九

不事王侯、髙尚其事。
王侯に事《つか》えず、其の事を高尚にす。

【王弼】事の最上におり、位があるために生じる面倒に巻きこまれない。王侯に事《つか》えないで、世事に心を用いることなく、清虚を慕い、高尚にしている人物である。

＊　既記のように、王弼は初爻と上爻を無位の場所と規定している。上爻に身を置くとは、世事に超然とし、位にわずらわされず、自らを尊び、清虚を慕う隠遁的人物である。上九はすべての邪悪から身を遠ざけた優れた人物とされる。

19　臨

䷒兌下坤上

臨。元亨利貞。至于八月有凶。

臨。元《おお》いに亨る。貞《ただ》しきに利あり。八月に至りて凶有り。

卦名の「臨」は、陽が下から勢いを持って次第に伸び、陰に臨むこと。復卦で最下に生じた一陽爻が二の位まで伸張した形。彖伝は陰陽（剛柔）の消長で卦義を説明している。王弼は陰陽の消長論に漢代の学者のように深入りせず、積極的でない。しかし、陽の君子と陰の小人の争いと見て、この卦は「陽がますます伸長し、陰の道は日々消えていく。君子が日々長じ、小人は日々憂う。〝大いに亨りて正しい〟（彖伝）という意味である」と注釈している。陽の君子が陰の小人を追いつめる姿が、天道の正義に合致している点に注目するのである。ただ、陽が陰を攻撃的に追いつめるのでなく、相手の心に訴える方が優れていると考える。つまり、最初から剛徳を発揮すれば、相手は厳しさに耐えかね反感を抱くため、内に剛をたたえつつ、外は温柔で導くのである。消息（消長）については泰卦を参照。

彖伝はさらに「説《よろこ》んで順う。剛中にして応ず」と述べる。「説んで順う」は、上卦は坤で柔順、下卦は兌で愉悦。「剛中にして応ず」は、九二が剛で中位にあり、六五の柔がこれに応ずることをいう。

また、臨卦は悦と順の時を示している。つまり、民衆は悦び、和順する時である。五の君主が陰で中位にあり、中和と誠実を身につけているように、上位者は暴力に頼らず、愉悦と穏やかさで民に接するのが望ましい。また、上位者は地のように、民を広く受容して養い、教え導くべきである。小象伝注に「相手に臨む道は、悦と順以上のものはない。六五は暴力で服従させることにたよらず、誠実さを身につけている。だから人々は背くことがない。この卦にのっとって、君子は民を教え思うことは窮まりなく、民を受け入れて保安することは限りがない」と述べる通りである。

なお、「順」とは「柔順」、つまり、おとなしく柔軟。物にさからわない意味。他の言葉では「和順」などがこれに当る。また「物にさからわない」ことから、従順（おとなしく従う）の意味になる。

「貞しきに利あり」は、大いに亨《とお》る時だから、正しい行ないをする者が評価され、利を受ける意味。

「八月に至りて凶有り」は、王弼の彖伝注に「八個月後は陽が衰えて陰が長じ、小人の道が長じて君子の道が消える。だから、凶有りという」とある。臨卦は建丑の月（夏暦の十二月）に当り、建丑から七月の建申の時（否卦䷋）に至ると、三陰が盛んで三陽は退きはじめ、小人の道は長じ、君子の道は消えていく。だから八月（八個月後）には凶があるという。つまり、臨卦の十二月から数えはじめ、明年の七月は否卦となる。否卦まで八個月。否卦から君子はますます衰退し消滅していくので、「八月（八個月後）に凶がある」

初九

咸臨。貞吉。

咸じて臨む。貞にして吉なり。

【王弼】咸は感である。感応である。四に応があり、感応（二者が互いに感じ合う）で相手に臨むものである。四は正位を履み、自分（初九）はこれに応じて、志行（志と品行。志の向かうところと品行）の正しい者である。剛をもって順に感応し、志行は正しい。この状態で物に臨めば、正しくて吉を得る。

＊初九は陽爻で強い。陽が陰を追いつめるのが臨であるが、攻撃で屈服させるより、相手の心に訴え、感化によって従わせる方が優れている。初の陽と四の陰は陰陽相応じ、互いに感応する関係である。初九は正位を得て、四と感応する。つまり、正道で上位者に向かい、志行は正しい。「剛をもって順に感応し」の「順」とは、四が上卦坤順の一部だからそういう。ちなみに、咸（感）とは、相手から自分の心に強い刺戟を受けて感動すること。同時に相手の心を強く打つこともいう。感応（交感）は相互に刺戟を受け、感動し合うことを意味している。

九二

咸臨。吉无不利。

咸じて臨む。吉にして利あらざる无し。

【王弼】五に応があり、感応で相手に臨むものである。剛が勝てば柔は危ういが、五の体は柔である。九二と十分に志を同じくするものではない。もし九二が自分の剛を和らげて五に順うようなことをすれば、剛の徳は長くない。何によって「吉にして利あらざる无し（大いに利がある）」を得ることができようか。しかし二と五が全く背きあうことになれば、感応を失う。「感応で相手に臨み、吉にして利あらざる无し」を得るには、二は五の命にすべて順うのでなく、事の宜しきを酌量して順うか否かを決めることである。

＊　九二は六五の尊主と陰陽応じ、尊主にとって有能な臣下である。『易』では九二は五の君主を輔佐する有能な臣下と見られることが多い。九二は陽爻陰位で、陽性と陰性を合せ持っている。陽の剛性で君主に向かえば、君主は反発しようとする。陰の柔性で君主に向かえば、陽は己の剛性を損うことになる。君主を善に向かわせる良策を献じ、君主の悪を棄てさせるには、君主の命《めい》にすべて従うのでなく、時宜を酌量して従うか否かを決めねばならない。

六三

甘臨。无攸利。既憂之。

甘んじて臨む。利する攸无し。既《すで》に之れを憂うれば咎无し。

【王弼】「甘」とは心がねじけてへつらい、取り入って相手を悦ばせる不正のことである。正位を履まず（陰爻陽位で不正）、陽が次第に伸び陰に臨む世に、ねじけた悦《よろこ》ばせかたで相手に臨んでいる。「利とするところがない（利益を得ない）」のは当然である。もしその危険を十分に憂い、自分の道を改めて修めれば、剛は正しいものを害《そこな》うことはないため、三の災いは長く続くことはないであろう。

＊　六三は下から陽に攻められている。しかし、下卦兌《だ》の体に属し、楽しそうに笑みを浮かべている（兌の徳は説《えつ》＝悦）。陰爻陽位で不正の位であることから、その笑いは陽に取り入ろうとするへつらいである。へつらいを反省し、身を正しく改めれば、陽からの攻撃はなくなるであろう。

六四

至臨。无咎。

至りて臨む。咎无し。

【王弼】順にいて（上卦坤順に属す）、初九の陽に応じ、剛が次第に伸長してくるのを、忌まわしいと思わず応じている。正位を履み（陰爻陰位）、行き届いて完璧な対応を尽すものである。剛が勝てば柔は危ういが、柔は正しさを失っていないので災難を免れる。

＊　六四は陰爻陰位で正位を得ている。上卦坤順の一体で、初九の陽に応じ、剛の伸長を忌まわしく思わない。剛が勢いを増せば、陰は危ういが、六四は正しさを失わず、完璧な対応をしているので災難を免れる。

六五

知臨。大君之宜。吉。

知もて臨む。大君の宜《よろ》しきなり。吉。

【王弼】尊位にいて、中位を履んでいる。礼をもって十分に剛を受け入れ、正義をしっかり立て、剛の長ずるのを忌まず、仕事を十分にまかせる。能力ある九二に物を委ねて、しかも邪魔することがなければ、聡明なものはその視聴（視る力、聴く力）を尽し、知力あるものはその謀能（はかりごとと能力）を尽し、自分は為すことなくして仕事は成就し、自分は出かけることなくして到達できるものである。「大君の宜《よろ》しき（適切さ）」とはこのようなものである。そこで、「知もて臨む、大君の宜しきなり。吉」という。

＊　六五は尊主の位に居る。中位で、礼節を備え、逆らわずに陽剛を受け入れる人格者である。六五は九二と陰陽応じている。この関係を六五が有能な九二に全面的に仕事を任せて妨害しないと見る。老子の無為自然の治を語る言葉に、「聖人は出かけないでも知り、見ないでも名をはっきりといい、行動をしないでも仕事をなしとげる。」（『老子』四十七章）とあるのを思わせる。

上六

敦臨。吉、无咎。

敦く臨む。吉にして咎无し。

【王弼】坤の極にいて、敦（飾り気のないあついまごころ）で臨むものである。賢を助ける志を持ち、敦を徳としている。剛の勢いが伸張する時であるが、剛もあついまごころの者を害することはない。そのため、災難を免れる。

＊　卦の極に昇りつめているのは、通常は好ましくない。しかし、ここでは陰の身で上卦坤順の極に居るため、下の二陽爻が進んで来るのを手厚い真心で待ち受けることができると見る。賢者を助けようという気持ちがあり吉である。

20　観

䷓坤下巽上

觀。盥而不薦。有孚顒若。

觀。盥《かん》して薦《せん》せず。孚《まこと》有りて顒若《ぎょうじゃく》たり。

先の臨を逆にした形。消息卦の一つで、下から陰が伸長し、陽を追いつめていく。しかし、王弼は陰の小人が伸長し、陽の君子が憂い嘆くという見方をしない。象伝の「下は卑しく、上は貴い」に基づき、上の二陽は下の陰に仰ぎ見られる貴いものと考える。特に九五は中位で君主の位である。観られるべき偉大なもの、仰ぎ見られる大きなものであり、卦名の「観」と結びつく。

しかし、卦は一方で下位者が上位者を仰ぎ見て、感化されることを述べている。つまり、「観」は上卦に在る陽が下の陰に仰ぎ見られることであり、また、上卦の陽がその偉大さを下の陰に示すことでもある。「観」には「観《み》る」と「観《しめ》す」の両義がある。そして、仰ぎ見られるべきものの最適の例として、宗廟の祭の盥《かん》の礼をあげている。盥は潅《かん》で、香酒を地の上に敷いた茅の上に潅《そそ》ぎ、神霊を降すことである。王弼は卦辞注で次のように述べている。

「王道の観るべきものは、宗廟より盛んなものはない。宗廟の観るべきものは、盥《かん》より盛んなものはない。

薦《せん》（供物をすすめる）の段階になると、簡略で観るに足らない。そのため、盥は観るが薦は観ないのである。孔子はいう〝禘は既に灌してよりのちは、吾れ之れを観るを欲せず（禘の祭りは灌以後は観ようと思わない。『論語』八佾篇）〟と。あの盥の観るべき礼の盛んなさまを尽しているときは、下の者は観て感化される。そのため、盥の礼まで観れば、下の者は誠意を持つようになり、顔つきは厳正となる」

卦辞の「盥《かん》して薦《せん》せず」は、観るべきものは盥までという意味をこめたのであろう。「顒若《ぎょうじゃく》」は盥の礼を観るときの、誠意をもった恭《うやうや》しいようすをいう。

王弼はまた次のように論じている。「観卦で示される道は、形を持つ制度で物を規制するのでなく、観（偉大さを示すこと）で物を感化することを総括して説いている。神とは無形のものである。天が四時を操作するさまは目に見えないが、四時は秩序を間違えない。聖人が庶民を操作するさまは目に見えないが、庶民は自然に聖人に服従している」（彖伝注）。これは、上位者は刑罰で民を規制せず、偉大さで感化すべきだと説くのである。

『老子』の「我れ無為にして民自ずから化し、我れ静を好みて民自ずから正しく、我れ事無くして民自ずから富み、我れ無欲にして民自ずから樸なり」（五十七章）を思わせる。また、彖伝に「神道を以て教えを設けて天下服すなり」とあるが、「神道」は神秘的な無形の働きのこと。無形のものが、世界の運行を主宰していることは、乾卦でも述べられていた。

初六

童觀。小人无咎。君子吝。

童観す。小人は咎无し。君子は吝。

【王弼】観の時に朝廷の美から最も遠ざかっている。陰柔の体質なので自ら進んでいくことができない。よく見て品定めすることもない。だから、「童観」（童児のようなものの見方）という。おとなしく順うだけのようすで（下卦は坤で順う）、十分な能力も発揮できないのは、小人の道である。そこで、「小人なら災難を免れる」という。大観（上に見られるべき偉大なものがある）の時にもかかわらず、君子が童観をするとは、恥ずかしいことではなかろうか。

＊ 初六は観るべきものが上にあるのに、そこから遠く離れている。陰柔ゆえに積極的に進んで行けない。都から遠い国が朝廷の美に近づけず、遠くから眺めるだけでその本質がつかめない状態。象伝は上卦の陽爻、特に九五を主爻として述べており、「観」には九五の大きさを人に観《しめ》す、また人に観《み》られる意味がある。しかし、各陰爻にとって、「観」は上位者の偉大さを仰ぎ見る意味である。「童観」は童児のようなものの見方で、見識が狭く、ものの本質を見抜けない幼稚な見方をいう。

六二

闚觀。利女貞。
闚《のぞ》き観る。女の貞に利あり。

【王弼】内にいて、よく見て品定めすることがない（内卦で陰爻のため）。性質は柔弱で（下卦坤に属す）、すなおで逆らわないだけである。九五の応があり、すっかり無智蒙昧というわけではないが、見識は狭い。そのため、「闚観」（のぞき見する）という。観の時にいて位を得ているが（陰爻陰位）、柔順でおとなしいだけで見るものが少ない。よって「女の貞に利あり」（女の正しさとしてはよろしい）という。これは婦人の道である。観るべき大きなものが上にある時、中《ちゅう》で正位を得ているが、大いに観て、広く考えることができず、ちらっと見るだけで、まことに恥ずべきである。

* 六二は内卦（下卦）で陰爻。そのため、外の偉大なものを家の内からのぞき見している女性とする。陰爻陰位の正位で下卦坤順に属し、柔順で且《か》つ九五と応じ、全蒙（すっかり無智蒙昧）ではないが、見識が狭く、大きく広く観ることが出来ない者である。

『周易略例』明爻通変では、六二は坤柔の位にあって、婦人が家庭内にいて見聞が狭いようだが、九五と応じて感化を受け、見る所は狭いとはいえ、全く蒙昧というわけではないので、爻辞に「闚き観る。女の貞に利あり」というと、少しく誉める調子である。

* 焦循『周易補疏』に、王弼が「全蒙」という言葉を用いたことを述べ、蒙䷃の二が五に升り、卦形が変り観に成った。だから全蒙でなくなったのである。これは荀爽の二五升降の義を王弼がひそかに用いたものであるという。王弼は表面では漢易を排斥しながら、実は漢易の考え方を利用していると焦循は考えている。荀爽の二五升降とは、不正の爻を交換して爻に正を得させて経文を解読する説である。蒙の二は陽爻陰位で不正。五は陰爻陽位で不正。この爻を交換すれば観䷓となり、またどちらの爻も正位を得る

ことになる。

六三

観我生、進退。

我が生を観て、進退す。

【王弼】下体の極で、上卦と下卦の境界にいて、尊（九五）に近いけれど隣りあうことなく、九五に遠いけれど童児のような見方はせず、世の風（風俗、政治の気配）を観る者である。この時にあっては、自分の取ろうとする道をよく見定め、進むか退くか決めて動くべきである。

＊　六三は上卦と下卦の境界で困難がともなう。進んで上を目指すべきか、退いて止まるべきか迷う時である。そのため、九五だけを仰ぎ見るのでなく、世の変化の潮流、兆候を観て行動すべきことを述べている。「我が生」とは、上九の王弼注に、「我が生を観るは、自ら其の道を観るなり」とある。また、「生とは猶お動出のごときなり」と見える。上九の『正義』には「生とは猶お動出のごときとは、或いは動き、或いは出《い》づ。是れ生長の義なり」とあり、生を生長と見ている。おそらく、自らの取るべき道、生き方をしっかり見るというような意味であろう。

六四

觀國之光。利用賓于王。

国の光を観る。用《もっ》て王に賓たるに利あり。

【王弼】観の時に、最も至尊（九五）に近く、国の輝かしさを観るものである。至尊の近くにいて正しい位を得（陰爻陰位）、国の礼義に習熟しているものである。これによって、「用て王に賓たるに利あり」という。

＊　六四は九五の尊主の間近に居て、礼儀にも習熟しているため、王の賓客となって、もてなしを受けるのが好ましいというのである。

九五

觀我生。君子无咎。

我が生を観る。君子なれば咎无し。

【王弼】尊位で観の主である。大いなる教化をのべひろげ、四方の果てに徳が広く輝き、観の極まれる者である。上が下を化すのは風が草をなびかせるようなものである。この理由から、民の俗を観て、自分の取るべき道を察する。庶民に罪があるとすれば、自分一人の責任である。庶民に君子としてのようすが顕著であれば、自分は災難を免れる。上に居る者は風化の主（教え導く主）である。自らを観ようとするのは、民を観ることに他ならない。

＊　九五は卦の主爻で尊主である。「我が生を観る」とは、我が取るべき道、また我が取るべき行動を観ることである。それには民衆の姿を観ればよい。民衆の姿を観ることで、自分の取る道が正しいか、正しくないかが分かるのである。

上九

觀其生。君子无咎。

其の生を観る。君子なれば咎无し。

【王弼】「観我生」（我が生を観る）は自らその道を観ることである（自分が自分を観ること）。「観其生」（其の生を観る）は民に観られることである。位につかず（上は隠遁者をいう）、最も上極にいて志を高尚にし、天下の民に観られる。民に観られる地にいて、慎まないでよいであろうか。そのため、自らに君子の徳があらわれれば、災いを免れる。「生」とは動出のことである。

＊　上九は無位で隠遁者であるが、陽爻として民衆に仰ぎ見られており、平穏な立場でない。君子の状態を保っておれば咎はない。「動出」は生長の意味。六三を参照。

21　噬嗑

䷔震下離上

噬嗑。亨。利用獄。

噬嗑《ぜいこう》。亨《とお》る。獄を用いるに利あり。

噬嗑《ぜいこう》は彖伝に「頤中《いちゅう》に物有るを噬嗑と曰う」とあり、卦形から付けられた名称である。後出の頤卦《い》䷚が口内を開いて見せている形であり、噬嗑は頤卦の六四の陰が陽爻に変わっている。頤はあごの意味。この陽爻を口内にある障礙物と見る。王弼は卦形を頤の形と積極的に論じることはないが、おそらく同じような見方をしていたであろう。彖伝注に「頤中に物有れば、齧《かじ》りて之れを合わす。噬嗑の義なり」と述べている。

卦辞の注釈には次のようにいう。「噬とは齧《かじ》ることである。嗑とは合わせることである。およそ物が親しまないのは、間に隔てがあることによる。物がそろっていないのは、間に過ちがあることによる。隔てと過ちがあるときは、齧ってこれを合わせると通じるようになる。刑罰を手際よく用いて通じさせる、これが獄（裁き）の利益である」。

人事にあてはめれば、上下の間に隔てがあり通じない場合は、刑罰でその障害物（悪人）を除けば通じる。卦を刑罰と深い関係があると見ていることが分かる。

象伝に「剛柔分かれ、動きて明らかなり。雷電合して章らかなり」とあるのは、卦の上下の体が剛（陽卦震）と柔（陰卦離）に分かれ、また雷（震）と電（離）であることに注目するのである。剛柔が分かれているのは、裁きが分明なこと、雷と電は合して助け合うから、裁きが乱れないことにつながる。「柔　中を得て上行す」（象伝）の「上行」とは、尊位で中《ちゅう》に居る六五が、さらに高みを目指して進もうとすること。『正義』では三皇五帝を目標にするようなことという。なお、五は卦の主爻で裁きを加える主である。「齧《か》み合わせて通じるのは、必ず主がいるからである。五がその主である。上行とはさらに進んで行こうとすることをいう。およそ上行というのは、みな貴いところへ行こうとするのである。（徳がすでにこのようで上向きであるなら）当位でなくとも（陰爻陽位）、裁きを行うのに害はない」（象伝注）と述べている。

各爻は初爻と上爻は位の無い人物で刑を受ける側、二爻から五爻までは爵位のある人物で刑を加える側になる。

初九

屨校滅趾。无咎。

校《かせ》を屨《は》かせ、趾《あし》を滅《めっ》す。咎无し。

【王弼】位の無い地にいて、刑罰の初めにいる。刑を受ける者であり、刑を加える者でない。およそ罪過の始まりは必ず微から始り、後に著に至る。罰の始まりは必ず薄から始まり、後に誅に至る。初爻の過ちは軽いので、処罰は少ない。そこで、木の枷《かせ》を履《は》かせ、足首は隠れて見えない。それ以上に悪の道を行くことないように、枷を履かせるのである。十分な懲らしめとなっているので、犯罪を重ねることはない。過失があって改めないのを過ちという。小さく懲らしめ、大きな罪に至らせないようにし、福を得させる。そのため災難を免れる。校とは木で縛る枷、つまり械である。校とは一般に通じる名称を取っている。

＊ 初九は刑を受けるが、刑罰の卦の最初であるため、微罪とみて刑は軽くて済む。木の枷を足首につける程度で、これ以上の大罪を犯さぬように、反省をうながされる。

六二

噬膚滅鼻。无咎。

膚《はだ》を噬《か》み、鼻を滅《めっ》す。咎无し。

【王弼】噬《ぜい》とは齧《か》むことである。齧むとは刑罰を手際よく行う意味である。下卦の中央にいて位を得、刑罰が適切である。だから、「膚を噬む」という。しかし、剛の上に乗って刑罰を加え、(陰本来の)順の道を尽しておらず、噬《か》むことが過分である。そこで、「鼻を滅《めっ》す」。しかし、刑を加えると悪いところに適中している。そのため、鼻を滅しても災難を免れる。膚とは柔らかく脆い物である。

＊ 六二は犯罪者に刑を加える側。中位を得、刑は適中して外《はず》れはない。しかし、陰で陽(初爻)の上に乗る強さがあり、和順の道を尽しているとはいえず、刑がやや厳しい。「鼻を滅す」とは、受刑者の膚をき

つく齧みすぎ、自分の鼻が受刑者の肉の中に隠れてしまうことで、厳刑を喩えたのである。

＊「刑を加えると悪いところに適中している」（原文「刑得所疾」）の「疾」とは、復卦初九の王弼注では、「疾とは猶お病のごときなり」とある。病んで悪くなっている部分の意味（楼宇烈）。「刑　疾《や》む所を得たり」と読んだ。なお、多くの和刻本は「刑　疾《にく》む所を得たり」と読む。「憎むべき事を十分に憎んで刑を施す」ということで、この場合も結局刑が適中する意味になる。

六三

噬腊肉、遇毒。小吝、无咎。
腊肉《せきにく》を噬《か》み、毒に遇う。小《すこ》しく吝なれども咎无し。

【王弼】下体の極にいて、正しい位を履んでいない（中位でなく、また陰爻陽位で不正）。この状態で物を食べても、その物はきっと固い。ただ固いだけであろうか、毒に遇うことになろう。噬は人に刑罰を加えることに喩え、腊《せき》（乾肉）は刑罰に服しないことに喩え、毒は怨みの生れることに喩える。しかし、九四を承け、剛の上にも乗っていない。正を失っているが、刑は順の道を侵していないから、毒に遇うけれど、少し恥をかくだけで災難は免れる。

＊六三も物を食べることで刑罰の実施を喩えている。陰爻陽位で失位、正しい人物といえず、正確な判断ができない。しかし、二のように剛の上に乗る高慢な態度でなく（三の下は陰爻）、四の剛の下に在り、

陽に承仕し謙遜である。さらに、上爻の陽と正応という長所もある。したがって、少し恥をかくこともあるが、咎はない。「固い乾肉を噬んで毒に遇う」（爻辞）は、「噬《か》む」は刑を加えること。固い肉は噬みにくいことから、受刑者が刑に服しないこと。「毒」は受刑者が怨みを持つことをいう。

九四

噬乾胏、得金矢。利艱貞、吉。
乾胏《かんし》を噬《か》み、金矢を得たり。艱貞に利あり。吉。

【王弼】体は陽爻であるが、陰位に居る。中位を得ず、正当でない位（陽爻陰位）に居る。この状態で物を齧《か》んでも（刑を実施しても）、人は承伏しない。そこで「乾胏（乾燥した細切れ肉）を噬む」という。金は剛であり、矢は直である。乾胏を噬むようで、人を罪しようとしても承服させることができないが、その刑の加え方は、金矢を得たごとく剛直を得ている。困難の中で、剛直という貞（正しさ）を守るのは、吉を得るには好ましい。しかし、まだ道理に通じる道を十分に尽してはいない。

＊　九四は陽爻陰位で不正、中位でもない。この状態で刑を実施しても、受刑者は承服しない。乾燥した細切れ肉を噬む比喩で、難儀を喩えている。しかし、金矢のような陽の剛直さを発揮している。道理に十分通じ、大きな成果をあげたものとはいえないが、難儀に直面しても正しさを守っている。

六五

噬乾肉、得黄金。貞厲无咎。

乾肉を噬み、黄金を得たり。貞《ただ》しきも厲《あや》ぶみて咎无し。

【王弼】乾肉は堅いこと、黄は中であり、金は剛である。陰爻で陽位、柔で剛の上に乗っているため、物を噬んでも従ってくれない。そのため、「乾肉を噬む」という(堅い乾燥肉を齧んでもかみ切れない。刑によって罪を治めようとしても人は服従しない)。しかし、尊位にいて、陰柔で剛に乗り、中位に居る点からいえば、(果断であって)処罰を十分に行える者である。不正の位にいて処罰を十分に行えるのは、剛が勝つものである(位が陽で、剛の強さを持っている)。噬んでも服従しないが、中《ちゅう》を得て勝っている。そこで、「乾肉を噬んで黄金を得」という。自分は不正の位に居るが、刑罰の処置は当を得ている。だから、貞しいが、危ぶんでおれば災難は免れる。

＊　六五は位は不正、刑の実施は乾燥肉を噬むように困難である。しかし、尊主の位で陽位に居り、九四の陽の上に乗る剛強さも併せ持ち、厳しい懲罰を十分実行できる。また、陰爻で中位に居り、柔軟で中道《ちゅうどう》の徳も持っている。そこで、刑の実施は乾燥肉を噬むように困難だが、結局、黄金を得ると喩えた。黄金の「黄」は中国では中央の色で、中《ちゅう》を得ていること、「金」は剛強であること。剛強によって、刑を実施できるのである。

上九

何校滅耳。凶。

校《かせ》を何《にな》いて耳を滅《めっ》す。凶なり。

【王弼】罰の極で、悪が積み重なり改まらないものである。罪は懲らしめる程度のものでないため、刑は首に及び、枷で耳が隠れて見えないまでになる。枷が首にまで及ぶのは誡《いまし》めるためでなく、耳まで見えなくするのは懲らしめるためでない。これより甚だしい凶は無い。

＊ 上九は無位で受刑者。刑罰の卦の極で、最も悪事の積み重なった者である。初九は軽微な罪で足枷程度で済んだが、上九は首にまで刑具が及ぶことになる。

22　賁

䷕離下艮上

賁。亨。小利有攸往。

賁。亨る。小しく往く攸有るに利あり。

「賁」は「文飾」の意味。この卦は泰卦䷊に由来している。泰卦の下卦の九二と上卦の上六が互いに位置を交換したのである。

剛・柔はそれぞれ同類から別れて他方へ行かねば、「飾り」は誕生しない。泰卦の上六が下卦に来て離☲となったのが、柔が剛を飾ったもの。九二が上卦に昇って艮☶となったのが、剛が柔を飾ったもの。剛が昇って柔を飾ったのは、もと居た中の位を失い、移った場所で正位も得ていない。一方、柔が来て剛を飾ったのは、中位を得て正位でもある。この卦は剛柔が互いに飾りあうよさがあるため亨るが、剛にやや不満が残る点で、「小利」しかない。

ちなみに、ある卦が別のある卦に由来すると説くのを卦変説といい、彖伝に由来し、漢代に発展した。王弼は漢易を排斥しようとするが、この卦は漢易の卦変説を利用していることを示す一例である。焦循『周易補疏』は、王弼が荀爽の説を利用しながら、そのことを黙秘していると指摘している。

文飾とはファッションの飾りから、教養や文化の洗練までも表す。各爻はこの洗練された時代における人物と文飾の種々相を表現している。

初九

賁其趾。舎車而徒。
其の趾《あし》を賁《かざ》る。車を舎《す》てて徒《かち》す。

【王弼】賁の始めで、陽剛で下にいる。初爻は無位で（初爻はまだ世に出ない人）、不義を棄て、かの徒歩に安んじ、剛なる志に従う者である。だから、その趾を飾り、車を棄てて徒歩で行く。正しい道を取り、車に乗らない意味である。

＊　初九は最下に位置している。陽剛で下位にあることから、無位に甘んじる剛直な志の男性。また、最下にあることから、足が連想される。この人物は質素に足だけ飾り、車のような派手やかな飾りを所有しない。正道を歩んで行く正義の士である。

六二

賁其須
其の須《ひげ》を賁《かざ》る。

【王弼】位を得ている（陰爻陰位）が応が無く、三もまた応が無い。二と三は倶に応が無いが、陰と陽で比しており、近くで互いに気持ちを通じている者である。須《ひげ》（鬚《あごひげ》の本字）の特徴は、上に付くことである。（鬚が顔面に付き、自分を飾り整えているようなもの）だから、「其の須を賁る」という。（六二は）自分の居るところにしたがって、上の三に付く。

＊ 六二は正位を得ているが、陰陽応じる相手がない。隣の九三にも応じる相手がない。そのため、六二の陰は九三の陽に付こうとする（いわゆる「比」の関係）。このように上に付こうとする様子が、あたかも面の皮膚の上に付く鬚に似ているので、「鬚を賁る」という。場所も初九の足より位置が上がり「鬚」に喩えられている。

九三

賁如、濡如。永貞吉。
賁如《ひじょ》たり、濡如《じゅじょ》たり。永貞なれば吉。

【王弼】下体の極にいて、位を得（陽爻陽位）、二と陰陽相比している。ともに正位を履み、陰陽和合し、たがいに潤い、文飾を完成するものである。飾りを得たうえに、潤いも得ている。そこで「賁如たり、濡如たり（飾《かざ》りあり、艶《つや》あり）」という。永くその貞を保つなら、これを犯すものはない。そこで、「永貞なれば吉」という。

＊ 九三は陽爻陽位の正位で、同じく陰爻陰位で正位の六二と親しむ。通常、比は応の関係より低い評価しか受けないが、ここでは両者に応が存在しないため、比の関係も好ましいと見られる。しかも両者正位を得、正義を具えた人物である。陰陽で互いに潤し、飾り合う美しい関係。この正しさを守って行けば誰も両者を侵犯しないであろう。

六四

賁如、皤如。白馬翰如。匪寇婚媾。

賁如《ひじょ》たり、皤如《はじょ》たり。馬を白くして翰如《かんじょ》たり。寇《あだ》するに匪《あら》ざれば、婚媾《こんこう》せんとす。

【王弼】応が初にあるが、三に邪魔され、災いとなっている。「二志」つまり六四と初九の二人の気持ちは感応しているのに、通じ合うことができない。静かにしようと思えば、初の応を失うことになり、初に進んで行こうとすれば、三からの難を受けることを懼れる。そこで、自分を飾ったり質素にしたりして、内心に疑いを持ち、不安を感じている。自分の馬を新しく清潔にして準備し、静かに初のもとに行く時を待っている。正位なのに、初に行く自分の志をまだ果たせない。九三は剛猛なので、その意に軽々しく逆らうことはできない。九三が自分を襲うようなことをしなくなれば、初と結婚でき、災難はないのだが。

＊　六四は初九と陰陽応じている。そのため、先述の九三と六二の比の関係より、互いに飾り合う望ましい仲である。しかし、すぐ近くに陽爻陽位で陽気が強く剛猛な九三が居て、六四と親しもうと道を阻んでいる。六四は正位を得た正しい人物にもかかわらず、初九へ向かうことができず、志が果たせない（先述のように、九三にはすでに六二がいるため、六四の邪魔をするとは考えにくい。しかし、九三を本命が居ながら他に手を出す男性と考えることも可能）。六四は事態に困惑している。この困惑ぶりが、「飾ったり質素にしたり、馬を清潔にしたり」という爻辞に表現されている。

＊　焦循『周易補疏』にいう。『正義』は「翰如」を馬の白い色と解しているが、王弼は「翰」を「幹」の意味に使用している。つまり、「翰」は「安」の意味で、「安然」と待つことであると。六四が馬を白くして、静かに行く用意をして待っている意味である。

＊　『周易抄』では「二志」を六二の志としている。六二が初九に気持ちを寄せるが、六二と初九は通じ合うことはできないとする。

六五

賁于丘園。束帛戔戔。吝終吉。

丘園に賁《かざ》る。束帛戔戔《そくはくせんせん》たり。吝《りん》なれど終には吉。

【王弼】尊位にいて、飾りの主であり、飾りの盛んな者である。飾りを（華美な）物に施すのは道にとって害がある。丘園のように質素に飾れば、これ以上の盛大な飾りはない。だから束帛のように豪華に飾れば、丘園のような質素の道は失われる。質素に飾れば、（財物を派手に濫用することはなく）帛（財宝）は戔戔、つまりわずかになる（奢侈を捨てることができる）。消費は倹約以上のものはなく、泰（奢侈）であっても十分に節約である。そのため、質素で恥じることがあっても、最後には吉を得る。

＊ 六五は尊位で飾りの主であり、豪華に装飾する人物である。しかし、爻辞は「財宝で飾れば、質素の道は失われ、質素で飾れば、奢侈を捨てることができる。そうすれば最終的に吉となる」と述べる。質素な山林のように飾り気なく素朴に身を保つことを勧めるのである。

＊ 丘園は、丘は丘墟、園は園圃。草木が生えている質素な場所で、華美でない所をいう（『正義』）。丘園と束帛は王弼注では、対で用いられている。ここでは、丘園は野原のような質素を喩えたもの、束帛は財宝などの豪華を喩えたものと理解して訳した。なお、束帛のもとの意味は絹十反を束にしたもの。貴人の招聘などに用いられた。

＊ 『正義』は「戔戔」を多いさまと見て、「質素に飾れば、財宝が多く残る」と解釈している。しかし、王弼注の「賁于束帛、丘園乃落、賁于丘園、帛乃戔戔」は対句であり、「戔戔」は「落」と同じ方向で訳すべきであろう。（戔戔はわずか、少ないの意味。落はすきまができる、抜け落ちるの意味）。焦循『周易補疏』は、王弼は「戔戔」を「多い」意味に使っていないという。したがって、右に訳したように、「財宝で飾るならば、質素の道は失われ、質素に飾れば、奢侈を捨てることができる」の方向で解釈したほうが良いようだ。

上九

白賁。无咎。

白く賁《かざ》る。咎无し。

【王弼】飾りの終わりにいて、飾りが終われば素に帰る。そのため、質素にまかせ、文飾に骨折ることなく、災難を免れる。白を飾りとして患憂がなく、志を得るものである。

＊ 上九は飾りの卦の頂点に居て反転し、飾りの無い素（無地の白）に帰って行く。飾りの時代にも、超俗の隠遁者は質素にまかせ、文飾に骨折ることがなければ、災いはない。質素、質朴を尊ぶのは、老荘思想、儒家思想どちらにも共通している。

23　剝

☷坤下艮上

剝。不利有攸往。

剝。往く攸あるに利あらず。

卦形は下卦の小人が上卦の唯一残った陽の君子を剝ぎ落とそうとしており、陰の悪人の勢力が極めて強い時を示している。君子は進取の気や強い態度で悪と争ってはならない。仮にそうすれば、身を滅ぼすことになる。王弼はいう「坤は順、艮は止《とど》む。順にして止め（やわらかに止め）、あえて剛を以て止めないわけは、（小人が盛んで、無道の時という）形象を観るからである。強くたかぶり、激しく逆らうのは、害を受け身を台無しにする。身が傾く上に功もまた成就しないのは、君子の尊ぶところではない」と。（彖伝注）

上卦の艮止、下卦の坤順が示す通り、「柔順な態度で止める」のが好ましい。したがって、君上に対しても顔色をうかがいながら、対処せねばならない。つまり、柔順な、やわらかな態度で君上を制止し、剛の態度を顕かにしてはならない、ということである。

各爻では、邪悪の支配する時、小人たちも小人としての正道（おごらずに控えめに生きること）を理解すべきだという忠告が主旨となっている。爻辞の大部分は水がベッドを侵食するように、邪悪が次第に勢いを増すというスタイルで述べられる。

初六

剝牀以足。蔑貞。凶。

牀を剝《は》ぐに足を以《もっ》てす。貞を蔑《けず》る。凶。

【王弼】牀（ベッド）は人が安んじるものである。「牀を剝ぐに足を以てす」とは、牀の足が剝落するというのと同じである。「蔑」は削と同じである。牀の足を剝落させるのは、下の道を滅ぼすことである。下の道が滅び始め、剛が落ち、柔が長ずれば、正を削って凶が来る。

＊「下の道」は小人の取るべき道。小人は小人らしくおごらずに生きる道のこと。この卦の初爻は小人が本来の道を失い、勢いを伸ばす始まり。そのため、「下の道が滅び始め…」といっている。

＊初六は侵食がベッドの足にまで及んでいる。おとなしく正道を守るべき小人が君子を攻撃し、小人が守るべき道が滅び始める。「貞を蔑《けず》る」の、「貞」は小人の守るべき正しい道、「蔑」は削られ滅びる意味。

六二

剝牀以辨。蔑貞。凶。

牀を剝《は》ぐに辨を以てす。貞を蔑《けず》る。凶。

【王弼】「蔑」は甚だしさが極まったことを表わす言葉である。「辨」は牀の足の上部である。剝の道が次第に長じ、辨を剝落させるのである。次第に牀に近づき、ますます人の居るベッドの本体を滅ぼそうとし、柔を長じさせ、正を削る。このようなことを徳とすれば、助けてくれる人物がいなくなるであろう。

＊ 六二は侵食がベッドの足の上部にまで及んでいる。ここまで剝ぐような悪行を徳とすれば、もはや助けてくれる人物もいなくなる。助けてくれる人物がいなくなるとは、六二に陰陽応じる爻がないことが考慮されている。「蔑貞」は初六と同じ意味。

六三

剝之。无咎。
之《こ》れを剝ぐ。咎无し。

【王弼】上九と陰陽応じている。群陰が陽を剝《は》ぐのに、自分一人、陽と協調している。陽を剝ぐ仲間にいるが、こういうわけで災禍を免れる。

＊ 剝の時に、陽を剝ぎ落とす陰の仲間内にもかかわらず、ただ独り上九の陽と応じている。そのため、六三に咎は及んで来ない。「之れを剝ぐ」の「之れ」は陽を指す。爻辞は「陰が陽（之れ）を剝ぐが、（自

分は陽と協調しているため）咎はない」意味。或いは爻辞を「剝の咎无きものなり」と読み、「剝の時において、六三だけは咎はない」とも理解できる。中井履軒は「剝之」の「之」を本爻を指すとみる。「六三が陰の仲間を去り、陽の仲間となったため、他の陰が之れ（六三）を剝ぎ落とす。しかし、剝に遭うのは時世のせいであり、六三の過ちではない。だから咎はない」（『周易逢原』剝。また本書の比卦参照）。朱子は「自分を陰の仲間から剝ぎ落し、陽に協調するため咎はない」（『周易本義』剝卦）と見ている。

六四

剝牀以膚。凶。

牀を剝《は》ぐに膚を以てす。凶。

【王弼】初と二は牀を剝ぐが、民が安んじているわけは、まだ身体本体まで剝いでいないからである。四になれば剝の道が次第に長じ、牀はすでに剝ぎ尽され、人の身にまで及んでいる。小人の勢いは盛んで、人はまさに身を失おうとしている。こうなれば、単に正を削っているだけであろうか。すべてが凶である。

＊　六四は邪悪の程度が初六や六二より更に進んでいる。こうなれば、ベッドの上まで邪悪が及び、横たわる人の身が滅びることになる。小人としての正しい道を削っているだけであろうか。完全な凶が待っている。

六五

貫魚。以宮人寵。无不利。

魚を貫く。宮人の寵を以てす。利あらざる无し。

【王弼】剝の時に尊位を得、剝の主である。剝の害とは、小人が寵を得、君子を衰退させるものである。もし、小人に寵を施すのに、宮人を寵するようにし、正義を害することがなければ、寵愛する者が多くとも、結局過ちはない。貫魚とはこの衆陰をいう。頭を次々に並べているのが、魚を貫いているのに似ているためである（魚が目ざしのように列なっているようす）。

＊　六五は邪悪の支配する時、尊位に居る人物。陰の小人の同類で、弱さも持っている。もし、自分より以下の小人たちに、後宮の女官を寵愛するように対処するなら、弱点を持っても大きな害とはならない。五に対し、衆陰に同調し善人を剝ぎ落とさないようにせよという忠告であり、衆陰をまとめる五の手腕に期待するのである。なお、五が剝の主というのは、一陽五陰の卦では一陽が卦主となるという原則に外れている。

上九

碩果不食。君子得輿、小人剝廬。

碩果食《く》らわれず。君子は輿《よ》を得、小人は廬《ろ》を剝ぐ。

【王弼】卦の終わりにいて、陽の一爻だけが完全であり、剝ぎ落とされていない。大きくなるまで食われることがなかった果物のようである。君子がここに居れば、民を庇護し、仰ぎ担がれ、小人がここに居れば、民の住居を剝ぎ取ってしまうであろう。

＊　上九は邪悪の時に唯一残った君子。王弼によれば、上九は無位で、世俗のことに欲のない人物である。もし小人がここに居れば、民の保護の覆《おお》いまで剝ぎ取り、剝の道が完成する。君子がここにおれば、民の覆いとなり、彼らに車を与えられ、仰ぎ担がれることになる。佐藤龍之進は大略次のようなことをいう。上六は剝の時を見て世を逃れ退いた君子の象である。当世に用いられないので、「碩果食《く》らわれず」という。今用いられなくとも、時命の至るときは駟馬高蓋の輿を以て徴し用いられるに違いない。「小人は廬《ろ》を剝ぐ」は桀紂のような小人が民や王家の廬を剝削すること。「君子は輿《よ》を得る」は、伊尹や太公望が湯王や文王に用いられるに至ったことがそれに当ると（『周易精義』）。

24 復

䷗震下坤上

復。亨。出入无疾、朋來无咎。反復其道、七日來復。利有攸往。

復。亨《とお》る。出入疾无く、朋来たりて咎无し。其の道を反復し、七日にして来たり復《かえ》る。往く攸有るに利あり。

上卦が坤で下卦が震。陽爻が一つしかない。漢易の十二消息卦の考え方では、十二個月が陰気と陽気の消長で表される。復卦は十一月（旧暦）に相当し、重なった陰気の一番下に陽気が芽ばえた形で、いわゆる冬至の時を示す。今後、陽気は下から徐々に勢いを増し、臨（䷒）→泰（䷊）→大壮（䷡）…と変化する。陽は君子と見られるから、君子が陰の悪人・小人を次第に追いつめる。復卦の直前の形は坤（䷁）で、陽がすべて追放され、悪人が全盛。復卦は外に追放された善人が漸く最下に復活する祝福すべき卦である。しかし、彖伝は「剛長ず」というだけで、十二消息卦というような語は使用していない（泰卦も参照）。王弼もそれにならい、君子、小人の盛衰の意味を取るだけで、漢儒のように節気などと結びつける複雑な解説はしない。

復の下卦の震の徳は、震動、奮動の熟語があるように、動くこと。上卦の坤の徳は順うこと。彖伝では、下が動き、上がそれに柔順に従うから「亨る」といい、陽の君子の存在を喜び、今後、陽爻の増していくことを期待している。王弼も陽が伸びれば、小人の道が衰退していくと述べる。陽が動き、善の支配する明るい世が訪れる期待をもたせる卦で、いわゆる「一陽来復」もその意味を持っている。

卦辞の「復は亨《とお》る」は、陽の君子が次第に伸長するため障礙がなくなること、「朋来たりて咎无し」は、陽の仲間が増え災難がないこと、「往く攸あるに利あり」は、君子が増え、仕事のために出かけてよいこと。「出入」の「入」は剥卦で追放された陽の君子が、復卦で最下に入って復活すること、「出」は陽が今後内卦から外卦に向かって伸びていくこと。陽爻が伸びるから心配な病はない（「疾无し」）。「七日来復」は、七日で陽が復帰してくること。王弼は「陽気がすべて剥落してから、一陽が来復する時までおよそ七日である。天の自然な働きとして、陽が返って来るには七日を過ぎることがない」（彖伝注）と述べている。

さらに、王弼は復卦について、無の重視の立場から、大略次のような指摘もした。

「復は本《もと》に反《かえ》る意味である。天地は本《もと》を心とする。天地は大きく、万物を富有し、雷が動き、風がめぐり、運化万変するが、寂然として至無なのがその本《もと》である。そのため、動きが地中で休止しているこの卦において、はじめて天地の心が見られる。もし有を心とすれば、（虚静に帰ることができず運動・変化の中で互いに争い、共存できなくなり、）異類が欠けることなく存在することは不可能になる」（彖伝注）

復は坤地の下に震がある卦形で、通常、地の下で雷が震動し陽気が動き始める意味に理解されている。つまり、陽気の復活と、最下の一陽の今後の勢力の伸長という「動」の面が強調されるのである。しかし、王弼は「動きが地中で休止している」と、復卦を動きのない静止のようすととらえた。つまり、動きが地下に潜んで休止し、至無に反《かえ》る時、天地万物が運動変化から静止に帰る時を示すと考えた。大象伝に「王はこの日（冬至）に関所を閉じ、商人・旅人を通行させず、四方の視察を行わない」とあるのは、王者も冬至の時は天地の法則にのっとらねばならないためである（大象伝注）。「至無」は有と対立する無の意味でなく、有無を超越した絶対的な無のことで、その意味で寂然という形容詞も用いる。ちなみに、王弼にとって夏至も陽が寂然たる至無、大静（大象伝注）に帰ることであった。王弼のこれらの議論には老荘思想の「無」への愛好を読みとることができる。

＊『老子』三十八章の王弼の注にも次のように述べられている。「天地広きと雖も、無を以て心と為す。聖王大と雖も、虚を以て主と為す。故に曰く、復を以てして視《み》れば、則ち天地の心 見え、至日（冬至と夏至）にして之れを思えば、則ち先王の志（もと「至」に作るが、楼宇烈引く波多野太郎説により「志」に改める）覩《み》ゆるなりと」

初九

不遠復。无祇悔、元吉。
遠からずして復《かえ》る。悔《く》いに至ること无く、元《おお》いに吉。

【王弼】復卦の最初で、復《かえ》ったばかりの陽である。復るのが速くなければ、迷って凶に至る。初は迷ったがそれほど遠く離れないうちにすぐに復って来た。あやうく後悔しかけたが、復って来たのである。このように身を修めれば、患難から遠ざかる。事にあたりこのように行えば、なんと望ましい状態に近いことか。これによって、おおいに吉である。

＊　人事では、復卦は善道（正道）が始る時を示している。彖伝は天地の陰陽の消長という問題を主に論じていたが、爻辞では個人の問題を論じ、善道復帰の諸相が示される。初九は陰の邪悪の道を離れ、善の道に真っ先に復帰して来た人物とされる。『易』では六爻は下から積み上げるので、最下の位置は最初を意味する。初は悪の道に入って、まだ遠く離れないうちに正道に帰ってきた人物である。

六二

休復。吉。

休《よ》く復《かえ》る。吉。

【王弼】中の位で、初に最も比して親しくしている。上にはその親しみを疑う陽爻はない。初九の陽は仁の行ないをし、二は初の上にいて、これに付き順っている。仁にへりくだる意味である。中位にいて、仁に親しみ、隣人と仲良くしている。復の休（美）である。

＊　六二は中位で、温和な態度が取れるため「立派に帰って来た」と誉められる。そのうえ、陰爻陰位で正位を得、正しい行動ができるため、悪の道にも深く染まらず復帰できる。また、初爻の陽（陽は善人）と隣同士（比の関係）で陰陽親しみ合っている。比は応より評価が低いが、六二と陰陽応じる陽爻はない（五爻も陰爻）。そのため、初爻と親しくても、言いがかりをつける人物はいない。このような長所のた

め、立派に善道に復帰できるのである。

六三

頻復。厲无咎

頻《しか》めて復る。厲《あや》うけれど咎无し。

【王弼】頻とは頻蹙（憂えて顔をしかめる）のようすである。下体の終わりにいて、上六の迷いよりまさっているが、すでに復の道から遠く離れている。そのせいで憂い顔をしている。しかし、憂いても復《かえ》ることを求めているので、迷いに至らない。したがって、危ういといっても災難は免れる。道に復るのは速やかに行うべきであるのに、憂いて後、ようやく復った。義として災難はないが、自らを守る以外の事がやって来るなら、吉は保ちがたい。

＊ 正道に復って来るのに、初九は一番速いとされ、上に行くほど、悪の道に長く迷い、復って来るのが遅いとされる。その分、悪の道に深く染まっている。そのため、しかめ面して善道に帰って来る。遅いとはいえ、六三は上六に比べると、まだ復って来るのが速い。帰って来ただけ幾らかましなのであり、危ういが災難はない。最後の部分は、六三のようでは、自分の身を守ることができても、たとえば、他人の身を守るようなことはできないというのである。

六四

中行獨復。

中行にして独り復る。

【王弼】四は上下にそれぞれ二陰があり、その中央にいる。位を得て（陰爻陰位）、初に応じ、ただ独り復《かえ》る場所を得ている。正しい道に順って反《かえ》り、悪に邪魔されることがない。だから「中行にして独り復る」という。

＊ 六四は唯一陽爻と陰陽応じる関係にある。そのため「独り復る」と褒められる。他の爻も善道に復帰するが、唯一陽爻（陽爻は善人、仁人、君子など）と応じるため「独り」と強調されている。「中行」とは中庸の行ないができる意味である。ここでは、悪の偏った道に染まらず、正道に復ることができること。通常、二爻目と五爻目が中位とされ、ここに居る場合に中庸の行ないができると見られる。しかし、復卦の六四は中位でないのに、経文には「中行」とある。益卦の六三、六四の経文にも「中行」とある。益卦の王弼の説では、六四は衆陰のちょうど中央にあるため、中行という。この説によれば、益卦（後出）の六三も上下の陰の中央にあるから中行といえる。しかし、六四の場合は中行といえない。王弼は益卦の六四の注で「位は中ならずと雖も、中行を用いる者なり」と述べている。これによれば、二、五の位でなくとも、他の条件を勘案すれば、「中行」といえる場合があると考えているようだ。詳しくは益卦六四の王弼注を参照。

六五

敦復。无悔。

復《かえ》るに敦《あつ》し。悔い无し。

【王弼】厚きに居て、中《ちゅう》を履む（外卦の中位）。厚きに居るので、重厚で人から怨まれることが無く、中を履んでいるので、偏りがなく、自分を完成させることができる。六二の「休復」（休《よ》く復《かえ》る）の吉には及ばないが、重厚さを守って復り、悔いから免れることができる。

＊六五は中位。上卦の坤は温厚、重厚の徳がある。坤の体に属し、かつ中位に居ることで偏見を持たず冷静。さらに、君主の威厳もある。そこで、「帰るのに重厚な態度。後悔することはない」とされる。

上六

迷復。凶。有災眚。用行師、終有大敗。以其國君、凶。至于十年、不克征。

復るに迷う。凶なり。災眚《さいせい》有り。用《もっ》て師を行《や》れば、終に大敗有り。国君に以《もち》うれば、凶なり。十年に至るまで、征する克《あた》わず。

【王弼】復の最後にいて、道に迷う者である。迷いながら正道に復るのを求めている。そのため、「復るに迷う」という。このような迷いを以て軍を出せば、勝利は難しい。最後には必ず大敗する。このような迷う者を国君に用いれば、君道に背くことになる。大敗して、はじめて正道に復るが、この趨勢をはかってみれば、たとえ十年道を修めても、やはり敵を征伐できないであろう。

＊　上六は善への復帰が最も遅れる人物である。そのため、善への道に迷うとされる。このような惑迷ぶりで、戦争を起こせば大敗するに違いない。

25　无妄

☰☳震下乾上

无妄。元亨利貞。其匪正有眚。不利有攸往。

无妄。元《おお》いに亨《とお》る。貞しきに利あり。其れ正に匪《あら》ざれば眚《わざわい》有り。往く攸有るに利あらず。

无妄の妄とは虚妄、偽りの意味。「妄が无い」とは偽りがないこと。したがって、无妄卦は不正が行われない時を示している。彖伝にも「大いに亨って正しい」とされる。上卦乾の徳は「健」、下卦震の徳は「動」。合わせて健やかな活動。この健やかな活動が、たゆみなく動く天の運行を連想させる。天の運行は正義と考えられているため、この卦は无妄と称される。さらに、上卦の九五が正位を得て中位、中庸を得た正しい人物であり、また乾を体して剛健。下卦の中位にあって中庸、陰爻で柔順な六二と陰陽応じている。『易』では九五と六二が正位を得て陰陽応じているか否かが重視されることが多い。これらの長所を持つ点も、无妄と命名される要因である。

王弼が「威剛方正」、「剛直」、「斉明」などの語でこの卦を誉めているのは数々の長所のためで、この卦は天の正しい道理を得ているとされる。人は「无妄」であれば良いが、仮に「妄」のまま進んで行けば、災いが起こる。

なお、彖伝では下卦震の陽爻が主爻と考えられている。王弼も彖伝の意見に従うことが多いが、本卦九五の注では、九五が无妄の主と述べている。初九か九五か、どちらを主爻と考えていたのか問題が残る。

各爻は不正の無い時代における、境遇や行動について論じている。

初九

无妄。往吉。（整理本は「无妄往、吉。」）

无妄なり。往けば吉。

【王弼】体は剛で下にいて、貴い身で賤しいものにへりくだっている。このようであるから、出かけても妄動することがなく、往って志を得る。

＊ 初九は陽剛で下位。しかも陰の下に甘んじ、貴者が賤者にへりくだっている姿を連想させる。このような人物に不正はないため、進んで事に当たって吉である。

六二

不耕穫、不菑畬、則利有攸往。

耕さずして穫《か》り、菑《し》せずして畬《よ》せば、則ち往く攸有るに利あり。

【王弼】先に立って耕さず、遅れて稲を刈り、新田の最初の耕作者にならず、すでに稔った後で田を治める。君主に代わって、すでに生長した稲を刈り、仕事を終わらせるだけで、自分から先がけてすることはない。美点を独り占めにせず、臣下の道を尽す。そのせいで、出かけて行ってよいことがある。

＊　菑は開墾一年目の田。畬は三年後の田、成熟したばかりの田。『正義』によれば、「菑せず」は新田の最初の耕作者にならないこと。六二の陰は中位にあり、正位も得て、九五の君主と陰陽応じ、君主にとって温和で忠実な臣下。この爻辞は、いつも控えめで、君主を立て、先頭に立って創出することなく、君主の仕事を助けて成就するだけという臣下の道を述べたものと王弼は見ている。

六三

无妄之災。或繫之牛。行人之得、邑人之災。
无妄の災い。之れが牛を繫ぐ或《あ》り。行人の得て、邑人の災いなり。

【王弼】陰爻で陽位におり、行ないが謙順にそむいている。これによって、无妄の世にも災いがある。牛は耕作の資である。二は「先に立って耕さず、稔ったものを収穫するだけの人物だから、事を行ってさわりがなかった」が、三は不順の行ないをしているため、有司が牛を繫縛した。これが行人（有司）が手柄を得、かの邑人（六三）が罰を得た理由である。そこで、「行人は功を得て、邑人には災いとなる」という。

＊　无妄の世には邪道が行なわれない。しかし、六三は陰爻陽位で失位、正道を失った人物である。そのため、あつかましくも、君主を出し抜き、密かに牛を使い耕作し始める。「行ないは謙順に違う」、「不順の行を為す」といわれる理由である。有司がそれを見つけ、牛を繋縛し、その行為を止めさせ、邑人は罰を受ける。「不順の行ない」とは、三が君王の仕事に従わず、ひそかに田地を開墾し、自分の牛で耕作し始めたことをいう。「行人」とは有司のことで、「邑人」とは耕作人、つまりひそかに牛を使い耕作し始めた村人（六三）をいう。

九四

可貞。无咎。
貞にすべし。咎无し。

【王弼】无妄の時に、陽爻で陰位。剛で柔に乗っているが、謙順を行ない、至尊（九五）の近くで隣合っている。そのために、正に従い、守るところを固くしておれば災難を免れる。

＊　九四は无妄の時に陽爻陰位、六三と同じく不正な人物である。しかし陽剛で陰位に身を置くのは謙順な性格と考えられ、そのうえ九五の至尊に比している。したがって、この人物は守るべき正しさを固く守っておれば災いはない。

九五

无妄之疾。勿藥有喜。

无妄の疾あり。薬することなく、喜び有り。

【王弼】尊位にいて、无妄の主である。下もみな无妄で、疾害は自らが招いたものではないが、しかし薬を用いるのは、疾が甚だしいためである。妄にあらざる災いは、治めることなく自然に回復する。妄でないのに、薬を用いるのは凶である。このために、「薬を用いることなくして喜びがある」という。

＊　九五は无妄の主であり、中位を得、陽爻陽位で正も得ている。主が正しければ、下々も正しくなるのは当然である。だから、「下も皆《み》な无妄」という。しかし、こういう時でも、尭に降りかかった洪水の害のように、偶然降りかかる疾害がある。自分が招いた疾害なら、薬によって治療すべきだが、自然に降りかかった災害は、薬を用いる必要はない。自然の災害はただ時に順い徳を治めておれば、自然に治癒し、最後には喜びが来る、という主旨である。小象伝の注では、「无妄の時に薬を用いれば、害はさらに甚だしくなる。洪水などに、人民を過度に労役させるべきでない。反って疲弊させ、さらに大きな害を招く」というようなことを王弼は述べている。

上九

无妄。行有眚。无攸利。（整理本は「无妄行、有眚、无攸利」）

无妄なり。行けば眚《わざわい》有り。利する攸无し。

【王弼】妄であってはならない卦の極にいる。ただ静かに我が身を保つべきである。したがって、出かけてはならない。

＊ 上九は偽りのない卦の頂上で、偽りがあってはならない。『易』に「窮（極）まれば変ず」（繋辞伝下）とあり、无妄の頂点は有妄に変化する。行動を起こせば、災いがあるかもしれない。そのため、安易に動かず、静安を守らなければならない。

26 大畜

䷙乾下艮上

大畜。利貞。不家食、吉。利渉大川。

大畜。貞しきに利あり。家食させずして、吉。大川を渉るに利あり。

大畜は勢いよく上進する下卦乾を、上卦艮が大きな力で制止（畜止）する形。小畜の場合、上卦巽（☴）は柔順で乾（☰）を制止する力は小さい。大畜は上卦艮の制止する力が大きく、下卦の乾の進行をしっかり止める。畜は止める意味。また、大きなものを止めることから、貯《た》める、たくわえる意味。さらに勢いよく進んで来るものをしばらく制止し、成長を待つ意味。悪意ある制止でなく、能力を涵養するための制止である。

彖伝は大畜卦を、「剛健篤実で輝いて日々その徳を新たにする」と絶賛している。王弼は注で「嫌われてすぐに退けられるものは弱く、栄誉を得てもすぐに落伍するものは浮薄である。輝光があり、日々その徳を新しくするものは、剛健篤実だけである」と述べ、彖伝の解説をさらに強化した（剛健は下卦乾の徳、篤実は上卦艮の徳）。

上卦艮の働きの主は上九である。上九が最大の力で、下卦乾を受け止める。乾剛を賢人とすれば、賢人を拒否するのでなく、受け入れて止め、その才能を十分に発揮させる。また賢人を止めるには、正義を持たねばならない。そこで「貞しきに利あり」という。「家食させず」とは、賢人を家庭内に閉じ込めず招き寄せ、大きな資本で任用し養うことである。賢人を養えば、険難をおそれずに道を進んで行くことができる。なお、小畜卦も参照。

初九

有厲。利已。
厲《あやう》きこと有り。已《や》むに利あり。

【王弼】四が自分（初九）を抑えて止める。出かけて犯してはならない。もともと、進めば必ず危ういことがあり、やめればよいのである。

＊　初九は下卦乾の体に属し、上進の勢いは強いが、最下のため力不足で果断になれず、進めば危うい。上卦艮の制止の力も強大である。四と初は陰陽応じるが、六四の畜止を受けて猛進をせず、しばらく止まって修養したほうがよい。

九二

輿説輹。

輿《くるま》 輹《ふく》を説《だっ》す。

【王弼】五は畜の盛んな位にあり、犯すことができない。応の関係に頼り、進んで行けば、車はスポークがはずれて壊れてしまう。しかし、九二は下卦の中位にいて中庸の行動ができ、馮河しない、つまり大河を舟無く渡り、死んでも悔いないというような無謀な冒険はしない。難にあうと止まることができる。そのために尤《とが》は無い。

＊ 九二は六五に向かう。六五は陰爻で弱い。しかし、君主の地位で、威厳によって九二を抑える。九二が無理に上れば、乗った車が壊れるような事故にあう。九二も下卦の中位で、穏やかで中和の態度が取れるため、無理な冒険を犯そうとしない。「馮河」は泰卦九二の注にも見える。黄河を徒歩《かち》渡りするような無謀なことを喩える。「敢て馮河せず」(『詩経』小雅・小旻)、「憑河して、死して悔い無き者」(『論語』述而篇)と見える。

九三

良馬逐。利艱貞。曰閑輿衛。利有攸往。

良馬をもって逐《すす》む。艱貞に利あり。輿を閑《さまた》げらると曰うも、衛《まも》らる。往く攸有るに利あり。

【王弼】総じて、物は極まれば反《かえ》る。だから畜止が極まれば通じる。初と二が進むにはちょうど盛んな畜止に当たっている。したがって、升ることができない。九三に至っては上九に升るが、上九は天の四通八達の大通りにおり、道は大いに通じる。進んでいっても拒まれることはなく、思うままに走り回ることができる。そこで、「良馬をもって逐《すす》む」(良馬に乗って進む)という。正位を履み(陽爻陽位)、時を得て進み、通じる道を行き、阻《けわ》しい地形を心配することはない。そのため、「艱貞に利あり」(困難を自覚して正道を守るとよい)。閑とは閑(さまたげられる)である。衛とは護られることである。その時を得て進み、艱難であるが憂いがない。輿(車)はさまたげられるが、もとより警固されている。上(上九)と志は合している。よって、進んで出かけてもよい。

＊ 初爻と二爻は学問、教養が不足で、上卦から迎えられなかったが、九三は下卦の極に位置し、初、二と異なり、修養も積み、才能も付き、上昇する力が十分ある。対する上九も九三と同類の陽爻で、仲間として彼を喜んで受容する。通常、陽同士は反発するが、ここでは同類で志が合うと考える。また、无妄卦で見たように、「窮《きわ》(極)まれば変ず」で、上九は制止の頂点から受容の態度に変化する。下卦の力ある人物を受容し、その才能を縦横に発揮させれば、上九自身も憂いが消え、悠々と生活を楽しめるようになる。「其の時を得て進み」とは、九三が正位を得ているからそのようにいう。

六四

童牛之牿。元吉。
童牛の牿《こく》。元《おお》いに吉。

【王弼】六四は上卦艮の始めで、正位を履んでおり、下卦剛健の初を制止することができる。成牛の角で拒まず、柔を用いて剛を制止すれば、剛も敢えて（六四を）犯すことはない。鋭さの始めを抑え、険しい争いをやめる。ただ利があるだけであろうか、喜びもあるであろう。

＊ 六四は上卦艮止の始めで、正位を得、初九を止めることができる。牛に喩えれば、角《つの》を持つ成牛の強さで拒むのでなく、「童牛」（仔牛）の柔らかさで止める。陰ゆえに「童牛」といい、「梏」とは牛の角につけ、人を突いて傷つけないようにする横木をいう。童牛には角がないが、これに梏をつけるとは、六四が相手に対処する時の、強圧的でない柔軟な姿勢を喩えている。相手を傷つけず、やわらかく止めるのである。

六五

豶豕之牙。吉。

豕の牙を豶《ふん》す。吉。

【王弼】豕《いのしし》の牙は縦横に動き剛暴で制御しがたいもので、二をいう。五は尊位にいて、畜の主である。二は剛で進んでくるが、五はその牙を制止する。陰柔ながら剛健を制し、暴を禁じ、盛んな牙を制止し防ぐ。六五は単に自分の位を固めるだけであろうか。喜びもあろう。

＊　九二を豕《いのしし》の恐ろしい牙に喩えた。六五は上卦艮止の君主の位に居り、柔だが剛を制する力を持っている。「豶」は抑え防ぐ意味。

上九

何、天之衢。亨。

何をかせん、天の衢《く》、亨《とお》る。

【王弼】畜の極にいて、畜が極まれば通じる。大畜は大いに亨《とお》る時になる。何は辞である。何畜（何をかとどめん。何も制止しない）というようなものである。かくて、「天の大通りは通じる」

＊　畜止の極みであり、この上、何を制止して養い育てようか。もはや制止し、養い育てる必要もない。道は大いに行なわれ、そのありさまは縦横に通じる天の道のようである。天下は治まり、何もする必要はない。大畜卦の止めて養う意味が、ここに至って、逆にもはや養う必要がないことになっている。「何は辞である」は、「何」は虚字（助字）ということ。ここでは「荷《にな》う」や「呵《しか》る」というような実字に読まず、「何をかせん」と疑問・反語の意味で読む。

27　頤

☶☳震下艮上

頤。貞吉。觀頤、自求口實。

頤。貞《ただ》しければ吉。頤を観て、自ら口実を求む。

　頤はあご、おとがい、また養う意味。噬嗑卦の彖伝では、「頤中に物有るを噬嗑と曰う」とあり、王弼は注して「頤中に物有り。齧《かじ》り之れを合わすは噬嗑の義なり」と述べている（噬嗑を参照）。これによれば、王弼は彖伝に基づき、卦形から頤の形を連想しているようにみえる。頤の形といってわかりにくければ、口を開いた形、口中を連想してもよい。頤卦の上卦艮の徳は止まる、下卦震の徳は動く。食べ物を齧るとき、上顎はほぼ止まり、下顎は動くことから、頤の働きと通じる。

　頤卦の彖伝には珍しく王弼の注はない。いま『正義』に、大略次のような説明がある。「頤《やしない》は正しい身の養い方をすれば吉である。正しい養い方には二義があり、一は他者に対する義、上位者が賢人を養い、万民にまで養いを及ぼすことである。二は自己に対する義、自身を正しく養うこと、具体的には言語を慎み、飲食に節度をもたせることなどである」

　これによれば、卦辞の「貞しければ吉」は、「外に向かっては他人に、内に向かっては自己に正しい養い方をすれば吉」ということになる。「頤を観て」は、下々が上位者がいかなる賢人を養っているかを観ること、「自ら口実を求む」は、それにならって、下々が自ら我が身を養おうとすることである。彖伝は最後に、養いの重要なことを感歎し、「天地は万物を養い、聖人は賢人を養うことによって、万民までを養う。頤の時は何と偉大なるかな」と論じている。

ところで、「養う」とは、一般に親が子を養うように、上位者から下位者へ向かう働きが予想される。しかし、奉養や奉公という言葉もあるように、下位者の上位者に対する奉仕もいう。君主は臣下を養うが、同時に臣下も君主に仕え、その仕事を助けて君主を養う。したがって、上下両方向に向かう動作が含まれている。

初九

舎爾靈龜、觀我朶頤。凶。

爾《なんじ》の霊亀を舎《す》て、我《わ》が頤を朶《うご》かすを観る。凶。

【王弼】「頤を朶《うご》かす」とは嚼《か》むことである。陽爻で下位におり、動きの始めである（下卦震の徳は動く）。他人を自分に頼らせて養うことができず、自分自身が動いて養いを求める者である。そもそも身を安心させるには競争しないに勝《まさ》ることはなく、自分を修めるには自ら徳を保つに勝ることはない。道を守れば福が至り、禄を求めれば辱《はじ》が来る。賢を養う世にいて、正位を固く守り徳を全うすることができず、自らの霊亀の明兆（自らに具わっている明徳）を棄て、我（六四）が口を動かし、食べ物を噛んでいるのを羨《うらや》み、せわしなく養いを求める。（競走せずに徳を守り、道を守って）君上の養いを待つという至道を離れ、寵禄を求め競って進む。これより甚だしい凶はない。

＊　初九は最下で、人を十分に養う力がない。最下は無位で能力も微弱であり、静かに自己修養を心がけねばならない。しかし、下卦震動の始めのため、しきりに動き、応の六四に養いを求めようとする。陽爻で正位を得、本来徳のある人物のため、自らの能力を見限らず、静かに修養したのち、君上からの養いを待つべきである。「爾」は初九自身をいう。「我《わ》が頤を朶《うご》かすを観る」の。「我」は六四。六四が口を動かしているのを初九が観ること。ここの爻辞は六四の口吻《こうふん》に借りたものであろう。

六二

顚頤。拂經于丘。頤、征凶。
顚《さかしま》に頤《やしな》う。経に丘に拂《そむ》く。頤、征けば凶。

【王弼】下を養うのを顚《さかしま》という。拂は違《そむ》くことである。「経」は「義」と同じである。「丘」は常に実践することがらである。下にいて上に応がなく、そのため反《かえ》って下を養う。下に居て、上に奉公せず、反って下を養う。故に「顚《さかしま》に頤《やしな》う、常の義に違《そむ》いている」という。このような養いのあり方では福を見ることはなく、このようなやり方で進めば味方を得ることがない。よって「頤《やしない》、征《ゆ》けば凶」という。

＊　六二は陰で弱く、自らが下体にいる下位者であるため、上を奉じなければならないが、上に応がなくそのため逆に自分より下の初九を養っている。下体にいて上位者を奉じず、下位者を養うのは、養いにおける正しい道に背いている。

六三

拂頤貞。凶。十年勿用。无攸利。

頤《やしない》の貞《ただ》しきに拂《そむ》く。凶。十年用いらるること勿《な》し。利する攸无し。

【王弼】不正の位で、上（上九）に奉公する。上に諂《へつら》って受け入れられるものである。正を養う義にもとっている。そのため「頤《やしない》の貞しきに拂《そむ》く。凶」という。頤《やしない》のときにいて、このような行ないであれば、十年たっても用いられずに棄てられるであろう。このような行ないをするから、（養いを実行しても）利益がない。

＊　上九と陰陽応じ、奉公しようとするが、位が不正。内心に正しさを養わず、行ないの悪い人物と見られる。この状態であれば凶であり、十年間も受け入れられないであろう。

六四

顚頤。吉。虎視眈眈、其欲逐逐、无咎。

顚に頤《やしな》う。吉。虎視眈眈、其の欲　逐逐《ちくちく》たり。咎无し。

【王弼】体は上体に属し、居は正位を得て（陰爻陰位）、初に応じている。上にいて下を養うのは、頤の義を得ている。だから、「顚《さかしま》に頤《やしな》う。吉」というしかし、下と交わってあなどってはいけない。そこで、虎視眈眈と鋭い目で下を見る。威があっても激しくはなく、憎むことがなく、おごそかな態度をとる。徳を養い、賢人に養いの施しを与えるのであって、どうして自分が利益を求めようか。そのため、望むところは、逐逐（誠実さを持つ）であり、敦実を尚《とうと》ぶことである。この二者（虎視眈眈と其欲逐逐）を修め、はじめてその吉を全うして災難を免れる。六四が自らを養うのを見れば、正を履んでおり、その養うところをよく見れば、陽を養っている（初爻の陽を養っている）。頤の爻の貴さは、ここに盛んである。

＊　六四は上位に居て、陰爻陰位で正位を得ている。しかも、陰でありながら、陰陽応じる下位の陽（陽は君子）を養っている。上位にいて下位の君子を養うのは頤養の義に合致している。六二が同じく下を養って凶なのは己が下体にいるくせに下を養うためである。

六五

拂經。居貞、吉。不可涉大川。

経に拂《そむ》く。貞に居れば、吉。大川を渉《わた》るべからず。

【王弼】陰爻で陽位におり、頤の義にそむいている。義にそむいたまま進めば類（仲間）を失うであろう。そのため、貞（正しい態度）を守るべきである。下には応がなく、上九と比している。だから貞を守って上に従い、頤の吉を得なければならない。貞を守って吉を得ても、もし頤のときに、謙順にそむくなら、困難を乗りきっていくことはできない。

＊ 六五は陰爻陽位の不正。君主の位でも陰爻で陽位に身を置くのは、小人が君位に居座るようで、分際を越え、傲慢な人物と見られる。頤（養い）には謙順が必要で、傲慢は養いの本来の意味にそむいている。位を誇らず、上の陽の賢人に親しみ、貞正を守るのが好ましい。思い切った冒険をしてはならない。

上九

由頤。厲吉。利渉大川。
由りて頤《やしな》わる。厲《はげ》しければ吉。大川を渉るに利あり。

【王弼】陽爻で上におり、下の四陰を履んでいる。陰だけでは主となることができず、必ず陽をリーダーとする。そのため、上九によってその養いを得る。だから「（上九に）由りて頤《やしな》わる」という。しかし、上九は衆陰の主となっても、おざなりではいけない。そのゆえに厳格にすれば吉である。家人卦の「悔厲」（厲《はげ》しさを後悔する）の義に似たところがある。上九は貴いが位がないので厲しさをもつ。高いところにいて、民を有する。そのため吉である。養いの主であり、人は彼にさからうことがない。そのために大河のような障害も渡りきれる。

＊ 上は本来位が無く、上九は超俗の隠遁者を表す。しかし頤の時には、下の多くの陰に仰がれ、衆陰を養う主人となる。位が無いので、緩んで侮られてしまうことに注意し、下の者に音をあげさせるほど、厳しく接しなければならない。家人卦九三爻辞の王弼注によれば、家人は家長の厳しさに音をあげ、厳しさを後悔するようなこともあるが、家を治める場合は、節度がなくなり家内が汚れるよりは、厳格に過ぎる方がよいという。「悔厲」とは厳しさを後悔するが、結局は厳しい方がよいという趣旨を取っている。

28　大過

䷛巽下兌上

大過。棟橈。利有攸往。亨。

大過。棟橈《むなぎたわ》む。往く攸有るに利あり。亨る。

大過の大は才徳の盛大。過は「過越」。つまり程度が過ぎる意味で、「罪過」（あやまち）の意味ではない。大過は、才徳の盛大な者の程度を過ぎた行為。偉大な人物の英雄的な行為の意味である。この働きを九二が象徴的に示している。王弼は彖伝の「剛過ぎて中《ちゅう》なり。巽にして説《よろこ》び行く」に注して、「九二をいう。陽であって陰位にいるのは剛が過ぎることであり、二にいるのは中である。弱を救い、衰を興すのは、中を失わないからである。巽《そん》にして説《よろこ》び行き、これで難を救い、難はおさまる」と述べている。

陽剛が二の陰位にいるのは、分際を越えた大きな働きができること。陰の示す難儀を力ある陽が救いに来た場面を想像してもよい。二は陽剛ゆえ働きがあまりにも過剰になる恐れもあるが、しかし、中位にいて和。卦形からみても上卦が兌で悦ぶ、下卦が巽で卑順。「巽《そん》にして説《よろこ》ぶ」で、控えめに和悦で進んで行き、乱暴すぎないので、難は救われるのである。

大過は「君子の為す有るの時なり」（彖伝の王弼注）というように、志ある人物が世の役に立つべき時、才能を発揮する時を表している。したがって、卦辞の「棟橈む」（屋根を支える木が弛む）が象徴するように、世の衰退という重大事を前提としている。大象伝の「沢が木を滅す」も尋常でない時を表している。

初六

藉用白茅。无咎。
藉《し》くに白茅《はくぼう》を用《もっ》てす。咎无し。

【王弼】柔を以て下にいる。大過の（難の）時に当たっても、災難を免れるのは、このような謹慎な態度だけであろうよ。

＊　初爻は困難な世に、上に仕える道について述べている。陰で最下に居ることから、下に敷かれる柔らかい茅《ちがや》の敷物を象とした。白は潔白、陰は柔順。初六は柔順で慎み深く、かつ潔白で下位に在る。このような心で上に仕えれば災いはない。

九二

枯楊生稊。老夫得其女妻。无不利。
枯楊　稊《ひこばえ》を生ず。老夫　其の女妻《わかきつま》を得る。利あらざる无し。

【王弼】稊《ひこばえ》とは楊の秀《ほ》である。九二は陽で陰位におり、その本分を過ぎて衰弱を救うものである。上にはその応がないため、出し渋る気持ちがない（一人のみに応援するのでない）。この状態で大過にいれば、衰弱したものを済《すく》わないことはない。そのため、枯れた楊にさらに稊を生じさせ、老夫にさらに少《わか》い妻を得させる。弱を救い、衰を興すのは、この爻より盛んなものはない。だから、すべて順調にゆく。老が過ぎれば枯れ、少が過ぎれば稚《おさな》くなる。老を少に分ければ稚は長じ、稚を老に分ければ、枯は栄える。過剰なものを互いに与え合う意味である。大過の時が、極めて衰弱していても、自分（九二）は極めて壮んである。壮の極みで、衰の極みを助けるのは、その分を過ぎて衰弱を救うという大過の義にふさわしい。

＊ 九二は陽爻で力がある。力があり陰位に在るのは、分際を過ぎた大きな働きができること、また力量ある人物が衰弱した場所に在ることを示す。そこで、この人物には過大な働きが期待できる。「枯れた楊に穂が出る。老父が若い妻を得る」（爻辞）はその象徴である。また、中位に居るため、乱暴でなく中和の心も具えている。

九三

棟橈。凶。

棟橈《たわ》む。凶なり。

【王弼】大過のときに、下体の極におり（卦の中心あたりに位置し、陽剛で陽位にいるから、その強さに棟《むなぎ》は重みに堪えかね、下にたるんでいる）、危険を救い弱きを助け、棟を盛んにすることができない。陽爻で陽位におり、救助をせず、ただ自らを守るだけである。また上六に応じ、上六だけを心にかけている。一つのことにとどまり、溺れてしまい、凶衰であることは当然である。

＊　九三は下体の極にあり、陽爻陽位で強さを持っている。しかし、九二と違い、身に合った位を得ているため、分際を越えた働きは期待できず、地位に安住するだけの強さしかない。才能を発揮する時に、応（上六）を持つのも評価できない。衆人に対し幅広い救済を心がけず、一人の仲間の救済しか頭にない狭量の人物である。

＊　「係心在二」（王弼注の原文）は一つの応、つまり上六のことだけを心にかけていること。心が狭く、衰難を救うことができない。「陽を以て陽に処る（陽爻陽位）」（同上）は一般には良いこととされる。しかし、この卦では九二で見たように、陽爻陰位が、本分を過ぎて難を救う気持ちが強いものと称賛される。したがって、陽爻陽位は地位に安住する者とされ、また陽が強すぎる面が否定的に見られている。

九四

棟隆。吉。有它吝。
棟《むなぎ》は隆《たか》し。吉。它の吝有り。

【王弼】体は上体に属し、陽で陰位に居る。衰弱を助ける気持ちが強く、下によってたわめられることもない。そのために「棟は隆し。吉」。しかし、初六の応があるため、初六以外に心を弘く用いることができない。そのため、「它の吝有り」（他の点で恥じをかくことがある）

＊ 九四は上体にあり陽爻陰位。下の応の初六に引かれる。陽爻陰位で分際を越えた働きを示すことができる。しかし、応を持つため、応以外の者に広く救済能力を発揮しようとしない。そのため「他の点で恥をかくことがある」。しかし、陽であるだけに力を具え、応に引かれすぎることもない。そこで棟はたわむことなく隆く、家の崩壊は免れる。

九五

枯楊生華。老婦得其士夫。无咎无譽。

枯楊　華を生ず。老婦　其の士夫を得。咎も无く誉れも无し。

【王弼】 尊位に居ることができ、陽をもって陽にいる。危難を救うことはできないが、尊位を得ているため、たわむことはない。（その功は小さいから）華《はな》を生じることはできるが、稊《ひこばえ》を生じることはできない。老婦は夫を得ることができたが、（九二の老夫が）若い妻を得たようにはいかない。棟《むなぎ》がたわむ世にいて、災難もないが、栄誉もないことだ。どうして根のない華が永続きしようか。こうした理由で、華を生じても久しくは続かない。士夫として、まことに恥じるべきである。

＊　九五は尊位で、家が傾くような危難を招くことはない。しかし、陽爻陽位で衰弱を救う過度な働きを示すこともない。功は小さく、「枯楊に華が咲くだけ」、華が落ちるのを待つに過ぎない。九二の老夫のように、若妻を得て新しい穂を出すこともできない。老婦人が少壮の男性を得るようなもので、老婦人からは新しい穂の誕生を期待できない。老婦も士夫も恥ずかしいだけだ。

上六

過渉滅頂。凶、无咎。

過ぎて渉り、頂を滅ぼす。凶なるも咎むる无し。

【王弼】大過の極にいて、過剰が甚だしい。危難を渉《わた》ることの過剰が甚だしいのである。そのため、「頭のてっぺんを沈めてしまう」に至り、「凶」である。時を救う志はあるから、咎めることはできない。

＊　上六は「大過」の極で、過度の働きを大いに発揮する人物である。危難を前にし、無防備で渦中に身を投ずる冒険に打って出ようとする。しかし、「大過」の義、つまり救難にあたり英雄的行為をして役立つという義を発揮しているため、その行為を咎めることはできない。

＊　大過の王弼注は陽爻陽位を否定的に、陽爻陰位を肯定的に見ることで通している。また、応を持つことも否定的に見ている。

29　習坎

䷜坎下坎上

習坎。有孚。維心亨。行有尚。

習坎《しゅうかん》。孚《まこと》有り。維れ心亨る。行けば尚ぶべきこと有り。

坎は穴、陥れる意味で、険難、険陥など、困難に通じる。「習」には「習熟する」と「重なる」の両義がある。前の意味は、困難（険難）を学習し、習熟すること。後の意味は、重なる困難、つまり程度の激しい困難。二者を合わせて、「激しい困難を経験し、それに習熟すること」である。

坎卦は困難の時を示している。この時、君子は卦形䷜が示すように、内に剛徳を持ち困難に何度も立ち向かわねばならない。困難の経験を積み重ね、学習することで、より激しい困難にも屈せず立ち向かえるようになる。

坎は水を象徴し、彖伝も水について言及している。王弼は八卦の物象説を軽視し、「水」に軽く触れるだけだが、右記のことは、水が険阻を前にして進むのをやめず、くり返し向かう姿を連想させずにおかない。

彖伝の王弼注の一部を参考に示してみよう。

「（重なった険難は）険陥（けわしさ）の頂点である。水はいくら流れ注いでも満たすことができない。しかし、そのような（満たすことができない）至険においても、剛中を失わない。〝険に行くも其の信を失わない〟のが、〝習坎〟（険難に習熟している）の意味である」

険難が極まり、穴は深く、水はいくら流れ注いでも満たすことができない。しかし、剛中を守り続けている。「剛中を失わない」とは、坎卦の二爻と五爻が陽剛で、中位にある。つまり、この卦が剛健で、誠信という美徳を持っていることをいう。

王弼はまた彖伝の説を承け、注で「険難」の持つ重要性についても述べている。

「高く険しい天には升ることができない。（険難）だから威尊を保つことができる」

「地には山川丘陵という険があるから、物は無事でありえる」

「国の守りは険をあてにする。天地より以下、険を必要としないことはない」

水はしかしこのような険難を前に、繰り返し何度も至る。人も同じく険難を前にして、それを困難とせず、努力して徳行を守り、教えに習熟していくべきだと説いている。

初六

「習坎」、入于坎窞。凶。

「坎を習い」、坎窞《たん》に入る。

【王弼】習坎とは険難を治めるのに習熟することである。坎の一番底にいるのは、坎（険難）の窞（深い穴）に入ったものである。坎の険が重なる厳しい困難な時に、さらに坎の底に入るというのは、その道は凶である。険を行き、自らを救うことができず、坎を重ねて坎のさらなる穴に入る。道を失い坎の底に窮まっている。上には自分を助けてくれる応もないため凶である。

＊　初六は険難の始め。険難が重なった一番底にいる。上に応がなく、難から救ってくれる人物がいない。世の険難を救うことはできず、自らも険難から脱出しなければならないが、陰爻で力がない。険難を学習してもその底から抜け出せない人物である。

九二

坎有險、求小得。

坎に険有り。小を求めて得る。

【王弼】位を失っている（陽爻陰位）。そのため、「坎」という。上に応援がないから「険有り」という。坎の時に険があり、険の中から出ることができない。しかし、内卦の中位にいて、初と三と互いに結ぶことができるため、「小を求めて得る」ことができる。初と三は（陰柔であるため）応援とするには足りない。そこで、「小を求めて得る」という。

＊　九二も初六と同じく険難の中で、上に応援がなく、難から救い出してくれる人物がいない。上下を陰に挟まれた形は陽の困難をよく示している。しかし、一方で上下の陰とは陰陽比す関係である。「応」の大

きな仲間を得ることはできないが、「比」の小さな仲間を得ることができる。世の険難を救うような大きなことはできない。両隣にある小人と結び、小さな道を行うだけである。

六三

來之坎坎。險且枕。「入于坎窞」。勿用。

来たるも之《ゆ》くも坎坎たり。険にして且つ枕《あやう》し。「坎窞《かんたん》に入る」。用いる勿《なか》れ。

【王弼】本来の位でないところを履み（陰爻陽位）、さらに二つの「坎」の間にいる。抜け出せば坎に行き、居所も「坎」である。そこで、「来たるも之くも坎坎たり」という。「枕」とは危うくて安んじない意味。出かけても行くところがなく、居ても安んじられない。よって「険にして且つ枕《あやう》し」という。戻ろうとしても、行こうとしても、どちらも坎のため動いてはならない。徒労に終わるだけである。

＊　六三は上卦下卦の険難の重なる中央に位置し、上って険難から抜け出ようとしても前に険難があり、元に戻っても険難がある。こうなれば、動かずにいるほうがよい。

六四

樽酒簋貳、用缶。納約自牖。終无咎。

樽酒簋貳《きじ》、缶《ほとぎ》を用う。約を納め、牖《まど》よりす。終に咎无し。

【王弼】重険にいて正を履み（坎が重なる険難の卦にいて、陰爻陰位の正位を得）、柔爻で柔位（陰位）にいる。正位を履み五を奉承している。五も亦た位を得て（陽爻陽位）、剛柔がそれぞれ所を得て、位を犯しあっていない。四と五には他の正応はなく、四は隣りあって五を奉承している。（五は）信を明らかにすることが顕著であり、（四は）外飾をもちいていない。このような状態で坎（険難）にいる。一樽の酒、二つの簋（質素倹約を示す）、瓦缶の器という倹約な食事を用意し、自ら牖からすすめ、王公にもすすめ、宗廟にもすすめることができる。このような行いで、ついには災難を免れる。

＊六四は陰爻陰位の正位を得ている。三と同じく坎の重なる中央に位置し、激しい困難のただ中にある。応もないが、しかし、すぐ上の尊位の陽と比している。五も陽爻陽位の正位を得、正しい人物である。四と五は両者とも応がなく、正しい人物同士、隣同士で比し、親密の程度がより深まる。四は陰で五の陽の下にあり、慎ましく尊主に仕える。陰が陽の下に在るのを「承」と呼び、好ましい状態と見る。険難の時、二者が深く信頼しあっているため、たとえ四が質素倹約な食事を君王に進めても、咎めを受けることはない。

＊「信を明らかにすることが顕著であり」（原文「明信顕著」）の明信とは九五の徳をいう。九五は坎☵の中央にいて、中が詰り充実、篤実で、信があるとされる。「外飾をもちいていない」（原文「不存外飾」）は六四の徳をいう。陰爻であるため質素で飾りがないとされる。

＊「牖」は、壁などをくり抜いた明かり取りの窓。「牖から進める」とは、正門から持って行くのでなく、

小窓からそっと差し出すということで、質素倹約な様子を示す。

九五

坎不盈。祇既平、无咎。

坎盈たず。ただ既に平らげば、咎无し。

【王弼】坎の主であるが、助けてくれる応がない。坎（穴）がまだ満ちていないものである。坎の穴が満ちないので、険難が無くならない。祇は辞である。坎の主であって、険難の穴がすでに満ちて平らかになれば、災難を免れる。「すでに満ちて平らかになれば災難を免れる」と説いているから、九五がまだ災難を免れていないのは明かである。

＊「坎盈《み》たず」（穴が満ちない）とは、たとえば、険しく奥深い谷は水がくり返し注いでも一杯にならない。谷に水が満ちれば、それを穴が満ちて安定したと見るのである。この君主には、そのような努力を重ねて助けてくれる応（応援）がない。「ただ既に平らげば、咎无し」とは、穴に水が満ちて平らかになれば、災いを免れる意味。現在はまだ災いから免れていないのである。

上六

係用徽纆、寘于叢棘。三歳不得。凶。

係《しば》るに徽纆《きぼく》を用い、叢棘《そうきょく》に寘《お》く。三歳まで得ず。凶。

【王弼】険陥の極（上は険難の頂点）であるから、上るべきでない。厳しい法が峻整であり、犯しがたい。とらわれ、過ちを反省する地に置かれるのは当然である。三年で険の道は平らぐ。険が終ってようやく帰る。そのため、三年は自修することができないが、三年の後に、はじめてもとに戻るのを求めることができる。そのため、「三歳まで得ず、凶」という。

＊ 上は険難の頂点。程度を越えて混乱した世で、そのため、厳罰化した犯しがたい法律が備わり、法に少しでも触れると厳しく処分される。この環境の中に、弱くて徳のない陰が上ってしまった。中和の徳もなく、せかせかしている人物。これでは、法に触れ、縄につながれ牢獄に入るのは当然である。およそ三年ほどで困難の時世は変化するが、それまではつらい環境から逃れることができない。

　習坎卦では、各爻はすべて険難の中にいて、不正な位にあることが、険難の程度を深めている。正位にあれば険難はその分だけ軽くなっている。

30　離

䷝離下離上

離。利貞。亨。畜牝牛、吉。

離。貞《ただ》しきに利あり。亨る。牝牛《ひんぎゅう》を畜《やしな》えば、吉。

離《り》は麗《り》と同音で「付《つ》く」意味。また、火、日、明智、文明などの象がある。卦形は上下ともに離☲で、陰がそれぞれ上体・下体の中央の好位置に付いている。王弼は卦辞に注して次のようにいう。

「柔が内にあり、まさしく中《ちゅう》を履んでいる。こういうのがよい牝である。外が強く内が順なのが、よい牛である。離の体は柔順を主としている（二と五の二陰が中位をしめ、柔が主となっている）。そのため剛猛のものを養ってはならず、牝牛を養えば吉である」

　離の重要な爻は二と五の陰であり、陰が主要な働きを持つ。陰の性質は柔順なこと。そのため離は柔順が主の卦といえる。牛も内は柔順で外は強いのが好ましいが、これは牝牛の特徴である。人事に置き換えれば、牝牛のごとく内面を柔順、外面を剛強にして行動するのはよいが、内面が剛強、外面が柔順で行動するのは離の道に反するのでよくないとされる。

初九

履錯然、敬之、无咎。

履むこと錯然とし、之れを敬して咎无し。

【王弼】「錯然」とは警《いまし》め慎むさまである。離の始めにいて、進もうとして勢いが盛んであるが、しかし、まだ渡りきれない。そのため、踏み出すところを慎み、敬に務め、災いを避けるのである。

＊「まだ渡りきれない」の原文は「未在既濟」（未だ既済に在らず）。「既済」は「すでに成る」「すでに渡る」と両方に読めるが、仕事を成し終える意味で、意味の方向は同じ。初は陽爻で、陽の性質として上昇指向が強い。陽位にいるのでなお強い。しかし、前に陰（水の象徴）の難がある。明智をもって上昇しようとするが、下位で力が弱く、焦ると水に溺れるおそれがある。二の水を越えて三にまで至れば、すでに難をわたりきった「既済」になる。その意味で、初を「未だ既済に在らず」という。踏み出す道を慎み、身をひきしめておれば災難を免れる。

六二

黄離。元吉。

黄履なり。元《おお》いに吉。

【王弼】中にいて正位（陰爻陰位）を得、柔の身で柔位にいる。文彩の盛んに輝くところにいるため、「黄離なり。元吉」という。

＊「黄離」とは、黄は中国では中央の色。色彩の中で最も尊ばれる。二の位は卦の中央で「黄」という。離の徳は文明、「黄離」で文明の最も盛んな時を示している。六二は中位で中庸の徳を具え、陰爻陰位の正位を得て、盛んな文明に潤色された理想的な人物である。

九三

日昃之離。不鼓缶而歌、則大耋之嗟。凶。

日昃《かたむ》くの離なり。缶《ほとぎ》を鼓《う》ちて歌わざれば、則ち大耋《だいてつ》の嗟《なげ》きあらん。凶。

【王弼】「嗟」は憂い歎く辞である。下卦離の終わりにいて、明るさがまさに没しようとしている。そのため、「日昃《かたむ》くの離」という。明るさが終わろうとしているのに、もし人に事を委ね、無為の志を養わなければ、老いぼれて歎きがあり、凶となる。よって、「缶《ほとぎ》を鼓《う》ちて歌わなければ、大いに老いぼれて歎くことになろう。凶」という。

＊九三は下卦離（日）の終わり。日没の時を象徴している。人事でいえば、人生の晩年。老年になれば仕事を人に任せ、無為の志を養って楽しむべきである。そうしなければ、楽器を鳴らして歌を歌うこともで

きず、老いぼれの嘆きがやって来る。西日はまもなく沈もうとしているのだから、無為の晩年を楽しもう。「缶《ふ》」は「ほどき」、また「ほとき」といい、酒を入れる土器とか、瓦製の打楽器という。「完璧」の逸話で有名な藺相如《りんしょうじょ》が秦の昭襄王を脅し、缶を差し出して打たせた話が残っている。

九四

突如其來如。焚如、死如、棄如。
突如《とつじょ》其れ来如《らいじょ》。焚如《ふんじょ》、死如《しじょ》、棄如《きじょ》。

【王弼】明の道が変化しはじめる境目にいて、暗さが次第に明るくなり、没していた日がようやく出る。そこで、「突如、其れ来如」（突然にやって来る）という。明がようやく進み始め、その炎は盛んになる。よって、「焚如」（六五を炎上させる）という。六五の至尊に近づき迫り、不正な位を履んでいる（陽爻陰位）。盛んな勢を進め、その上の六五を炎上させようとすれば、九四の命は必ず終わりを全うできないであろう。そのため、「死如」（殺される）という。「離」の義、つまり付くに逆らい、応も承もなく、人々に受け入れられない。そこで「棄如」（棄てられる）という。

＊　九四は没んだ日が再度上り始めた時。これから燃え上がろうとする日の出の盛んな勢いがある。しかし、過剰に盛んで、六五の君主に迫って炎上させようとするほど。九四は「離」の「付く」義に逆らい、応もなく（初爻は四爻と同じく陽）、自分を直下で承けてくれる陰もない（三も陽爻）。また、不正の位に居る

（陽爻陰位）。このような情況では、人々に受け入れられず、命を失い棄てられるようなことになろう。

六五

出涕沱若。戚嗟若。吉。
涕《なみだ》を出すこと沱若《たじゃく》たり。戚《うれ》えて嗟若《さじゃく》たり。吉。

【王弼】正位を履まず（陰爻陽位）、履むところに堪えきれない。柔で剛に乗り、下（九四）を制することができない。下は剛で進んで来て、自分を害《そこ》なおうとしている。憂い傷《いた》むことが深く沱嗟（涙が流れ歎息する）に至る。しかし、自分は尊位に付き、四は叛逆の首謀者である。憂い傷《いた》むことが至って深ければ、衆が助けてくれる。そのため、涙が流れ歎息して吉を得る。

＊ 五は弱い陰の身で尊位に居り、陰爻陽位の失位でもある。さらに、直下には強い陽剛の臣下が隙を狙っている。陰の直下に陽があるのを、陰が陽に「乗」ると称し、陰にとって不吉である。不正の位で弱い陰が強い剛を履みつけても、抑えきることはできない。涙を流して嘆くことになる。しかし、六五は尊主、九四は臣下であり、臣下が君主を害えば民衆の批判を買う。そのため、六五が憂い嘆いておれば、民衆の助けがあり吉である。五は民衆の助けを得て、強臣から害われることはないが、その理由は尊主の位に付いているからである。既述のように離は麗で「付く」意味。彖伝の「付くところの宜しきを得たり」の好例である。

上九

王用出征。有嘉折首、獲匪其醜、无咎。

王　用《もっ》て出《い》でて征す。嘉《よ》きこと有りて首を折り、其の醜に匪《あら》ざるを獲て、咎无し。

【王弼】離とは麗（つく）である。それぞれその麗《つ》くところに安んじるのを「離」という。離の極にいて、離の道はすでに完成したので、非類（自分と同類でないもの）を除き、民の害を去るのである。王者はこの徳を持ち、出征する時である。したがって、必ず嘉美の功績があり、罪人の首を折断し、その醜（同類）でないものを得て、災いを免れることができる。

＊　上九は陽剛で離の極にいる。もはや付く道は完成した。衆は親付するが、中には親付しない者もいる。それらを非類として征伐する。上九が民を親付させる徳をもって出征すれば、民を害う悪人を除くことができ、必ず嘉美な功績をあげ、罪人の首を切ることができるであろう。上は無位の地で、隠退している人物であるが、有能な王者たるべき人物として征伐に出る姿で描写されている。

31　咸

䷞艮下兌上

咸。亨。利貞。取女吉。

咸。亨る。貞《ただ》しきに利あり。女を取《めと》るは吉。

咸とは感応、交感の意味。天地の交感、男女の感応というように、「働きかけに応じて動く」こと。天は地に働きかけ、地は応じて動き、両者交感し万物が化生する。男が働きかけ、女が応じ、互いに感応し子が生まれる。

上卦兌《だ》の徳は「説《よろこ》（悦）ぶ」、下卦艮《ごん》の徳は「止《とど》まる」。彖伝は卦を説明し「止《とど》まりて説《よろこ》ぶ」という。男の働きかけに対し、女は静かに止まって応じる昔の婚姻のスタイルが思い浮かぶ。

また、卦は上が陰卦で下が陽卦。男女が婚姻に至る道は、最初、男（陽）が女（陰）にへりくだるが、卦形がそれを示している。王弼は彖伝に注していう。

「天地万物の性情は感応するところに現われている。およそ感の道は非類を感じさせることはできない。そのため、（男が）女を娶ることを用いて、同類の義を明らかにした。同類でも感応しないのは、それぞれの場所に高ぶっているからである。そのため、女は男に応じる物とはいえ、必ず男が女にへりくだり、その後に女を娶れば吉である」

中国の婚礼では、まず男の方から女の家を訪れ、嫁として迎える。男が最初にたかぶれば、真の感応にならないことを示している。卦辞の「貞《ただ》しきに利あり」の「貞」とは、男が女に下るのが感応の貞《ただ》しさだという意味である。

また、大象伝では「君子　以て虚にして人を受く」とある。王弼は「虚心に人を受け入れれば、物は感応する」と注し、虚心の重要性を説いている。感動は動きを予想させるが、咸卦では逆に性急に動かず、静安を失わないことが高く評価される。

初六

咸其拇。
其の拇《おやゆび》に咸す。

【王弼】咸の初めにいて、感応の始めだが、感ずるところは末端にあり、感応の気持ちが少ししかない。そのため、その本来のままの静かさを傷つけるまでには至らない。

＊　咸卦の爻辞は比喩を身体の各部に取っている。初六は最下に位置するから感応の始めで、九四と感応する。身体に喩えると足指に当るため、足指に感じるという。足指は感じ方は小さく、少し動いても、動きが足にまで移って歩き出すことはないため、本来の静かさを傷つけるまでには至らない。吉凶悔吝はみな

動きから生れるので、ここにはそれらの言葉はないのである。

六二

咸其腓。凶。居吉。

其の腓《こむら》に咸す。凶。居れば吉。

【王弼】咸の道がますます進み、拇《おやゆび》を離れ腓《こむら》にまで升ってきた。腓は本来動いてせっかちなものである。物に感じてせっかちなのは凶の道である。せっかちであると凶であり、動かずその位置に居れば吉である。剛に乗っておらず、それ故、その位置にいて妄動しなければ、吉を得る。

＊　六二は足指より少し上の腓に当る。腓は本来動いて性急である。すぐに感じ、あわてて動くのは凶である。陰本来の道に従い、動かずその位置に止まるのが好ましい。「剛に乗っておらず」とは、下の初爻が陰であること。もし、初爻が陽であれば、六二の陰は、そこに止まれば剛に乗ることになり危うい。しかし、直下の爻は陰のため、止まって心配はないのである。

九三

咸其股。執其隨。往吝。

其の股《もも》に咸す。其の随《したが》うを執《と》る。往《ゆ》けば吝。

【王弼】股《もも》というものは、足に随うものである。進むにも動きを支配できず、退くにも居るところに静かにしておれない。感ずるところが股に在るとは、（人にたとえれば）、志がいつも人に随うものである。志がいつも人に随うことに在るのは、心の守る所も賤しいのである。このまま進めば、恥をかくことは当然である。

＊　九三は股に相当する。股は足の動きに左右される。股自身が動こうとしても、足が止まれば止まらざるをえず、股自身が止まろうとしても、足が動けば止まることができない。人事に喩えれば、常に他人の意見に従う主体性のない人物である。その志は賤しく、この調子で仕事を進めれば恥をかくことになる。「其の随《したが》うを執《と》る」は、人まかせの随う態度を取ること。

九四

貞吉、悔亡。憧憧往来、朋従爾思。

貞しければ吉にして、悔い亡ぶ。憧憧《しょうしょう》として往来し、朋　爾《なんじ》の思いに従う。

【王弼】上卦の初めにいて、下卦の始まりに応じている。身体の中央あたり、股の上にある。二体がはじめて交感し（上体の四と下体の初が応じる）、その志を通じ、心神（こころ）がはじめて感じ合うものである（初、二、三までは心の感応でない。四は心のある場所で、はじめて心の感応ができる）。総じて物がはじめて感応したとき、正に向かうのでなければ、害に至る。そのために、必ず貞《ただ》しくて後に吉であり、吉であってはじめて後悔がない。始めての感応で、まだ感応の極みを尽していない。つまり、九四は思うこと無しの境地で仲間を得るまでに至ることができていない。そのせいで、「何度も思い求めて、自分から行ったり来たりして」、はじめて朋《とも》はその思いに従うのである。

＊　九四は心に相当する。感応は心が生むので、ここに至って真実の感応が生れても不思議でない。真実の感応とは、求める気持ちがない、つまり無欲無心のうちに仲間を集めるものである。しかし、四は上卦の始めに位置し、しかも応の初六も感応の最初に位置し、両者初心で感応は十分に熟さない。無心無欲のうちに自然に相手を呼び寄せる成熟した感応ができない。そこで、九四は感応の相手に自ら進んで積極的に働きかけようとする。動き回ってようやく相手がついてくるようでは、感応の初期段階、未熟状態であり、真実の感応とはいえない。

九五

咸其脢。无悔。
其の脢《せじし》に咸す。悔い无し。

【王弼】背中の肉は心の上、口の下に位置する。進んでも、大いに感応することはできず、退いても、無心でおれず、その志は浅末である。だから、後悔しない程度である。

＊　九五は背肉に相当する。背肉は身体の中でも、とりわけ感動のうすいところ。感応は四の心の感応が他の爻よりも尊い。五は四より上に進んだとはいえ、心の感応を通り過ぎているため劣っている。陽のため、動いて近くの上六と交感しようとする。しかし、大きな感応からは遠い。そこで退いて、もとの所に無心で静かに止まればよいが、応の二にとらわれ交感しようとする。これらは無心無欲から遠く、その志は浅くて瑣末である。真実の交感とはいえない。ただ、背肉は動きがそれほど強力でないため、動きから生じる凶におちいることはなく、後悔する程度でおさまる。

上六

咸其輔、頬、舌。
其の輔、頬、舌に咸す。

【王弼】咸の道はますます末である。そのため、言語で感応するだけである。

＊　上六は身体のさらに上部の上あご（輔）、頬、舌に相当する。この部分の感応は言語に頼る。口先だけの弁舌を競いあうのでは、薄っぺらで実がなく、理想とされる無心の感応からほど遠い。咸の道はますます賤しくなってしまうのである。

32 恒

䷟巽下震上
恒。亨。无咎。利貞。利有攸往。
恒。亨る。咎无し。貞しきに利あり。往く攸有るに利あり。

恒とは「恒久」の熟語もあるように、久しく続いて変わらないこと。「不変」と誤解されるので、『正義』には大略、恒の道は時に随い変化して始めて長久であると述べている。たとえば、四季の寒暑の変化があることで、万物の生成は窮まることなく恒の状態を保つことができる。このように変化しないものの中に変化するものが存在するのが恒の意味である。変化しない点に注目すれば、恒は常道と呼び、人として常に守るべき道、常理、法則、正道となる。しかし、絶対動かぬ法則と見て、固執し、同じことを繰り返してはならない。時に随い、臨機応変に物事に対処して行く。これが人の取るべき正しい恒の道である。聖人も変化に応じ、時に随うことで、恒という長久の道を得て、天下万民を化成に随わせるのである。

卦形は恒の道の要素を具備している。上下の二体（上が陽卦、下が陰卦）は尊卑のあるべき秩序を示し、上下の象（上が長男、下が長女）は成年に達した男女が結婚し互いに助けあって完成する、人としての道を示している。また、上が動き、下が順うという美徳、上下の六爻がみな応じ合うという事実、これらはみな事が恒久になるための要素である。
もともと、恒の道は天地の働きにのっとっている。人は臨機応変でありつつ、変化しないものを保持するという恒久の道を得れば、どのような事態にも対処し身を保つことが可能である。

初六

浚恒。貞凶。无攸利。
恒を浚《ふか》くす。貞しけれど凶。利する攸无し。

【王弼】恒の初めで、卦の最も底にいて、始めから深さを求める者である。深さを窮め、底に残るものまでさらえてしまうのは、残っているものまで無くしてしまうことになる。少しずつ求めて深きに至ったとしても、過酷すぎてがまんできなくなる。まして、始めにいて、深さをもとめるのはなおさらである。これを常道とするなら凶であり、正しいが徳を害し、誰にとっても何の利もないであろう。

＊恒卦の最初に位置し、最も下、つまり最も深い。そのため、恒久の道を深く追求する人物とされる。この態度を批判し、初心なら深く追求してはならず、分相応の追求に止まるべきだという。自分にも他人にも当てはまる批判である。「正しいが徳を害す」とは、深く求めるのは正しい方向だが、初心の時から求めすぎるのは厳しすぎて利益にならない。学問の仕方として正しい態度といえないというのである。

九二

悔亡。

悔い亡ぶ。

【王弼】位を失っているが（陽爻陰位）、恒卦の中位であり、悔いを消すことができる。

＊ 九二は陽爻陰位で失位。悔いが生じるが、幸い中位にあるので、悔いも消える。

九三

不恒其徳。或承之羞。貞吝。

其の徳を恒にせず。或いは之れが羞《はじ》を承く。貞《ただ》しけれど吝。

【王弼】三陽の中位にいて、下体では上、上体からは下にいる。上でも至尊でなく、下でも至卑でなく、一体（上体、下体）の中位にいるのでもない。恒の体にいて、分は定まらず、恒常性のない者である。徳行に恒常性がなく、錯乱していて、問い詰めるにも足りない。そのせいで恥を受けることがあろう。ここで徳を伸ばしても、受け入れられず、卑しいこと甚だしい。そのために「正しくとも恥をかく」という。

＊ 九三は陽爻三本の中央で、一見好ましく見えるがそうではない。下体の頂上は、上卦から見れば下であ

り、下卦から見れば下体の項上で上卦に見える。恒は定まった分を尊ぶのに、九三は上体から見れば下にあって至尊でなく、下体から見れば上にあって至卑でもない。正位で正しい人物に違いないが、心が不安定で徳を守れず、責める必要もないほど器が小さい。「貞《ただ》しけれど吝」の「貞し」は正位を得ているためであろう。

＊「問い詰めるにも足りない」と訳した原文は「不可致詰（詰を致すべからず）」。「致詰」は問いつめて道理をはっきりさせる意味。『老子』（十四章）に出てくるが、『正義』は『論語』（公冶長篇）の有名な話を引用している。弟子の宰予が昼寝していたので、孔子は呆れ返り「くさった木には彫刻できない。ゴミ土のかきねに上塗りはできない。宰予に向かって何を叱責しようか（予に於いてか、何ぞ誅《せ》めん）。もはや叱責しても仕方無い。以前の私は人の言葉を聞くだけで信用していたが、今後は言葉とともに行動を見ることに改める」と嘆いたという。なお、宰予は他の個所（先進篇）で徳行、言語、政事、文学に優れた十人の弟子の一人に数えられている。中でも言語に優れていたという。

九四

田无禽。

田《かり》して禽《えもの》无し。

【王弼】正位でない地位（陽爻陰位）に久しくいる。労力を使うが獲ることはない。

＊　九四は陽爻陰位で不正の位に居る。いくらその位に長く居続けても、不正の位であるから功績はあがらない。

六五

恒其徳。貞。婦人吉、夫子凶。

其の徳を恒にす。貞《ただ》し。婦人は吉、夫子は凶。

【王弼】尊位にいて恒の主である。しかし、自分で適宜を判断できず、応の二のみにかかりきりで（他人にまで広く心が及ばず）、心はもっぱら貞であっても、二の意見に従うだけである。このような姿は、婦人としては吉であるが、男としては凶である。

＊　六五は陰爻で柔順。しかも九二の陽と陰陽応じているため、二にひたむきで、二の意見を聞きそれに従うことしかできない。貞節であり、女性として好ましい態度だが、もし男性なら意見を堅固に持ち、自分で決断する必要がある。

上六

振恒。凶。

恒なるに振《うご》く。凶。

【王弼】そもそも静は躁の君であり、安は動の主である。この理由から、安は上のものが処るところであり、静は永続できる道である。ところが、上六は卦の上にいて、動きの極にいる（震卦の一番上）。これを恒としているため、何をしようとうまく行かないであろう。

＊　上六は上卦震動の極にいる。恒久の基本は「静安」であり、「静」で騒がしさを統御し、「安」が動きの主とならねばならない。しかし、上六は動きの極で、つねに動いて止まない。これでは何をしようと順調に行かない。

33　遯

䷠艮下乾上
遯。亨。小利貞。
遯。亨る。小《すこ》しく貞《ただ》しきに利あり。

遯卦は消息卦の一つで、下から勢いを増す陰が陽の領域を侵そうとする卦である。数の上で陽はまだ優位にあるが、陰の勢いを見越し早逃げをする。そのため、遯という。遯とは隠退、逃避の意味。早逃げするので、陰から受ける打撃は少なく、完全な否塞状態にはならない。その上、五の尊位にまだ当位の陽が居て、二の陰と応じて結んでいる。陽の君子が陰に対してたかぶるばかりでなく、時を見て動く、賢明な態度を示すといえる。王弼は彖伝の「剛　当位にして応じ、時と与《とも》に行くなり」に注していう。「陽剛（五）が正位にいて応があり（二と応じている）、否亢でない。遯《のが》れるが否亢でなく、時をよく見て行動する」と。陽は陰によって蔽われ、通じない状態ではない。逃れても否亢でなく、二の陰と結びつつ、陰のようすを見て逃る時をさぐっている。これが「時と与に行くなり」である。この優れた態度を持つため、「逃れることによって通じる」（彖伝）とされている。

「小しく貞しきに利あり」は、陰の道がにわかに長ずるのでなく、次第に長ずるので、君子の正道もまだ全滅していない。そのため、「まだ正道にとって少しは利がある」という。「否亢」は高位にいて、蔽塞し通じない意味（楼宇烈）。

初六

遯尾。厲。勿用有攸往。
遯の尾なり。厲《あやう》し。用《もっ》て往《ゆ》く攸《ところ》有る勿《なか》れ。

【王弼】遯の意味は内を避けて外へ往く（外へ逃れる。内は朝廷、外は、民間・野《や》）ことである。尾は体の最も後にある者である。遯の時に、（後れて）逃げなくとも、どんな災いがあろうか（災いはない）。しかし、遯の最後尾にも禍は及んで来る。危険が来てから逃げ出すのでは、困難から免れることができようか。危険がせまったからには、もはや出かけていくことのないようにする。

＊ 初六は陰だが、ここでは君子の扱いである。初六の君子は遯卦の最後尾で、逃げるのに遅れたので「遯尾」という。小人が勢いを増す兆候に気づかず取り残されている。機をとらえて、先頭で逃げれば害から免れるのだが、最後尾にいて逃げていれば、害に遭うことになる。それなら、いっそここに止まって何の災いがあろうか。今となって逃げるのは反《かえ》って危険であり、現在の場所に身を縮めているほうが好ましい。

六二

執之用黄牛之革。莫之勝説。

之れを執《と》り、黄牛の革を用う。之れを勝《あ》げて説《と》くなし。

【王弼】内卦で中位にいて、遯の主である。みなが自分をすてて逃げ出した。どうして、彼らをつかんでしっかり留めればよいだろうか。もし理中厚順の道を取り、堅持することができれば、誰もそれをほどくことはできないであろう。

＊　六二は陰爻陰位で正位を得、しかも中位にあり、中和の徳を持っている。「理中」は、中和の意味。二の位は人事に置き換えれば、五の君主を補佐する有能な臣下という役割。他の臣下たちが逃げ出すなかで、誠意を貫く立場を守り、逃げずに止まろうとする。それだけでなく、逃げる者を強靭な革でつなぎ止めようと努力する。他の爻は逃げる姿で描かれているが、この爻は逃げようとしない。その点からいえば、爻の中で特殊であり、遯の主といってよい。したがって、二自身を君主と見ることも可能であろう。ちなみに、王弼注の原文に「固」という語があるが、これは繫ぎ止める革を、しっかり固める意味と、逃げる者を引き留める気持ちをしっかり固める意味がある。「黄牛の革」の黄は中和、牛は厚順の象。革は強靭を表す。

九三

係遯。有疾厲。畜臣妾吉。

係遯す。疾有《やまい》りて厲《あやう》し。臣妾を養うには吉。

【王弼】内卦にあって二に近く、陽の身であるのに、陰に付いている。逃れる時であるのにつながれている。そこで「係遯」という。遯は、当然小人から遠ざかるべき時である。しかし陽の身で陰にかかわり、そばの二につながれ、害から遠ざかることができない。また、もはや疲れ切っている。屈辱にあい、危ういのは当然である。そばの二につながれているようでは、臣妾を養うにはよい。しかし、大事を行うには役にたたず、凶である。

＊　九三は上に応がない。そのため、逃げるべき時に、下の陰に比して彼にかかりきりになり、外に向かって逃げることができない。このような人物は、臣妾を養うことができても、大事を行うことはできない。陽でありながら陰にとらわれているような生き方は、臣妾などの養いにはよいが、とても大事を行うには役に立たないのである。「係遯」は「係《つな》がれて遯《に》げる」意味。

九四

好遯。君子吉、小人否。

好遯す。君子は吉、小人は否《あし》。

【王弼】外卦にいて、内卦に応がある。九四はよく逃れ、応の初六を捨てることができる。しかし小人ならば初六につながれ恋々とする。そのせいで小人には悪い。

＊ 九四は好く逃れることが出来る者である。内に初六の応があり、まだ内への未練を棄てることができないが、外卦に居るのはすでに外に逃げたものである。もし、小人なら内に恋々とし、結局逃げることができないが、九四は陽剛で、決然とした志を持ち、最終的に逃げることが可能なのである。

九五

嘉遯。貞吉。

嘉遯す。貞《ただ》しくて吉。

【王弼】逃れて正を得、外から逆に内卦を制する。六二の小人は九五の命を拒まず応じ、五は二をひきいて、二の志を正す。九五は悪事を行うことなく、厳しいようすがあり、正の吉を得ている。遯の立派な者である。

＊ 九五は外卦に逃れ、陽爻陽位の正位を得、しかも中位である。嘉く逃げることが出来た者といえる。しかも、内の六二の陰と応じている。六二は応で九五の命に背くことはないため、この点で九五は逃げながら反《かえ》って内を支配している。「嘉遯」とは九四の「好遯」よりも、手ぎわよく逃れたという意味で「嘉」を使用している。「悪事を行うことなく」は大象伝の「君子以て小人を遠ざけ、悪ならずして厳なり」に

由る。

上九

肥遯。无不利。

肥遯す。利あらざる无し。

【王弼】外卦の極にいて、内卦に応がない。超然として志を絶ち、心に執着し、振り返ることがない。憂患にもわずらわされず、いぐるみも及ぶことができない。そこで、「肥遯す、すべて順調に事が運ぶ」。

＊「肥」とは、ゆったりとしている意味。「いぐるみも及ぶことができない」は、いぐるみの網にかからない鳥のように、世間の網からうまく逃れること。

＊上九は上卦の頂上に在り、内に応がない。四、五は外に逃げても内に応があり、振り返る未練を残している。しかし、上九は応がないため心に執着がなく、世を逃れている。世網にとらわれることがない超然とした人物である。

34　大壮

䷡乾下震上

大壯。利貞。

大壯。貞《ただ》しきに利あり。

大壮の大は陽爻をいう。陽爻が四の位まで伸び、勢いが盛んである。「陽が壮ん、つまり大なる者が壮ん」の意味で「大壮」という。十二消息卦の一つ。また、上卦の徳は「動」、下卦の徳は「剛健」。合わせて、「剛健で動く」ことから、「大いに壮ん」の意味に通じ「大壮」という。王弼は、「大は陽爻をいう。小人の道がまさに滅びようとし、大なる者が正しい居場所を得る」という（彖伝注）。「貞《ただ》しきに利あり」とは、正道を行う君子が正当に評価され、あるべき位置を得る意味である。しかし、一方で過剰に壮んなことへの警戒が示される。「壮であって礼に違えば凶である。凶であれば壮を失う。そのため、君子は大壮であっても礼に順《したが》う」（大象伝注）と、驕慢を礼で抑制することをいい、まやかしの壮と、謙虚を失わない正しい壮を区別している。

初九

壮于趾。征凶有孚。

趾《あし》に壮《さか》んなり。征《ゆ》けば凶なること、孚《まこと》に有り。

【王弼】そもそも大壮を得るものは、必ず最後には成就できる。しかし、物を侵犯しながら、その壮を完遂できる者はいない。初は下位にいて壮である。そこで「趾に壮」という。下位にいて剛壮を用い、そのまま進めば必ず窮凶になる。故に「征けば凶なること、孚《まこと》に有り」という。

＊　初九は大壮の時に、陽爻で力を持っている。しかし、位置が最下で庶民に当る。下位者で力を持てば、壮んな力を誇示しがちで、他人をあなどり、挫折させようとする。しかし、剛壮を用いてそのまま進めば、必ず凶が来る。最下位に居て、力はあるが進むべきでないとされる例は、他にも屯卦、離卦などに見える。

九二

貞吉。

貞《ただ》しくて吉。

【王弼】中位を得て、陽で陰位におり、謙虚であって、たかぶらない。それで「貞しくて吉」である。

＊　中位に居て中和の徳を持っている。さらに陽爻で陰位に居る。通例では失位で、凶のはずだが、ここで

は陽の強さを持ちながら、陰の謙虚の徳を具えていることで誉められる。つまり大壮の時には、陽で陰位にあるのは、むしろ謙道を履み、たかぶらないことになる。九二はこのように正しい人物だから、吉である。

九三

小人用壯、君子用罔。貞厲。羝羊觸藩、羸其角。

小人は用《もち》いて壮とし、君子は用いて罔《あみ》すとす。貞《ただ》しとすれば厲《あやう》し。羝羊《ていよう》藩《まがき》に触れ、其の角を羸《から》む。

【王弼】剛健の極にいて、陽で陽位にいる。壮を用いるものである。そのため、小人はこの壮を用いて壮《さか》んだと思い、君子は壮を用いるのを自分を網にかけるものだと思う。「貞しとすれば厲し」（正しいと思えば危うい）とは、壮を（正しいとして）用いるためである。雄羊でも、壮を用いて、まがきに触れれば、角《つの》をからめないであろうか。

＊　九三は九二と違い、陽爻陽位で陽が重なり、甚だ壮んである。しかも、位は乾卦剛健の極で、過剰なほど壮んになっている。もし、小人がこの地位におれば、壮の使用を良いと考えるが、君子なら過剰な壮を、自分を網にかける危険なものと考える。

九四

貞吉、悔亡。藩決不羸。壯于大輿之輹。

貞《ただ》しくして吉にして、悔い亡ぶ。藩　決《ひら》きて羸《から》まざるなり。大輿の輹に壮んなり。

【王弼】下（九三）は剛であって、進んで来るため、憂いが生じそうだ。しかし、陽で陰位におり、行動は謙譲にそむくことがないため、壮の道を失うことがない。そのため、「貞しくして吉にして、悔い亡ぶ」を得る。自分（九四）は壮を得て、上の陰（六五、上六）は自分の路に網して妨害することはない。そのため、「まがきはひらいて角がからまることがない」。「大きな車の軸受けが頑丈で、軸受けをはずせるものはいない（ような状態である）」。このまま進んでいくことができる。

＊　九四は上卦の初めで、下卦の三陽が勢いをもって進んでくる最初の進路に当り危険そうに見える。しかし、陽爻陰位で、九二と同じく謙の徳を身につけている。そのため、正しい壮の道を失うことがない。自身が上に向かって進むには、謙徳を持ち壮を見せつけることもないので、五も上も、四の道に網をしかけて絡め取るような妨害をしない。九四は壮を失わないまま進んで行けるのである。

六五

喪羊于易、无悔。

羊を易《やす》きに喪《うしな》えば、悔い无し。

【王弼】大壮の時は、陽をもって陽位にいても、なお咎から免れない。いわんや陰をもって陽位に処り、柔でもって剛に乗るものはなおさらである。羊は壮である。必ず羊を喪い、その居場所を失うことになる。壮を平易なときに喪い、険難のときに喪わない。そのことによって、後悔することがない。九二は貞を履み、吉であり、よく責任を果たすことができる。自分（六五）はこれに委ねれば、悔いがなく、これに委ねれば難も来ない。これに居れば（六五の位に執着すれば）、敵寇が来る。だから、「羊を易（平易）に喪う（とよい）」という。

＊　大壮の時は正位とされる陽爻陽位でも、壮が過剰と批判される。六五は陰爻の身で陽位に居り、分をわきまえずに壮んである。しかも九四の陽に乗っているのも尊大すぎる。そのため、群陽が上進して来る険難にあえば、位を失い、壮も失うことになる。もし、平穏な情況の時に、あらかじめ自らの壮を棄て、身を九二に委ねれば、剛から受ける害は免れる。九二は六五と応じ、臣下としての働きを十分に期待できる人物である。「羊を易きに喪う」は、羊は壮の象徴で、「平穏な時に壮を放棄する」意味である。

上六

羝羊觸藩、不能退、不能遂。无攸利。艱則吉。

羝羊　藩に触れ、退く能わず、遂《すす》む能わず。利とする攸无し。艱《かた》くすれば則ち吉。

【王弼】三と陰陽応じているため、遁世しようとしてもできない。かといって、三に進んで行くのも、群剛が長じているのがこわくて進んで行けない。疑いをもってためらい、志は定まらない。このような状態で事を決すれば、良いところはない。剛の長ずるときにいても、剛は正しいものを害することはない。いやしくも、自分の分をはっきり定め、志を一つに固く定めておれば（三と結ぶ気持ちを固くもつ）、憂患は消えてなくなる。そのために、「艱《かた》くすれば則ち吉」という。

＊　上六は九三と陰陽応じ、隠遁しようとしてもできない。三に向かうにも、三との間に陽があり、群陽が長じて来ることも怖く、進むことができない。進むべきか否かと迷い判断がつかない。しかし、陽剛は長ずる時でも正しい者を害することはない。三と結び合う意志を強固にしておれば、憂患は消滅するであろう。

35 晋

☷☲坤下離上

晉。康侯、用錫馬蕃庶。晝日三接。

晋。侯を康《ほ》め、用て馬を錫《たま》わり、蕃庶なり。昼日に三たび接す。

「晋」は進むこと。上卦離の徳は「麗《つ》く」。下卦坤の徳は「順《したが》う」。また上卦は明智、下卦は衆。上下を君臣関係と見て、下卦の柔順な臣下が上卦の明智の君主に付く意味。下卦が上に進（晋）んで付くから、「晋」という。彖伝の王弼注にいう。「柔順で明に付くのが臣の道である。柔が進んで上行すれば、君主は味方になってくれる。そのために馬を与えられ、馬の数が多くなる。訴訟で服を授かれば、朝のうちに三度もそれを奪われるが、柔が進み、寵愛を受けるなら、昼のうちに三度も面会を許される」

三接（三度の面会）は、一度目に爵を受け、二度目に服を受け、三度目に車馬を賜る、というような説もある。下卦の臣下が柔順なようすで大明な君主のもとに進んで来たのを、君主が誉めるのである。「訴訟云々」は、陽剛の強さで訴訟に勝利した者が、その傲慢ゆえに逆に褒美の品を三度も奪われることを批判した内容で、晋卦とは結果に大きな違いがある。（訟卦上九を参照）

初六

晉如摧如、貞吉。罔孚、裕无咎。

晋如《しんじょ》、摧如《さいじょ》、貞《ただ》しくて吉。孚《まこと》とせらるる罔《な》し。裕《ゆた》かにして咎无し。

【王弼】順（下卦坤）の初めにいて、明（上卦離）の始めに応じている。明順の徳はここにおいて盛んになろうとしている。進めば明に行き、退けば順におり、進むも退くも正しさを失わない。それで、「晋如、摧如、貞しくて吉（すすむも、しりぞくも、貞《ただ》しくて吉）」という。卦の始めにいて、功業はまだ著われず、人にまだ信じられない。そこで「孚《まこと》とせらるる罔《な》し」という。卦の始めを践んだばかりで、まだ位が無い（初は無位の地を示す）。これで満足するなら、自らその柔順の長所を失ってしまう。そのため、必ず（徳を）豊かにひろげ、はじめて災難を免れる。

＊　初六は下卦坤順の初めで、九四の上卦離明の始まりと応じている。明順の徳がまさに盛んになろうとする時である。初六は進んで九四へ向かえば上卦明の徳に付き、退いても下卦順の徳に落ち着く。どちらでも正しさを失うことがない。しかし、卦の初めで、功業はまだ顕著でなく、人に信用されない。このままで満足せず、自らの徳を豊かに広げることに努力すべきである。

六二

晉如、愁如、貞吉。受茲介福于其王母。

晋如、愁如、貞《ただ》しくて吉。茲《こ》の介《おお》いなる福を其の王母より受く。

【王弼】進んでも応がおらず、その徳は明らかにならない。そのため、「晋如、愁如」（進み、愁う）という。中《ちゅう》で正位を得、順を履行して正しい。応がいないといって、志を曲げることがなく、坤卦晦（暗さ）の中にいても誠をつくす者である。このようにして徳を修め、幽昧のうちにいても、評判が聞こえ、正の吉を得る。この理由で「貞しくて吉」という。母とは内にあって徳を完成させる者である。「鶴が暗闇で鳴けば、その子もそれに和して鳴く」（中孚、九二の爻辞）ものであり、誠を闇に立てれば、闇もまたそれに応じる。だから、初めは愁いても貞を履行して曲げることがなければ、大きな福を王母から受ける。

＊ 六二は下卦坤の晦《くら》さの中に居る（上下から陰に挟まれて晦い。また坤に属すので晦い）。しかし、陰爻陰位の正位で、中位も得、中正の徳を具えている。さらに、坤順の徳もある。応がなく（六五は同じく陰）、進むことができないが、暗闇の中で徳を修めている。進むのに心配だが中正の徳を持ち、順を履行し、志を曲げない人物といえる。闇の中でも徳を具えておれば、自然に評判が立ち、「王母」から大きな福を授かる。王母とは内に居て、徳を完成させる者で、内卦（下卦）の坤を象徴的にいう。「茲の介いなる福を王母より受く」は、偉大な者から大きな福を授かることで、二が坤に属し、また中正であることから、大きな福を受けるという。王母が具体的にどの爻を指すかは問題にしなくともよい。爻を定めず、広く義を取っただけである。

六三

衆允。悔亡。
衆　允《まこと》とす。悔い亡《ほろ》ぶ。

【王弼】位は正位でなく、後悔がある。しかし、応の上九に行こうとし、衆（初と二の二陰）とともに信頼しあい、柔順に明に付こうとする。そのために悔いは無くなる。

＊　六三は失位で悔いがあるが、上九と陰陽応じている。晋の時はみな進む志を持っているため、上九に進む六三を一と二（衆）も信頼して着いてくる。六三は最終的には上卦の明に付くので悔いはなくなる。

九四

晋如鼫鼠。貞厲。
晋如《しんじょ》たる鼫鼠《せきそ》。貞しけれど厲《あやう》し。

【王弼】居るべき位でなく（陽爻陰位）、上は六五の陰を承け、下は三陰に寄りかかっている。居るべき位でないし、不正であるのに、「負い且つ乗る」（上に荷を背負い、下は三陰に寄っている）ので、安んじるような業績はあがらず、気持ちをよせるべきところもない。このままで進めば、正の危である（晋卦という進む時にあり、進むのは正であるが、しかしこれでは危険がある）。ムササビの進むようであり、役立つことができない。

＊　九四は上は五の尊位を承け、下は三陰の上に乗っている。喩えれば、重い荷を背負い、下にも三つの手に負えない荷を持ち、身動きとれないようである。この原因は陽爻陰位で志が不正、中位も得ていないことによる。陽爻で能力があり、せっかく尊位の近くにまで進んだが、その能力を思い通りに施せない。六五には不正で信用されず、三陰も寄りかかることを許してくれない。能力を持ちながら発揮できないのは、能力があっても半人前の能力でしかない、ムササビと同じようである。「負い且つ乗る」は、解卦六三爻辞にも見える。

六五

悔亡。失得勿恤。往吉、无不利。

悔い亡ぶ。失うも得るも恤《うれ》うる勿し。往けば吉にして、利あらざる无し。

【王弼】柔で尊位を得、陰で明の主となっている。よって、明察ができないので、下の者に仕事を任せ、自分がそれにとって代わることはしない。そのため、位は不正だが、悔いを消すことができる。「失っても得ても、心配はなく」、それぞれの役目の者がいる。この方法で進んでいけば、すべて順調に事は運ぶ。

＊　六五は陰柔の能力不足の身で尊位を得、上卦明徳の主となっている。しかし、能力がなく明察ができな

いため、反って臣下たちにふさわしい仕事を任せ、自分がそれにとって代わろうとしない。任せた仕事は彼らの責任として追究するため、失敗も成功も心配することはない。この方法で進んで行けば、順調に事が運ぶ。

上九

晉其角、維用伐邑。厲吉无咎。貞吝。

其の角《すみ》に晋《すす》み、維《こ》れ用《もっ》て邑を伐つ。厲《あや》うくして吉にして咎无し。貞《ただ》しとするは吝なり。

【王弼】進むの極にいて、明るさの中《ちゅう》を過ぎ、明はまさに滅びようとしている。すでに角《すみ》に在るのに、まだ進もうとするのは、高ぶりすぎているのでなければ何であろうか。かの道化《どうか》（徳によって導く）無為のことを失えば（無為で治めることに失敗する）、必ず攻伐してのちに邑を服従させることになる。危険なことをして、ようやく吉となり、吉となってはじめて災難を免れる。しかしこれを正しいとするのも、卑しいことである。

＊　上九は進む卦の極にいる。すでに明の盛りを過ぎ、日は西南の角《すみ》に傾き、明の徳は衰え、暗くなろうとしている。それにもかかわらず、陽爻の剛健を持つため、なお進もうとする。高ぶり過ぎではなかろうか。明の徳が衰え、徳で導く無為の治に失敗すれば、高ぶって力をふるい、攻撃して服従させようとする。このような危険なことを正義とするのは、卑しく恥ずかしいことである。

36　明夷

☷☲離下坤上

明夷。利艱貞。

明夷。艱貞に利あり。

「明夷《めいい》」の夷は、破れる、傷つく意味。明が傷つくとは、上卦坤は地、下卦離は日。地の下に日が沈み、明るさが傷つく、破れる意味で「明夷」とした。暗君が上に在って支配する乱世の象徴。一個の人間としては、明智を内に隠して他人に接する、優れた生き方の象徴でもある。卦辞の「明夷。艱貞に利あり」は、「明が傷つき破れ、暗君が上にある時は、苦しみ悩みつつ、正しさを守るのが好ましい」意味。

周の文王が殷に捕らえられた時、明智を晦ませ災難を逃れたことが、聖人の優れた処世と考えられている。同じように、殷の箕子も佯狂し、後に周の武王に重用された。困難な時代に、外面を暗くよそおい、内面に明智を隠した例である。したがって、明夷には明が傷つき破れる愚者のイメージと、明を隠して災いを逃れる賢者のイメージがある。大象伝の王弼注に、「衆に臨むのに明を顕らかにするのは、民に隠蔽させ、嘘をつかせるものである。そのために、蒙をもって正を養い（蒙昧さで衆の正義を養い）、明を傷つけて衆に臨む」とある。明智を隠すことを美点とする例は蒙卦でも見られた。また『老子』の「智を以て国を治むるは国の賊なり」（六十五章）は、為政者が明智を隠す重要性を説いている。
明夷卦で明が破れ最も愚かなのは、下卦明智から最も遠く離れた上六とされ、暗君・暗主と見られている。王弼は上爻を無位とするが、ここでは暗君と見ている。

初九

明夷、于飛、垂其翼。君子于行、三日不食。有攸往、主人有言。
明夷《めいい》、于《ゆ》き飛びて、其の翼を垂る。君子于《ゆ》き行き、三日食らわず。往く攸有るに、主人言有り。

【王弼】明夷の主は上六にある。上六は至って暗いものである。初は卦の始めにいて、難から最も遠ざかっている。難から甚だしく遠ざかっているのに、暗君が上に居る明夷の世に我慢できず、跡を絶ち、形を匿《かく》し、車道に由らず、高く飛び去っていく。そこで「明夷、于《ゆ》き飛びて」という。懼れを抱いて行き、行くのにも敢えて目立つことをしない。だから、「其の翼を垂る」という。義（君子は速く逃げるという義）を尚《とうと》んで行くから、「君子于《ゆ》き行き」という。急いで行きたいので、飢えても食事する暇がない。そのため、「三日食らわず」という。これでは、善人、悪人の種類を厳格に分け過ぎる。このままで人のところへ出かければ、人心はそれを疑う。この理由で、「往く攸有るに、主人言有り」という。

＊初九は上六の暗君から最も遠い。それにもかかわらず、初爻で未熟なため、暗君の世に堪えきれず逃亡する。鳥の高く飛ぶように姿を隠し、気づかれぬよう翼を垂れて飛ぶ。あわてて逃げ、飢えても食事しな

い。しかし、それでは人の善悪を厳格に区別し過ぎている。明夷の世では、明智を晦ませて生きるのが好ましいのに、態度が赤裸々すぎ、人に嫌われ文句をいわれることになる。「主人」とは、客遊の地で会う人のことであろう。

六二

明夷、夷于左股。用拯馬、壯、吉。

明夷、左の股を夷《きず》つく。拯馬《じょうば》を用い、壮んにして吉。

【王弼】「左の股を夷つく」とは、剛壮なことを行えないこと。柔で中に居り、自分の明を傷つけている(明を隠している)。進んでも善人、悪人の種類を厳格に分けることはなく、退いても、上九の難に近くはない。暗君から疑いはばかられることがないのは、柔順(陰で柔順)で、(陰爻陰位で正位を得、中位に居り)、君主の則《のり》に背くことがないからである。そのため、拯馬(自分を困難から救い出してくれる馬)を用い、壮んになれば吉を得ることができる。翼を垂れないでも、後には暗主の疑いから免れることができる。

＊　六二も初九と同じく、暗君の支配する世を避けようとする。しかし、陰柔のため思い切って剛壮な行為をしない。「左の股を夷つく」は、力不足の意味。右の股でなく、左の股なのは、傷が小さく、力が少し残り、徐々に逃げていく意味。中正で正しく穏和な行動ができるため、初のようにあわてて暗君のもとを逃げ出さない。善人悪人も厳しく区別せず、疑惑の目を向けられることがない。股が傷ついても、救って

くれる馬の力を得、壮んな勢いになれば吉を得ることができる。翼を垂れた鳥のように身を隠して、暗君からあわてて去る必要はないのである。「拯馬」は、「馬をむち打つ」のような説もあるが（楼宇烈の説）、『周易抄』の「たすけ馬」という説（明夷卦ならびに渙卦初六を参照）によった。

九三

明夷、于南狩、得其大首。不可疾貞。
明夷、于《ゆ》きて南狩し、其の大首を得たり。疾《と》く貞《ただ》すべからず。

【王弼】下体の上で、文明の極にいる。上九は至って晦く、地の中に入っているものである。自分（九三）は、明智を隠し、南への狩りができ、大首（暗主の首）を得ることができた。南への狩りとは、（南は明るい地だから）明智を発揮するようになることである。すでにその暗主を誅し、民を正そうとするが、民の迷いは長期間だったため、教化はゆるやかにすべきで、速やかに正そうとするのは好ましくない。そこで「疾《と》く貞《ただ》すべからず」という。

＊　九三は下卦文明の極に居るが、上には極めて晦い暗君が居る。九三は陽爻陽位の正位を得、強さを持っている。暗君から災いを受けぬよう、わざと明智を傷つけ隠し、南への狩りに事寄せ、暗君を征伐し、南方が象徴する明るさを取り戻した。暗君は上六で、九三と陰陽応じているが、ここでは九三に攻め滅ぼされる対象である。暗君の治に飼い慣らされてきた民には、急いで正義を求めてはならない。ゆるやかに正

していくべきである。「南方」の語が出て来るのは、離の方位が南方であることと関係がある。王弼は卦の方位をあまり取上げないが、離が南方の卦であることは、すでに説卦伝に述べられている。

六四

入于左腹、獲明夷之心、于出門庭。

左に腹に入る。明夷の心を獲。于《ゆ》きて門庭に出づ。

【王弼】左とは順の意味を取ったのである。「左に腹に入る」とは、「左に入り」「腹に入る」意味で、明夷(明智の破れた暗主)の心をつかんでいるのである。そのせいで、暗主(上六)に近くとも危険でない。必要に応じて門庭に出て避難するだけであり、逆らい背くことはない。

＊ 六四は陰爻陰位の正位。柔順に暗主に従い、その心を得ている。暗主の近くにいても危険でない。ただ、坤の体の一部で卑屈な仕え方にも見える。暗主の意にかなわぬ時は、門庭に出てしばらく避難して、逆らうことはない。「右」は主となる働きをするのに、「左」は補助するだけ。そのため、「左」で卑順、つまりへりくだって従う意味とする。腹は暗主の心。

＊ 朱子は「この爻の意味は未詳」としつつ、一応想像して、暗君の心をつかみ、遠い地に隠れて危険を避けると述べている(『周易本義』)。あらかじめ暗君の心理を察知し、危険が迫る前に遠くに逃げ去る意味であろう。王弼の意見は、暗君が光明を害する心を察知し、難を門庭に避けるだけで、反抗的に遠くに逃

げ出し、その結果自家の滅亡を招くような愚かなことはしない意味のようだ。「門庭」は「戸庭」と並べて節卦にも見えるが、色々な説があって分かりにくい。中井履軒は周代の制度では、大門、寝門、堂上の戸があった。ここ（節卦）は今人の居室と大差ないと考えればよい。蓋し、外に門があり、内に戸がある。戸内の庭を戸庭と称し、門内の庭を門庭と称する。この門とは周制の大門、戸は周制の寝門に当る。門と戸は扉が二つか一つの違いだけである。堂上の戸は堂室の間にあって門戸の仲間ではない（『周易逢原』節卦）。『易』（本田済）によれば、戸庭は部屋の戸の外、部屋に囲まれた中庭。門庭は大門の中の庭、戸庭より外に近い。

六五

箕子之明夷。利貞。

箕子の明夷。貞しきに利あり。

【王弼】上六の晦《くら》さに最も近く、難と隣り合っている。これ以上の険難はないが、しかし、この中にいて、なお暗主も箕子を殺すことができず、箕子の明も滅びることがなかった。正しさを守り、危険を憂えない（ということだ）。こういうわけで、「貞しきに利あり」（正しさを守って益がある）。

＊　六五は上六の暗主に最も近く、これ以上の危険はなく、殷の紂王に仕えた箕子のようである。箕子は佯狂して自らの明智を隠し身を守った。後に周に仕えて武王の師となり、結局、明智を破ることなく、貞節

を長く保つことができた。「箕子の明夷」とは、箕子が明智を隠したこと。それによって、箕子は身を全うし、その明は滅びることがなかったというのである。

上六

不明晦。初登于天、後入于地。

明ならずして晦《くら》し。初めは天に登り、後には地に入る。

【王弼】明夷の極にいて、至って暗いものである。もともと、始めは天下を光り照らそうとしたのだが、その後、いよいよ暗に至り、ついに地に入った。

* 上六は下卦の明智、文明から最も離れた地で晦さの極。六爻を下から見て、最初は下卦の離明で周囲を輝かせていた者が、次第に上卦坤の晦さに向い、ついには坤の最も上、下卦の明智から最も遠く離れた至晦の所に来た。偉人の典型的な転落のパターンを述べたような記述である。

37　家人

䷤離下巽上

家人。利女貞。

家人。女の貞しきに利あり。

家人は家族の構成員の意味。ここでは家庭内を治める女性についても注目している。女性は家の外のこと、天下を治めるようなことはせず、ただ家の内を治める。したがって、女の家庭内の正しさについて述べ、君子が天下を治める場合のように、「君子の貞《ただ》しさに利あり」というような言い方はせず、「女の貞しきに利あり」と、家庭内で女の貞《ただ》しさを守っていればよいという。

王弼の注を引用すれば、「家人の義は、男女それぞれが一家の道を修め、（女は）家の外の他人の事を知ることができないということである。この卦を総論すれば、〝元《おお》いに亨《とお》る。君子の貞に利あり〟ということではないので〝女の貞しさを守っていればよい〟となり、その正しさは家庭内だけのことである」（卦辞注）。『易』の六爻の中で、二と五は上卦と下卦の中位で重要な位であるが、この卦は内卦（下卦）の二爻目が陰爻陰位の正位、外卦の五爻目も陽爻陽位の正位を得、二者は陰陽応じている。内卦は家庭内の象徴、二は離卦明智の一部、正しく賢明な妻（陰）が家事を巧みに処理していることを暗示している。応じる五の陽は中和を得、外で正道を行う男性である。このように、中正の徳を持つ男女の家庭は、十分に治まり繁栄に向かう。家人は家庭内の治について述べているが、国の繁栄のもとは家庭内にあるというのが、中国の古くからの教えである。したがって、家を治めるのは外を治め、国を治める始まりであるため、単に家庭内のみが意識されているわけではない。

初九

閑有家。悔亡。

閑《ふせ》いで家を有《たも》つ。悔い亡ぶ。

【王弼】およそ教えは初めが大事であり、法は始めにおくものだ。家が乱れてから厳しくし、志が汚れてから治めようとすれば、後悔することになる。家人卦の初めで、一家の始まりである。そのため、必ず悪の侵入を防ぎ、家を安定させるべきである。その後に悔いは無くなる。

＊　初爻は家人卦の始まりで、一家を治める最初期を示し、初の位は家族がまだ初心であることを示している。この時期の家庭は、あらかじめ法を設けて厳格に管理することが重要であり、悪の侵入で汚れたあとでは、いくら厳格にしても効果は薄い。初爻は陽爻で、家を治めることができる人物である。「有家」の「有」は助字で意味がないと見たり、動詞で「たもつ」の意味などの説がある。王弼の訓《よ》みは不明だが、今、後者に従う。

六二

无攸遂。在中饋。貞吉。

遂《と》ぐる攸《ところ》无し。中饋に在り、貞《ただ》しくて吉。

【王弼】内にいて中《ちゅう》に居り、その位を履み、陰で陽（九五）に応じ、婦人の正義を尽くしている。独断で事を進めることなく、家で食事を作り、お供えをして柔順である。そのため、「貞しくて吉」。

＊ 六二は彖伝の「女　位を内に正し」に当る。中位で陰爻陰位の正位を得、九五の男性に応じている。陰柔ゆえに積極的に物を成就することはなく、男性に柔順に従い、家庭内の食事や祭礼の供物の用意に励む象がある。女の道の正しさはこの爻に尽されている。

九三

家人嗃嗃。悔厲吉。婦子嘻嘻、終吝。

家人嗃嗃《こうこう》たり。厲《はげ》しきに悔いあれど吉。婦子は嘻嘻《きき》たり。終に吝。

【王弼】陽を以て陽位におり、剛厳なものである。下体の極にいて、一家の長者である。行ないは粗略であるより、むしろ恭（慎んで礼儀正しい）に過ぎよ。家はけがれるより、むしろ厳に過ぎよ。そのことで、家人が剛厳さに音《ね》をあげ、はげしさを後悔することになっても、まだ家を治める道を得ている。家で婦子が喜び笑っているのは、家の節度を失う。

＊　九三は陽爻陽位で、陽性が強く剛厳な男性。下卦の極にいて一家の長である。家庭内で女、子供がきゃあきゃあ騒ぎ笑っていては、家の節度を失い、恥をかくことになる。家人が音をあげるほどの厳しさは、最初は悔いを残すことになっても、家を治める道を得ている。一家の長として、厳格過ぎるのはむしろ望ましいのである。

六四

富家。大吉。
家を富ます。大吉《だいきつ》。

【王弼】富《とみ》を手にし、柔順に位にいる。そのため、「大吉」である。もし家を富ますだけなら、どうして大吉とするにたろうか。体は柔で巽に居り、正位にある。家道をよく治め、至尊に近く、家を富ますことができる者である。

＊　陰爻陰位の正位で、君主の近くに居るため、禄を得て富むのは当然である。陰爻で柔順であり、上卦巽に属し、巽順（おとなしく従う）の徳がある。そのため「大吉」である。単に家道を治め、家を富ますだ

けでなく、君主に奉承し禄位を保っているので評価が高い。

九五

王假有家。勿恤、吉。

王　仮《いた》り、家を有《も》つ。恤《うれ》うる勿《な》くして吉。

【王弼】仮は至るである。正を履み、応じ（六二に応じる）、尊位にいて、体は巽である。九五の王はこの道に至り、家を安定に保った者である。尊位にいて、家道に明かなれば、下はそれに教化されないことはない。父は父、子は子、兄は兄、弟は弟、夫は夫、婦は婦としての働きを尽す。六親は和睦し、こもごも親愛し合い、家道は正しい。「家を正して天下は定まる」。そのために、「王はこの道に至り、家を安定に保った（有することになる）。憂うることがなく吉」である。

＊　九五は尊主の位。陽爻陽位で陽が重なり、剛強過ぎる君主である。しかし、上卦巽の徳は順で、柔軟さも持っている。本来剛強な尊主が柔軟さも持つので、家道が治まるのは当然である。「仮《いた》る」（王弼注では「この道に至り」）とは、正を履み、応があり、尊主の位に処り、巽を体しているなど、家を治めるのに必要なさまざまな長所、美点を具えるに至っていることをいう。「家を有《も》つ」とは、その結果、我が家を安泰にし、十分に治めていること。尊主の家が治まれば臣民たちも教化され、彼らの家々も治まり、天下は安定に向かう。九三では家長の厳しさが称賛されていたが、ここでは柔軟さも求められている。しかし、

威厳の必要性が否定されているわけではない（上九の王弼注も参照）。

上九

有孚。威如、終吉。

孚《まこと》有り。威如たらば、終に吉。

【王弼】家人の終わりで、家道の完成にいる。上九は正妻によく法度をもたせ、それを外に及ぼし、あきらかにしていく者である。そのため、「孚有り」という。およそ物は猛を本とすれば、恩の少ないことを恐れ、愛を本とすれば、威の少ないことを恐れる。そのせいで、家人の道は威厳を尊ぶ。家道の最終とすべきは、ただ信と威である。我が身に威敬（畏れ敬うこと）を得れば、人もそのよう（威敬を得ること）になる。威敬があるかを我が身に振り返り、（あるならば）人に施してよい（人にも威敬を行うことを求めてよい）のが分かる。

＊　上九は家道の終わり。家道の完成の姿を述べている。文王は妻を教導し、家の安定を国家の安定にまで及ぼし、民に信用を得た。家道は信用第一だが、国家でも同様。また、家庭はとかく恩愛に流れ、節度が失われるため、相手を畏れさせる威厳が必要である。家道の終わりに最も必要とされるのは信（誠実さを持つこと）と威（威厳を持つこと）である。とりわけ、威敬つまり、畏れ敬う心が必要とされる。我が身に威敬を具えて振る舞えば、家人も威敬で行動するようになる。家人がそうでないのは、自分がそうでな

いからだ。だから、家人をそのように行動させるには、まず我が身を反省する必要がある。そして、我が身に威敬を求め、その後に人に対し、威敬を求める。威敬は『礼記』表記に「大人の器は威敬す」と見える。大人の器は卜筮の器のこと。この器に対しては、畏れ敬い、もて遊ぶようなことをしない意味。ただ、家人卦では威敬を威厳と敬心、いわゆる剛と柔を合せもつ気持ちと解釈しても通じるようだ。

38　睽

䷥兌下離上
睽。小事吉。
睽。小事には吉。

睽は乖《そむ》く、違《たが》う意味。好ましい名称でないが、卦辞では「凶」といわず、「小事には吉」という。王弼は象伝注で「事がみなそむきあうのは害の道である。どうして〝小事には吉〟を得るのか。三徳があるからだ」と述べている。まず「乖く」内容からいえば、上卦は離火、下卦は兌沢《だたく》。上卦は火で上昇し、下卦は沢で、沢の水は下に流れるので互いに離れて背きあう。また上卦の中女も下卦の末女も、一卦（一家）に同居していながら、いつか外に出て別々の家に嫁す。その点でも志が背きあう（朱伯崑は二女がともに一夫に嫁し、その心が乖き合うという）。しかし、彖伝はこの卦がもつ三つの美徳にも注目している。「①悦んで明につく、②柔が進んで上行す、③六五が九二の剛に応じる」と。

①は下卦の兌は「悦ぶ」、上卦の離は「麗《つ》く」。悦んで明（上卦は明、文明、）に付くから邪《よこしま》なことをしない。②は陰柔が下から貴いところ（五の位）へ進み、役立つ処に位置を得ている。③は六五の柔が中位に在り、下卦の九二の剛と応じていることである。以上の三徳を具えていることから、本来背く卦で大きな仕事

は無理でも、小さな仕事は、進めて良い（「小事には吉」）とされるのである。「小事」は飲食や衣服のことで、大衆の力を動員して行うような大事と区別される。「柔が進んで上行す」は、漢易では卦変で説明している。たとえば、无妄《むぼう》䷘の二と五や中孚《ちゅうふ》䷼の四と五が入れ替われば睽となる。その場合、陰が上行していることになる。王弼は黙って卦変を利用した部分もあるというが、おおむね卦変を利用しない。おそらく、六五の陰が具体的にどこから上って来たかは問題とせず、現に六五に在ることに注目して上行といっているのであろう。なお、彖伝は「天地は高低で睽《そむ》きあっても、万物を生むのは同じであり、男女は睽きあっても家庭を作るのは同じである」と述べ、睽の働きの重要性を指摘している。表面では差異があっても、実は同じ働きを持つことを指摘しているのである。王弼は「睽にして其の類を知り、異にして其の通を知る」（『周易略例』明爻通変）とまとめている。

以下、各爻で王弼は上卦と下卦で対応する爻の関係に注目して議論を進めていく。

初九

悔亡。喪馬勿逐。自復。見悪人、无咎。

悔い亡ぶ。馬を喪《うしな》うも逐《お》う勿れ。自《おの》ずから復《かえ》らん。悪人に見《まみ》えて咎无し。

【王弼】睽の初めで、下体の下に居る。応が無く独立して悔いがある。しかし、四と志を合しているため、悔いがなくなる。馬は隠すのが難しく、自然に姿が顕《あきら》かになるものである。卦の始まり、乖離《かいり》の時に馬の姿を失った。物が背き仲間になれないとき、ひそかに（別人が）所有しようとしても、必ず顕かになる。だから、追わないでも、馬は自然に帰ってくる。世はまさに乖離の時に、下の行きづまりにいて、上には援助してくれる応援がなく、下にいるのでは頼りになる権勢もない。そのくせ、自分の徳を明らかにし、他人と異なる立場を示せば、悪人に害される。そのため、悪人と会うことがあっても避けるようなことをせず、へりくだって接するなら、災難から免れることができる。

＊　初九の陽は応がなく孤独である（四も陽爻）。しかし、お互いが背きあう睽の時に、初と四は最下に居る陽爻同士（下卦の最下と上卦の最下）で、むしろ意気投合する情況が生れやすい。四の場合、六五と六三の陰に比しているが、六五と六三にはそれぞれ九二と上九の正応がある。そのため、初と四の親密の願望はいよいよ強化され、悔いもなくなる。乖離の世では、みなが背き離れて行くように見えるが、しかし、離れても無理に追いかけてはならない。初と四の関係のように、同類（同じ陽）で気が合えば自然に戻って来るものである。ただ、優れた徳を自慢してはならない。特に初は陽でも無位で権力がなく、孤立しているので悪人から目をつけられ害を受けやすい。もし悪人が面会を求めてくれば、へりくだって接することが望まれる。

九二

遇主于巷。无咎。

主に巷《ちまた》に遇う。咎无し。

【王弼】睽のときに位を失い（陽爻陰位）、落ち着くところがない。しかし五もまた位を失い（陰爻陽位）、ともに仲間を求める。門を出て、同じ気持ちで、期せずして出合う。そのため、「主に巷に遇う」という。睽のときに応援を得て、位を失っているとはいえ、主に任用される道を失ってはいない。

＊ 九二は陽爻陰位で失位。応の六五も陰爻陽位で失位。乖離の世に、ともに失位で似合いの同士が、理解できる仲間を求めて門を出て、偶然巷で出会い交際を結ぶ。九二からいえば、六五の主に偶然巷で出会った。乖離の世だからこそ、逆にこのような出会いの道を得て、それによって災難を免れる。

六三

見輿曳。其牛掣。其人天且劓。无初有終。

輿を曳かる。其の牛掣《とど》めらる。其の人　天され且つ劓《ぎ》さる。初め无くして終わり有り。

【王弼】およそ物は近くにいるのに、互いに気持ちを得て親しむことがなければ凶である。六三は睽のときに、本来の位でないところにいる（陰爻陽位）。陰をもって陽に居り、柔をもって剛の上に乗っている。志は上（上九）にあり、四に和すことがない。二は五に応じているため、近くにいても二と四に親しまない。そのため、「輿が引かれる」。「輿が引かれる」とは、本来の位でないところにいて（陰爻陽位）、載る場所を失うことである。「その牛がとどめられる」とは、今の場所に滞《とどこお》り、上九と隔たれ、進むことができないことである（二が後ろから輿を引っぱり、四は前から輿の牛をおし止める）。「其の人　天され且つ劓《ぎ》さる」とは、四は上から三の額へ入墨の刑を行ない、二は下から三の鼻を削ぐ刑を加えるが、三は上九に応があるため、志をかたく持ち、戻ることがない。初めは苦しみを受けるが、最後には上九の剛の助けを得る。

＊　六三は陰爻陽位の失位で、しかも九二の剛の上に乗っている。乗るべきでない車に身分不相応に乗っていることに喩えられる。上下の二と四の陽にも比しているが、睽の時で仲が悪く、互いに親しまない。六三には上九の応が存在し、それに向かい進もうとするが、近くの二と四が妨害をする。二はまるで後から車を引き止めるように、四は車をひく牛を前方から押し止めるように。まるで、二は下から三の鼻を削ぐ刑を加え、四は上から三の額にいれずみの刑を加えるようである。しかし、上九に向かう志を固め、戻ることがなければ、最後には上九の助けを得ることができるであろう。「初め无くして終わり有り」は、初めは悪くとも、終わりを全うできる意味。

九四

睽孤。遇元夫、交孚。厲无咎。

睽《そむ》きて孤《ひと》り。元夫に遇い、交々孚《こもごもまこと》あり。厲《あやう》けれど咎无し。

【王弼】応がなく独りでいる。五は二に応じ、三は自分にそむいている。だから、「睽きて孤《ひと》り」である。初もまた応がなく、ひとりでいる。睽の時に、倶に独立し、ともに体の下にいて（それぞれ上体と下体の下）、志を同じくする者である。そして、自分は位を失い（陽爻陰位）、三と五に比しているが、どちらも自分に乖いているため、安んじるところがない。よって、同類の仲間を求め、これに寄りかかる。そのため、「元夫（元は卦の始まりで、初爻をいい、夫は陽爻をいう）に遇う」という。志を同じくする者が互いの志を得て疑うことがない。そのため、「交々孚《まこと》あり（両者が信じ合う）」という。乖いて隔たる時に在るとはいえ、二人の寄り合う志はもとより実行される。だから、危険な時とはいえ、災難を免れる。

＊　九四の爻辞は初九とほぼ同じ。初九を参照。

六五

悔亡。厥宗噬膚。往何咎。

悔い亡ぶ。厥《そ》の宗　膚を噬《か》む。往くに何の咎かあらん。

【王弼】位を得ていないため（陰爻陽位）悔いがある。しかし、応があるため悔いは亡くなる。「厥の宗」とは二をいう。「膚を噬《か》む」とは柔を齧むのである。三は二に比しているが、二に噬まれるため、三は自分の応（二）の邪魔をするものではない。そのため、五はこのまま二のところに進んで往くのに、何の災難があろうか。往けば必ず一緒になれる。

＊　六五は九二で述べたことを別の視点から見ている。六五と九二は陰陽応じ、睽の時に親密を深めようとする関係。しかし、二者の間に六三があり九二と比している。しかし九二は妨害する六三に噬みつき退治

する。そのため、六五は九二に進んで行って何の災いもない。「宗」とは、陰から見れば、陽が主だから宗とする。この場合、六五の応の九二を「その宗」という。

上九

睽孤。見豕負塗、載鬼一車。先張之弧、後説之弧。匪寇婚媾。往遇雨則吉。

睽《そむ》きて孤《ひと》り。豕《いのこ》の塗《どろ》を負《お》い、鬼《き》を一車に載すを見る。先に之れが弧を張り、後に之れが弧を説《と》く。寇《あだ》するに匪《あら》ず、婚媾せんとす。往《ゆ》きて雨に遇えば則ち吉。

【王弼】睽の極にいて、睽の道はまだ通じない（睽の極まで至り、睽の道は無くなろうとしているが、まだ完全には消えず、順調に事が運ばない）。そこで、「睽《そむ》きて孤《ひと》り」という。己は炎の極にいて（上卦離火の極で、火は上昇し）、三は沢の盛にいる（下卦兌沢の極で、沢水は下に流れる）、火の極と沢（水）の極で、睽の極まったものである。上九の文明の極にいて（上卦離は文明）、六三の至穢《しあい》の物を観る（下卦は沢の水で卑穢）。これは睽の甚だしいものである。豕が泥を背中に負うのは、これ以上の穢はない。睽（背き合い）がまさに寄り合おうとし、殊（異なり）がまさに通じようとし（背き異なるものも、極点まで至れば、その反面に向い、寄り合って通じようとすること）、恢、詭、譎、怪のあやしい物もなくなり、道はまさに通じて一になろうとしている。しかし、まだ広く通じて一に至らないため、先に殊怪が見える。そのため、「豕が泥を負っているのを見る」。甚だ穢《けが》らわしい。幽鬼が車に満ちているのを見る。ああ怪しむべきである。「先に弓を張り」、害物を攻めようとする。「後には弓をはずし」、睽の怪はじゃまでなくなる。四は上九の応である三にいれずみの刑を加えた。そのため、上は四を寇《あだ》する者とみなしたのである。しかし睽の志は消えて通じようとしている。「四は寇する者でなかったため、上九は三と婚媾しようとする」。（上九が六三に）時を失わずに往けば、睽の種々の疑惑はなくなる。「雨に遇う」のを貴ぶのは、陰陽が和合するからである。陰陽が和合すれば、豕や幽鬼が見えるような多くの疑惑はなくなる。

＊　上九は上卦文明の極。六三は下卦沢の極。沢をここでは汚れた水たまりと見る。極点だから至穢の沢である。文明の極点から至穢を見た時の喩えが「豚が背中に泥を負っている」。また、「幽鬼が車に載っている」。そこで、上九は最初は弓で射ようとする。しかし、よく見れば、自分の応であることが分かり、弓矢をおろす。世は背くことのない大平に近づきつつあるので、三の額に斬りつけようとした四（九四を参照）の気持ちも和らいで来た。そこで、寇が無くなったので、上と三は婚姻する。時を見失わずに早く三のところへ出かければ吉である。

＊　上九は睽の極にまで上りつめている。背く卦の極にまで至れば、反転して親しむため、応の六三との和合が期待される。しかし、まだ完全に和合できないうちは、相手が奇怪で害を与える存在に見える。両者は乖離と和合の難しい時期に在るが、和合も近づいている。両者の仲を妨害する者はなく、最後に親密になることができる。

39　蹇

☵☶艮下坎上

蹇。利西南。不利東北。利見大人。貞吉。

蹇。西南に利あり。東北に利あらず。大人を見るに利あり。貞《ただ》しくて吉。

蹇は足が不自由なこと、険難の時を示す卦である。上卦は坎水、下卦は艮山。山の上に水があり、山の険阻の上にさらに水の障害がある。王弼は物象を用いたこの解説（大象伝）を、珍しくそのまま使用している。また、前方には坎の「陥れる」があるが、下卦が艮で「止まる」。険難を見て止まる象があるので、「知なるかな」（彖伝）という。

「西南に利あり」「東北に利あらず」について、王弼はいう。「西南は地、東北は山である。世間が多難な時、人を率いて平地に行けば、難は解消する。多難の時、逆に山に行けば、道は窮まる」と（卦辞注）。坤の卦辞の王弼注には説卦伝にもとづき、「西南は養を致すの地、坤と道を同じうする者なり」とあり、坤は西南に当たる。坤は地（説卦伝）、艮は山で東北に当たる（説卦伝）。東北の山に対比させ、西南を平坦な大地と見るのである。険難の時は、険しい山の道を選ぶべきでないため「東北に利あらず」という。人事でいえば、民衆を難から救うには、安全で穏やかな手段を執り、危険な手段を執るべきでないとする。

爻については以下のようにいう。「爻がみな位を得て、おのおのが正を履んでいる。難に居て正を履むのは、邦を正す道である。正道はまだ塞がっておらず、難は正によって救われる。そこで、〝貞しくて吉〟である」と（卦辞注）。なお、「爻がみな位を得ている」とは、二爻から五爻までをいう。王弼は原則として初爻と上爻を無位の地とし、当位不当位を論じないためである。

なお、この卦の爻では、「往来」の良否をいうことが多い。佐藤龍之進は蹇卦をまとめて示唆に富む意見を述べている。「六爻皆往来を以て義を示す。其の身に難困ある時に、何の思慮もなくして進むを往と云う。其の難を見て、止まり、妄りに進まずして思慮するを来と云う」（『周易精義』蹇初六）と。「来」が褒められるのは、既述のように、元の所は正位だからである。

初六

往蹇、來譽。

往《ゆ》けば蹇にして、来《きた》れば誉れあり。

【王弼】難の始まりで、止まる（艮）の初めにいる。独り兆《きざ》しを見て、人に先んじて予知し、険を見て止まり、その時が来るのを待っている。何と知であることか。こういうわけで、往けば難に遇い、もとに戻って居れば誉れを得る。

＊　初六は難の時に陰で力も弱く、難を救う才も位もない。救助に向かわず、もとの場所に止まり、修養を

積み、時を待って進むのが望ましい。初六は上卦険難から最も遠く、止まることも他に先んじて逸早く実行できる。そのために知といわれる。

六二

王臣蹇蹇、匪躬之故。

王臣蹇蹇《けんけん》、躬《み》の故《ゆえ》に匪《あら》ず。

【王弼】難の時に、正しい位を履み、居は中《ちゅう》を失わず、五に応じている。五は難のなかにあるが、二は自分のことのために、害から遠ざかるようなことをしない。心を決めて志を曲げない。王室を正す者である。この理由で、「王臣蹇蹇、躬の故《ゆえ》にあらず」という。中《ちゅう》を履み、義を行ない、王を存続させる。蹇の時にいて、このようにできるため、咎めを受けることはない。

＊　六二は九五の尊位に応じる忠臣。正位を得て（陰爻陰位）、中位にあり、邪な気持ちがない。世は蹇難で自らも難の中にいるが、五の尊主も上卦険難のただ中《なか》にいる。しかし、我が身の難のために逃げ出すことはなく、君王の難を救いに出かける。蹇難の時にこのようであれば、咎めを受けることはない。「王臣蹇蹇、躬の故《ゆえ》にあらず」は、前文は王も臣下も蹇（身動きの取れないような険難）の中にある。後文は自分の身の救助だけを考えるのでなく、人（王）の救助も考えて行動すること。

九三

往蹇、來反。

往《ゆ》けば蹇あり、来《きた》れば反《はん》す。

【王弼】進めば険に入り、進まずに止まれば、位を得る（陽爻陽位）。だから、「往けば蹇あり、来れば反す」という。下卦の主となり、内の頼むところ（内卦の二陰の頼りにするところ）である。

＊ 九三は進めば上卦坎難《かんなん》の中に入る。そのため、進まずにもとの場所に戻り、止まるのが望ましい。もとの場所は位を得ており（陽爻陽位）、さらに内卦の一陽ゆえに二陰に主と仰がれ、内の者たちに喜ばれる。「反《はん》す」とは、蹇難の逆の結果となること。具体的には下卦（内卦）の主となり、陰に喜ばれること。

＊ ここの経文、注文、象伝の「反」字はすべて「正」字に作るのが正しいという説もある（楼宇烈引く『周易挙正』の説）。この説だと、「来れば正し」と読み、戻って来れば、位を得て正しいという意味。

＊ 「往けば蹇あり、来たり反《かえ》る」と読み、往けば難があるので、もとの所へ戻った、と解釈することも可能であろう。

六四

往蹇、來連。

往けば蹇あり、来《きた》れば連《なん》あり。

【王弼】往けば応がなく、もとに戻って来れば、剛に乗る難がある。だから、往くも来るもどちらも難がある。そのため、「往けば蹇あり、来れば連《なん》あり」という。位を得て、正を履み行ない、その本実に当たっている（その本実とは、陰としての本来の意味、姿。本実に当たっているとは、陰爻で陰位に居り、正を履んでいること。荀爽は「正位にいて五爻の陽を承けるから」という）。だから、難に遇うといっても、それは邪妄の招いたものではない。

＊「往」とは難を救おうとして進むことである。しかし、剛の強さがなく、難は救えない。「来」つまり止まっていても、九三の剛に乗る難がある。往来ともに難がある。六四は陰爻陰位で陰本来の姿を得ている。そのため、決して邪妄によって難を招いたのではなく、たまたま天運が悪かったせいである。具体的には蹇難で混乱する時と、四という位が悪い結果を生じている。爻義が時位に制約されていることがよく分かる。

＊「連」を「なん」（難）と読むのは、『正義』所引の馬融の説。「連」は「連接」で、戻って来ても引き続き蹇難があろうと解する説もある（『周易抄』）。その場合、「往けば蹇あり、来れば連《つら》なる」と読む。

＊『周易抄』は大略次のようなことをいう。

六四は上から下へ向かうが、初六は応でないため蹇難があり（どちらも陰同士）、もとへ戻る。これを「来」という。しかし、戻れば九五の陽剛を下に踏むことになるので、これも難が生じる。そのため、往来に難があると。王弼の場合は「往蹇」の「往」は初六に向かうことでなく、時難を救うという象徴的な用語であろう。
ちなみに、程頤の易伝は「六四は上卦坎《かん》の最初で、これ以上、上に上ろうと進めば、ますます穴（坎の象徴）に落ち入るので止まるのがよい」というような主旨を述べている。この場合「往」は上に向かって進むことである。

九五

大蹇、朋來。
大いに蹇あるも、朋来たる。

【王弼】難の時に、独り険難のまっただ中にいる（上卦坎難の中）。難の大きなものである。そのため、「大いに蹇ある」という。しかし正位に居り、中《ちゅう》を失っていない。すぐれた徳をつかみ、その節を改めない。このようであれば、志を同じくする者が集まって来る。そこで、「朋来たる」という。

＊九五は上卦険難の中央で、上下を陰に囲まれ大難の中に居る。しかし、中位で正位を得ている。中道によって、正しい行動を改めない人物である。九五のこのような徳を慕い、同志の人々が広く集まって来る。

上六

往蹇、來碩。吉。利見大人。

往けば蹇あり、来たれば碩《おおい》なり。吉。大人を見るに利あり。

【王弼】進んで行けば困難は長期化し、もとに戻り止まれば難が終わる。難が終われば衆難はみな通じて消え、志は大いに得られる。だから、「往けば蹇あり、来れば碩《おおい》なり（大きな功績があがる）。吉」という。険は平《たい》らぎ、難は解消し、大道は興る。そのため、「大人を見るに利あり」という。

＊　上六は険難の卦の終極で、蹇が終わり通じようとする時である。それにもかかわらず、難を解消しようと進んで行けば、むしろ難が増える。動くのをやめて戻り、もとの場所に居るのがまさっている。戻れば九三の応援も得ることができるため頼りにすれば良い。やがて険難は解消する。「大人」は九三とも、あるいは九五とも考えられる。

＊　蹇卦は「往来」を問題にすることが多い。『易』の経文にはもともと「往来」の語が散見するが理解しにくい。一般的には、「往」は上に進んで往くこと、「来」はその場所にじっと止まっていること、また下に降って来ることをいう。よって、普通は内卦（下卦）から外卦（上卦）に至るのを「往」といい、外卦から内卦に向かうのを「来」という。しかし、需卦上六の爻辞に「速《まね》かざるの客三人来たる有り」というように、下卦から上卦に向かうのも「来」ということもあるので混乱する。また、「来」は、異類の中に在るのを指すこともある。訟卦九二は二つの陰類の中に陽があるので「来」という。また、その爻がどこから来たかを問題にせず、単に上卦に在れば「往」、下卦に在れば「来」とする場合もある。

40　解

䷧坎下震上

解。利西南。无所往、其來復、吉。有攸往、夙吉。

解。西南に利あり。往く所无ければ、其れ来たり復って吉。往く攸有れば、夙くして吉。

　解卦は上卦は震で雷、下卦は坎で雨。あわせて雷雨の象がある。王弼はいう、「天地がふさがり通じなければ、雷雨は起こらない。互いに行き来し、鬱結が散ずるなら、雷雨は起こる。雷雨が起これば、険厄なものは通じ、通ぜず鬱結しているものは散ず。だから百花草木はみな殻を破って芽をふく」（彖伝注）と。これは、雷雨が起こり、天地のふさがりが解け、万物が生成する卦の特徴を上下の雷雨の象から述べているのである。

　また、解は震が坎難《かんなん》の上にある。震の徳は「動く」。卦形を動いて坎難の外に出た形と見て、「険より免れる」（彖伝）という。既述の屯卦䷂と比べれば、屯卦は上卦険難の下に震が閉じ込められて動けない状態。解卦は下卦の震が動いて難の外に出た状態である。

　どちらの見方でも、険難が解消するため、「解」の名称がある。「解」を他動詞的に見て、難を解消し、人を厄災から救い出す意味にも使われる。また、解は別音（去声）で「緩」の意味もある。ゆったりする、ゆるやかになる意味。よって、解には難の解消の意味と、解消後に世間がゆったりする意味がある。そこで、王弼は大略次のようにいう。

「困難を手際よく解消してから、迷ってゆったりできないということはない。解の意味は、難を解き、厄災を救うものである。しかし、進んで解決すべき難が無いなら、止まれば中道を失わない。まだ難が有り進んで往くなら、速く往くのを吉とする。難が無ければ中道に戻ることができ、難が有れば厄災を救うことができる」（卦辞注）。ここでは、解の二つの意味と、難の解消と解消後の速やかな行動を主張している。なぜ、速やかな行動を勧めるかは、相手が大敗するのを待ち、その時になって救いに出て己の功とする者がいるためである（『周易抄』）。

「西南に利あり」（卦辞）とは、西南に向かえば、道は平坦なことから、人事に置き換えれば、できるだけ穏やかな手段を取り、人を難から救うことをいう。西南は坤で、坤は民衆の象徴のため、「西南に利あり」とは、民衆に広く利益を施す意味でもある。

初六

无咎。

咎无し。

【王弼】解とは解（解ける、また解くこと）である。屯難が入り組み結びあっていたが、ここに至って解ける。険難が解けはじめる最初、（鬱結していた）剛柔（陰陽）が、ほどけはじめる時で、罪厄は赦され、険難は平らかになろうとしている。このような時に、初六は柔弱の身で位による心配も無く、災難を免れる。

＊ 初は難が解消し、また、初心の初六に九四の応があるように、陰陽が和合し始める時。世間が人の罪や過失を許そうとする時のため、初六のように陰で弱くて無位の、取りに足らぬ人物に災いが降りかかることはない。屯難が解消し始めた卦の最初の爻で、過失があるかもしれないが、それも許される。

＊ 「剛柔（陰陽）が、ほどけはじめる時」の原文は「剛柔始散之際」。剛柔の鬱結が解けて和合する時の意味。小象伝にも「剛柔の際は、義として咎无きなり」とある。この意味は、「剛柔の鬱結が解けて、和合する時は、道理の上からは咎はない」。王弼は小象伝に「過咎（災難）があるかもしれないが、それは理の外のことである。義とは理というようなものである」と注している。『周易抄』は「難の解消した時代でも、咎に遇うことがあるが、それは道理の外、理屈では説明できない事態である。罪なくして牢獄に入れられた公冶長のような場合がそれに当る」と述べている。公冶長のことは『論語』公冶長篇に見える。

九二

田獲三狐。得黄矢、貞吉。

田《かり》して三狐を獲《う》。黄矢《こうし》を得《え》、貞《ただ》しくて吉。

【王弼】狐とは隠れているものである。九二は剛で中《ちゅう》であり五と応じ、五に責任をまかせられて険のなかにいて、険の実情を知っている。この状態で物を解きほぐすから、隠れているものを得ることができる。そのために「田《かり》して（狩猟して）三狐を獲」という。黄は道理が当たっていることをいう。矢は真っ直ぐである。「狩猟をして三狐を獲」とは、道理に当たった道を得て、枉直の真実を見失っておらず、正を全うできるものである。そこで「田して三狐を獲。黄矢を得、貞しくて吉」という。

＊ 九二は五の尊主に応じる臣下。五から責任を任され、下卦険難の中で、難を解消できる人物である。難の中に身を置くため、かえって難の実情がよく分かる。「狐」が象徴する悪事を暴《あば》き出し、難を解消する能力は、「黄矢」を得ていることによる。「黄矢」は、陽爻で力があり、中位を得、矢のように道理に真っ直ぐなことである。「狐」は隠れている事実をいう。ここは悪事をいう。三狐の三は『正義』では「すべて」の意味。「田して三狐を獲」とは、狩りによって、隠れていたすべての狐を獲たということ。小人たちのすべての悪事を暴き出し、難を解消したのである。

六三

負且乘、致寇至。貞吝。

負い且つ乗り、寇の至るを致す。貞の吝《いやし》むなり。

【王弼】本来の位でないところにいて、不正を履み（陰爻陽位）、四に付いている。柔邪をもって、媚《こび》るものである。二に乗り、四を負い、身を車に納めている。寇盗が来るのは自らが招いたものである。幸いに免れたとしても、正しさの点から見て、賤しいことである。

＊　六三は陰爻陽位の不正で、中位でもない。応がないため（上六は同じく陰爻）、六四の陽に頼ろうとする。そのことが、柔邪をもって六四に媚《こび》ると批判される。また、陰柔の身で二の陽爻の上に乗っている。これが、身分不相応に君子の乗るべき車に乗ると見られ、批判されている。また「四を負い」とは、四に頼って付くことだが、見方によれば荷物を背負う姿である。卑しい人物が荷物を背負い、車に乗れば、盗賊は荷物が彼の所有でないことが分かる。そこで競ってそれを奪おうとするのである。この災難は、卑しい身で車に乗る自らが招いたものである。

九四

解而拇。朋至斯孚。
而《なんじ》の拇《おやゆび》を解く。朋至りて斯《ここ》に孚《まこと》あり。

【王弼】位を失い不正であり、三に比している。そのため、三は四に付き、その拇《おやゆび》となっている。三が拇となれば、四は初の応を失う。そこで拇との関係を解けば、その後に朋が来て信頼関係ができる。

＊　九四は初六と陰陽応じている。しかし、六三の陰が自分に比し、あたかも拇が取り付いたようである。この拇との関係を断ち切り、難を解消すれば、朋である初六が来て、互いに信頼関係ができる。九四が当位でないため、拇との関係を解く必然が生まれたのである。

六五

君子維有解、吉。有孚于小人。

君子　維れ解くこと有りて吉。小人に孚《まこと》有り。

【王弼】尊位で中を履み、九二の剛に応じている。難を解き、吉を得ることができる。君子の道を以て、難を解消し、険をときほぐす。小人は暗くとも、このような人物に信服することを知り、怨むことがない。そのために、「小人に孚有り（小人は信服する）」という。

＊六五は尊主の位にいても、陰の弱点がある。しかし、中位で、九二の陽剛の臣下と応じる長所を持っている。自らの弱さを九二の臣下に仕事を委任することでカバーできる。うぬぼれがなく、君子の道を実行する者といえる。君子の道を用いて険難を解消できるため、小人たちも信用して帰服する。

上六

公用射隼于高墉之上。獲之、无不利。

公　用《もっ》て隼《はやぶさ》を高墉《こうよう》の上に射《い》て、之れを獲《う》。利ならざる无し。

【王弼】初は四の応であり、二は五の応である。三は上に応ぜず、位を失い負乗し（六三の爻辞を参照）、下体の一番上にいる。だから、「高墉」（高いかきね）という。墉は隼のいるところではなく、高所は六三の履むところでない。上六は動の上にいて、解の極である。まさに荒悖を解き、穢乱を除こうとする者である。そのため、これ（六三）を射るに、（解の）極にいて後に動き、実行すべき時が来てから、はじめて行動する。この理由によって、必ずこれを獲て、すべて順調に事が運ぶ。

＊　上六は解の極で、上卦震動の極でもある。行動に出て混乱を除こうとする。「公が高いかきねの上の隼《はやぶさ》を射る」（爻辞）の比喩で、害を除くことを示した。王弼によれば、上爻は無位だが、ここの「公」は上六を指す。『正義』によれば、公は臣の極み。上六は陰で上に居るので公というとある。「隼」は害を起こす犯罪者で六三のこと。六三の邪悪なことは六三の部分を参照。山林に居る隼が、人家のかきねに居るのは、失位を示している。「高いかきねの上」は、六三が下卦の最上位に居ることの喩え。上六は上卦震動の極で、難の解消のために動く最高のタイミングである。この時に行動を起こして隼を射るため、成功しないことはない。

＊　王弼の最後の文章は繫辞伝下の次の文を踏まえている。「子曰く、隼は禽なり。弓矢は器なり。之れを射るは人なり。君子は器を身に蔵し、時を待って動く。何の不利か之れ有らん」

41　損

䷨兌下艮上

損。有孚、元吉无咎、可貞。利有攸往。曷之用。二簋可用享。

損。孚有れば、元《おお》いに吉、咎无く、貞しかるべし。往《ゆ》く攸《ところ》有るに利あり。曷《なに》をか之れ用いん。二簋用《もっ》て享《まつ》るべし。

上卦艮は陽卦でその徳は「止まる」。下卦兌は陰卦でその徳は「悦ぶ」。陰は陽に順うため、止まる陽卦に下の陰卦が悦んで順《したが》う形である。これを下を損らし、上に益す象とみて、損と名付ける。損は減る、また減らす意味。上卦は益しても、卦名は「益」と名付けず、下卦を主とし、下卦が損るから「損」と名付ける。この関係は、柔順な臣下が上に喜んで奉仕する、或は下民が租税を納め、君上を富ますような関係である。損益の関係は金銭の授受など物質面だけでなく、傲慢を抑制する、或は激励を与えるような精神的な損益にも当てはまる。また、下を損し上に益すといえば、下を損し、その損した分を上に与えて上を増やすことだけを想像するが、下を損すること自体が、相対的に上を増やすことになる点も忘れてはならない。たとえば、下卦の兌沢を深く掘り下げれば、その分、上の艮山も高くなるようなものである（『周易抄』）。

損は本来余ったものを減らし相手に与えることである。しかし、陰の弱者が損して相手に益せば、弱者はますます弱くなる。それでも、弱者が上位者を益すなら、諂《へつら》いで、邪佞の道と誤解される場合がある。逆に陽剛の者が損して相手に益せば、陽の君子の道は消えていくことになる。そのため、時と程度を考えねばならない。それでも、諂《へつら》いがなく、誠実な心でそれを行うなら、災いはなく、誰もその行為を咎めることはない。

王弼は彖伝の終わりで「損」を総括して以下のように論じている。「自然の質はそれぞれその分が定まっている。生れつき短いものも短すぎると考えないし、長いものも長すぎると考えない。損したり益《ま》したりして、いったい何をしようとするのか。損したり益したりするのは、いつも行う道ではない。このような理由により、必ずしかるべき時に応じて行うのである」(彖伝注)

『荘子』駢拇《べんぼ》篇に、鴨の脛《あし》と鶴の脛を比べて「長き者も余り有ると為さず、短き者も足らずと為さず」と見え、『老子』二十章の王弼注にも、ものそれぞれには自然に定まった分があることを述べている。自然界の物は各自がそれぞれの分で満足して生活している。それに対し勝手な変更を加えれば、かえって不幸を与えるおそれがある。これと同じで、損の道は常に行うのでなく、時や程度を考えて行うべきだという。

卦辞の大意は、「損の道は誠実な心をもって行えば元《おお》いに吉であり、災難も免れ、正しいといえる。この状態で仕事を進めて順調にゆく。どうして派手にする必要があろうか。(減らすにも信頼、誠実があるならば)、二簋《き》(質素な供えもの。簋は穀物を盛る器)でも祭祀に用いることができる」

初九

已事遄往、无咎。酌損之。

事を已《お》え遄《すみやか》に往《ゆ》きて、咎无し。酌《く》みて之れを損す。

【王弼】損の道は下を損し上に益《ま》し、剛を損し柔に益そうと、時に応じる者である。下卦の最下にいて、剛を損し柔に奉仕するなら、時を逃してはならない。損の始めにいるなら、盈《み》ち足りていてはならない。自分の本来の職務を終えれば奉仕に出かけて行き、くつろぎ楽しんでいてはならない。そうであってこそ、災難を免れる。剛の身で柔を奉ずれば、災難から免れるとはいえ、（剛は強く柔は弱いので）柔から親しまれない。そのため本務を終えて、その面の災難が無くなってから、「上の心を酌《く》み、自分の強さを損し」（原文「復自酌損」）、はじめて上と気持ちを合わせることができる。「遄」とは速やかということである。

＊ 初九は陽剛で、応の六四のもとに奉仕に出かける。ただ、陽剛の身で弱い陰に仕えれば、災難を受けることはないが、強すぎるので親しまれない。相手の気持ちを汲み、加減を考えるべきだという。初九の「剛を損し柔に益し」とは、自らの陽剛の強さを損して、六四の柔に益すことの意味。そうしなければ、強すぎることにより、六四から親しまれない。

＊ 「上の心を酌《く》み、自分の強さを損し」の原文「復自酌損」（復《ま》た自ら酌みて損す）は、上に親しまれるため、相手の気持ちを斟酌して、剛を弱める意味。自分の剛を全く無くすのでなく、どの程度損するかも考えねばならない。

＊ 初爻は無位の地で、世に出る前の人物。取り立てられ、奉仕しようと出かけて行く剛強な人物と考えれば分かりやすい。

九二

利貞。征凶。弗損益之。

貞《ただ》しきに利あり。征けば凶。損せずして之れを益《ま》す。

【王弼】柔は完全に益《ま》すべきでなく、剛は完全に削るべきでない。下に正（陽）が無くなってはならない。初九はすでに剛を損して柔に順い、九二は中を履んでいるのに、己を損して柔（六五）に益す。そうなれば剝の道が完成する。そのため、速やかに往くべきでなく、「貞しきに利あり」で（妄進しようとせず、正しさを守る）、進んで柔に往けば凶である。だから、「征けば凶なり」という。この理由で、九二は自分を損せずに、自分の身を益《ま》すことに務め、中であることを心がける。

＊ 初九と同じく、九二も六五に奉仕するが、初九がすでに六四のために身を損し、陽爻から陰爻へと変化した。九二が六五に速やかに進んで奉仕すれば、二も陰となり、損卦は剝卦䷖となる。剝卦は陰のために陽の君子が追い落とされる卦で、君子の道は危険に瀕する。したがって、九二は六五へ進まないのが望ましい。妄進せず中位を守るのが、君子の道を守ることになる。よって、九二は自己を損せず益《ま》すことに務め、中位にいることを心がけるのである。

六三

三人行則損一人。一人行則得其友。

三人行けば則ち一人を損す。一人行けば則ち其の友を得。

【王弼】損の道は下を損し、上を益し、その道は上行する。三人とは六三より上の三陰をいう。三陰が並んで行き、上を承ければ、上九はその友を失い（六三を失い）、内にはその主がいなくなる（六三は上九の配であるが、三陰で行けば匹配の関係つまり、一対の配でなくなる）。「益」と名づけても実は「損」（上九に益そうとして、実は上九を損している）になる。だから、天と地が応じあって万物は化醇し（善に変化し）、男女は一対の配偶があって、化生を得る（変化成長する）。陰陽が匹配しなければ、万物を生み出すことができるであろうか。そのため、六三が独り行けば、友を得、二陰とともに行けば、必ず上九に疑われる（上九はどれが匹配か分からなくなるため）。

＊　六三は上九に益《ま》そうと出かける。本来、陰は陽に益すものでないが、この卦は下卦が上行し上卦を益す卦で、六三の陰も進んで行く。この時、隣の六四と六五の二陰を引き連れてはならない。なぜなら、上九は三陰のうち、どれが真の応か見失い、迷うからである。そうなれば、上九を益すどころか、逆に損することになる。

＊　「内にはその主がいなくなる」の「主」とは、内卦（下卦）は一陰二陽だから、一陰つまり六三が主となる。三陰が並んで進み、上九の応である六三がいないかのように見える状態を「内に其の主无し」と

いう。あるいは、卦全体の主と見て、六五を指すとも取れる。つまり、三陰が連れ立って上爻に行けば、六五も移動するため、主がいなくなると見る。

＊「化醇」「化生」は繫辞伝下に、「天地絪縕《いんうん》として、万物化醇す。男女精を構《あわ》せて、万物化生す。易に曰く、三人行けば則ち一人を損す。一人行けば則ち其の友を得、と」と見える。

六四

損其疾。使遄有喜。无咎。

其の疾《やまい》を損す。使《も》し遄《すみやか》ならば喜び有り。咎无し。

【王弼】正しい位を履み（陰爻陰位）、柔を以て剛（初九）を納め、その疾（相思の疾）を損《へら》すことができる。疾がどうして長びこうか。だから、速やかに初九を納めれば喜びがある。疾を損して災難から離れ、喜びがあって、災難から免れる。そのため、「もし速やかなれば喜びが有り」、喜びがあれば災いがない。

＊六四は陰爻陰位の正道を履む正しい人物で、初九を受け入れる。初九は陽で男性、六四は陰で女性とし、恋愛関係と見れば分かりやすい。六四と初九は応で、六四は相手を受け入れて不都合はない。自分を損してまで相手を益そうとする初九を拒む理由はない。もし受け入れが遅れるなら、益を失うおそれがある。どちらも正位を得た正しい人物ゆえ、六四はできるだけ速く初九を受け入れると、喜びは大きい。

六五

或益之。十朋之龜、弗克違。元吉。

之れに益す或《あ》り。十朋の亀、違《そむ》く克《あた》わず。元《おお》いに吉。

【王弼】柔をもって尊位におり、損の道を行う。大江や海は下に位置し、百谷の流れが入り込む。尊位にいて、損を行えば、これに益そうとする人が現れる。「朋」とは党である。「亀」とは疑いを決する物である。陰は自分から先に意見を主張しないし、柔は自らを資格ある人物と考えず、尊位にいても、損をもって守ろうとする。だから、人は力を出し、仕事で功を尽す。智者は能を思いめぐらせ、明者は策を思いめぐらせ、そむくことがない。こうして衆才の働きは尽される。益を獲て十種類の霊亀を手にいれ、天と人の助けは十分に尽される。

＊　六五は陰爻陽位。通常は不正だが、この場合、尊位でも陰爻であることが、逆に自己を抑損して謙虚と高く評価される。大江や海は貴いのに、控えめに下に位置するから、百谷の流れが注ぎ込む。同じように、尊位で自己主張せず控えめなこと、つまり損の道を行う人物であれば、この人物を益そうとする人々が自然に集まる。その結果、「十朋の亀」といわれるような臣下の知者グループが集まり、力を尽くして奉仕しようとするのである。下を損して益を得るのでなく、自らを損し、謙遜になることで逆に益を得ることができる例である。

「大江や海は下に位置し、百谷の流れが入り込む」は『老子』三十二章。また、六十一章「大国は下流なり」の王弼注を参照。

上九

弗損益之。无咎。貞吉。利有攸往。得臣无家。

損せずに之れに益す。咎无し。貞《ただ》しくて吉。往く攸有るに利あり。臣を得て家无し。

【王弼】損の終わりにいて、上にはお仕えして養うところがない。それで損することが極まり終われば、益すことに返る。自分の剛徳で下（下民）を損することなく、逆に下に益してやるから、災難を心配することがない。正道を守って吉であり、柔に制せられることもなく（一陰だけ来させ、三陰をそろって来させなかったため）、剛徳はそのまま伸長する。そのため、「損せずに之れに益《ま》す。咎无し。貞しくて吉。往く攸有るに利あり」。上にいて柔に乗り、損の極にいて、かの剛徳を尊び、物は帰順して来る。だから、「臣を得る」という。臣を得れば天下は一つになる。よって「家无し」である。

＊ 上九は卦の頂上で、上には仕えて養う人はいない。損卦の終わりは、極まれば反るで、今度は下を損するのでなく、下を益す立場に変わる。下を益すので下民は喜び、災難が身に降りかかる心配はない。陽剛の徳を持ち、それを正しく守っていけば吉を得て、陰柔に制せられることもない。陰は剛徳に服するもの。トップにあって、剛徳を発揮すれば、天下の人々は臣服し、各家が分立して境界が生れることもなく、まるで天下が一家のようになる。

42　益

䷩震下巽上

益。利有攸往。利渉大川。

益。往く攸有るに利あり。大川を渉るに利あり。

上体が巽で陰卦、下体が震で陽卦。上体の陰卦はへりくだり（巽は巽順）、下体の陽卦にそむかない。これは上を損し下に益す意味である。

爻は九五の中正の尊主が上卦兌説《だえつ》の徳を持ち、下の六二に応じている。君主が悦び、下民に益《ま》す形があるから、益《えき》の道は光大で民も限りなく喜ぶ。だから、「出かけてよいことがあり、大河を渡るような大きな仕事もできる」。しかし、先の損卦と同じく、王弼は彖伝を補足し、「益の働きは、まだ十分でないものに施すことである。満ちているものに施すのは、害の道である。このため、総じて益の道は、時の変化に歩調を合わせて行われるものである」と述べ（彖伝注）、時に応じて実行することを強調している。

初九

利用爲大作。元吉无咎。

用《もっ》て大作を為すに利あり。元《おお》いに吉にして咎无し。

【王弼】益の初めで、動の始めにいる。かの剛徳を体し、事にのぞみ、巽に出かけて援助を得る（巽は柔順で従う）。このようにして大きな仕事をすれば、大きな功績を得るのはまちがいない。しかし、そもそも、下は大きな仕事をする地でない。卑賤にいて、任務の重い場所でない。大きな事業は小さな手柄で成就できるものでない。このような理由で、仕事ができて大いに吉の場合のみ災難を免れる。

＊ 初九は震動の最初で、剛徳を体し、仕事を成し遂げるため、応の六四に援助の益を求める。六四は上体巽順に属し、柔順に従うので、初九は大きな功績をあげるように見える。しかし、才はあっても最下で卑しく、益すという時を得ていても、それに見合う位がない。つまり、剛で有能であり、上卦巽の「おとなしく従う」徳に応じ、大きな事業ができそうに見えても、結局地位がないため不可能である。上から益を受ける立場ゆえ、なんとか報いねばならないが、まだ大事を成す地位でなく、任には堪えない。したがって、着手した仕事が完全に好結果を生んだ場合のみ、災難を免れることができる。

六二

或益之。十朋之龜、弗克違。永貞吉。王用享于帝。吉。

之れに益す或《あ》り。十朋の亀、違《そむ》く克《あた》わず。永貞なれば吉。王用て帝に享《きょう》す。吉。

【王弼】柔で中《ちゅう》におり、位を得ている（陰爻陰位）。内にいて中《ちゅう》を履み、益の時に、沖（謙虚で穏やか）をもつ。そのため、益は外から招かなくとも自然に至る。先んずることなく、為すこともなければ、朋亀が策を献ずることは、損卦の六五の位と同じである。位は尊に当たらないため、永く貞《ただ》しくしておれば吉である。帝（天帝）は物を生む主であり、益を興すおもとである。天帝は万物を震《しん》（震は東方、季節は春）において発生させ、巽《そん》（巽は東南、季節は春と夏の間）において万物を斉《ととの》える。六二は益の中《ちゅう》におり、体は柔で正位（陰爻陰位）、巽に応じている。帝に供えものをして祭る美はこの時にある。

＊ 六二は陰爻陰位で正を得、中位に居る。益の時に、謙虚で穏かにできるため、招かなくとも益は外から自然にやって来る。その結果、損卦六五と同じような「十朋の亀」、つまり賢者たちの智を得ることができる。「違《そむ》く克《あた》わず」は、賢者たちは自分（六二）に違くことはない意味。しかし、尊位でないため、正しい態度を長く守って、はじめて吉を得る。天帝は万物を震で発生させ、巽において万物を整える（説卦伝「帝出乎震、斉乎巽」）という。震と巽から成る益卦の時は、まさに天帝を祀るにふさわしい時であり、九五の尊主（王）は下民に広く福を与えようと祈っている。このような時に、尊主と応じる六二はますます至大な福を得ることが可能である。「先んずることなく、為すこともない」は、自分から進んで益を求めようとしないこと。六三の爻辞注に「自分自身で益そうとすれば、外から味方してくれるものはない」とあるのと同じ趣旨である。

＊ 「王用享于帝」の「王」は九五を指す。爻辞の要旨は「六二は柔中の徳で九五の尊主（王）から信任され、大きな福を得ている。さらに、このとき、九五の尊主は下民に広く福沢を得させようと、天帝を祀り

祈っている。この時にいて、六二の福は盛大であって吉である」となる。

六三

益之。用凶事无咎。有孚中行。告公用圭。

之れに益《ま》す。凶事に用うるには咎无し。孚有りて中行す。公に告ぐるに圭を用《もっ》てす。

【王弼】陰を以て陽に居るため、（謙虚でおれず）自ら進んで益を求めるものである。そこで、「之れに益《ま》す」という。利益が外から来ず、自分自身で益すことをすれば、外から味方してくれるものはない。このため、謙虚の道から見れば、六三は誅戮されるが、凶事（戦争など）を救うためなら、情としては許される。陰の身で陽におり、下卦の上にいて、壮の甚だしいものである。しかし、衰危を救うなら、頼りにされる。そのため、凶事の場合には災難はない。もし、益を私の為にせず、難を救う志であれば、壮は極みにまで至らず、中行（中道を行う）を失うことはない。このようにして、難を公に告げれば、国主がその任務を許可する。六三は圭を用いて、礼の道を備える。だから、「誠実さをもって中庸の道を行う。圭を用いて公に報告する」という。公とは臣下の極みである。そもそも、天下に十分の事を施すなら、王と称し、天下の大いなる者に次ぐのは公と称す。六三の才は王に申し上げるには不足で、公に申し上げるには十分なため、圭を用いることができる。そのため、「中行す。公に告ぐるに圭を用《もっ》てす」という。

＊　六三は陰爻陽位の失位で、中位からも外れ、正しい人物といえない。陽位で、しかも下卦の頂上であり、

自分のために積極的に利を得ようと動く人物である。したがって、誰も味方をしてくれない。謙虚さを失い、戮されて当然である。しかし、戦争や葬儀など、凶事で人を助ける場合なら、この積極性は頼りになる。危険に遭遇する人物には歓迎されるが、盛大なようすを過度に発揮せず、礼にかなった中庸の行動を取るべきである。「公」や「国主」は、特定の爻に限定せず、広く義を取ったと考えてよい。国主はここでは国王、君主、尊主と同じ方向の概念であり、公は三公のようにそれに次ぐ位である。

六四

中行。告公從。利用爲依遷國。
中行す。公に告ぐに従わる。用いて依ることを為し、国を遷すに利あり。

【王弼】益の時におり、巽の始めにいて、体は柔で正位にいる。上に在って下（初九）に応じ、卑ではあるが、下の窮みでなく（下卦の一番下ではない）、高くとも高ぶったところにいない（上卦に居るが上卦の下だから高ぶらない）。位は中《ちゅう》ではないが、中庸の行ないのできるものである。この中庸の行ないを用いて、公に申し上げれば、どうして従われないであろうか。この中庸の行ないを用い、しかるべき人材に頼り、国を遷せば、誰が受け入れないであろうか。

＊　六四は巽卦に属して謙虚。初九に応じる良さもある。また、上卦の下にいても、下卦でないので下位の極みでない。下卦より高くとも高位の極みでない。その点、位は中《ちゅう》ではないが、中庸の行動ができる。も

し何か事が起きた場合、中道が執れる徳をもって、公に告げれば公は必ず聞き入れる。また、このような人物が、しかるべき人物に頼り、国を遷りたいと希望すれば、誰もそれを拒むことはないであろう。「公」は尊主に次ぐ位。通常は五が尊主、四が公であるが、ここでは三の王弼注と同じく、特定の爻に限定せず、広く義を取ったと考えて良いであろう。

＊「この中庸の行ないを用いて云々」の原文は「以斯依遷、誰有不納也」（斯れを以て、依《よ》りて遷れば、誰か納めざること有らん）。上記の訳は六四が主語だが、一説に「天子などが、この中庸の行ないのできる人物つまり六四に頼り、国を移せば、天下に拒んで受け入れない人があろうか」とも解釈できる。

九五

有孚恵心、勿問元吉。有孚、恵我徳。

孚《まこと》有りて、心を恵めば、問う勿《な》くして元《おお》いに吉。孚有り、我が徳に恵む。

【王弼】 位を得て尊位を履み、益の主である。益の大きなものは信（誠実）以上のものはない。恵《めぐ》みの大きなものは、心以上のものはない。民の利とするところによって民を利し、恵んで浪費とならないものは、心を恵むことである。信があって心を恵めば、人の願いを尽くす。だから、問うまでもなく元《おお》いに吉であり、下も信の気持ちを持ち、我が徳に恵みの心で応じてくれる。誠を以て人に恵めば、人もまたそれに応じる。そこで、「孚有り、我が徳に恵む」という。

＊　九五は陽爻陽位の正位で中位にあり、誠実さをもって下に恵むことができる。恵みには費用のともなう物質的な益と、費用のともなわない精神的な益とがある。後者は孔子も政治の心得として奨励し、「君子は恵みて費やさず」（『論語』堯曰篇）と述べている。誠実さをもち、恵み深い心で下に対応するなら、下もそれに対し、思いやりの心で応じる。そのため、九五は大いに望みを得ることができる。なお、『論語』堯曰篇の「恵みて費やさず」の具体的な内容を述べた部分に「民の利する所に因りて之れを利す」という語が見える。「民の利する所に因りて之れを利す」とは、『周易抄』は皇侃《おうがん》の説により、海辺に居る者には漁をさせ、山に居る者には、薪をとらせ、田畑に居る者には田を作らせるなど、各地の実情に合った仕事に従事させ、利をあげさせることという。

上九

莫益之。或擊之。立心勿恒。凶。

之《こ》れに益《ま》す莫《な》し。或いは之れを撃つ。心を立つること恒勿し。凶。

【王弼】益の極にいて、過剰に盈ちたものである。益を求めてやむことなく、心の持ち方に正しさの無いものである。飽くことのない求めに対し、味方する人はいない。独り唱えるだけで、唱和する人がいないのは、一方的で身勝手な言い分だからである。人の道は盈満を憎み、怨むものは一人だけでない。そのため、「攻撃するものがやって来る」という。

* 上九は益の極にいて、下を益すどころか自分の身を益《ま》そうと理不尽に求め、心に正義のない人物である。仲間になろうとする者はいない。人は盈満を憎むから、攻撃を受けることになる。

* 「心を立つること恒《な》し」、の「恒勿し」とは、あるべき振舞いをしないこと。『周易抄』は「僧は僧の振舞い、俗は俗の振舞いをするのが恒である。上九は上九としての振舞いをせず、飽くことなく自分ばかりを益しようとするので恒勿しである」というようなことを述べている。

43　夬

䷪乾下兌上

夬。揚于王庭。孚號、有厲。告自邑。不利即戎。利有攸往。

夬。王庭に揚ぐ。孚《まこと》もて号し、厲《あやう》き有り。自邑に告ぐ。戎に即《つ》くに利あらず。往く攸有るに利あり。

夬は決と同じで、決断、つまり、きっぱり断ち切ること。下から伸びた陽が陰を追いつめ、断ち切ろうとしている。陽の君子が陰の小人を追いつめる卦形と見て、君子にとって好ましい卦である。ちなみに、陰陽を逆にした形が剝卦《はくか》䷖で、小人が優勢となり君子を断ち切ろうとしている。

陽は残った一陰を私的に断ち切るのでなく、公庭で相手の悪を大声で明らかにした後、断罪するのが望ましい。同様に君長は封地で小人を断罪する場合、邪悪の罰を民に布告し知らしめる（自邑に告ぐ）。小人の悪を広く知らしめるのは良いが、武力を大々的に用いるのは良くない（戎に即《つ》くに利あらず）。夬は断ち切る卦といえ、弾劾は徳によって行うことが優先される。小人の断罪自体は、善の完成であるため進めて良い。封地で布告し、武力を用いないとは、他人を責めるより、自らの修徳を優先することを喩えると見る説もある。

夬の卦形にはもう一つの見方がある。上卦は沢で、下卦は天。通常、沢は天の下にあるが、夬卦では沢が天の上にあり、沢の水が下に流れ落ちる。これを天子の恩沢が下民に及ぶと見るのである（大象伝の説）。大象伝は物象（自然物の象）によって上下の卦を説明するのが基本だが、物象による説明を二義的なものとして重視しない王弼は、原則として大象伝の説を無視するのがほとんどである。しかし、夬卦ではそのまま利用している。一方、王弼本来の取義説も大象伝の「徳に居り、忌を則《あきらか》にす」の注に示されている。「夬とは法を明らかにして決断する象である。〝忌〟とは〝禁〟である。法は明らかで、決断は厳しく、ゆるがせにしてはならない。だから、〝徳に居り〟（徳に身を置き、下に恩沢を施し）、一方で禁令をも明らかにする。恩沢を施しても十分厳しく、厳しくとも十分に恩沢を施し、健であっても十分悦ばせ、小人を切っても十分和《なご》やかにできる。美の道である」。これは上卦の悦ぶ、下卦の剛健によって、小人への厳しい弾劾のうちにも、人に悦ばれる面があることを述べているのである。

卦辞の「王庭に揚ぐ」は朝廷、また百官が集まる裁きの場で、堂々と宣告する。「孚《まこと》もて号し」は、陽の孚《まこと》が具わり、号令がでたらめでないようす。「厲《あやう》き有り」は、上六の小人が危険を感じること。「往く攸有るに利あり」は、陽の君子が長じ、陰の小人が消え、夬の道が完成するときのため、出かけてよく、仕事を進めて順調の意味である。

初九

壯于前趾。往不勝、爲咎。

趾《あし》を前《すす》むるに壮《さか》んなり。往《ゆ》きて勝たざるを咎と為す。

【王弼】健（剛健）の初めにいて、決断・決行の始めである。策をはっきり立て、事を行うべきである。足を果敢に進め、出かけていって勝てないとすれば、災いは当然である。

＊　初九は断ち切る卦の初めで、行動の始まりに当る。陽剛で気があせり、初心のためにうわついて策を立てず、ひたすら足を進めようとする。もし、算段を十分に立てず、未熟なまま進めば、勝利を得られず災いが起こる。

九二

惕號莫夜有戎、勿恤。
莫夜《ぼや》に戎有ると惕号するも、恤《うれ》うる勿《なか》れ。

【王弼】健にいて、中庸を得、この状態で事を決する。己の程度をはっきりさせることができ、疑うことのないものである。したがって、おそれて、〝夜間に兵士たちが害を与えに来る〟と叫ぶ人がいても、憂うことなく、惑うことがない。そのため、「心配するに及ばない」

＊　九二は下卦の乾健に属し、中位を得ている。剛健かつ中庸の徳を持ち、己の身の程を考え、疑念を持たずに物事を断行できる。「夜間に兵士たちが害を与えにやって来る」と怖がらせても、憂うることはない。

九三

壯于頄、有凶。君子夬夬。獨行、遇雨若濡。有慍、无咎。

頄《ほおぼね》を壮んにするは、凶有り。君子は夬夬。独り行くは、雨に遇い濡るるが若《ごと》し。慍《うら》み有るも、咎むる无し。

【王弼】 頄とは面権（ほおぼね）である。上六をいう。最も体の上にあるから権（顴）という。剝の六三は陽に応じるため善である。かの剛が長ずれば、君子の道は興り、陰が盛になれば小人の道は長ずる。そうであれば、陰の長ずるときに陽を助ければ善であり、剛の長ずるときに柔を助ければ凶である。夬は剛が長ずるのに、三だけは上六に応じ、小人を助けるため、凶である。君子（九三）はこれを処断するのに、必ず情のかかりあいを棄て、ためらわずに切り断つ。だから、「夬夬」（きっぱり断ち切る）という。もし衆陽とグループとならず、陽と志を異にし独り出かけ、小人（上六）に贔屓《ひいき》しようと応じるならば、困ることになるであろう。「雨に遇い自分の衣が濡れるようなもの」で、怨みに思っても他人を咎めることはできない。

＊ 九三は陽爻の中で唯一、上六の陰と応じている。既述の剝卦䷖では、陽爻を追いつめる陰爻の中で、六三の陰が唯一上九の陽と応じている。陰は悪（小人）、陽は善（君子）ゆえに、六三の行動は悪が善に味方すると誉められた。夬卦は逆で九三は善の中で唯一上六の悪と結んでいる。陽の仲間から離れ、悪に応援し、悪の勢いを壮んにしている。「頄《ほおぼね》を壮んにするは、凶有り」とは、上にいる陰（悪）に見方し、悪の勢いを壮んにするのは、陽の君子にとって凶であること。陰を断ち切る時に、私情のつながりは棄て、陰を夬夬（断ち切ら）ねばならないのに、一人上六に出かけて私情を結ぶのは困難に遇うだけ。雨に遇い、

濡れて困るようなもので、怨んでも誰の責任でもない。

＊「若濡」の「若」を語気詞、つまり意味を補足する語と取り、「じゃくじゅ」と読み、濡れる意味とすることも可能である。その場合、爻辞は「雨に遇い若濡たり」と読む。

九四

臀无膚、其行次且。牽羊悔亡。聞言不信。

臀に膚《はだえ》无く、其の行くこと次且《ししょ》。羊に牽《ひ》かるれば悔い亡ぶ。言を聞くも信じず。

【王弼】三剛を下にして進もうとするが、三剛は自分の腰を落ち着けることのできるものでもないから、必ず侵されて傷つき、安んずる場所を失う。だから、「臀に膚无く（臀の皮膚がむけたようで、落ち着く場所を失う）、其の行は次且（出かけてもなかなか進めない）である。羊は図太く動かしにくいもので、五をいう。五は夬の主であり、下が侵害できるものではない。もし四が五に助けられ引かれていけば、悔いは亡くなる。しかし、己（九四）は剛亢で、九五の忠告の言葉を聞き入れず、自らの位置に高ぶり、言葉を聞いても信じない。このようすで行くので、凶であることが分かる。

＊九四は陰爻陽位の失位で、困難が待ち受ける。三つの陽剛を下にふみつけて進もうとしても、剛強な三陽は簡単に許さず、そのため侵食されかける。九五の尊主に頼ればよいが、自分もなまじいに陽の強さをもつため、たかぶって尊主の言も聞かず、尊主に手を引かれて従うこともしないのである。

九五

莧陸夬夬。中行无咎。

莧陸《けんりく》夬夬。中行にして咎无し。

【王弼】莧陸は柔らかくてもろい草である（ひゆ、或いはぬめりひゆ）。切るのはいたってたやすい。だから、「夬夬」という。「夬」の意味は、剛が柔を切り、君子が小人を除くことである。そして、五は尊位にいて、最も小人に近く、みずから直接に手を出して切るものである。至尊の身で至賤を相手にするのは、勝つことができるとはいえ、たいした物とはいえない。しかし、中《ちゅう》にいて決するため（中庸の道を失わずに切る）、災難を免れるには十分である。しかし、光大な行為とするには足りない。

＊九五は尊主。上六の小人の最も近くで、じきじきに小人を断ち切る。陽爻陽位で大きな力を持つ君主が、小人を排除するのは、極めて簡単なので、「夬」（断ち切る）の語を二つ重ねて、簡単なことを表わした。しかし、君主自ら卑しい者に向き合って勝つのは、光大な行為とはいえない。中位に居り、中庸の行動ができるので、排除するにも、あまり酷いやりかたはしないが、至尊が至賤を断ち切るため、せいぜい「咎なし」程度の行為に過ぎない。

上六

无號。終有凶。

号《さけ》ぶこと无し。終に凶有らん。

【王弼】夬の極で、小人の身で項上にいる。君子の道が長じ、衆がともに小人を棄てる。そのため、泣き叫んでも、上に長くは居られない。

＊ 上六は小人のくせに項上に居る。大声でわめいても、応じる陰の仲間がいない。下から陽の君子が勢いを伸ばしてくる時なので、ここには長く居られない。「号《さけ》ぶこと无し」は、叫んでも寿命はのびないということ。

＊ 「号」という語が卦辞と九二と上六に見える。このうち、卦辞と上六に整合性を求めた中井履軒の説では、「王庭に揚ぐ」は、君子たちが一人の小人の罪を告発し、王庭で裁断を待っている象。「号」はその小人が泣き叫ぶ。その誠実ぶりが裁判官を惑わし、君子たちは「厲《あやう》き有り」。上六の「无号」は、小人が泣き叫んでも無駄なこと。履軒はユニークな説を続けている。「邑より告ぐは、自分は邑国（封地）にいて己の意を伝達すること。（朱子説のように）我が領土、我が身を正しく治める意味ではない。戎に即《つ》くに利あらずは、軍を動かし弱敵を撃てば、相手は地にまみれ、隣邦に救いを求める。その哀れさが援護を呼ぶと勝敗はわからない。だから、封地にいて命を伝えて操作するに勝るものはない。およそ、自ら訴訟の場に出れば、己は直《ただ》しくとも、裁判官次第、弱者を憫れむのも人情である。一言答えなければ、裁判は逆転する可能性もある。もし、己が国にいて使者が意を伝達するなら、この憂いはない。だから自分が訴訟に出るのと、戎に即く（軍を動かす）のとは同じ主旨である」

44　姤

䷫巽下乾上

姤。女壯。勿用取女。

姤。女壯《さか》ん。女を取《めと》るに用うる勿《なか》れ。

姤は遇う意味。ここでは一陰が五陽に遇うこと。王弼は彖伝を説明して次のようにいう、「これを人事に取れば、女が男に遇うことである。一人の女で五人の男に遇うのは、壮の至って甚だしいものである。こういう理由から、このような女性を娶ってはならない」（彖伝注）。つまり、一人の女が五人の男を相手にすると見て、一陰を移り気な女とする。そこで、男の側から、このような女と結婚してはならないというのである。

他方、天と地が遇い万物を生じ、男と女が遇い子孫を増やすように、「遇う」こと自体は重要である。正しい剛が正しい柔と遇うのは悪でない。この点からいえば、姤卦の示す時とその義は極めて大きく、「姤の時義、大いなるかな」（彖伝）と賛えられる。

ちなみに、「義」について、王弼は「およそ義というものは、見るところにつきるものでない。中に意謂有るものである」と述べている（彖伝注）。「意謂有る」とは、言葉で尽くせない、つまり、広い意味があるということ。例えば、卦名の姤は淫乱女が多くの男に遇うことを示している。しかし、遇うことを広く探れば、天と地が遇い万物を生むなど、広い意味がある。読者はそのような意味も汲取るべきだというのであろう。

初六

繫於金柅。貞吉。有攸往、見凶。羸豕孚蹢躅。
金柅《きんじ》に繫がる。貞《ただ》しくて吉。往《ゆ》く攸有れば凶を見る。羸豕《るいし》孚《さわい》で蹢躅《てきちょく》たり。

【王弼】金とは堅剛の物、柅とは動きを制御する主で、九四をいう。初六は「遇う」の始めにいて、一柔で五剛を承け、かの躁質を身につけ、出遇えば順調に事が運び、乱れた交際をして制御する主がなく、したい放題なものである。柔の特徴として、引かれなくてはならない。臣妾の道は不貞であってはならない。そのため、必ず正応（九四）につながれ、貞しくて吉を得る。もし一つに引かれず、他へ出かけるなら、凶となるだけである。羸豕とは牝豚をいう。群れた豕の中では、豭（牡の豕）が強く牝は弱い。だから、これを羸豕という。孚とは務躁（騖躁＝やんちゃでとびはねる）と同じである。かの陰の質にして、さわがしく放縦なのは、特に羸豕の場合が甚だしい。不貞の陰で、引かれるところを失い、その陰醜なことは豕がやんちゃで、はね回るようなものだというのである。

＊　初六は唯一の陰爻。女が五人の男に遇うのは淫乱過ぎる。ここかしこ目移りし走り回るのを「羸豕《るいし》」に

喩える。初六の応の九四は、陽の強さでしっかり陰をつなぎ止め、動きを封じこめる必要がある。それを「金柅《きんじ》に繋ぐ」と喩える。やんちゃに跳びはねる陰は、正しい相手の九四につなぎ止められるなら、正しくて吉。それができず軽薄に行動するなら凶である。「金柅」は車輪止めをいう。

九二

包有魚。无咎。不利賓。
包《くりや》に魚有り。咎无し。賓に利あらず。

【王弼】初は陰で下のきわみにいる。そのため、魚と称す。不正の陰は「遇う」の始めにいて、(九四の正応がいるのに)近くの九二に逆らうことができない者である。初は自分から願って二の厨《くりや》に応じて来たのであり、二が初六を犯し奪おうとしたのではない。そのため、九二に災難はない。九四の物をほしいままに扱い、自分の恵みとして客人にもてなすのは、義の立場からしてはならない。だから、賓(他の陽)に利はない(これを用いて客人たちをもてなすのはよくない)。

＊ 九二は初六が始めて遇う男性。九二が初六を自分に引き寄せたのではない。初六は多情で、始めて遇う陽に逆らえず、初六の方から進んで九二のところに来たのである。このことを「厨に入って来た魚」に喩える。九二は初六に正応(九四)のあることを知っている。厨に入って来た他人の所有物を、自分の物として料理し、客にふるまうようなことをしてはならない。

九三

臀无膚。其行次且。厲无大咎。

臀に膚《はだえ》无し。其の行くこと次且《ししょ》。厲《あや》うけれど、大なる咎无し。

【王弼】下体の極にいて、二は初の陰に寄りかかっている。二は（陽であり）己（九三）の乗るところでないため、居は安泰でない。上に進んで行っても上九は応でなく（陽同士）、上九に引かれてそれに寄りかかり、居るところを堅固にすることができない。だから、「臀に膚無く、其の行くこと次且」という。しかし、正位を履み、いいかげんな場所に居るわけでない。時に遇わないから危ういのである。災いは己が招いたのではない。そのため大きな災難はない。

＊　九三も初爻の陰を待ち受けるが、九二が初爻を止めてしまう。陽は陰に乗り安泰の居を得るので、九二は初六の上で安泰を得る。しかし、九三は陽（九二）に乗り安泰でない。上に引き寄せてもらい立場を堅固にしようとしても、上九は同じ陽爻で助けてくれない。しかし、九三は陽爻陽位の正位を得、でたらめな位置ではない。九三の不運はただ時世に遇わなかっただけで、大きな災難にはならない。九三の悩みは夬卦九四の悩みと似ている。夬卦九四を参照。

九四

包无魚。起凶。
包に魚无し。起《うご》けば凶。

【王弼】二が魚（初）を手に入れたので（四は）それを失う。民を失って動き、応（初）を失って行動する。そういうことになれば凶である。

＊九四は初六の応で、九四の厨《くりや》の魚となるはずであった。しかし、九二が初六を先に取った。人事でいえば、九二がすでに民衆を得た。九四には民衆の応援がないので、大事をはかれば凶である。

九五

以杞包瓜。含章。有隕自天。
杞の包瓜を以てす。章を含む。天より隕《おと》す有り。

【王弼】杞（枸杞《くこ》）の特徴は、肥地に生じることである。包瓜（匏瓜）の特徴は、ぶら下がるだけで人に食べられないことである。九五は尊位を得ているが、その応（初）に遇わず、肥地を得ているが食べられないものである。色彩りの美しさ（徳）を含んでいるが、まだ外に発していない。応に遇わず、教えはまだ行きわたらない。しかし、本来の場所を得て、体は剛で中《ちゅう》にいて、教えを棄てる気持ちはなく、操を改めないため、これを落とせるものはいない。そこで、「天より隕《おと》す有り」という（自分の行ないは正しいので、もし落ちるとしてもこれを落とせるのは天だけだ)。

＊　九五は尊位で陽爻陽位の正位、しかも中位にある。この美点から、肥えた土地の栒杞の実に喩える。しかし、食べられてこそ役立つのに、応の陰がなく、食べてもらえない。これをぶら下るだけの包瓜に喩える。人事でいえば、内に美徳を持っても、外にその教えが発散しない。しかし、優れた美徳のため人から無理に落とされたりすることはない。もし、これを落とせるとすれば、ただ天だけであり、仮に落ちたとしても決して咎があってではなく、命運のせいである。

＊　「ぶら下がるだけで人に食べられないものである」は、『論語』陽貨篇に「吾れ豈に匏瓜ならんや。焉《いずく》んぞ能く繫《かか》りて食らはれざらん」に基づいている。「私は匏瓜であろうか。どうしてぶら下っているだけで、誰にも食われないのであろうか」と孔子は仕官できないのを歎いた（異なった解釈もある）。匏瓜とはにがうり、あるいは栒杞などの説がある。

上九

姤其角。吝、无咎。

其の角《つの》に姤《あ》う。吝《りん》なれど咎无し。

【王弼】極にまで進んだため、誰にも遇わず、角《つの》に遇うだけである（角は物の最も上にあり、堅い。上極にいて陽爻であることから上九を角に喩える）。そのため、「其の角に姤《あ》う」という。進んでも遇うことがなく、ひとり恨めしく思っているだけ。物と争うことなく、その道は害されない。そのために災難はない。

＊　上九は卦の頂上で陽で堅いから「角《つの》」と称し、また、上九自身を「角《つの》」に遇う者とも見る。姤《あ》うことが大事な時に、上九はここまで上り、角《つの》に遇うだけで誰にも遇えない。恥ずかしい事態だが、見方を変えれば誰にも遇わないので、争って害を受けることもない。そのため災難はない。

或は次のようにも考えられる。上爻の遇う相手は応の九三。陽ゆえにそれを堅い角に喩える。九三に遇っても、同じ陽同士のため、上九は孤立する。しかし、孤立するから争いもなく、害されることもない。孤立は恨めしく恥ずかしいことだが、争って害されるような災難はない。

45　萃

䷬坤下兌上

萃。亨。王假有廟。利見大人。亨。利貞。用大牲吉。利有攸往。

萃。亨《とお》る。王　廟を有《も》つに仮《いた》る。大人を見るに利あり。亨《とお》る。貞しきに利あり。大牲を用いて吉。往く攸有るに利あり。

萃は聚まること。上卦は兌で悦ぶ。下卦は坤で柔順。上が悦び、下が順うので、従い聚まる意味がある。しかし、柔順で悦ぶだけでは邪佞の道である。この卦の良さを王弼は整理していう、「ただ順って悦ぶだけなら、邪佞の道である。剛であって中応に逆らうのは（九五がただ剛のみであって、中庸で六二と応じることがなければ）、強くて高ぶるだけの徳である。どうして人々を集めることができようか。順って悦び、剛を主として中を履み、六二も中を履み、九五に応じるから、聚りを得るのである」と（彖伝注）。

この卦が邪佞に陥らない理由は、九五の尊主が陽剛で強さを持ち、しかも中位を得て高ぶらず、また下卦の六二の陰爻陰位で中正を得た忠臣と応じる良さを持っているためである。

かくして、王のもとに民衆が大いに聚まる。天下混乱の時は、仮に廟があっても無いのと同じ。王が民衆を大いに聚めてこそ、はじめて廟があるといえる。王弼の注に「王　聚むるを以て廟を有《も》つに至る」とあるのはその意味である。この卦では九五の尊主（王）の徳が優れており、民衆を中正の徳で聚め、神（先祖）を廟で祭り、神もそれをうけいれる。

卦辞の大意は、「萃。天下の民は聚まり、物事は支障なく通じる。王は廟をもつに至る。民は大人（九五の王、尊主）に会うとよい。必ず順調に事が運ぶ。ただ、正しい態度を保つ必要がある。民が聚まる時が至れば、大牲を用いて祭り、神はそれを享け、幸いを降すであろう。出かけて行くのによい」

大牲とは牛のこと。牛を牲《いけにえ》にして神を祭るのである。「民は大人（九五の王、尊主）に会うとよい。必ず順調に事が運ぶ」は、文字通りの意味であるが、人々の聚まりに秩序をもたせる大人の重要性を強調したものでもある。

＊「王　聚むるを以て廟を有《も》つに至る」は、『正義』では「王　仮《いた》りて廟有り」と読み、「王は民が大いに聚まる好い時に至って、廟を有つ」意味。

なお、類似の文章には以下のようなものがある。

「王仮有廟」（萃卦辞、彖伝。渙卦辞、彖伝）。「王仮有家」（家人九五爻辞）。

初六

有孚不終。乃亂乃萃。若號一握為笑、勿恤、往无咎。

孚《まこと》有るも終わらず。乃ち乱れ、乃ち萃《あつま》る。若《も》し一握と号して笑いを為さば、恤《うれ》うる勿れ、往けば咎无からん。

【王弼】四に応があるが、三が九四を承けているので、初はその仲に疑いをいだく。そのため「孚有るも終わらず」（はじめは正応なので四と信じあっていたが、長く続かない）。道を守りこの上ない交際を結ぶことができず、心は迷い乱れて、三との争いにつとめる。そこで「乃ち乱れ、乃ち萃《あつま》る」。「一握」とは小さなようすである。「笑いを為す」とは弱々しく劣っているようすである。己は四の正しい配偶であるが、三は四に近いため、四に寵愛されている。もし、かの卑退に安んじ、謙譲で自らを養えば、憂いはなく、進んで行って災難はない。（自分はちっぽけで弱々しいものだと謙虚にしていれば良いということ）

＊　初六は陰で九四の陽と応じている。しかし、六三の陰が九四の隣で九四を承けている。そのため、初六は九四と六三の仲を疑い、心が乱れ三と争う。しかし、陰の身で下位にあるため、力不足を自覚し謙虚にしておれば、四の正配に違いないから結局九四と通じ合える。謙虚、柔弱の処世態度を評価する王弼の意見がよく出ている。

六二

引吉、无咎。孚乃利用禴。

引かれて吉にして咎无し。孚《まこと》ありて乃ち禴《やく》を用うるに利あり。

【王弼】萃の時に、柔を身につけ、位に当たっている（陰爻陰位）。坤のなか（小人連中のなか）にいて、自分一人正位にいる。衆（小人）とは塗《みち》が違い、心がけは異なっているが、一緒に聚まっている。民の多くはかたよっているため、自分だけ正しいのは危険である。まだ体を変じて害より遠ざかることができないため、必ず九五に導いてもらい、吉であって災難を免れる。禴《やく》とは殷の春の祭りの名で、四時の祭りの一番簡素な祭りである。聚の時に、中正にいて、行ないは忠信（まごころ）をもちいる。そのため、簡素な供物を鬼神に進めることができる。

＊　六二は下卦坤体の中位、また陰爻陰位の当位である。皆が聚まり、萃の道を完成しようとする時、中庸を実践し、正しく身を保ち、静かにひっそり退くことを心がけている。時世や衆人と異なる人物は危害を受ける恐れがある。自分から進んで応の九五に行くのでなく、引かれてから行けば吉であり、災難から免れることができる。六二のように中正を守り、誠実さを持つ人物は、祭祀も簡素で神はうけ入れる。

六三

萃如嗟如。无攸利。往无咎。小吝。
萃如たり、嗟如たり。利する攸无し。往けば咎无し。小しく吝。

【王弼】本来の位でないところを履み（陰爻陰位）、四（陽）に隣り合っている。四も失位で、三と四で不正の者同士が聚まる。互いに聚まり不正なら、憂患が生じる。他人の応（初の応である四）に関わっても害が生じる。そのため、「萃如たり、嗟如たり（集まり、なげき）、何の利もない」。（そこで、四と離れ、応の上六へ行くが）上六も陰で、三と正応でなく独立し、一番高い場所で危険を憂いている。応援を願い朋《とも》を求め、柔軟で謙遜な態度で待っている。不正で集まるよりは、同志（上六）に行くに越したことはない。そのため、出かけていって災難はない。しかし、二陰が会うのは、一陰と一陽が会うのには及ばない。だから、「少しく羞ずかしいことがある」

＊ 六三は陰爻陽位の不正、隣りの九四も陽爻陰位の不正。不正同士で集まり親しんでも憂患が生れるだけである。上六は六三にとって陰同士の敵応であるが、卦の極に居て危険を憂いつつ、謙遜な態度で仲間を探している。三にとって不正な四と親しむより、陰同士で気持ちの通じる上六と集まる方が好ましい。そのため、上六に進んで災難はないが、陰同士で集まるので少し恥じるところもある。三と上はいわゆる正応でなく、陰爻同士の敵応だが、敵応でも「志が同じ」と肯定的に評価されることがある。

九四

大吉。无咎。

大吉《だいきつ》。咎无し。

【王弼】正しい位を履まず（陽爻陰位）、下の三陰を拠り所とし、頼る所を得ているが、居るべき場所を失っている。聚の時に、不正であって三陰を拠り所としている。そのため、必ず大功を立て、はじめて大吉で災難から免れる。

＊　九四は不正の位で、下の三陰を拠り所とし、不正の集団を作っている。三陰は本来九五の尊主の所有である。それを分有あるいは独占するのは邪悪な行為となる。そのため、必ず大功を立てて、はじめて吉が得られる。大功が立てられない場合、当然災難から免れない。

＊　「そのため、必ず大功を立て、はじめて大吉で災いはなくなる」と訳した部分の底本は、「故必大吉立夫大功、然後无咎也」。楼宇烈の意見により、「故必立夫大功、然後大吉无咎也」の語順に改めた。

九五

萃有位。无咎、匪孚。元永貞、悔亡。

萃に位有り。咎无きも、孚《まこと》とせらるることあらず。元永貞ならば、悔い亡ぶ。

【王弼】聚《あつま》る時に、最も盛位を得ている。そのため、「萃に位有り」という。四が専断し、下の三陰に拠っているため、己（九五）の徳は行なわれず、自らを守るだけである。そこで、「咎无きも、孚《まこと》とせらるることあらず」という。そもそも仁を修め、正しさを守り、長く続けば必ず悔いは消える。そのため、「元永貞にして悔い亡ぶ」という。

＊　九五は陽爻陽位の尊主で咎はないが、九四が下の三陰を集めて権力をふるい、自分は部下から信頼を得ていない。このような時は、仁を修め、正しさを守り、それを長く続けていれば、悔いは消える。

上六

齎咨、涕洟。无咎。

齎咨《しし》、涕洟《ていい》す。咎无し。

【王弼】聚る時に、卦の頂上にいる。九五は自分の乗るところでなく、内には応援がない。上にいて独立し、近くにも遠くにも助けがなく、これ以上の甚だしい危険はない。「齎咨《しし》」は嘆く言葉である。もし危険の至るのを知り、災いの深いのをおそれ、病のひどいのを憂え、涙を流し、あえて自ら安んじることがなければ、衆は害しようとしない。そのために、災難を免れることができる。

＊　上六は卦の頂上で、孤独で助けがない。九五の剛に乗るのは柔の身で高慢であり、六三は同じ陰同士で応援にならない。危険な境遇を深く嘆いて涙を流しておれば、危険だが衆から害されることはなかろう。

46　升

䷭巽下坤上

升。元亨。用見大人、勿恤。南征、吉。

升。元《おお》いに亨《とお》る。用《もっ》て大人を見て、恤《うれ》うる勿し。南征すれば吉。

升は上る意味。上卦は坤で柔順、穏やかで正道に従う徳を持ち、下卦が巽で柔順。謙遜でたかぶらない徳がある。このような美徳により、卦には上に升《のぼ》る象がある。しかし、「柔ばかりなら自力で升ることができない。剛亢であれば従う人はいない。すでに升るのに時を得ているだけでなく、さらに、巽と順（控えめで人に逆らわない態度）を身につけ、剛中の九二が六五と応じる長所を持つ。このようにして升るから大いに通じることができる」（彖伝注）。人事でいえば、昇進に心配はなく、「元いに亨る」。

しかし、尊位（五の位）に升っている肝腎の主人が陰爻陽位の不当位で、陰ゆえに弱く、剛毅さがない。このような時には、厳しく正しい大徳の人物に会い、憂いから免れる必要がある。王弼は次のようにいう。「巽（柔順）と坤（順《したが》う）で、（支障なく）升っていける。陽爻が尊位（五の位）に当たらず、厳剛の正しさが無いので、憂いから免れない。そのため、大人（大徳の人）に出会って、憂いはなくなる」と（卦辞注）。「南征すれば吉」は、陰の身で陰の方角へ行けば、暗さが増すだけだが、南は明るい方角のため、南へ行けば吉。単に大人に会うだけでなく、南の明るい方角で大人に会わねばならぬというのである。

初六

允升。大吉

升《のぼ》るに允《あた》る。大吉《だいきつ》。

【王弼】允は当（あたる）である。巽卦の三爻はみな升るものである。上に応がないが、升の初めにいて、九二、九三と志を合せて共に升《のぼ》る。升る時に当るので、升れば必ず大いに得る。それで大吉である。

＊　初六は上昇の初め。九二と九三は上卦に応があり、助けて引き上げられる。初六には引き上げてくれる応がない（六四とは陰同士）。しかし、升る時に当るため、初も二、三と志を同じくし、並んで上っていけば大いに満足を得る。

九二

孚乃利用禴。无咎。

孚《まこと》ありて乃ち禴《やく》を用うるに利あり。咎无し。

【王弼】五と応で、往けば必ず信頼され仕事を任される。かの剛徳を体し、進んでも寵を求めない。邪を防ぎ、誠を存し、大業を成す志がある。そのため、倹約な祭を神明に奉納して受け入れられる。

＊ 九二は陽爻で剛徳を持ち、中位に居て軽率でない。また、陽爻で陰位。謙虚で静かに退き、君主（六五）の寵愛を受けようともしない。しかし、六五と応じ、君主から信頼（孚）されているので、天下のために大きな仕事ができる。このような人物は、質素な祭祀でも神はうけてくれる。

九三

升虚邑。

虚邑に升る。

【王弼】本来の位を履み、陽で陰（上六）に升っていく。このようにしてあがるなら、背《そむ》き拒むものはいない。そのため、まるで誰もいない邑に升っていくようである。

＊ 九三は陽爻陽位の正位。美徳を具えており、応の上六へ上って行けば、拒む者はなく、誰も居ない邑に上って行くように容易である。

六四

王用亨于岐山。吉、无咎。

王　用て岐山に亨《とお》す。吉にして咎无し。

（随上六を参照）

【王弼】升《のぼ》る卦の際（境界）にいて、下から三爻が上り進んで来れば、受け入れるべきで、拒んではいけない。下から来るのを拒み、自分勝手に行うなら、災いや過《あやま》ちが来る。もし拒まずに受け入れ、人々の情に順《したが》い、多くの志を支障なく伸びさせるなら、吉を得て災難を免れる。太王の岐山の会は物事の実情に順い、すべてを受け入れたのである。

＊「際」は境界のことで、上卦と下卦の境。ここでは、升って来る三爻のすぐ上にいる六四の位置をいう。君主の位にも近く、危うい地位である。被治者階級（非管理職）から治者階級（管理職）に上ったばかりで、まだ安定せず危険がある。人々が升ることを目指す時、六四が下から上って来る者を拒んでは危険が増す。人々の情に従い、彼らの志を実現させるのは重要なことである。太王が岐山で人々を集め、天下を治める事業を完成させることができたのはそのことが巧みだったせいである。太王は古公亶父のこと。豳《ひん》の地から民を率いて岐山に移り、周が大国となる基礎を築いた。

六五

貞吉。升階。

貞しくて吉。階を升《のぼ》る。

【王弼】升《のぼ》って尊位を得る。柔の身で応があり、九二を受け入れて拒まず、任用して独断の振る舞いをしない。そのため、正しくて吉であり、志を得る階段を升り、尊くなる。

＊　六五は時を得て君位に升った人物。陰柔のため独断専行することなく、応の九二を拒まず仕事を委ねることができる。このような正しい態度で吉を得て、尊くなるのである。

＊　爻辞にみえる「貞吉」は、ほとんどが一句の文末に位置しているが、ここでは位置が逆転している。王弼はこの点を問題視していないようだが、中井履軒は経文の間違いとして、「升階。貞吉」と改めている。他の卦の爻辞でも「貞吉」が文頭にあれば、文末に移動している。それは彼が「貞吉」を占いの語とみるのと関係しているようだ。ただ、新しく出土した帛書や竹書では通行本と同じで、履軒の改めたようにはなっていない。

余談だが、履軒は「階を升る」についても朱子のいうように、昇進が階段を升るように容易だという意味ではない。堂上に南面しようとする意味を暗に含んでいるのだと述べている。

上六

冥升。利于不息之貞。

冥《くら》けれど升《のぼ》る。息《や》まざるの貞に利あり。

【王弼】升《のぼ》るの極にいて、進んで止《や》まないものである。進んで止まないため、あたりが暗いのに、なお升る。正しいことに升る道を施し、止むことがないならよいが、相手の上になろうとして升る道を用いるなら、結局身を亡ぼすことになる。悪いことを止むことなく続けるのは、君子の道が消滅することである。

＊　上六は一卦の極で、さらに上升を求める者。絶えず上り続け、あたりが暗くなっても、まだ升ることを止めない。上升の意欲を正しい面に発揮すればよいが、人の上になることを目指して上升を止めないなら、君子の道は消滅することになる。

47　困

䷮坎下兌上

困。亨。貞大人吉。无咎。有言不信。

困。亨る。貞なる大人《たいじん》は吉。咎无し。言うことあれど、信じられず。

卦形は兌の陰卦が上、坎の陽卦が下で、剛が柔に抑えられている形。これを「剛が柔におおわれている」（彖伝）と見る。剛を主体に、困と命名されている。人事でいえば、君子が小人におおわれ困窮する時を表すが、卦辞には「亨る」（物事が通じる）とある。困窮するにもかかわらず「亨《とお》る」のは、下卦の坎は険難（困難）でも、上卦は兌で悦ぶことに由来する。君子は小人と違い、険難の中でも、のびやかに悦ぶ心を失わないから「亨る」。「君子は固より窮す。小人は窮すれば斯《ここ》に濫《みだ》る」とあり（『論語』衛霊公篇）、君子は困窮にも乱れない。王弼も「困は必ず通ずるなり。窮に処りて自ら通ずる能わざる者は、小人なり」（卦辞注）、「険に処りて其の説《よろこび》を改めず、困にして其の亨《とお》る所を失わざるなり。其れ唯だ君子か。〝貞なる大人（正義を行う大人）は吉〟とは、剛中なるを以てなり」と小人と君子を比較して述べている（彖伝注）。卦の主要な爻九二と九五が君子に比擬され、困の中に居ながら、剛爻で上下体の中位を得ている（つまり剛中）。剛で中道を行ない、偏らずに大きな仕事が出来る。特に上下を陰に挟まれながら、剛中を失わず、困窮にも負けない意気を示すのは九二の君子で「貞なる大人」とされ、卦の主爻である。

さらに、言語の問題に関し、次のように指摘している。「困にいて言葉が信じてもらえない時である。言葉を用いる時でないのに、言葉によって困から免れようとするのは、必ず窮まるものである。吉は〝貞なる大人である〟ことにある。口がどうして役に立とうか」（彖伝注）。困の時は徳を修めることが重視され、言葉は尊ばれない。ちなみに、繋辞伝上には文字や言語に対する疑問として、「言は意を尽くさず」という有名な語句がある。

初六

臀困于株木。入于幽谷、三歳不覿。

臀《しり》　株木に困《くる》しむ。幽谷に入り、三歳覿《み》ず。

【王弼】陰爻で一番底にいて、活気がなく微賤で困《くる》しみ、安んじて居る場所がない。そこで、「臀　株木に困《くる》しむ」という。応（九四）に行こうとしても、二がその路を隔てている。もとの所に居れば株木に困しみ、進んでも救いを得ないため、まちがいなく隠遁する者である。そのために、「幽谷に入る」という。困の道は数年に過ぎない。困のために蔵《かく》れ、困が解ければ出てくる。そこで、「三歳覿《み》ず」という。

＊　初六は困卦の最下で、とりわけ困窮した者である。下位で困しんでいるのを、「臀が株木で困しむ」と喩える。九四の応に向かおうとしても、九二の陽に行く手を妨害される。そのため、困しみの解消する三

年は、暗くて奥深い谷に逃れて姿を隠す。「幽谷に入る」は、困窮の時には才能を隠し、外に目立たないようにする意味も含まれているであろう。

九二

困于酒食。朱紱方來。利用享祀。征凶。无咎。
酒食《しゅし》に困しむ。朱紱《しゅふつ》の方《ほう》来たる。用《もっ》て享祀《きょうし》するに利あり。征《ゆ》けば凶。咎むる无し。

【王弼】陽で陰位にいるのは、謙遜を尊ぶものである。困の時に中位にいて、かの剛質を体し、中位で謙を履んでいる。応は一つでなく、心には私するところがなく、盛んなことはこれより先んずるものはない。そもそも、謙で人をもてなせば、人が頼ってくる。剛で険におれば、険難を渡っていくことができる。中《ちゅう》を履めば適切の程度を失わず、応が無ければ私的に頼りあう仲間を作らない。このようにして困にいれば、すべての物が集まり、有り余る豊かさになる。そのため、「酒食《しゅし》に困《くる》しむ」という。美の至りである。坎は北方の卦である。朱紱は南方の物品である。困にいて、このようであるため、異方をも招くことができる。そこで、「朱紱の方《ほう》来たる」という。豊かさに満ち溢れているため、祭祀するのに好都合である。満ちてさらに進むのは勢いの傾く道である。(止まればよいが)この状態で更に進んで行こうとすれば、その凶は自分が招くものであり、誰を咎めだてできようか。よって、「征伐に出かければ凶、咎むる无し」という。

＊ 九二は陽爻で陰位。剛強ながら謙遜である。また、九二は応も持たない(九五とは陽同士)。したがっ

て、一人の人物に限定することなく、広く人々と交際する長所を持っている。さらに中位で、邪徳を持たない。困しさの中でこれらの美徳を持てば、集って来ないものはなく、むしろ有り余る豊かさで、酒食にも飽きるほどの豊饒の困しみに音《ね》をあげてしまう。異域の者たちも彼のもとに集まる。しかし、そのうえにも、さらに求めようとすれば凶が待っている。もしそうなれば、自分の招いた災禍であり、誰を咎めようもない。

＊「坎は北方の卦云々」は、九二が下卦坎に属すため北方という。九二は北方にいて、徳が優れているため、最も遠く離れた南方の者まで帰服させることができる。「朱紱の方《ほう》来たる」の紱は南方の祭服。これで、南方の者も帰服して来ることをいう。方は地方。「心には私するところがなく」は、二と五は陽爻同志で正応ではないこと。正応関係を狭い交際（偏応）と否定的にとらえている。九二には正応がないから、志が広大で誰とも広く交際し、えこひいきがないのである。

六三

困于石、據于蒺蔾。入于其宮、不見其妻。凶。
石に困《くる》しみ、蒺蔾《しつり》に拠る。其の宮に入り、其の妻を見ず。凶。

【王弼】石というものは、堅くて入っていくことができない。四をいう（陽の四は、陰の三を納めてくれない）。三は陰爻で陽位におり、武を志すものである。四は初を納め（正応の関係）、自分（三）を受けてくれない。二は寄りかかるところでなく、剛（二）は三の乗るところでない。上は石に隣り合って苦しみ、下はいばらに寄りかかる。応が無く家に入っても、どうして配偶を得ようか。困にいてこのような状態のため、凶は当然である。

＊　六三は陰爻陽位。弱いのに剛武を志す者である。応が無く（上爻とは陰同士）隣の九四に付こうとしても、四には正応の初があり、付くことができない。四の入り難い剛健を、石の堅さに喩えている。また、九二の陽を上から踏みつけている。そこから生じる難儀を、いばらによりかかると喩えている。三に正応がなく、近くに付こうと焦る姿を、宮に入っても妻の姿がないことに喩えている。

九四

來徐徐。困于金車。吝有終。

来たるに徐徐たり。金車に困《くる》しむ。吝なれど終わり有り。

【王弼】金車とは二をいう。二は剛で、上にものを載せるものであるから金車という。徐徐とは疑い懼《おそ》れる語。気持ちは初に在るが二に隔てられている。正位を履んでおらず、威令は行なわれない。初を棄てようとしても自分の配偶であるため惜しんでできず、往こうとすれば二を畏れる。そのため、「初のところに来るのに、ゆるゆるとし、金車に苦しむ」という。応があるのに、そこに無事に行くことができない。そこで「吝」（恥ずかしい）という。しかし、陽で陰位におり、謙遜の道を履み、自分の力を量りその場にいて、二と争わない。位は正当でないが、謙の道を失わないので結局味方を得る。そのため、「終わり有り」という。

＊ 九四は陽爻陰位で正位でなく、威令を発揮できない。また、初六の応を困しみから救おうとしても、九二の陽剛を恐れ、緩慢にしか進んで行けない。しかし、陽爻で陰位に在るのは謙遜を意味する。謙遜ゆえに九二と争うこともしない。結局、謙遜の道を守るため、人々の味方を得て、終わりは全うできる。「金車」は金属製の頑丈な車であろう。普通は銅で飾った豪華な車をいう。

九五

劓刖、困于赤紱、乃徐有説。利用祭祀。
劓《はなき》り刖《あしき》り、赤紱《せきふつ》に困《くる》しむ。乃《すなわ》ち徐《おもむ》ろなれば説《よろこ》び有り。用て祭祀するに利あり。

【王弼】陽爻を以て陽位におり、壮にまかせるものである。謙遜によって物を招き寄せることができず、人物は離れていく。離れていくのを怒り、壮猛を用いて威刑を行う。異方はいよいよ背き、遠きも近きも、ますます逆らう。これを刑して人物を得ようとするのは、ますます失う所以である。そのため、「劓《はなき》り刖《あしき》り、赤紱に困しむ」という。二は謙遜で人物を得、五は剛で人物を失う。しかし、五は体は中直にあり（中正）、迷い続けることなく、苦しんでから徐々にその道を用いることができる者である。物を招く功は暴（にわか、速いこと）になるものではない（原文「不在於暴」）。だから、「徐」（おもむろ、ゆっくり）という。苦しんで後に徐となり、徐であれば悦びがある（上卦は兌で悦ぶ）。そこで、「赤紱に困《くる》しむも、乃ち徐《おもむ》ろなれば説《よろこ》び有り」という。祭祀は福を受けるものである。かの尊位を履み、苦しんで改めることができ、迷うことにはならない。これで祭祀をすれば、必ず福を得る。このような理由から、「用て祭祀するに利あり」という。

＊　九五は九二と異なり、陽爻陽位で陽が過剰。謙遜のない、威勢ある君主である。民衆は強硬な君主に付かず離れて行く。それを許せず過酷な刑罰を行うため、ますます人気を失い、異域の者も帰服しない。「赤紱」は、九二の朱紱と同じであろう。『正義』によれば、南方の物。南方の者も従わない意味で「赤紱に困しむ」という。しかし、中位で正位を得、本来の正しさは持っている。自らの真っ直ぐなやり方に苦しんだあげく、最終的には正道に帰る。急速な功績を求めるのでなく、徐々に求めるなら、次第に喜びを得ることができるのである。

＊　「不在於暴」の「暴」は『正義』は速暴という。「速い」「にわか」つまり、急ぐ意味。ただし、ここの「暴」は暴虐とか暴力の意味にも取れる。つまり、劓、刖という威刑を行うこと。

上六

困于葛藟、于鮠陒。曰動悔、有悔征吉。

葛藟《かつるい》に、鮠陒《げつごつ》に困《くる》しむ。曰く、悔いを動かし、悔い有らしめて征《ゆ》けば吉と。

【王弼】困の極にいて、剛に乗っている。下には応がなく、進んで行けばいよいよ苦しみにまといつかれるものである。行けばくず、かずらのツルにまといつかれ、居れば安きを得ない。そのため、葛藟（くずとかずら）に困しみ、鮠陒に困しむ、という。下の句に「困」の字が無いのは、上にあることによる。困の極にいて、行くに通路がなく、安んじるところがないのは、この上ない困しみである。およそ、物が窮まれば変を思い、苦しめば通ずることを謀《はか》る。至困の地にいるのは、謀《はか》りごとを思う時である。「曰」とは思い謀る言葉である（原文「思謀之辞也」）。謀りごとが行なわれるのは、隙ある時に可能である。（そういう時に）、どのようにして、至困を通じさせるかと自問してみる。すると、答えていうには、後悔の心を動かし、真に後悔が生まれ、その後に行けば困難を渡れると。だから、「悔いを動かし、悔い有らしめて征《ゆ》けば吉」という。

＊ 上六は陰の弱い身で、困の極に居り、応がなく（六三は同じ陰爻）、さらに九五の陽剛に乗り、上から踏みつけている。陰の身で陽剛の上に乗るのは、傲慢過ぎて安定せず、正応でないところ（六三）へ行く道はくず・かずらにまといつかれたようで、この上ない困しみである。ただ、人と仲が悪く、苦しい時こそ、計略を自分のものにすることができる。困難から抜け出ようとすれば、初めは後悔の念を起こし、さらに後悔を重ね、その後で勇気をふるい先へ進めば、困難を抜け出ることができる。

＊ 「下の句に困の字が無いのは」は、本来は「困于葛藟、困于臲卼」と書くべきを、下の困字を省略したという意味。「困于臲卼」とは、不安定な状態に苦しむ意味。

＊ 「思謀之辞也」は、思案して自問自答する言葉である、ということ。

48　井

䷯巽下坎上

井。改邑不改井。无喪无得。往來井井。汔至亦未繘井、羸其瓶、凶。

井。邑を改めて、井を改めず。喪《うしな》う无く、得《う》る无し。往来にも井井たり。汔《ほとん》ど至らんとして、亦た未だ井より繘《つりいだ》さず、其の瓶《つるべ》を羸《やぶ》るは、凶。

上卦は坎で水、下卦は巽《そん》で木、また「入れる」。卦名の「井」（井戸）は、木（釣瓶）を水の中に入れて水を取って上に置く象があることからである。

大象伝に「木の上に水有るは井の象なり」と卦形を説明している。彖伝は「水に巽《い》れて水を上《あ》ぐるは井なり」と解説し、王弼の注もそれによりながら、養って窮まることがない井戸の働きに注目している。

邑は他の地に遷ることはあっても、井戸が水によって民を養う働きは変わらない（井。邑を改めて、井を改めず。）。井戸はくみ上げられても量が減ることなく、水が注いでも量が増えることなく、いつも一定の水量を保っている（喪う无く、得る无し）。君子もこの井戸のように、変わらず徳を修め、民を養うことを続けねばならない。さらに、井戸は人が往来し手足や身体を洗っても、汚れることなく、もとのまま清らかさを保って人々を清める（往来にも井井たり）。君子が人を教えるのもこのようである。

また、水を汲み上げ、井戸の口から出そうとする時、釣瓶を壊し水をこぼすのは、水を汲まないのと変わらない。君子の修徳は途中であきらめず、最後まで努力を尽くすべきだという。卦辞、彖伝注では全体を通じ、井戸に借りて、君子の修徳と養民の努力を説いている。

なお、上下卦の中央、つまり二と五に強い陽剛がある。そこから、卦辞でいう、変化しない、改まらないという美徳が導き出されている。

初六

井泥不食。舊井无禽。

井泥《にご》りて食らわれず。旧井に禽《とり》无し。

【王弼】井の最も底にあり、上にも応がなく、汚れカスを貯めている。そのため、「井はにごって飲料にならない」という。井がにごって飲料にならないのは、井が長い間浚《さら》われていないためである。長期間、井が浚われないと、鳥も来ない。まして人間はなおさら来ない。鳥にも人間にも、ともに棄て去られる。井が民を養う働きは変わらないものである。初六は井という美徳を示す卦の中に居るのに、常に保つべき徳が至って賤しく、利用されることはない。

＊　初六は井戸の一番底で、泥が溜った濁り水。上に応がない（四も同じく陰）のは、水を汲み上げてくれる者がいないことを示す。汚れた井戸には鳥さへ立ち寄らないから、まして人は寄って来ない。井という

不変で恒常性の徳を持つべき卦の中に居ながら美徳はなく、利用されずに棄てられてしまう。

九二

井谷射鮒。甕敝漏。

井　谷のごと鮒《ふ》に射《そそ》ぐ。甕敝《かめやぶ》れて漏る。

【王弼】渓谷から水が出ると、上から下に流れ、常に下にそそぐ。井の道は下から上に与えるものである。しかし、上に応がなく、かえって下って初に親しんでいる。そのため、「井戸水が谷の水のように鮒に射《そそ》ぐ」という。鮒とは初をいう。井の道を失えば、水は上に出ず、かえって下に注ぐ。そこで、「甕敝れて漏る」という。そもそも、上におれば下るべきであり、下におれば上るべきである。井戸水はすでに下にあるのに、しかもさらに下に注いでいる。その道は上と交わらないため、誰も味方してくれない。

＊　九二は上に応がなく、そのため水を汲み上げてもらえず、下にある初六の陰に向かい、谷川の水のように注ぐ。井戸水は上に汲み上げてもらうのが道であるが、それに反し、水甕が破れたように下に注ぎ、下に親しんで養っている。これでは味方してくれる者はいない。

九三

井渫不食。為我心惻。可用汲。王明、並受其福。

井　渫《さら》えども食らわれず。我が心を惻《いた》ま為《し》む。用《もっ》て汲むべし。王　明《めい》なれば、並びに其の福を受けん。

【王弼】渫は滞り汚れることがないようにする意味である。下卦の上にいて、さらに位を得て上に応じ、井の義を得ている。井の義に当たっているのに、飲料にしてもらえない。己を修めて全く潔《きよ》いのに、用いられない。そのために「我が心を痛ましむ」。「為」とは「使」（使役の意味）である。下に注がず、上に応じている。そこで、「汲むことができる」。もし王が明晰であれば、才能が明かにされるであろう。王は自分（九三）の行ないを良しとするだけでなく、自分の働きを願うであろう。そのために、「王が明なれば、君臣（天下の人々）はみな其の福を受けるであろう」という。

＊ 九三の示すのは、初爻ほど水が汚れた時ではない。初六や九二と違い、陽爻陽位で位を得て飲まれるべき水であることを示している。なぜ飲料にならないのか。まだ下体に止まり、飲まれるところまで上っていっていないためである。しかし、上六に応があり、上に向かう井戸の義を得ている。それにもかかわらず、汲み上げてもらえず心を痛める。上六は陰で引き上げる力が弱いのであろう。もし、賢明な王がいれば、的確に観察し汲み上げ、上下ともに福を受けるであろうに。正しくて才能ある人物が、まだ用いられない悩みを述べている。

六四

井甃。无咎。

井　甃《いしだたみ》す。咎无し。

【王弼】位を得ても応がなく、自らを守っても上に供給できない。井の破れを修繕し、欠点をつぐなうだけである。

＊　六四は陰爻陰位で正位を得ているが、応が無く、上に水を供給して養うこともできない。自らを守り、井戸の破れを補修して整えているだけだ。人事でいえば、自分の徳を修め、過失をつくろっているだけで、五の尊主の側にいながら、まだ上に貢献できない。しかし、己の不足を補い、徳を修めることで災難からは免れる。

九五

井洌寒泉、食。

井　洌《きよ》く、寒泉にして食らう。

【王弼】洌は絜である。中を得て正を得、体は剛で、弱々しくたわむことがない。不義の汚れた物を食らうことはなく、中正で高潔である。その理由から、清潔で冷たい水であって、はじめて飲む。

＊　九五は中位で陽爻陽位の正位を得ている高潔な君主。柔弱なところはなく、剛毅で邪悪に近づかない。

そのため、汚水は避け、冷たく清らかな水しか口にしない。人事でいえば、九五の君主は、汚れた人物は用いず、行動が清潔で才が高い賢人しか用いないのである。

上六

井收。勿幕。有孚元吉。

井　収《な》る。幕《おお》うこと勿《なか》れ。孚《まこと》有りて元《おお》いに吉。

【王弼】井の上極にいて、水はすでに井から出ている。井の功の大成はこの爻に在る。そこで、「井の功績は成る」という。下々の者はこれを仰いで救われ、地の深くにある水も、この井の力を借りることにより通じる。「幕」とは「覆《おお》う」と同じである。井の上に蓋《ふた》をして水を独占せず、利を私有しなければ、人々は帰順するため、進んで行き窮まることがない。だから、「幕《おお》うこと勿れ。孚有りて、元いに吉」という。

＊　上六は井戸で一番高所にある。井戸水はすでに汲み出され、井戸の功はここで完成する。この時に、井戸に蓋をして水を独占することなく、皆に分け与えれば、すべての人々がこの人物に帰順する。上爻は一般に評価は最善ではないが、井戸水の効用は上から出て、皆に用いられることにあるため、上爻が最善となっている。

49　革

☱☲離下兌上

革。已日乃孚。元亨利貞。悔亡。

革。已《お》うる日に乃ち孚《まこと》とせらる。元《おお》いに亨《とお》り、貞しきに利あり。悔い亡ぶ。

上卦は兌沢（水）で末女を表し、下卦は離火で次女を表す。王弼は象伝注にいう、「およそ合致しないことがあり、その後に変が生じる。変は合致しない所より生じる。そこで、合致しない象に取り、〝革〟とする。火は上ろうとし、沢は下ろうとし、水と火が戦い、その後に変を生じるものである。二女が同居し、水と火の性があり、近くにいるのに気持ちを互いに通わせることができない」。つまり、下卦の火は上昇し、上卦の水は下降し、水と火が出合い、水は湯に変り、火は冷気に変わる。また、一卦の男女は感応しあうが、女性二人は衝突しやすい。互いに反発し、意気投合しないから変化が生じる。そのために革卦の名称が生まれる、という意味である。

平和の持続は望ましいが、安定に慣れすぎると堕落し、腐敗が生じる。そのような時は変革が期待される。しかし、変革には困難さがつきまとうことを王弼は次のように指摘する。「民は昔通りの習慣に従うことができても、ともに変革に向かうことは難しい。成就を楽しむことができても、ともに始めを思い巡らすことは難しい。そのため、革の道の特徴は、変革の始めには信頼されず、変革の終わった時になり、はじめて信頼されることだ」と（卦辞注）。

一部が変革を目指し行動しても、民衆は冷やかに眺めている。変革が成就し順調に動き始めて後、ようやく従う。変革は成功し、はじめて道理を得た行動だと信じてもらえるのである。

変革し信頼を得るには、文明の徳で民衆を悦ばせなければならない。それが、天に応じ、民に順うことであり、「貞しきに利あり」とは、このような意味である。この卦は上卦は兌で悦ぶ、下卦は離で文明。文明の徳で悦ばせ、民衆に信頼される象があるため、変革を起こしても受け入れられると見る。

初九

鞏用黄牛之革。

鞏《かた》むるに黄牛の革を用う。

【王弼】革の初めにあり、変革の道はまだ完成しない。それで、常中《じょうちゅう》を固く守り、変に応じることのできないものである。既成の事を守ることはできるが、新しい事を行うことができない。「鞏」は固である。「黄」は中である。牛の革はかたくて強く、変えることができない。固の働きは、中和の道を固持し、堅く強くして、変革を認めないことである。

＊　初爻は変革の初めの時で、思い切って変に従うことができない。「常中」とは、一定して変わらない、

中和で穏やかな道。昔から変わらない「中」の道の意味。ここでは時の情況に合わせる能力がなく、従来の中和の道を固守していることを批判的に見た用語である。「黄牛の革」は、「中和」の道を頑固に守り続けている様子をいう。

六二

已日乃革之。征吉。无咎。
已《お》うる日に乃ち之れを革《あらた》む。征けば吉。咎无し。

【王弼】陰というものは、他に先がけて意見を発表できず、順従な者である。自分から革めることはできず、変革終了後、それに従うことができる。そのため、「已《お》うる日に乃ち之れを革む」という。二と五は水と火で別体の違いはあるが、ともに水と火の中央にいて、陰陽応じており、往けば必ず志を合わせ、災難の心配はない。それで「前進して吉であり咎はない」。

＊　六二は陰で、先がけて意見もいえず、積極的に進もうとしない。変革が終わり、はじめて自分を革《あらた》めることができる。正応の五の陽に行き、一緒になって革めるのが望ましい。上卦は沢で水、下卦は離で火。通常は互いに争うが、ここではどちらも上卦と下卦の中位（六二と九五）を得て、志を同じくし、陰陽和合する。

九三

征凶。貞厲。革言三就、有孚。

征けば凶。貞《ただ》しけれど厲《あやう》し。革の言三たび就《な》り、孚《まこと》有り。

【王弼】すでに火の極にいて（変革に激しい情熱をもち、そのため）上卦の三爻は水性を体しているといえ、みな変革に従う者である。四より上に至るまで、命に従って革《あらた》まり、あえて逆らうことがない。そのため、「革の言、三たび就《な》り」という。変革に従うという言葉は真実だから「孚有り」という。号令が三たび受け入れられ、その言葉は真実であるのに、なお征伐しようとすれば、当然凶である。

＊ 九三は下卦離火の頂上で陽爻陽位、火の炎上の勢いは極めて強い。上卦は兌沢で水だが、三つの爻は九三の猛火に熱せられ、ともに革まる。変革の号令は上の三爻に聞き容れられ、三爻とも詐りなく、変革に従い、変革は実行される。しかし、九三が勢いに任せ、これ以上攻め上がるなら凶が待ち受けている。

九四

悔亡。有孚改命。吉。

悔い亡ぶ。孚有りて命を改む。吉。

【王弼】初九は下卦の下にいて（革の道はまだ成らず、変革することはできないが）、九四は上卦の下にいる。よって変革ができる。応がなく悔いがある。水火と近いため（水火のせめぎ合いに近い）、十分に変革でき、そのため悔いは亡ぶ。水火の境におり、変革に出会う始めにおり、かたくなな態度でなく、思い切りも悪くなく、下（九三）を疑わず、志を信じて命を革め、時の願い（変革の時という期待）を裏切らない。そのため吉である。九四は孚《まこと》があれば信ぜられる。信ぜられて命を改めれば、人々は安んじて背くことがない。そのため、「悔い亡ぶ。孚有りて命を改む。吉」である。上体の下にいて、はじめて命を改める志を宣言する。

＊　九四は水と火がせめぎ合う境。既成の事に固執せず、十分に変革できる者である。九三の変革の志を信じ、自身も陽で孚（誠実）があり、九三に従い変革を行う。革《あらた》まる時にあり、四はまさに事実上の変革の始めに当り、九三に従ってはじめて命を改める志を宣言する。

九五

大人虎變。未占有孚。

大人虎変す。未だ占わずして孚《まこと》有り。

【王弼】占わないでも孚があらわれており、（変革を求める）時の心に合致している。

＊　九五は中位で尊主。大人の徳を持ち革卦の主である。このような人物が古法を改め、新法を作れば、そ

の文化の輝く美しさは抜け替わった虎の皮の文様のようにはっきりと変化があり、注目すべきものとなる。信頼できることは占うまでもない。

上六

君子豹變。小人革面。
征凶。居貞吉。
君子は豹変す。小人は面を革む。
征けば凶。居れば貞《ただ》しくて吉。

【王弼】変の終わりにおり、変革の道はすでに成就した。君子はこの時に、十分その美しい模様を完成させる。小人は成就を楽しむため、顔つきを改めおとなしく上に従う。命を改め制度を創設し、変革の道はすでに成就した。功が成就したなら、事を少なくし、事を少なくすれば為すこともなくなる。そのため、動かず止まっていれば正しくて吉であり、動いて出かければ騒がしくなり凶である。

＊ 上六は五の革の道の成就を受け、五ほどの力はないが、革の美を飾ることができる君子である。虎には劣るが彪の皮の文様ほどの美を発揮し助ける。もし、小人がここに居れば革命を唱道できずとも、成就は楽しめ、顔つきを改めて尊主に従う。革命は成就しているため、事を徐々に減らし、むやみに動かず、無

為で過ごすのが望ましい。

＊「貞吉《ていきつ》」について。「貞吉」は易の経文に見える常用語であるが、「貞《ただ》しくて吉（貞《てい》にして吉）」か「貞しければ吉（貞《てい》なれば吉）」か迷う場合がある。前者の場合は「現状のままで正しいので吉」、後者の場合、現状が悪いので今後「身を正しくすれば吉」の意味であろう。需卦の九五の爻辞に「貞吉」とあるのは、現に中位を占め、陽爻陽位の正位、つまり中正を得ているため、「貞しくて吉」と誉めたのである。ただ、この状態を将来まで保ち続けるのが望ましいとし、「貞しければ吉」というニュアンスも含むとみることもできる。王弼は「貞吉」について、詳しくは論じていない。張善文は次のようなことをいう。

爻位が正しくて「貞吉」という場合は、「継続して正しさを守っていけば吉」というような意味、爻位が不正で「貞吉」という場合は、「努力して正しさを目指せば吉」というような意味であると。また程頤の易伝を引き「すでに正しくて吉」の場合と、「正しさを得れば吉」の場合を区別せねばならないと述べている（『周易辞典修訂版』貞吉）。ちなみに、中井履軒は経文の「貞吉」は占いの語であり、すべて「貞しければ吉」と読むべきだと論じている（『周易逢原』比卦九二）。

ここの「居れば貞《ただ》しくて吉」は、すでに正位を得ているため、このまま動かずにおればよい意味である。

50　鼎

☲☴巽下離上
鼎。元吉。亨。
鼎。元《おお》いに吉。亨《とお》る。

鼎卦は革卦の後に続いている。序卦伝にこの順序を、「物を革《あらた》めるものは、鼎に及ぶものはないため、革卦のあとに鼎卦が続く」と説明している。王弼も序卦伝や雑卦伝に基づき、鼎卦を説明して次のようなことをいう。

「革は古いものを除去し、鼎は新しいものを取り入れる。新しいものを取り入れ、それをしかるべき人物に担当させる。鼎は変を完成させる卦である。革ですでに変じたので、器を制作して法を立ててそれを完成させる。変じたのに、制作することが無ければ、乱がくる。法制が時に応じて、はじめて吉である」（卦辞注）。

さらに彖伝注でも、

「煮炊きが鼎の仕事である。革は古いものを去り、鼎は新しいものを完成する。だから、煮てやわらかくし、味を調和させる器である。古いものを去り、新しいものを取るには、聖賢がなくてはならない。聖人はこれを用いて上は上帝に供物をそなえて祭り、下は盛大に煮炊きして聖賢を養う」と。

つまり、鼎は煮炊きの器の名称であり、煮炊きし新しい物を創る働きから、人事でいえば、革命後、新制度を作ること、才能ある聖賢を養うことなどの象徴である。鼎は夏の禹王が九州に置いたといわれ、国家統一の盛事の象徴とされる。後世、実際に鼎に法を刻むことも行なわれたことを思えば、人々が則《のっと》るべき法の象徴でもあろう。

卦形は上卦が離火、下卦は巽木。木の上に炎が上がっていることから、上に置く鼎を連想させる。また、火に木を巽《い》れることからも鼎を連想させる。さらに、上卦は離で聡明、下卦は巽で柔順。また、五の尊位に陰の君主が、二の中位に陽の賢人がいて陰陽応じている。これらの長所を持つため卦は「元いに吉。亨《とお》る」とされる。なお、二の中位に陽の賢人がいて陰陽応じていることを、「柔　進みて上行し、中を得て剛に応ず」（彖伝）という。「上行」とは、王弼によれば、柔が現に五位に居る事実を述べただけで、どの爻が上ったかは考えていないようだ。

＊　鼎卦は卦名自体が卦の内容を語っている。つまり、煮炊きして新しい料理を作る器具から、国家のための新制度の制作、新しい人材の養成というような意味を持って使われているのである。

初六

鼎顚趾。利出否。得妾以其子。无咎。

鼎　趾《あし》を顚《さかしま》にす。否を出《いだ》すに利あり。妾を得て以て其の子あり。咎无し。

【王弼】おおよそ陽は実であり、陰は虚である。鼎というものは、下が実であり上は虚である。しかし、いま陰が下にあるから、鼎は覆り、趾は顛倒する。否とは不善なものをいう。妾を娶って正室とするのも、趾を顛倒させる意味である。鼎の初めにいて、まさに新しい妾を納めようとする。鼎をひっくり返し善くないものを出し、あとに妾を入れて子を生む。そのため、災難を免れる。

＊ 初爻は革命が終わり、新制度を創る時に当るので、今までの古い物を棄て、新鮮な物が入りやすいようにしなければならない。つまり、ひっくり返して旧弊を外に出すのである。鼎をひっくり返し、中の古くて傷んだ料理を出してしまうように。古い正室が賢子を生まないなら、新しい妾を入れて賢子を生ませるのも良いことであろう。初六は鼎に喩えれば趾に当る。陰で虚弱だから顚倒しやすい。趾が弱くて顚倒しやすい鼎に借りて、不善の中身が外に投げ出される良さを述べたのである。

九二

鼎有實。我仇有疾、不我能即。吉

鼎実《みつ》ること有り。我が仇《たぐい》に疾《やまい》有り、我に即《つ》くこと能わず。吉。

【王弼】陽の質で鼎の中《ちゅう》にいる。充実しているものである。充実しているものには、これ以上加えてはならない。増せば溢れ、逆にその充実を傷《やぶ》る。「我が仇《たぐい》」とは六五をいう。剛に乗る疾に困しみ、自分に近づくことができないため、自分は溢れることがなく、吉を全うできる。

＊　九二は鼎に喩えれば腹に当り、陽爻で実、食べ物が満ちている。六五の陰と応じ、互いに接近したいが、六五は下の陽（九四）に乗る傲慢さを犯して苦しみ、こちらに近づくことができない。しかし、九二にとって仮に六五が来れば、現在の充実があふれすぎ、反って収拾がつかないため、来ないのがむしろ幸いしている。人事でいえば九二は六五の尊主からこれ以上の任務の負担を依頼されたり、望んではならない。自分の才に堪える負担はすでに極まっているのだから。

九三

鼎耳革、其行塞。雉膏不食。方雨虧悔、終吉。

鼎の耳革《あらた》まり、其の行塞《こうふさ》がる。雉膏食らわれず。雨ふるに方《あた》り、悔いを虧《へ》らし、終に吉。

【王弼】鼎の意義は、中を虚にして物を待つことである。しかし、三は下体の上にいて、陽爻で陽位におり、充実を守り、応がなく、何も受け入れない。耳は中を空虚にし、鉉《つる》を待つべきなのに、かえって中を全く閉じている。そのため、「鼎の耳革《あらた》まり、其の行塞がる」という。鼎の中に雉の脂身があっても食べられない。雨とは陰陽が和し、偏《かたよ》り亢《たか》ぶらないものである。陽爻を体しているが、陰卦に属している。（このように、）もし、剛亢に全くまかせず、和通に務めるなら、雨が降りはじめ、悔いは減り、最後には吉である。

＊　九三は鼎の耳に喩えられる。鼎のあるべき道は中を虚にして、物を受け入れることである。しかし、

九三は陽爻陽位で充実し、これ以上物を受け入れない。耳は中を虚にして鉉を通さねばならないのに、満ちて穴がふさがり、鉉が通らない。「鼎の耳革まり、その行塞がる」（爻辞）は、物を受け入れる鼎の道が革まり、鼎の道でなくなっていることをいう。また、応もなく（上九とは陽同士）、鼎の中の雉肉を食してくれる者もいない。このように、九三は陽爻陽位で良くないが、一方、下体巽の陰卦に属し、傲りたかぶるばかりでない。自らの剛亢を抑え、陰陽が交わり雨を降らせるような和通を心がければ、最終的には吉を得ることが可能である。鼎の耳が虚でなく、鉉を通さないというのは、自らを満ち足りたものと考え、他を受け入れない頑なさをいう比喩である。世を養う役に立つように、もう少し柔和で温順な態度をとるようにと教えているのである。

ちなみに、後出の六五が鼎の耳に当たっていることからみれば、三爻目は鼎の耳としては位置が低すぎるかもしれない。しかし、ここの場合は九三が過剛で温順でないことをいうのに、ふさがった鼎の耳のようだと喩えているに過ぎない。（ただ、真勢達富は腹に耳が付く鼎もあるというようなことをいっている。『周易講義』）

九四

鼎折足、覆公餗。其形渥。凶。

鼎　足を折り、公の餗《そく》を覆《くつがえ》す。其の形渥《あく》たり。凶。

【王弼】上体の下におり、また初に応じている。すでに上（六五）を承けて仕えているうえに、更に下（初六）に施しをする（鼎の中のごちそうを施す）。自分の力には堪えられないことなので、「鼎　足を折る」という。初で善くない物を外に出し、四になれば盛り付けの料理はきよらかである。だから、「公の餗《そく》をひっくり返す」という。渥とはべとべと濡れるさま。公の餗をひっくり返し、体はべとべと濡れる。人事でいえば、知は小さいのに、謀は大きく、任に堪えず、このうえない恥辱を受け、災いが身に及んだもの。そのため、「其の形渥たり。凶」という。

＊　初六で鼎の中身の不善な物を棄てたため、九四になれば美味で香り高く良好な食物が残っている。それを「餗」（八珍の膳）で表す。九四は六五の尊主（公）のそばで奉承している。下にも初九の応があり、これにも施しを与えねばならない。上下ともに面倒を見るのは、自分の力量に堪えられないため、「鼎　足を折る」、「公の餗をひっくり返す」と喩える。人事でいえば、九四の知は小さいのに、謀が大きく任に堪えず、このうえない恥辱を受け、災いが身に及ぶのである。なお、「四になれば盛り付けの料理はきよらかである」というのは、「公の餗」に対する説明であり、「ひっくり返す」とは直接の関係はない。

六五

鼎黄耳、金鉉。利貞。

鼎　黄耳にして金鉉あり。貞しきに利あり。

【王弼】柔で中位に居り、十分に理に通じ、剛正（九二）を受け入れることができる。だから、「黄耳

（六五）、金鉉（鼎の耳に通す金のつる。九二）、貞しきに利あり」という。耳が黄色であるから（黄は、中央、中の色）、金の鉉《つる》のような剛正を納めることができ、自らの役割を果たすことができる。

＊　六五は鼎でいえば耳の部分に当り、上卦の中位にいるから「黄耳」とする。黄は五行思想では「中」の色になる。柔で中《ちゅう》の長所を持つため、道理によく通じ、応の関係にある剛正な九二を受け入れることができる。「金」とは堅い金属で、九二の陽をいう。六五の耳に応じるため、金の鉉《つる》とする。六五は鼎の正しい道理を具え、九二の助けを得て利を得ることができる。人事でいえば、九二の応援を得て、大きな力を発揮して仕事ができる。

上九

鼎玉鉉。大吉。无不利。

鼎に玉鉉あり。大吉。利あらざる无し。

【王弼】鼎の終わりにいて、鼎の道の完成である。鼎の完成にいて、剛を体し柔を履み（陽爻陰位）、鉉《つる》に（玉のような潤いのある）強さを施す。このようにして上に居るので、高いけれどもおごっているといましめられることなく、かの剛柔の程よきを得、その役割を果たすことができる。一つの応だけにとらわれるものでないため、事に対し自分の役割を果たせないところはない。そこで、「大吉。利あらざる无し」という。

＊　上九は陽爻で高い所にいても、陰位で性格は柔らかく、おごりたかぶることはない。「金」といえば堅さを示すが、「玉」は堅いばかりでなく潤いを持ち、六五の耳を助ける。そのため、鼎に喩えて「玉鉉」という。上九は陽の剛と、玉の潤いを兼備することで、剛柔の節度を具え、役務を受けても務めをみごとに果たすことができる。しかも、正応がないことから、一つの仕事に限定されず、どのような仕事の役割でも果たすことができる。王弼は原則として陰陽による上爻の得失を問題にしないが、ここは例外的な扱いをしている。

51　震

䷲震下震上

震。亨。震來虩虩。笑言啞啞。震驚百里、不喪匕鬯。

震。亨《とお》る。震　来たるとき虩虩《げきげき》たり。笑言啞啞《あくあく》たり。震　百里を驚かせば、匕鬯《ひちょう》を喪《うしな》わず。

震は威震・威厳のことで、人を恐懼させる意味である。説卦伝に「震は雷」とあり、一般に雷を連想するが、王弼は「雷」の語を用いることを避けている。その理由は彼が物象をできるだけ排し、威力や威厳という義を取ろうとするからである。

震卦は卦辞によれば、思う通りに物事が進む好ましい卦とされる（震。亨る）。

王弼は卦辞を次のように説明している。

「震の意味は、威が至り、懼れることだから、〝震来たるとき虩虩《げきげき》たり（驚いてひやひやする）〟という。恐懼のさまである。震とは怠惰を驚駭させ、怠慢をひきしめることである。そこで、震が来れば虩虩とし、恐れて福を招くことになる。アハハと笑いさざめき、その後に身の処し方に法度があるようになる」（卦辞注）。

威震は人を恐れさせ、怠惰な者を引き締める。そのため、当初は恐怖におびえても、身は修まり、後には福を招くことになる。威震ある者が国を治めれば、恐れて人々は身を正しく保ち、悪事に向かわないため物事は順調に運ぶということである。

続けて次のようにいう。「威震があって百里を驚かすような人物であれば、匕鬯《ひちょう》を失うことはあり得ない。匕は鼎の中身を載せる匙《さじ》、鬯は香酒。宗廟の盛んな祭りに仕えるためのものである」と。

仮に君主が外に出て不在でも、長男に威震があれば、留守を守り宗廟社稷を祀る祭主となることができる。「長男」とは震卦☳が長男に当たるからそういうのである。

初九

「震來虩虩」。後「笑言啞啞」。吉。

「震の来たるとき虩虩《げきげき》たり」。後に「笑言啞啞《あくあく》たり」。吉。

【王弼】かの剛徳を身につけ、一卦の先頭である。（震威の来る時の初めにあり）十分に恐れて徳を修めている。

＊　初九は卦の初めで陽爻であり、震の前兆を速く察し、人より先んじて身を修める人物。震威が最初に来た時、十分に恐れて身を修めるため、後には落ち着き、笑いながら福を得ることができる。爻辞は卦辞にも同句が見えるが、卦辞は震威の功が人を懼れさせ福を招くことを論じ、爻辞は震に遇って懼れ、身を修め、福を得る人を論じている。

六二

震來厲。億喪貝、躋于九陵。勿逐、七日得。

震来れば厲《あや》うく、億《ああ》貝を喪い、九陵に躋《のぼ》る。逐《お》う勿《なか》れ。七日にして得ん。

【王弼】震の義は怠惰を威で驚かせ、惰慢をひきしめることである。初はその務めを果たせる人物だが、二は初に乗って傲慢である。震が来ると危うく、その財をなくし、場所を失うであろう。そのため、「震来れば厲《あや》うく、ああ、貝を喪う」という。「億」は辞である。「貝」は財産、食糧の類である。叛逆して殺戮されかけ、応がなく逃げ出しても、行って宿るところもない。威厳は大いに行なわれているため、受け入れてくれるものもない。食糧がなくて逃げ、険しいところを越えて進んでも、必ず貧窮に苦しみ、七日以上は逃げられない。そのため、「逐《お》う勿《なか》れ、七日にして得ん」という。

＊　六二は陰の弱い身で、震威の主体の有徳な初九に乗る傲慢さを犯している。そのため、震威が至れば財産を失って逃亡する。しかし、応もなく（六五は同じく陰）、逃げ込む場所もない。威厳が大いに行なわれている時、険しい場所に逃げても、せいぜい七日で役人に捕まるであろう。なお、先述の初九は震威を恐れ身を修めていたが、ここでは初九は震動の主となる爻で、震威を振るい人を恐れさせる者である（下卦震の唯一の陽爻のため）。

六三

震蘇蘇。震行无眚。
震《おそ》れて蘇蘇たり。震れて行けば眚《わざわい》无し。

【王弼】正位でなく、位は本来おるべき所でない。そのため、懼れて蘇蘇（安んじないさま）としている。しかし剛に乗る逆はないから、恐れながら進んで行けば、災いはない。

＊　六三は失位で不当であり、震威に恐懼する。しかし、二のように陽剛に乗る傲慢さはない。そのため、恐れつつ行動すれば災いはない。「逆」は陰が陽の上に乗ること。陰が陽の下にあるのを「順」という。

九四

震遂泥。
震《おそ》るるときは、遂に泥《なず》む。

【王弼】四陰の中にいて（上の二陰と下の二陰に挾まれている）、恐懼の時に、衆陰の主である。我が身を勇ましくし、衆を安んずべきである。もし、懼れるなら、それは困難であろう。しかし、不正の位に居るため、恐怖を除き、衆陰を安んぜしめることができない。己《おのれ》の徳はまだ光大ではない。

＊　九四の陽は上下四陰の中央に位置し、勇気を持って衆陰を安んずべき者である。震威を振るう時に、自

分が懼れていては衆を安んずるのは困難である。しかし、陰位の不正な位の上に、中位からも外れている。罪を抱えて懼れている身であり、余程の厳しさを発揮しなければ、衆陰の主となることは難しい。

六五

震往來厲。億无喪有事。

震《おそ》れて往来すれば厲《あやう》し。億《ああ》、有事を喪《うしな》うこと无かれ。

【王弼】進んで出かければ応がなく、戻って来れば剛に乗る。恐れて往ったり来たりし、危険から免れない。そもそも震の時にいて、尊位を得ている。仕事をするチャンスである。しかし、恐れて行きつ戻りつし、そのチャンスを喪おうとしている。そのため、戒《いまし》めて「ああ、有事を喪うこと无かれ」という。

＊　六五は位は尊いが、陰の身で応もない。また九四の陽剛に乗る恐懼もあり、進んでも戻っても危険な状態である。しかし、すでに君主の位にあり、中位も得て大きな仕事で功績をあげるチャンスが待っている。躊躇して進んだり戻ったりするのでは、せっかくのチャンスを失うことになる。

上六

震索索。視矍矍。征凶。震不于其躬、于其鄰、无咎。婚媾有言。

震《おそ》れて索索《さくさく》たり。視て矍矍《かくかく》たり。征《ゆ》けば凶。震《おそ》るること其の躬《み》においてせず、其の隣においてするときは、咎无し。婚媾せしも言《ものい》うこと有り。

【王弼】震の極で、恐懼を極める者である。震の極にいて、中道を求めても得ることができない。そのため、恐懼して索索（心が不安なさま）、視て矍矍（きょろきょろ）とし、安んじ親しむところがない。自分は動きの極にいて、さらに動いて出かけるのは、当然凶である。もし、恐れが上六自身がおびえているのでなく、隣の恐懼によっておきた（間接的な）恐懼であり、隣の恐懼で我が身も懼れて戒め備えているなら、防備の道に合致している。よって災難を免れる。しかし、甚だ懼れ互いに疑う時のため、婚姻関係を結んでいる者からでも、文句が出ることがある。

＊　上六は震卦の極で、恐懼の頂点で怯える者である。昇り過ぎ、中道を求めても不可能で、応もなく、安んじ親しむところもない。震動の極で動こうとするが、これ以上動いて進むのは凶である。震威がまだ直接上六まで及ばず、隣にまで及んだとき、隣の恐懼に連れて恐れていれば咎はない。あらかじめ震威の来るのを恐れ防備するからである。しかし、恐懼で互いに疑う時世のため、婚姻関係を結んでいる者からでも、なにかと文句が出る。

後半の王弼注の原文「若恐非已造、彼動故懼、懼鄰而戒、合於備豫」は、「若《も》し恐れは已《おのれ》造《な》すに非ず、彼動き故に懼れ、隣を懼て戒めば、備豫に合う」と読んだ。爻辞の後半の大意は「震威が我が身にまで及ばず、隣に及んでいる。隣に及んだときに、自分があらかじめそれに備えて防ぐなら、災難を免れるであろう」

52　艮

䷳艮下艮上

艮其背、不獲其身。行其庭、不見其人。无咎。

其の背に艮《とど》む。其の身を獲ず。其の庭に行き、其の人を見ず。咎无し。

艮の徳は「静止」、「止《とど》まる」。艮卦は私欲や邪念の発動を抑え、誘惑に陥らぬ主旨が述べられている。上体、下体ともに山の象で、二つの山は静止して動こうとしない。また上体と下体の六爻は敵応でそれぞれ孤立している。通常、互いに孤立し関りのないのは短所だが、象伝は往来がないため、心の動揺がなく欲心が起こらない長所の方に注目している。王弼は卦辞注で自問自答していう。「およそ物が対面しても互いに通じないのは否の道、閉塞の道である。艮とは止まって互いに交通しない卦である。それぞれが止まって互いに関りを持たないなら、どうして災難を免れることができようか」

欲というものは、いったん対象を目にすれば、しきりに動き、制止するのが困難になる。いま、艮卦の互いに関りを持たない特徴は、欲心が動かないことを象徴している。ただ、互いに対面し相手を見てしまって後、物欲を止めようとするのは、自然の情にさからう無理がある。そのため、まだ欲の対象を知らない先に欲心を断つのが最も望ましい。『老子』もそれに気づき「欲すべきを見ざれば、心をして乱れざらしむ」（三章）と述べている。今、身体の中でも背中は動きもなく、目や耳のような鋭敏な感覚もない。もし、自分自身の背に意識をとどめ、心をあたかも背のようにさせるなら、邪念も起こらず、過失もなくなるであろう。卦辞の「其の背に艮む」とはこのような意味である。また、背は自分自身の目には見えない。よって、この文章には（特に人を指導する場合）欲を目にする先に、知らず知らずのうちに、欲を制止させるという意味もある。よって、「背にとどまる」の「背」には「欲に動かない」と「欲の対象が目に入らない」と二つの面を読み取ることができる。もし、欲を目にする先に、欲を制止させることができるなら、目の患はなくなる。「目に患无きなり」（王弼注）は、その意味である。

さらに、王弼は先の文章に続けていう。

「（対面しながら、関りを持たないなら咎はある。）しかし、見ることが無い場合には咎がないことが可能である。〝止を背に施す〟つまり、意識・心を背に止《とど》めるなら（欲をむりに遠ざけることではないため、）止《とど》めるところを得たものである。背とは我が目に見えないものである。（背に心を集中し）目に見るところが無ければ自然に欲は静止する。静止して目に見ることが無ければ、〝其の身を獲ず〟つまり我が身の存在も忘れることになる」

「止《とど》めるところを得たものである」とは、たとえば、目や耳など感覚器官のある顔の前面に心を止《とど》めれば、欲心の起こるのを防ぐことができない。それは止めるところを得ていないためである。

さらに、卦辞の「其の庭に行き、其の人を見ず。咎无し」を解釈しつつ、全体を整理して次のようにまとめる。

「〝止を背に施す〟（「咎无し」の王弼注）つまり、心を背に止めるなら、欲をむりに遠ざけることではないため、止めるところを得たものである。背とは我が目に見えないものである。(背に心を集中し)目に見るところが無ければ自然に欲は静止する。静止して目に見ることが無ければ、〝其の身を獲ず〟つまり我が身の存在も忘れる。〝相《あ》い背《そむ》く〟(「其の庭に行き、其の人を見ず」の王弼注)とは、近くにいても相手が見えないのである。これが、〝其の庭に行きて、其の人を見ず〟である。いったい、見えないところに心を止めて物欲を自然に制止させるのでなく、見えてからむりに制止させるなら、姦邪は並び興る。近くにいて他人と関りが持てないのは凶である。〝咎无き〟を得るのは、〝背に止めて、身の欲を遂げさせず、(あたかも)其の庭に行っても、主人の姿を見えないようにさせる〟ためである」

このように、私欲や邪念を制止し、行動を止めるのは大事だが、いつも止めてよいわけではない。彖伝に「止まるべき時に止まり、行くべき時に行く。動と静はその最適の時を失わない」と述べている。王弼も「止まるを止まるべきに施し、行くべき時に止まるを施さなければ、最適の所を得る」と注している。つまり、動くべき時は動くのが正しい。艮の道は時を得ることが重要なのである。

ちなみに、王弼は欲について一概に否定するものではない。王弼と何晏《かあん》、鍾会《しょうかい》などの有名な議論で、後者が「聖人には喜怒哀楽がない」と主張したのに対し、王弼は「聖人が人より盛んなのは神明(知恵)である。五情は人と同じで、悲しんだり楽しんだりする。ただ、人と応対してもそれに累わされないため、そう見えるだけだ」と述べている(『魏志』巻二十八、鍾会伝注)。

爻辞は身体の各部に象を取っている。そして「某々に艮《とど》む(某々にとどまる)」という言い方で、某々のところで、私欲、邪念の発動をとめる意味を示している。

王弼の易注は人事によって爻辞を解釈するが、それでも艮卦は抽象に傾き理解しにくい。後に付けた解説で、できるだけ人事が前面に出るように説明した。佐藤龍之進『周易精義』を参考にしたところがある。

初六

艮其趾。无咎。利永貞。

其の趾《あし》に艮《とど》む。咎无し。永貞に利あり。

【王弼】止まるの初めにいて、行くにも行く所がない（応がない）。だから趾《あし》に止《とど》まって災難を免れる。至って静かにしていて安定する。そのため、「永く貞《ただ》しさを守るとよろしい」。

＊　初六は卦の一番下に位置するので趾（足）という。「其の趾に艮む」は、趾は身体が動くとき最も早く動き始める。そのため、趾で私欲の発動の始まりを喩えている。爻辞は私欲の発動の始まりで、それをとめる意味である。趾は動きやすく、その動きを制止しにくい。初六は陰柔で才能がなく、応援もない（応がない）のに、どうかすると焦り、成功を求めて踏み出そうとする。それに対し、今は位がなく、才能もないから、「止まる」主旨を守り、静止しているのが望ましいと教えるのである。また、陰柔で誘惑に陥りやすいので、止まる心を永く守るのが好ましいとする。

六二

艮其腓。不拯其隨。其心不快。

其の腓《こむら》に艮《とど》む。其の随《あし》を拯《あ》げずして、其の心は快《よ》からざるなり。

【王弼】随とは趾をいう。腓《こむら》に止《とど》まるので、趾《あし》は挙がらない。腓の体《たい》は騒がしいものだが、動きが止まり、趾《あし》を挙げることができない。また、命《めい》をおとなしく聞き入れて、静かにしておれない。そのため、「其の心は快《よ》からざる」である。

＊　六二は陰爻で才は暗く、進もうとする心を制止するのが難しい。九三の剛明の近くで、初よりも少し知に近づき、動いて役立ちたいと望む意志が強く、腓《こむら》のように騒がしく動く。そこで、「其の腓に艮《とど》む」つまり、「腓に止を施し」、動く心を止めるようにと教えている。しかし、そうなれば、趾（部下、配下）の動きも止まるので、六二（腓）は不快を感じるのである。

九三

艮其限。列其夤。厲薫心。

其の限《こし》に艮《とど》む。其の夤《せじし》を列《さ》く。厲《あや》うきこと心を薫《ふす》ぶ。

【王弼】限とは身の中（身体の中間。腰）である。三は両象の中に当たる（上体と下体の中間）。そこで、「其の限《こし》に艮《とど》む」という。夤とは中背の肉である。止を身の中体に加えて二つに分かれる。そのため、その夤を裂き、危険の憂いが心をいぶす。艮の意味はそれぞれがその所に止まり、上下が関らないことである。

中（中間）で止まると裂けてしまう。背中の肉が裂ければ、これより甚だしい危険はない。亡を危ぶむ憂いは、心を薫《いぶ》し焼く。止を体の中（中間）に施せば、その体は二つに分かれる。体が二つに分かれて両主になるなら、大器（『正義』によれば、国と身）は喪われる。

＊　九三は剛明の才をもち、その止まるべきを見て止まることを知っている。しかし、逆に剛明であるから、事を成就しようとする意志も強い。今は艮で進むべきでないようだが、しかし時として進まなければならないこともある。三の位がそれで、国家大事の分かれ目にいて（三、四は大事の境目）、ここで動かずに止まれば、憂悶が生じ、怒りが生じる。「其の限《こし》に艮む」の「限」は「腰」で、身体における重要な器官。この位置で動きが止まれば、上下の体は分裂する。つまり、国は二つに分れ、君臣は背きあうことになる。したがって、ここでは止まるべきでないと教えているのである。

六四

艮其身。无咎。

其の身に艮《とど》む。咎无し。

【王弼】中（身体の中間）の上であるから身と称す。陰爻陰位で位を得ている。止を身に求め、正しい場所を得ている。そのため、災難に陥らない。

＊　六四は君主の近く。国事にあずかる身で、陰で柔闇の質とはいえ、みだりに止まってはならない。上は君主を補佐し、下は民を済《たす》けねばならない。しかし、艮卦は止まることを主旨としている。そこで、止まってはならぬ身でも、止まるべき道があることを示している。下手に政治に介入し、万一にも君長を苦しめてはならない。柔闇であるなら、その身に止まり、知を用いず、ただ国家の古来の制度に従い、新奇な法令を作ることがなければ咎はない。このことを、「其の身に艮《とど》む」で示した。身は腰より昇った胴のところ。ここで止まっても、上体と下体を分裂させることはない。妄動せず、自分一身だけの本分に安んじて止まるのがよい。

六五

艮其輔。言有序、悔亡。
其の輔《ほお》に艮《とど》む。言に序有りて、悔い亡ぶ。

【王弼】頬の動きを止め、中庸を守る。そのため、言葉を選り分けていうことがなく、つまり、無用なことはいわず、秩序があり、悔いを無くすことができる。

＊　六五は君主の位。有能者に国事を委任し、必要以上に口を挟まず、道理にかなった秩序ある言葉で災いから免れる。君主とはいえ、陰で柔弱ゆえ、事を艮《とど》め、国事について率先して唱道せず、妄りに口を挟まないのが望ましい。それを「止を頬に施す」つまり頬の動きを封じるで示した。もともと中位にいるため

中庸の徳を備え、慎み深く、言葉は秩序立っている。陰爻陽位の失位で悔いがあるが、中位の長所がある。

上九

敦艮。吉。

艮《とど》むに敦し。吉。

【王弼】止まるの極にいて、止まるの終極である。敦重で上に在り、非妄（不正、でたらめ）に陥らない。吉は当然である。

＊ 上九は陽爻で止まる極に居る。極めて重厚な態度で止まることができ、悪に陥ることはない。上九は位が無いため、応援の無い時は、後日のために世を逃れ、深く隠れ退くのがよいと諭している。

53　漸

䷴艮下巽上

漸。女歸吉。利貞。

漸。女　帰《とつ》ぐに吉。貞《ただ》しきに利あり。

漸はゆっくり進む、次第に進む意味である。中国古来の慣例では、婚礼は順序をおい、礼式通り進めていく。礼式に沿う、ゆったりした作法が、女性の嫁入りに似ているとされ、漸の卦辞として取りあげられている。王弼は「漸は漸進の卦なり。止まりて巽《したが》う。斯れを以て適《ゆ》き進み、漸進する者なり。止まり巽《したが》うを以て進むを為す。故に〝女　帰《とつ》ぐに吉〟なり。進みて正を用う、故に〝貞しきに利あり〟なり」という（卦辞注）。「止まりて巽う」は、上卦は巽《そん》で謙虚。下卦は艮止《ごんし》で、静かに落ち着き、性急に動かない。ゆっくりと慎重に行動し、行詰ることがないことをいう。このような、ゆったりした進み方は、正しくなくてはできないこと。よって、「貞しきに利あり」という。

象伝は主に九五に焦点が当てられる。九五は尊位で中位。陽剛陽位の正位。陽剛の強さをもち、美点を多く備え、どこへ行こうと成果を得ることができる。卦辞は女性が嫁す場合について述べているが、国家統治に必要な美徳にも結びつくものである。各爻は次第に位を歴ていく視点から、鴻《かり》が水から高みに升っていく比喩を用いている。

初六

鴻漸于干。小子厲有言、无咎。

鴻《かり》 干《みぎわ》に漸《すす》む。小子 厲《あや》うくして言有るも咎无し。

【王弼】鴻は水鳥である。適《ゆ》き進むとは、下から始まり升っていくものである。よって、鴻で喩える。六爻はみな進んで、禄位を得ることを義とする。初は進み始めたもので最下に位し、応もない。水辺を履み、危険で安んじることができないようである。進み初めで位を得ないため、小子（小人）に苦しみ、讒言に困窮する。そのため、「小子 厲《あや》うくして言有る」という。小人の讒諛の言に困窮することになるが、それは、君子の正義を傷つけることにはならない。そこで、「咎无し（災難を免れる）」という。

＊ 初六は鴻が汀《みぎわ》に居る。卦の最下に居て位もなく、陰で弱く、上に応援もない（六四も同じく陰）。危険で安泰でないため、小人から謗りを受けて苦しむかもしれない。鴻のねぐらとして汀が安泰でないように、小人からの謗りを招く危険がある。しかし、小人に苦しめられることはあっても、漸進を目指す君子としての有り方が傷つけられることはない。鴻は雁、白鳥の類。今、雁としておく。

六二

鴻漸于磐。飲食衎衎。吉。

鴻《かり》磐《いわ》に漸《すす》む。飲食衎衎《かんかん》たり。吉。

【王弼】磐は山の石の安定したもの。進んで位を得、下卦の中位にいて、九五と応じている。もともと禄を賜わり養われることは無かったが、進んで位を得た。その喜び、楽しみは、これに先立つものはない。

＊ 六二は初爻の無位から徐々に升り、俸禄を得て飲食を楽しんでいる。陰爻陰位で位を得、中位で、かつ九五の応もあり、吉である。「磐」について、王弼は山中の石の安んずべきものというが、初爻の汀から一挙に山まで進むのは、漸進の本質から遠いように見える。そこで、磐とは般のことで、般は汀のそばの土の堆積という説もある。「衎衎」は楽しむようす。

九三

鴻漸于陸。夫征不復、婦孕不育。凶。利禦寇。

鴻《かり》陸に漸《すす》む。夫征《ゆ》きて復《かえ》らず、婦孕《はら》みて育《やしな》わず。凶。寇《あだ》を禦《ふせ》ぐに利あり。

【王弼】陸は高さの頂きである。陸にまで進み、応がないので四と親しみ、戻ってこない者である。夫（九三）が出かけて戻らないのは、邪配（不倫の相手の四）を楽しんでいるので、婦も貞にはできない。夫でない者の子を孕んだ。そのため、その男に育《やしな》われることがない。三はもともと艮の体で、初、二と一家であるのに同類たちを棄て、四と親しんだ。そのまま帰ることなく、そのため婦は孕まされ、育《やしな》われることのない状態にさせられた。利を見て義を忘れ、進むのに夢中で古なじみを忘れるのは、凶の道である。しかし、体を異にしても（巽卦と艮卦で体を異にする）、好みを合わせ、親しみ睦んでたがいに平安を保ち、隔てをつくらせない。そのため、「寇を禦ぐに利あり」で、戦などにはよかろう。

＊　九三は陸地まで進んだ。陽爻陽位で過度に剛強、さらに勢いよく進もうとする。前方に応がないため隣の四と陰陽和して親密になる。しかし、応の正式な関係に比べ、比の関係は評価が低く、不倫関係に当る。夫（九三）が外で不倫を楽しむので、留守を守っている妻も夫以外の男性と遊び子を孕む。しかし、その間男《まおとこ》は女が真の妻でないので彼女を養おうとしない。九三は下卦艮に止まり、初六、六二の一家で仲良くすればよかったのに、それができないのは凶である。しかし、九三と六四は上卦、下卦で体を異にしながら、陰と陽の睦まじい関係があり、仲を隔てられることがない。六四は九三の陽に乗っているが、上卦巽体の一部で、柔順で出過ぎたことはしない。仮に戦争など大きな争いが起きた場合、このように互いを思う親密さは役に立つであろう。
「高さの頂き」（原文「陸、高之頂也」）とは、頂きは下卦の一番上で、平地の上に出た意味で頂きといい、陸に当てる。『爾雅』に「高平を陸という」とある。

六四

鴻漸于木。或得其桷。无咎。

鴻《かり》　木に漸《すす》む。或いは其の桷を得る。咎无し。

【王弼】鳥であって木に進み、適切を得ている。「或いは其の桷を得る」とは、安住の場所に遇うこと。剛に乗るとはいえ、四と三の気持ちは通じている。

＊　六四は更に進み、木の枝という安住の場所を得た。「桷」はずみといい、落葉の小高木。屋根やひさしを支える角材のたるきに利用される。鳥を安住させることができる枝である。鴻はここに至り陰爻陰位の正位を得た。九三の陽に乗っても、六四は柔順で人に従う控えめな徳をもつため災いはない。

九五

鴻漸于陵。婦三歳不孕。終莫之勝。吉。

鴻　陵に漸《すす》む。婦三歳まで孕《はら》まず。終に之れに勝つこと莫し。吉。

【王弼】陵とは陸に続くものである。進んで中位を得たが、三と四に隔てられ、応の六二と会うことができない。そのために、「婦は三歳孕まない」。五と二はそれぞれ中《ちゅう》に居り、三と四もその塗《みち》を永く塞ぐことはできない。三歳を過ぎないうちに、必ず願いを得るであろう。尊位に居るため、進んで邦を正せば、三年にして成就する。成就すれば道は通じる。だから、三歳を過ぎることはない。

＊　九五と六二は陰陽応じても、九三と六四が二者の交通をふさぎ、容易に会えない。しかし、九五と六二はともに正位を得、どちらも中位で美徳を持っている。このため、九三と六四の妨害も永く続くことはなく、両者は九五に勝つことはなく、結局二者は寄り添い子を孕む。人事でいえば、九五は尊位で中位も得、中正の徳を持っている。この優れた人物は、三年もすれば国を正しく治めることができる。「三年」は、天道が改まる年数として、およその数をあげたものであろう。

上九

鴻漸于陸。其羽可用為儀。吉。

鴻　陸に漸《すす》む。其の羽　用《もっ》て儀と為すべし。吉。

【王弼】進んで高潔の場所にいて、位にわずらわされず、心を挫《くじ》き、志を乱すものはない。そびえ立って清遠で、貴ぶべき手本である。そのため、「其の羽　用て儀と為すべし。吉」という。

＊　上九は頂上。「陸」という語は九三にも使われている。同じ陸でもこちらは卦の頂上で、「高潔」の意味を含んでいる。王弼によれば上爻は無位で、位にわずらわされず、高潔の意味にふさわしい。もはや、その志を乱そうとする邪魔者もおらず、人の法度となり、儀表となるにふさわしい気高い人物である。「其

の羽　用《もっ》て儀となすべし」は、鴻の比喩を用いてきたので、その羽の美しさに藉《か》りて、貴ぶべき手本にできるといったのである。

＊　漸卦の構成は珍しく統一性があり、整っているため、興味深い新解釈が試みられている。一説の要約を示せば以下のようになる。雁は鴻鴈のことで、「鴻鴈伝書」のことば通り、異郷にある親しい人物を思う手紙の意味。〈初六〉困難に苦しむ人から音信があり安心する。〈六二〉飲食が足りているようで安心する。〈九三〉夫（おとこ）は出征して帰らず、子供も育つことないが敵を禦ぐのだからそれでもよい。〈六四〉安全な場所を得たようで安心する。〈九五〉婦人は三年孕まずとも、外敵の侵入をついに禦いだ。〈上九〉戦いは終わり、主人は戻って来る。鳥の羽で盛んに飾り、宴会を行う。（金春峰『周易経伝梳理与郭店楚簡思想新釈』五頁。中国言実出版社）

54　帰妹

䷵兌下震上
歸妹。征凶。无攸利。
帰妹。征けば凶。利とする攸无し。

上卦は震で長男、下卦は兌で少女。帰妹の「妹」は年少の娘、「帰」は嫁がせる。「帰妹」は若い娘を嫁がせる意味になるが、卦形は長男と少女の結婚となり、年齢的にふさわしくない。したがって、ここの「妹」とは、正室（正配）になる女性に付き添う年少の妹《いもうと》や従妹《いとこ》（娣。姪妹）をいい、側室になるための女性（媵妾《ようしょう》、添嫁《そいよめ》）のことである。『正義』によれば、いにしえ、諸侯は一度に九人を娶った。この卦はそれを述べたものという。九人というが、ここでは正室一人と妹一人を代表と考えればわかりやすい。「帰妹」でなく、「帰姪」とでも名付けるのが適当かも知れないが、「帰妹」としたのは、尊んだためである。

上卦は震で動く、下卦は兌で悦ぶ。「動いて悦ぶ」意味で、まだ婚期に達しない少女が長男に向い、喜んで動いて行くことを連想する。しかし、若い娘の正式な結婚相手には、若い男がよりふさわしい。ここは姉の嫁入りに娣として付き従う妹が悦んで行くと理解しよう。王弼はまとめていう、「少女の身で長男と交わるのは、少女にとって楽しくない。しかし今〝悦んで動き〟、嫁ぐのは（他でもなく）妹である。長男と交わるとはいえ、嫁すに娣（媵、添嫁）の身分として行くのであり、それで少女は悦ぶのである」（彖伝注）。
六爻はそれぞれ嫁ぐ女性の問題に関連している。

初九

歸妹以娣。跛能履。征吉。

妹を帰《とつ》がしむるに娣を以てす。跛なれど能く履む。征けば吉。

【王弼】少女で長男と配偶となるのは、対当の関係でない意味である。（正配つまり正室の意味でなく）娣（添嫁、媵妾）として従う意味である。妹とは少女の称である。少女が嫁いで行くに、娣の身分より善いことはない。そもそも、君主の跡継ぎには、（たとえ幼くとも）君主の子を立てる。（正室も娣を連れていくが）娣の年齢が幼いといっても、連れていくのは、妄りな行動ではない。少女が娣の身分であるのは、足が不自由で、うまく歩けないが、踏み出して行くことはできる（ようなものである）。（初九としては、このようにでしゃばることなく出かけること）これが長続きする意味であり、吉であって、正室を助けて夫につかえる道である。このようにして進んで行けば、吉であることは当然である。

＊ 初九は姉が嫁《とつ》ぐのに、付き添って行く妹。少女の身として娣として姉に付いて行くため、控えめに振舞わねばならない。控えめに付いて行くため、「跛なれど能く履む」という。しかし、正室に子が無いときは、跡継ぎを生むこともできるので、娣として行くのは正しいことである。そこで、出かけて行って吉

である。

九二

眇能視。利幽人之貞。

眇なれど能く視る。幽人の貞に利あり。

【王弼】位を失っているが、内卦の中位に居る。(たとえれば)眇であるがやはり視ることができるようなもので、常道を保持するに十分である(正室ではないが、嫁《とつ》ぐ道にはかなっている)。内にあって中《ちゅう》(中庸)を履み、常を守ることができるから、「幽人の貞に利あり」。

＊九二は陽爻陰位の失位のため、「眇」という。しかし、内卦(下卦)の中位の良さを得ているので、「眇だが視力はある」という。「帰妹」は正室として嫁ぐのではないが、交合の道を失っていない。たとえていえば、眇の視力は不正、つまり正しく視ることはできないが、視ることは不可能でないようなものである。「内にいて中庸であり、常を守ることができる」とは、人物でいえば、幽(奥深い静かな場所)にいて、隠士のように貞正を失わない女性。姉の添嫁《そいよめ》として、出しゃばらない好ましい女性である。

六三

歸妹以須。反歸以娣。

妹《まい》を帰《とつが》がしむるに以て須《ま》つ。反《かえ》り帰《かえ》りて娣を以てす。

【王弼】正室がまだ居るのに、進んで行こうとする（下体の頂上であり、悦んで動き、室主となろうとする象）。しかし、まだその時でない。だから、時を待ち進むべきでない。そこで（実家に）帰って時を待ち、娣の身分として出かける。

＊　六三は下卦の頂点、陰爻陽位で不正な位。さらに、下卦兌説《だえつ》（兌悦）の中心。悦びつつ盛んな意気で正室の地位を得ようとする女性と見る。しかし、年齢が若く、かつ正室もまだ存命だから（六三が不正な位であることから、正室はまだ存命と推理する）、時期が早い。一度実家に戻り、再度側室として嫁ぐのが望ましい。

九四

歸妹愆期。遲歸有時。

妹《まい》を帰《とつ》がしむるに、期を愆《すご》す。帰《とつ》ぐを遅《おそ》くせば、時有らん。

＊　九四は陽爻陰位の失位で応もなく、嫁ぐには時期尚早の女性と見る。そこで、結婚の相手側に他に相手がなく、妨害もなくなってから嫁ぐ。つまり、時を過ごしてから嫁ぐのが望ましい。「時有らん」は、嫁ぐ時があるだろうの意味。

＊　後の『周易略例』明爻通変の⑴にも見えるが、九四の例は「形は躁なるも静を好む」例である。つまり、帰妹卦は上卦が震でその徳は動く、下卦は兌でその徳は悦ぶ。あわせて、卦の体は悦んで動くことである。しかし、九四の爻辞には「時期を遅くして、嫁ぐ時を待つ」というようなことを述べている。九四は悦んで動く体の中にいながら、静かに婚期の到来を待つのである。これは「形は躁なるも静を好む」であり、また「体と情が反す」例である。

六五

帝乙歸妹。其君之袂、不如其娣之袂良。月幾望。吉。

帝乙《ていいつ》　妹《まい》を帰《とつ》がしむ。其の君の袂《そで》、其の娣の袂の良きに如《し》かず。月　望に幾《ちか》し。吉。

【王弼】六五は帰妹の中《ちゅう》で、唯一人貴位にある。そのため、これを「帝乙　妹を帰《とつ》がしむ」という。袂とは、衣の袖であり、礼の形をなすものである。其の君の袂とは、帝の寵愛するところで、すなわち五である。帝乙が立派に飾ったものゆえに、これを「其の君の袂」という。九二が配偶である。兌は少で震は長である。長で少に従うのは、少で長に従う美に及ばない。そのため、「其の娣の袂の良きに若《し》かず」という。しかし、位は中《ちゅう》に在り、貴い身を以て嫁ぐのは、陰の盛を極めるもの。このようにして配偶者のもとに行けば、若い者には及ばないとはいえ、往けば必ず和合する。故に「月　望に幾《ちか》し、吉」という。

＊　五の位は、中位で尊主の貴位にいる。そこで、天子に関係すると見て、帝乙をもちだした。陰爻ゆえに

尊主（天子）の女《むすめ》に喩える。上卦は震で長男、下卦は兌で少女をいうが、ここでは爻に重点を置いて見る。五は陰爻ゆえに女、震卦（長子）の意味を加えて、年長の女とする。六五の結婚相手は応の九二である。下卦の兌は少女だが、ここも爻が陽ゆえに男性と見る。兌卦の年少の意味と合わせ、年若い男とする。つまり、六五の身分の高い年長の女性と臣下（九二）の年少の男性との結婚である。尊貴の女《むすめ》が、尊主から着物を美しく飾りたてられ嫁いでいく。しかし、年長の女が年少の男に従うのは、年少の女が年長の男に従う美（下卦兌の少女が上卦震の長男に娣として嫁す美）には及ばない。そのことを、正室として嫁に行く女の袖より、添嫁として行く女の袖の方が美しいと喩えた。しかし、五の陰（女性）は君主の女《むすめ》で貴く、また中位に居る身で出かけるため、陰の道は極めて盛んで満月に近い。したがって、この結婚は吉である。なお、帝乙を紂王の父とし、彼が娘を文王に嫁がせた故事と解釈する説もあるが、王弼は帝王を特定していない。

上六

女承筐无實、士刲羊无血。无攸利。

女《じょ》　筐《かたみ》を承《う》くるに実无く、士　羊を刲《さ》くに血无し。利する攸无し。

【王弼】羊は三をいう。卦の窮まりにいて、上を仰いでも（命を）承けるところがなく、下にも応がない。女として命を承ければ、筐の中身は空虚で実がなく、力を貸してくれるものもいない。士として下に命ずれば応ずる者なく、羊を割いても血がない。羊を割いて血がないとは、命じても応じてくれないのである。進退に力を貸してくれるものがいない。そのため、「利する攸无し」という。

＊　上六は卦の極で、陰として上に承ける陽がない。喩えてみれば、女が夫に嫁ぎ、廟祭を行うのに、供物を納める筐《はこ》の中身が空っぽのようなものである。下にも応がない。喩えてみれば、士が命令し羊を割《さ》かせるのに、応じてくれる部下がいないようなものである。「羊を割《さ》いても血が出ない」は、命令に応じてくれる者がいないことを表《あらわ》す。上にも下にも、仲間がおらず、何の良いところもない。

55　豊

䷶離下震上

豊。亨。王假之。勿憂。宜日中。

豊。亨《とお》る。王　之《こ》れに仮《いた》る。憂うること勿《な》し。日の中するに宜《よろ》し。

豊とは豊大、つまり財も位も大きく、盛大な意味。王者としての徳を得れば、この境界へ到達できる。そのためには、光明の徳で行動する必要がある。光明の徳で行動するとは、上卦震動と下卦離明で説明している。豊大な境遇を得たあとは、それを真昼の太陽のように中天で発散し、下民を救わねばならない。王弼はいう、「豊の義は微細なものをひろく大きくし、かの隠微でとどこおっているのを通じさせる者である。天下の主となり、微隠なものを通じさせなければ、憂いはやまない。だから、…かの大いに通じさせ、憂いのない徳を用い、天の中央にいて、あまねく照らすべき者である。そのため〝日の中するに宜《よろ》し〟という」（卦辞注）。王弼注の原文に「隠滞」「微細」「微隠」とあるのは、世間から隠れたり、逃げたりしている不遇な賢人、また、伸長しない植物、動物など、広く生命あるものを指している。

しかし、盈満は永久に続くことはなく、満ちたものは必ず欠ける。豊大も時とともに衰弱するため、中庸を過ぎた行為をしてはならない。象伝に「日は中すれば傾き、月は満ちると欠ける。天地日月の満ち欠けは、このように時に従い、消衰と増長をくりかえす。まして人間においても、鬼神においても、この変化から逃れられないのはいうまでもない」とある。これは、天地、日月の盈満消衰の例を取り、豊が極まれば必ず衰えるため、豊は必ず中《ちゅう》を過ぎないようにという道理を明らかにしているのである。これを受けた王弼の注に、「不足に施せば、なお豊であるが、すでに満ちたものに施せば溢れる。そこで消息の道をつぶさに述べたのである」という。不足している者が次第に豊かになるのは良いが、豊かな者に豊の道を施せば、むしろ満ちてこぼれて欠損となる。これは、他者に向かった時の豊の使い方を述べ、豊の功用の道理を明らかにしているのである。

初九

遇其配主。雖旬无咎。往有尚。

其の配主に遇う。旬《ひとし》と雖も咎无し。往けば尚《とうと》ばるること有り。

【王弼】豊の初めにいて、その配は四にある。陽を以て陽に行き、明で動に行き、十分に光大なものである。旬とは均《ひと》しいことである（初も四も均しく陽）。均しく陽であるが、災難は免れる。往けば尚《とうと》ばれることがある。初と四はともに陽爻であるため、均という。

＊　初九は豊卦の初めで陽爻陽位の正位。また、九四と敵応で、通常は、進めば良くないとされる。しかし、豊という盛大な時は、陽と陽の二者が会うのは盛大を増すので望ましい。むしろ、勢いが不均衡なら争奪

の争いが生じ、互いに背きあう恐れがある。

六二

豐其蔀、日中見斗。往得疑疾。有孚發若、吉。
其の蔀《しとみ》を豊《おお》いにし、日中に斗を見る。往けば疑疾を得ん。孚有りて発若《はつじゃく》たれば、吉。

【王弼】蔀《しとみ》は覆って暗くし、光明を障《さえぎ》るものである。明動の時にいて、自らを豊《おお》いにし光大の徳を用いることができない。内にいて、さらに陰をもって陰に居り、蔀を大いにするだけで、暗くして目に見ることの無いものである。そのため、「其の蔀を豊《おお》いにし、日中に斗を見る」という。日中とは、明の盛りである。斗の現われるのは、闇の極である。盛明にいてその蔀を豊大にしている。そのせいで、「日中に斗を見る」という。暗くて自らを豊大にすることもできない。そのため、五に出かけていけば、疑われる苦しみを得るであろう。しかし、中《ちゅう》を履み、正位にいる。闇にいても邪でなく、誠意があるものである。「若」は辞である。誠意を持って、その豊大の志を発揮できなら、闇に困ることはない。そのために、吉を獲るであろう。

＊ 六二は内卦（下卦）で陰爻。これを内に引きこもって外に出ないと見る。豊という盛大な時に、まるで蔀《しとみ》で日光を障り、部屋に隠れて自分を盛大にできないようである。このまま応の五に向かって進んでも疑われることになる。しかし、中位で陰爻陰位の正位も得ているため、闇に覆われても邪悪に陥ることがない。豊大な志を持つことができれば、吉を得るであろう。「若は辞である」の「辞」は、副詞、前置詞、接

続詞、助詞など実体的な意味を持たない字のこと。助字、虚字ともいう。

九三

豐其沛、日中見沫。折其右肱。无咎。

其の沛を豊《おお》いにし、日中に沫を見る。其の右肱を折るも、咎无し。

【王弼】沛は幔幕《まんまく》のこと、盛んな光を防ぐものである。沫はかすかな明かり。応は上六であり、志は陰にある（九三は上六の陰と応）。陰爻で陰位にいるより勝るが、闇より免れるには十分でない。幔幕を豊大にし、日中にかすかな明かりを見るようなもの。明るくしようとして使えば、かすかな明かりを見るだけ、働きを出させようとして使えば、右肱を折り、大事な働きには役立たない。したがって、自らを守るだけで、仕事に役立つには不十分である。

＊ 九三は陽爻で応は上六の陰。陰陽応じているが、ここでは明るさを持ちながら、陰に心を向けているため否定的な評価となる。盛大な光を防ぐ幔幕をかけたようで薄暗く、日中に微光を見るようである。陰爻陰位の六二の闇《くら》さより勝っているが、豊の時には十分な明るさを発揮せねばならない。これでは、まるで右肱を折った人物のようで、左手だけでは大事な働きはできない。「咎无し」（災難を免れる）とは、陽爻陽位で正位の良さは持っているからである。

＊ ちなみに、「沫」とは、程頤は「星の微小にして命数无き者。沫を見るとは暗の甚だしきなり」という。

夜空に無数に散らばる名前もつけられぬほどの小星であろう。つまり「ぬかぼし」のこと。佐藤龍之進は「月光が明朗な夜は沫星は見えない。しかるに日中にその小星を見るのは日光が大黒闇のためだ」と述べている。

九四

豊其蔀、日中見斗。遇其夷主、吉。
其の蔀《しとみ》を豊《おお》いにし、日中に斗を見る。其の夷主に遇う。吉。

【王弼】陽を以て陰位に居り、蔀《しとみ》を豊大にしている。しかし、四は初を得て、自分の光大さを発揮する。相手が夷主であって、吉である。

＊　九四は陽爻陰位。せっかくの明るさを蔀《しとみ》を大きくして蔽っていると見る。しかし、既述のように、初九と九四の陽爻同士の出会いは豊大さを増すので好ましい。九四は初九（夷主）に遇い、その力を得れば自分を大きく輝かせることができる。進んで行き、自分と均しい力を持つ主（つまり夷主）に遇って吉である。

六五

來章。有慶譽。吉。

来たりて章《あき》らかにす。慶誉有り。吉。

【王弼】陰の質で尊い陽の位に来た。自らを光大にし、徳を顕らかにし、慶誉を得る。

＊ 六五は陰爻陽位。陰の質を持ち、五の陽位にまで至った者と見る。陰爻だが尊主の位にまで至り、中位を占め、徳の輝きを明らかにしている。豊卦の本質にふさわしい人物である。

上六

豊其屋、蔀其家。闚其戸、闃其无人。三歳不覿。凶。

其の屋を豊《おお》いにし、其の家に蔀《しとみ》す。其の戸を闚《うかが》うに、闃《げき》として其れ人无し。三歳まで覿《み》ず。凶。

【王弼】屋とは、しまい込んでおおい隠すものである。陰を以て極にいて、最も外にある。位を履まず（上は无位の地）、深く自ら幽隠し、跡を絶ち深く隠れているものである。その屋根を豊大にしたうえに、その家に幔幕をかけ、屋根は厚く、家は覆われ、闇《くら》さは甚だしい。その戸を覗いても、しんとして人がいない。その居場所を棄て、自ら深く隠れている。明るさで動き、盛大を尊ぶ時に、深く幽隠し、行ないを高くしている。大道はすでに完成しているのに、なお姿を見ない。隠れて賢でなく、さらに道に背くことをしている。当然凶である。三年は豊の道の完成である。治道がまだ完成しないなら、隠れてもよい。すでに完成しているのに隠れるのは、治を乱とするものである。

＊　上六は无位の場所。陰で卦の極に居るから、屋根を大きくし、家に覆いをかけ、中を暗くして閉じこもる隠遁の士と見る。中をのぞいても人の姿が見えない。乱世なら隠れるのも良いが、豊卦の頂上は豊の道の完成で、最も盛大な時である。三年もあれば豊の道は完成するのに、三年も隠れて現われないのは、身勝手に高く構えているに過ぎない。役立つ時でなくとも、隠れているのは凶を招くことがある。まして、豊大の道の完成した時に隠れているのは、道理から外れたことで、凶は当然である。

56　旅

䷷艮下離上

旅。小亨。旅貞吉。

旅。小《すこ》しく亨《とお》る。旅にて貞しければ吉。

旅は羇旅、行旅の意味。客として他郷、また他家に身を寄せること。本来の居場所でないので、思い通りにならない。予想外の危険も多く、万全の吉は期待できないため（「大いに亨る」のは無理）、大事に至らず、どうにか身を保つ、つまり「小《すこ》しく亨《とお》る」のが旅における吉である。卦形は六五の陰が外卦（上卦）にある。これは弱者が外に出ている形で、旅に出て頼れる主人のいない様子。また、六五は九四の陽に乗っている。羇旅で主人がなく、しかも剛に乗るのは、高慢で危険である。では、どうして「小しく亨る」ことができるのか。

王弼はいう、「いったい、陽は物の長であり、陰はみな陽に順っている。ただ、六五は剛に乗っているが、外において中《ちゅう》を得（外卦の中《ちゅう》）、上を承けている。六五の陰は凶であるが陽に順い、乖逆ではない。止まって明に附き、動くのに、妄を踏むことはない。剛が尊位を得て、広く大きく通じるには及ばないが、上のような理由で〝小しく亨る〟には十分である」と（彖伝注）。この意味は、自身は陰で、下に陽を踏みつけているが、さいわい、六五は上九の陽を主人とし、これに仕えて柔順に従い、乖《そむ》かない。しかも、中位で中道を守り、秩序を乱すことはない。また、上卦離の徳は「明」と「付く」、下卦艮の徳は「止まる」。妄りに動かず、止まって明に付く良さがある。よって、「大いに亨る」ことはないが、「小しく亨る」。「貞なれば吉」とは、依然として陰の弱さがあるため、貞しい態度を守れば利があるというのである。

旅卦は、離散の危険な時を示す。離散の時、人々は頼れるものに付こうとする。もし、この時、人々を集める才覚があれば、客を安んじさせ、世間に大きく役立つ。王弼はいう、「旅は大いに離散し、物はみなその居場所を失う時である。みな居場所を失えば、物は付くところを願う。知者が役に立つことをする時ではなかろうか」と（彖伝注）。したがって、見方を変えれば、旅卦が示す時は知者にとってむしろ有意義な時に他ならない。

初六

旅瑣瑣。斯其所取災。

旅において瑣瑣たり。斯《し》　其の災いを取る所なり。

【王弼】最も下極にいる。寄旅（羈旅と同じ）で安んずるところを得ず、賤しい雑用（原文「斯賤之役」）をする。従事した仕事が災いを招き、志は窮まり、かつ苦しむ。

＊　初六は旅の初めで、陰で最下。初は位がなく、安らかに住める居を得ず、卑賤な身で賤しい雑用にしか

就けない。このような雑用は、災いを招くが、それは最下に居ることで、賤しい労役につかざるを得ないためである。災いを招くのは、結局、生活の困窮による。「斯」について、楼宇烈は郭京の『周易挙正』と焦循の『周易補疏』の説を引き、「斯」また「澌」のこととする。「賤しい」の意味。「斯賤之役」は、賤しい雑用の意味。今、これに従う。

六二

旅即次、懐其資、得童僕貞。

旅において次《やどり》に即《つ》き、其の資を懐《きた》し、童僕の貞を得る。

【王弼】次とは行旅で安んずることができる場所である。懐とは来である。位を得て中《ちゅう》に居り、柔を体して上にお仕えする。このような寄旅であれば、必ず宿舎を得、財物を与えられ、童僕の正しさを得る。旅では盛大であることはできない。だから、その美は童僕のような正しい態度を示すに尽きる。これ以上（の盛大さ）で出かけるなら害される。童僕の正しさを示すことで、旅の義は十分である。

＊　六二は陰爻陰位の正位、しかも中位に居る。正しく、中庸を具えた人物。陰爻で九三の陽に柔順に仕えるため、宿舎が与えられ、財物も手に入り、召使いのような正しい態度で九三の主人に仕えることができる。旅で盛大に振る舞えば害を受ける。召使いの正しい態度ができれば、旅としては十分である。

九三

旅焚其次、喪其童僕貞、厲。

旅において其の次《やどり》を焚かれ、其の童僕の貞を失い、厲《あやう》し。

【王弼】下体の上に居り、二と仲良くなり、下に施しを与え（上に応がなく、下の陰と親しみ、君主のように下に恵みを施そうとする）、政治の事を行おうとする萌しがあり、権を侵略しようとする。主の疑うところである。そのため、宿は焼かれ、忠実な召使いとしての態度を失い、我が身は危険である。

＊ 九三は上に応が無く、下の六二と親しむ。下体の頂上に位置し、しかも陽爻陽位で陽が重なる強さを持ち、応もなく、中位でもなく、尊大な気持ちを持っている。旅中で主から宿舎を与えられる身でありながら、勝手に二と親しくなり、彼に財物を恵もうとする。主君の権威を無視し、政事を行おうとする兆候がある。そのため主君に疑われ、宿りを焚かれる。我が身に備わっていた忠実な召使いの態度までも失ってしまう。

九四

旅于處、得其資斧。我心不快。

旅において于《ここ》に処《お》り、其の斧を資《もち》うるを得る。我が心は快《よ》からず。

【王弼】斧は荊棘を切り除き、その宿舎を安らかにするものである。上体の下にいるので、(三のように自尊することなく)物に先立つことはしないが、位を得ておらず(陽爻陰位)、平坦な地を得ない。土地に客となり良い宿りを得ず、荊棘を除く斧を利用しなければならない土地を得る。そのため、気持ちは晴れない。

＊ 九四は旅の時に、下体から上体に移ったが、上体の下のため、三のように頂上で驕って先走るようなことはしない。しかし、陽爻陰位の失位で、客地で安居できない。仮住いにも、平坦な土地を得ることができず、伸びたイバラを斧で刈り取る荒地しか与えられない。そこで、気持ちは晴れない。

六五

射雉一矢亡。終以譽命
雉を射るに、一矢をもってして亡《うしな》う。終に誉を以て命ぜらる。

【王弼】一本の矢で雉を射て、その矢を失うとは、雉がいても、結局得ることができないことを明らかにしている。旅にあって、位が進み、文明の中にいて、貴位(五の位)に居るが、その位は結局保つことができない。禍福の兆しを知ることができるので、その処に安んじて下に乗ることをせず、上は上九に奉公する。そのため、最後には美誉を得て、爵命を受ける。

＊ 六五は過度の勢力を持ってはならぬ旅の時に、五の貴位にまで上り過ぎた。陰爻陽位の失位であり、貴

位は永く保つことはできない。喩えれば、一本しか無い矢で雉を射て、矢は外れ雉も得ることができないようなものである。六五は九四の陽剛に乗り、傲慢に見えるが、一方で、上卦文明（上卦離は文明）に属し、明智を持ち、禍福の兆しを理解している。そのため、貴位に安住せず、九三のように、上の権威を侵すようなこともせず、上九の陽剛の下で上九を奉承している。そのため、最後には名誉を得て、爵命を受ける。

上九

鳥焚其巣。旅人先笑、後號咷。喪牛于易。凶。

鳥　其の巣を焚かる。旅人　先に笑い、後に号咷《ごうとう》す。牛を易《やす》きに喪《うしな》う。凶。

【王弼】高く危険な場所で、そこに住まうのが巣の意味である。旅にあって上位を得たため「先に笑う」。旅であるのに、上の極にいるのは、衆の嫉むところである。周囲と親しみのない身で、嫉害を受ける地にいるのは、必ず凶の道である。そこで、「後に号咷す（泣き叫ぶ）」という。牛は稼穡のたすけである。旅であるのに、上にいるのは、衆がともに嫉むところである。そのため、「牛を易《やす》きに喪う（簡単に喪う）」のであり、盗難にあうのは難しい事ではなかった。自分に味方をしてくれる人物がおらず、危険であっても助けがなく、牛を簡単に喪《うしな》い、結局自分の耳にもそのことが聞こえてこない。聞こえてこなければ、傷つける者が至るであろう。

＊ 上九は旅の身で頂点に上っている。高木《こうぼく》にある鳥の巣のように危険で、巣が焚かれるような変事が起こる。最初は頂点に来て喜んで笑っても、よそ者は憎まれる。後には泣き叫び、耕作を助ける牛も簡単に盗まれる。それでも忠告してくれる者は誰もいない。旅の身で高く昇り過ぎたため、結局、凶事が起こるのである。

＊ 「喪牛于易」の「易」について、王弼はやすやすと簡単に盗まれる、という方向で解釈している。他国に旅する身でありながら、余りに高い所に昇り悦んでいるため、人に妬まれる。そのため、盗人について忠告してくれる者は誰もいないのである。「易」を「軽易」とする解釈もある。つまり、高く昇ったため、人を見下しあなどり、その結果牛を盗まれたという。なお、大壮卦の六五に「喪羊于易」と類似の語が見える。この場合の「易」は「平易」で「やすらか」「おだやか」の意味である。

57　巽

☴☴巽下巽上

巽。小亨。利有攸往。利見大人。

巽《そん》。小《すこ》しく亨る。往く攸有るに利あり。大人を見るに利有り。

巽の徳は「柔順」、「入る」。巽の道とは人にへりくだり、相手の気持ちに順《したが》うことを意味している。巽の徳を持つ人物を拒絶する者はなく、どこへ行こうと、気持ちよく受け入れられる。しかし、相手を選ばずに順うのでなく、「大人を見るに利あり」（彖伝）とあるように、正しい人物に順わねばならない。巽の徳は下位者に限らず上位者にも必要とされる。上位者の巽とは、下に謙虚に接し、彼らを受け入れることである。上位者自身も巽の徳を用いれば、その道はいよいよ高くなる。

王弼はこの卦の長所を「剛であり十分に巽の徳を用い、中正にいるため、人は味方になってくれる」（彖伝注）とまとめている。上下ともに巽で和らぎ従うばかりでは、命令は行なわれない。しかし、下卦の二爻と上卦の五爻ともに強い陽剛がいて、剛で巽、かつ中位でこの卦の長所が明らかになっている。特に五爻は中位だけでなく、陽爻陽位の正位を得ている。九五の陽剛が主爻で、この爻が中正に巽《したが》う形があるので、どこへ行こうと味方を得て、その志は世に行なわれるのである。上位の者も順う徳を持つのは良いことであるが、ここでは中正という道に順っているのである。

卦は上下とも巽☴で、力を用いて志を伸ばすより、謙虚に人に順うことを主とするため、「大いに亨る」ことはなく、「小《すこ》しく亨る」。また、巽は「入る」ことから君長の命令が民衆の間に入り込むようすを連想させる。巽卦が命令とつながるのは、ここに由来する。

初六

進退。利武人之貞。

進み、退く。武人の貞に利あり。

【王弼】命令の初めにあり、（柔巽な体を持ち、ぐずぐずして）いまだ命令に十分服従しない者である。そのため、疑って「進んだり退いたり」して、決断がつかない。（命令を下す者が）命令を成しとげ、（初六のような）よこしまな者を正しくするには、武人（の威武）よりよいものはない。それで、武人の堅く正しい態度で優柔不断をおどして、きっぱりと従わせるのがよいのである。

＊初六は六四と並び、柔で卑順を現わしている。しかし、初六は卦の最下で余りに控えめで決断に欠ける人物とされる。上からの命令も受け入れるべきか、拒むべきか迷い、過度に逡巡する。そのため、武人のような強さを持つ上の者が、このような人物に対して厳しく命じて正せば良いと論じている。

九二

巽在牀下。用史巫紛若吉。无咎。

巽《したが》って牀下に在り。史巫に用いて紛若の吉あり。咎无し。

【王弼】巽の中《ちゅう》（二の位）にいて、下位にいる上に陽で陰位におり、卑巽の甚だしいものである。そのため、「巽《したが》って牀下に在り」という。甚だしくへりくだり正を失えば、過《あやま》ちにおちいる。中位の徳をもち、神祇に至卑で従事し、威勢を行うことがなければ、盛んな吉に至り、過ちはなくなる。そこで、「史巫に用いて紛若（多い、たくさん）の吉あり。咎无し」という。

＊九二は陽だが下位で陰位。卑順が勝り、ベッドの下にへりくだると喩えられる。失位で通常は咎があるが、中位を得て災難を免れている。謙遜過剰で祭祀や神祇に仕える史巫になれば、多くの吉がある。しかし、武人のような威武盛んな者になるにはふさわしくない。

九三

頻巽。吝。

顰《ひそ》んで巽《したが》う。吝なり。

【王弼】頻とは顰蹙のこと。楽しまないで窮まり、どうしようもない意味である。剛正であるのに、四に乗られて、志は窮まって順う。そのために、吝である。

＊　九三は陽爻陽位の正位でありながら、六四の陰に乗られて踏みつけられ、顔をしかめながら順っている。三は初や二に比べ、上位で陽でもあり、命令に進んで順おうとしない。しぶしぶ順うのである。通常では正位なら憂うことはないが、六四の陰に乗られ、また巽卦で順う時のため、いやでも順わざるを得ない。吝（恥ずべきこと）である。

六四

悔亡。田獲三品。

悔い亡ぶ。田《かり》して三品を獲《え》る。

【王弼】剛に乗り後悔する。しかし、位を得て、五を承け、卑であるが奉ずる所を得ている。柔で剛に乗っているが、尊によりかかり、正を履んでいる。六四はこの状態で命を行い、必ず強暴なものを得、不仁を遠ざける者である。手に入れて有益なのは三品以上のものはない。そこで、「悔い亡ぶ。田《かり》して三品を獲る」という。一に乾豆といい、二に賓客用といい、三に君の庖に充てるという。

＊　六四は九三の陽剛の上に乗る悔いがある。しかし、陰爻陰位の正位で九五の尊主を奉承し、順っている。この長所と後ろ盾があれば悔いもなく、君命を受けて実行すれば強暴な者でも捕らえて排除でき、不仁な

者を遠ざけることができる。その有益なことは、喩えてみれば、狩に出かけ祭祀や賓客用の三品の獲物を得るほどである。「三品」は一は乾豆（お祭り用の乾肉）として使い、二は賓客に供応し、三は君主の食卓に上せるもの。五の君主に柔順で、命を実行して功績があるのは、狩りで三品を獲るような功績だというのである。

九五

貞吉、悔亡。无不利。无初有終。先庚三日、後庚三日。吉。

貞吉にして悔い亡ぶ。利あらざる无し。初め无くして、終わり有り。先だって庚《の》ぶること三日、後に庚《の》ぶること三日。吉。

【王弼】陽爻で陽位に居り、謙巽を失っている。しかし、中正を守り、命令を宣《の》べれば、さからう物はない。そこで、「貞吉にして悔い亡ぶ。利あらざる无し」という。次第に教化するのでなく、にわかに剛直を以て、民に加える。そのために、初めはみな喜ばないが、中正に終わるため、邪道は消える。よって、「終わり有り」。命令をのべるのを庚という。そもそも、正しさで物を斉《ととの》えるには、にわかであってはならない。民の迷いはもとより久しいため、急いで気ままに振る舞ってはならない。そこで、先に命令を三日間のべ、令が明らかになったのち、また命令を三日間のべる。その後、誅することにすれば災い、怨みはない。甲、庚は命をのべる意味である。

＊　九五は巽順であるべき時に、陽爻陽位で陽が過剰、謙遜さを損っている。剛直さで命令し、民を教化しようとするため、最初は喜ばれない。尊主で中正ゆえに命令を下せば逆らう者はなく、最初は良くなくとも、終わりは全うできる。しかし、法を改めて発布する時は急がないようにし、発布前の三日間は命令を反復丁寧にし、発布後の三日間にも、命令を伝えて周知徹底させる。そこではじめて逆らう者に罰を加えれば、怨みも無くなる。「甲」は蠱卦を参照。

上九

巽在牀下。喪其資斧。貞凶。

巽《したが》って牀下に在り。其の斧を資《もち》うるを喪《うしな》う。貞《ただ》しきの凶。

【王弼】巽の極にいて、過度に巽順を極めすぎている。そのため、「巽《したが》って牀下に在り」という。斧は断つものである。巽に過ぎて正を失い、断つ所以を喪っている。そのため、「其の斧を資《もち》うるを喪う。貞《ただ》しきの凶」という。

＊　上九は巽卦の頂上。過度に巽順で「牀の下に居る」と喩えられる。礼儀にとらわれすぎて弱々しく、決断できない。斧を用いて弱さを断ち切るようなことができない。巽順で礼儀にしたがうのは正しいが、行きすぎて過度に弱々しいため、「正しさの凶」といえる。

58　兌

䷹兌下兌上

兌。亨。利貞。

兌。亨る。貞しきに利あり。

兌の徳は説《えつ》、つまり喜悦。悦《よろこ》ぶ、悦ばせることである。三爻と上爻に一陰があり、これが卦の主な働きを表す。それぞれ下体、上体の極にあり、悦びの盛んなことを示している。喜悦は、「説《よろこ》びて剛に違《たが》えば則ち諂《へつら》い」（彖伝注）とあるように、悦ぶだけで剛がなければ諂いに陥る。「貞《ただ》しきに利あり」（卦辞）とは、剛直の正しさを守るべきで、そうすれば阿諛の笑いが、にこやかで公明正大な笑いに変わることをいう。一方、「剛にして説《えつ》に違えば則ち暴なり」（彖伝注）というように、剛だけで悦がなければ乱暴に陥る。喜悦に剛を合せ持つことで、事は円滑に動く。卦形は内・外卦の中央に剛があり、それぞれの外側に柔がある。つまり、内面の剛、外面の柔を合せ持っている。人物に当てはめれば、内剛外柔の望ましい気質を示す。また、「天は剛にして説《えつ》を失わざる者なり」（彖伝注）というように、剛柔併せ持つのは天の徳と一致する。天は下民に対し懲罰の厳しさを持つと同時に、恵みも与えて悦ばせるからである。

初九

和兌。吉。

和して兌《よろこ》ぶ。吉。

【王弼】兌の初めにいて、一つの応だけにつながっていない。党派につながれておらず、「和して兌ぶ」（やわらいで、よろこぶ）の意味である。諂《へつら》って悦ぶのでない。このようにして進めば、どこへ行こうと疑う者はいない。吉は当然である。

＊ 初九には応がない（九四も同じく陽）。応が無いのは原則として否定的に見られるが、ここでは限られた人物とだけ悦びを分かち合うような狭さがないと肯定的に見られる。誰とも広く和やかに睦《むつ》み、悦ぶことができる。このような悦びは諂いから生まれる悦びでないため、当然吉である。

九二

孚兌。吉。悔亡。

孚《まこと》もて兌《よろこ》ぶ。吉。悔い亡《ほろ》ぶ。

【王弼】悦んでも中庸を失わない。孚がある者である。位を失っているのに悦ぶ。孚があるから吉であって、悔いはなくなる。

＊　九二は中位で、孚《まこと》（誠実さ）を持つ者である。陽爻陰位で失位だが、中位にあることで、悦びも浮ついた悦びでなく、中庸を失わず真面目である。よって、吉であって失位の悔いは無くなる。

六三

來兌。凶。
来たりて兌《よろこ》ぶ。凶。

【王弼】陰柔の質で不正な位（陰爻陽位）を履み、来て悦びを求める者である。不正な身で悦を求め、邪佞な者である。

＊　六三は陰の質をもち、三の陽位に居る不正な者である。「来たりて兌《よろこ》ぶ」の「来」とは、陰爻で陽位に「来た」こと。不正の位を得ているため、媚び諂う道を得た邪佞な者で、他の陽爻に近づき悦ぶ者とする。

九四

商兌。未寧。介疾有喜。
商《はか》りて兌《よろこ》ぶ。未だ寧《やす》からず。疾を介《へだ》てて喜び有り。

【王弼】商は、あれこれ考えて、さえぎる意味。介は隔《へだ》てるである。三は諛《へつら》い悦び、至尊に近づこうとしている。そこで、四は剛徳でそれをさえぎり隔て、内を正し外を制し、そのため、休む暇がない。畿近にいて、邪な者を防ぎ、にくき者を隔てようとしている。喜びがあるのは当然である。

＊ 九四は陽剛の徳を持つ。邪佞の六三が諛《へつら》い悦びつつ至尊（九五）に近づくのを、さまざまな策をめぐらしさえぎる。「疾を介《へだ》てて」の「疾」とは、憎むべき邪悪な者の意味で六三をいう。九四は内外の乱れ（特に六三と上六を指す）を正そうと、落ち着く暇もない。しかし、疾をさえぎることができれば、当然、喜びがある。「畿近」は、畿は王城の近く。近も同じ。「畿近にいて」とは、尊主の間近にいること。

九五

孚于剝。有厲。

剝に孚《まこと》あり。厲《あやう》きこと有り。

【王弼】上六に比して、ともに仲間となっている。尊正の位にいて、陽を悦び信ずることなく、陰を悦び信じている。「剝に孚あり」の意味である。剝の意味は小人の道が盛んなことである。

＊ 九五は尊主。下に応じる者がないため、上の陰と親しむ。陽爻陽位の中正で、本来は陽を信頼し陽の君子との交際を悦ぶべきだが、陰に信頼をよせ、小人の道を悦んでいる。陰は陽の勢いを剝《は》ぎ落とそうと

するため（剝卦を参照）、陰を「剝」と呼び、小人の道と呼ぶ。九五の陽は小人に信頼を寄せ、陽の君子は危険である。小象伝に「〝剝に孚あり〟とは、位　正《まさ》に当ればなり」とあるが、九五は陽剛で中正を得、かつ尊位に当ること。そのため過度の自信を持っている。この自信過剰が小人につけ込まれる危うさがあることを心配する言葉である。

上六

引兌。

引かれて兌《よろこ》ぶ。

【王弼】かの陰質を以て説《えつ》の最も後ろにいて、静かに退いている者である。そのため、必ず他から導かれ、しかるのちに悦ぶ。

＊　上六は陰爻で、説《よろこ》ぶ卦の頂上に居る。卦は下から数えるから、最も遅く悦びにあずかり、しかも無位の地にいるため、隠遁者である。陰で控え目、自分から進んで悦ぶことなく、人に導かれて始めて悦ぶ。六三の邪佞の悦びと比較すれば、この特徴がよく目立っている。六三のように浮ついて悦びを求める凶はないが、導かれてはじめて悦ぶので、悦ぶ時を失うおそれがある。そのため吉でもなく、その悦びの道は光大ではない。

59　渙

䷺坎下巽上

渙。亨。王假有廟。利渉大川。利貞。

渙。亨る。王　廟を有《も》つに仮《いた》る。大川を渉るに利あり。貞しきに利あり。

渙は『正義』では「散釈」のこと。「散」は小人が難に遭い離散して逃げ出すこと。「釈」は大徳の人が難に遭い功を立て、難を散らし、険を釈きほぐすこと。つまり、渙は（民が）離散する意味と、（民のために）天下の険難を消散させる両面の意味がある。また、渙は憂いを散らし、さらに私情や我執を散らすこと、つまり狭い立場や了見にとらわれないというような意味もある。卦辞は王者が困難を消散し、民を救済して廟を建てることを述べている。

彖伝では、中位にある陽剛の九五と九二が重要な爻だが、九二がより重要となっている。理由は下卦坎の険難の中で、陽剛の強さを持ち、険難を散らす臣下として適任だからである。九五は尊主で、この臣下に委任し活躍を見守る。

渙卦が亨るのは、九二が好位置で活躍し、内（内卦）の難に当ること、また外（外卦）では六四が陰爻陰位の正位を得、九五の尊主に比し、志を一つにしていること。つまり、内外が治まっているためである。王は険難を解消した安定した情勢の中でこそ、廟を建て祖先の祭祀を行ない、大河を渡るような思い切ったことができる。「廟を有《も》つに仮《いた》る」とは、萃卦を参考にすれば、混乱の時には、たとえ宗廟が有《あ》っても、無いのと同じである。「廟を有《も》つに至る」とは、安定した社会を得て、はじめて真に廟を持てたといえる意味である。

初六

用拯馬、壮、吉。
拯馬《じょうば》を用い、壮んにして吉。

【王弼】渙とは散である。散の初めにいて、乱離はまだ甚だしくない。そのため、馬で出かけ、志を得て難を去ることができる。危険が激しくなってから、ようやく逃げ隠れるのではない。そこで、「拯馬を用い、壮んにして吉」という。

＊ 初六は天下離散の初期で、天下の混乱はまだ激しくない。そこで、乱の兆候を見て、難からいち早く抜け出る行動ができる。自分を難から救出してくれる馬を用いれば、勢いは壮んになり吉である。「拯馬」は自分を困難から救ってくれる馬のこと。楼宇烈は「拯馬」を「馬にむち打つ」と解釈する。明夷の六二を参照。

九二

渙奔其机。悔亡。

渙《かん》のとき、其の机に奔《はし》る。悔い亡ぶ。

【王弼】机とは物を承ける者である。初をいう。二は初と同じく応がなく、初と気持ちを通じるが、初は難を散らす道を得ている。二は離散の時に、初に奔り、安んじる所を得る。そのため、「悔い亡ぶ」。

＊ 九二には応がない（九五も陽）。初六にも応がない（六四も陰）。そのため、初と二は隣同士の陰陽関係（いわゆる比の関係）で、互いに親しむ。既記のように、初六は天下離散の時、難を逃れる道を得ている。九二は初六へ行き、頼って安住の地を得る。九二にとって初六は自分を上に載せてくれる机に当る。そこで初六を「机」に喩え、「（九二が）机に奔《はし》る」という。爻辞では、九二は彖伝で述べるような大きな役割を持っていない。

六三

渙其躬。无悔。

其の躬を渙《かん》す。悔い无し。

【王弼】渙の意味は、内が困難で外が安全ということである。我が身を散らして外に志ざし（原文「散躬志外」)、自分の居場所を固めることをしないで、剛(上九)と志を合する。そのため、「悔い无き」を得る。

＊ 六三は内卦坎の険難の中で二と比しているが、親しもうとしない。内に親しむのは難を得るからである。そのため、居所を固守することをせず、外に向かい陰陽応じる上九に頼り安全を得る。これを「我が躬を散らし、外に志ざす」という。「我が躬を散らす」とは、かたくなな態度を無くすこと。

六四

渙其羣。元吉。渙有丘。匪夷所思。
其の羣のために渙《かん》す。元いに吉。渙《ちら》して丘有り。夷《たい》らかに非ざるは思う所なり。

【王弼】険難を越え(下卦の険難を過ぎ)、位を得、巽(上卦は巽)を体し、五と志を合し(君位の五と比し)、内は機密を掌り、外は君主の命を宣布するものである。そのため、もろもろの人々の険難を散らし、その道を光大にできる。しかし、卑順で、自分の独断で行動できないのに、難を散らす任務についている。まるで荒れた丘が残って治まらない不安があるようだ。元吉を得るとはいえ、心配するのを忘れてはならない。

＊ 六四は下卦の険難を抜け出し、上卦五の尊主の側に仕えている。君命を受け、下にあまねく告げ、君主と志を合わせ、難を散らす役を担っている。民衆のため難を無くそうとするが、しかしまだ上卦の最下で、

巽（上卦）の卑順に属するうえに、陰柔で思い切った決断ができない。そのため難が十分に去らず、荒廃した丘が残っているようだ。あれこれ心配し、油断ないように心がけねばならない。

九五

渙汗其大號。渙、王居无咎。

汗を渙《かん》し、其れ大いに号す。渙のときは、王居れば咎无し。

【王弼】尊位にいて、正位を得、巽の中に居り、汗（険難）を散らし、大いに号令する。険阨を洗い流す者である。渙の主であり、ただ王に値する者だけがここに居れば、災難を免れる。

＊ 九五は尊主で中位、陽爻陽位の正位を得ている。号令を発して険難を散らし、洗い流す王である。険難を散らす時に、五の位に居ることができるのは、王位に値する人物だけであり、王位に値しない人物がこの位を得れば、災難が待ち受けている。「汗」は、険難の中で働きを示せば、身体から汗が流れ散ることをいう。よって、「渙汗」は汗を散らして励むこと。また「汗」は険難の譬喩にもなる。よって、「渙汗」は険難を散らすこと。どちらの意味も含んでいるから、「汗を流して艱難を解消する」というような意味。

上九

渙其血。去逖出、无咎。

其の血《いたみ》を渙《かん》す。去りて逖《とお》く出《い》で、咎无し。

【王弼】逖は遠である。最も害から遠ざかり、損害を与えるものに近づかず、その憂傷を散らし、遠くに出ている者である。害から遠い地で患いを散らしておれば、誰がこれを咎めようとするであろうか。

＊ 上九は卦の頂上。下卦坎の険難から最も遠く離れ、害から去って近づかない者である。害から最も遠い地で憂患を散らしているので、咎める者は誰もいない。

60 節

䷻兌下坎上

節。亨。苦節不可貞。

節。享る。苦節は貞《ただ》すべからず。

節は節度、節制、節約などの意味である。節は長所であるが、過度の節はむしろ苦しみ（苦節）になるから、中庸を得ることを心がけねばならない。節度は、ほどよい程度の意味で、分際を守る、規則に従う意味にもつながる。

この卦は上卦は陽卦、下卦は陰卦で尊卑が秩序立ち、男女が明確に分かれて乱れない。節は中《ちゅう》を守るのが貴いが、二と五の中位を陽爻が占めているのも、秩序を守る強さを持つことを示している。さらに、下卦は兌で悦ぶ、上卦は坎で険難。悦ぶ徳で険難の道を行く象を持ち、節も苦節でないことが分かる。上卦険難の中で五は中正、それを助ける側《そば》の四も当位で正しく、節度ある行ないができる（上は隠遁の地で問題としない）。したがって、卦は正しい節度があり順調に通じることが分かる。

卦辞の「苦節は貞《ただ》すべからず」は、象伝に「その道窮まればなり」と説明する。王弼はさらに解説し、「節を為すこと苦に過ぎれば、則ち物堪える能わざる所なり。物堪える能わざれば、則ち復た正すべからざるなり」（彖伝注）と述べている。苦痛すぎる節制（苦節）をすれば、民は我慢できない。我慢できないなら、民を正すことができない意味になる。法が厳しすぎれば、民は正されない意味も含むであろう。

初九

不出戸庭。无咎。

戸庭を出《い》でず。咎无し。

【王弼】節の初めであり、離散を整え制度を立てようとする者である。そのため、通じる時か通じない時かを明らかにし、民がやましく、偽りをもつようになるのを懼れ、中庭から出ないで、手抜かりなく慎重にし、失敗のないようにする。このようにして始めて事は成就し、災難を免れる。

＊ 初九は前の渙卦の離散の後を承け、離散を整え、制度を立てようとする人物。したがって、今が事を行い順調にゆく時か、行きづまる時かを明らかにし、外に対し情報が漏れないように手抜かりなく行動する。広く知らせる前に民に秘密が漏れると、民心には邪なところがあるため、偽りの心で応じるようになる。中庭から出ないような慎重さで、制度を立てることに取り組めば咎はない。

九二

不出門庭、凶。

門庭を出でざれば、凶。

【王弼】初はすでに制度を立てた。二となれば、その制度を広く告げるべきである。ところが、ことさらにこれを匿《かく》し、ほどよい時機を失えば、制度はすたれる。そのため、中庭を出なければ凶である。

＊ 九二は初九がすでに制度を立てので、外に出てこれを宣布すべきである。内に閉じこもり、事を匿しては時を失う、つまり節の中《ちゅう》を失い、大事が捨てられることになる。外に出て弘めなければならない。
なお、節卦が亨るのは、九二が陽で中位を占めているのが大きな理由の一つである。しかし、九二の爻辞には「凶」とある。このような卦辞と爻辞の矛盾（屯卦、訟卦、履卦、小畜卦、渙卦など）については既に何回か述べている。節卦の九二が凶なのは、中位に居る良さを持つとはいえ、陽爻陰位の不正だから、出るべき時機を失っていると見る。つまり、時に応じることができていないため、戒告しているのである。

六三

不節若、則嗟若。无咎。

節若《せつじゃく》たらざれば、則ち嗟若たり。咎むべきもの无し。

【王弼】若は辞である。陰の身で陽位にいて、柔で剛に乗っている。節の道にそむき、悲しみ歎くことになる。自分が招いたことであり、他人を怨み咎めることはできない。そのため、「咎むべきもの无し」という。

＊　六三は陰爻陽位で、さらに二の陽剛に乗っている。甚だ驕慢で僭越な人物で、節の道に背く者である。急いで節を実行しなければ、嘆くことになる。「節若たらざれば、則ち嗟若たり」は、「節度を守れなければ、嘆くことになろう」の意味。この嘆きは自らが招くものだから、他人を怨み責めることはできない。

六四

安節。亨。

節に安んず。亨る。

【王弼】位を得て（五に）柔順であり、節を改めず、十分に亨る者である。このようにして上を承けているため、節の道を得ている。

＊　六四は陰爻陰位の正位。五の尊主に柔順に奉承し、節の道を十分に尽している者である。この節に安んじて行動し、改めなければ、どこに行こうと順調にゆく。

九五

甘節。吉。往有尚。

節を甘しとす。吉。往《ゆ》けば尚《とうと》ばるること有り。

【王弼】正位にいて中に居り、節の主である。中庸を失わず、財を傷つけず、民をそこなわない意味である。節して過度でないため、甘でなくて何であろうか。このような道を学んで行くため、行けば尊ばれる。

＊　九五は尊主の位で、陽爻陽位の正位を得、中位にある。中庸の節を失わない人物。苦節でなく、楽しく、快い節を行うことができる。「このような道を学んで行くので」の原文は「術斯以往」、「斯れに術《まな》びて以て往き」と読む。「術」は学ぶ、倣う、まねる意味。『礼記』学記篇に「蛾《ぎ》子時術之」と見える。蟻の子が親をまねて大きな蟻塚を作るようになると。

上六

苦節。貞凶。悔亡。

苦節す。貞《ただ》しきの凶。悔い亡ぶ。

【王弼】節の中庸を過ぎ、程度が最高にまで上りつめる。度を過ぎた節である。これで天下を正そうとすれば、他人はがまんできない。正の凶である。このような仕方でわが身を修めれば、行ないは真実で偽りがない（妄《みだ》りなことがない）。よって、「悔いは亡ぶ」。

＊　上六は節の中《ちゅう》を過ぎ、節の極に居る。過度に節を行う者である。正しいことも、他人に過度に要求すれ

ば、人は我慢できない。それによって自分の身を修め、自らを厳しく節するには問題ない。

＊「貞凶」の貞は通常は「正しい」意味。それに「凶」という不吉な語が付く経文がいくつかある。ここの場合もそうである。「貞凶」は、一見正しいがこの方向を過度に進めればよくないというニュアンスが感じられる。中井履軒は「貞」を正しさと、固執（融通がきかない）という二要素に分解し、正と固が等分であったり、正が三、四で固が六、七であったり、正が八、九で固が一、二であったり、全部固で正の意がなかったり、全部正で固の意がなかったりする。文に随い考慮すべきだというようなことを述べている。（『周易逢原』屯卦九五）

なお、「貞固」という熟語もあるが（乾卦文言伝）、その場合は「正しくて節操が堅固」の意味である。

61　中孚

䷼兌下巽上

中孚。豚魚吉。利渉大川。利貞。

中孚。豚魚まで吉。大川を渉るに利あり。貞しきに利あり。

中孚は信が中《なか》から発すること。心の中に持つ誠実さである。彖伝は卦形について、「中孚は、柔爻が内に在り（卦の中央、三と四の位に陰がある）、剛爻が上卦と下卦の中央に位置し、下卦が兌悦、上卦が巽順。そのため、孚（信頼、信用、誠実）があり、邦を化すことができる」と述べている。王弼は「この四徳があるため、孚《まこと》がある」と注釈している。四徳を整理すれば、(1)柔が内に在る、(2)剛が中央に位置する、(3)下卦が兌悦、(4)上卦が巽順のことである。

(1)についていえば、柔が内に在るのは、人物に置き換えれば内心に頑固さがなく柔軟なこと。また、卦は外（初爻、二爻。五爻、上爻）が陽剛ゆえ、単に柔軟だけでなく、内柔外剛の好ましい性格を持っている。(2)についていえば、二と五の好位置に陽があり、剛徳を持って上下それぞれに位置している。(3)と(4)についていえば、上下の二体が巽と兌で、悦んで順い、争いを起こさない徳がある。これらの徳により、卦には孚があるとされるのである。王弼はまとめていう。「柔が内に在り、剛が中を得、それぞれがその正当な所を得ている。剛が中を得れば、真っ直ぐで正しく、柔が内に在れば静かで順である。悦んで柔順なら、争い、もめごとは起こらない。このようであれば、人はたくらんで競うことなく、敦実の行動が現われ、篤信はその中より発する」と（彖伝注）。「豚魚まで吉」について、「争い競う道が起こらず、中信（心の中の信）の徳が手あつく顕かなれば、微隠なもの、つまり、魚、豚にまで信の道が行き届く」（同上）と述べている。

この卦が現わすような信頼が弘まっている世では、人の信が心の中から出ているため、仮に罪を犯したとしても、それは過失から生まれたものであり、死から救うべきである（小象伝注）。

初九

虞吉。有它不燕。
虞《もっぱ》らの吉。它《た》有るも燕《やす》からず。

【王弼】「虞」とは「専」のようなものである。信の始めにいて、応が四にあり、四との仲を専らにして吉を得る。志は変わることなく、心を一につないでいる。そのため、「他が求めて来ても、それと一緒になって安らぎを得ることはない」のである。

＊ 初九は信の支配する世に、四と陰陽応じている。四のみに心を向け、その仲を専一に守り、他の者が来ても、それと安らぎ楽しむことはない。よって、専一であることの吉を得る。

九二

鳴鶴在陰、其子和之。我有好爵、吾與爾靡之。

鳴鶴　陰に在り、其の子　之れに和す。我に好爵有り、吾　爾《なんじ》と之れを靡《わか》たん。

【王弼】内にいて、二つの陰の下に居り、中《ちゅう》を履み、外に引かれてついていくことはなく、自分の真に任せる者である。誠を立て志を篤くし、暗がりにいても、人もこれに応じる。そこで、「鳴鶴　陰に在り、其の子　之れに和す」という。権利（権力と利益。ここでは好《よ》き爵位のこと）を私せず、徳ある者にのみこれを与えるのは、誠の至りである。そこでいうには、我に好《よ》き爵位が有る、他の賢者たちとこれを分かちあおうと。

＊　九二は信の支配する世に、中位にあり、誠信の徳を深く得ている。応がないため、外に引かれることなく、自分の真を守っている。二陰の下で、まるで暗がりに身を置いているようである。しかし、その美徳の評判は自然に洩れ、鶴の鳴き声を子が聞いて和すように、評判を聞いて人々が集って来る。応がないため、自分の爵禄を贔屓の者に限定して分けることもなく、集ってきた賢人たちとともに、広く分かちあうことができる。

六三

得敵。或鼓或罷、或泣或歌。

敵を得《う》。或は鼓し、或は罷《しりぞ》き、或は泣き、或は歌う。

【王弼】三は少陰兌《だ》の上に居り、四は長陰巽《そん》の下に居る。それぞれに応もあり、対立し、親しむことがないため、「敵」の意味である。陰爻で陽位に居るため、気持ちがはやり、進もうとする。進もうとして敵にとめられるため、「或いは太鼓を打ち鳴らす」。四は正を履み（陰爻陰位）、五の尊主に奉承し、おのれ（三）の勝てるものでない。そのため、「或いはしりぞく」。勝たずして退き、相手に侵陵されることを恐れるため、「或いは泣く」。四は順であり、他の物と張り合うことをしないため、三は退いても四から害されない。だから、「或いは歌う」。三は自分の力を量らず、進退はふらふらと常がないため、疲れ果てることは分かり切ったことである。

＊　六三は陰爻陽位の不正な位にいる。すぐ上の六四は同じ陰でも、陰爻陰位の正位を得ている。六三も六四もそれぞれに応があり、六三は上九と親しみ、六四は初九と親しむので、三と四は同類でも親しまない。六三にとって、六四は「敵」である。六三は陽位に居るため、意気盛んに上九に進もうとするが、敵（四）に道を妨害されることを懼れる。そこで、太鼓を打ち鳴らして攻める。しかし、四は正位を得た正しい人物で、五の尊主に奉承しているので、三が勝てる相手でない。三は攻めるのを止め退くが、逆に侵陵されるのを恐れて泣く。しかし、正義の士の四は三と力を争うことはなく、三はそのため喜んで歌を唄う。「少陰」は下卦の兌は少女。よって少陰という。「長陰」は上卦の巽は長女。よって長陰という。陰と陽でなく同性同士であり、またそれぞれに応もあるから対立する。

六四

月幾望。馬匹亡。无咎。

月　望に幾《ちか》し。馬の匹《たぐい》　亡《うしな》う。咎无し。

【王弼】中孚の時におり、巽の始めにいて、説（悦）の初に応じている。正におり、順を履み、心の内では元首（九五）を助けることを思い、外は徳化を行きわたらせるものである。陰徳の盛りに充当するから、「月望に幾し」という。「馬の匹《たぐい》　亡《うしな》う」とは、自分と同類（三）を棄てることである。もしも、盛徳の位にいて、物と競争しあうなら（具体的には三と競争する）、その盛んなものを失うから、「類を絶ちて上り（馬が仲間を離れていくように、同類の三から離れて五にいく）」という。正を履み、尊を承けており、三と争わないで、災難を免れることができる。

＊　六四は陰爻陰位の正位を得、また五を承け、尊主を輔けている。上卦巽に属し、柔順な態度を持ち、下卦兌悦の初九にも応じている。陰の盛りを極め、望（満月）に近い月（月は陰）に喩えられる。しかし、既述のように、三との折り合いが悪い。同類の仲間と争うことなく、三を棄てて五に向かえば、咎はない。

九五

有孚攣如。无咎。

孚有りて攣如《れんじょ》たり。咎无し。

【王弼】攣如とは信（信頼、誠実）を心に掛けることを意味する言葉である。中誠を持ち物と交わる時に、尊位にいて、群物の主である。信をどうして捨ててよいであろうか。そこで、「誠の徳をもち、信頼を心に掛け」、「災難を免れる」。

＊ 九五は信が支配する世に、尊位に居る中心人物。そのため、なおさら内心の誠信を失わぬよう、しっかりかかげ、世間と信頼の交わりを結ばねばならない。信を持ち続けて棄てなければ災難から免れる。

上九

翰音登于天。貞凶。

音《ね》を翰《とば》し天に登る。貞《ただ》しきにおいて凶。

【王弼】翰とは高く飛ぶこと。音《ね》を飛ばすとは音は飛んでも、実が従わない意味である。卦の項上にいて、信の終わりにいる。信が終われば衰え、忠の手厚さは内に喪われ、華美が外に現われる。そのため、「音《ね》を翰《とば》し天に登る」という。音を翰《とば》し、天に登れば、正も滅びる。

＊ 上九は卦の項上で、信がすでに衰え始めた時である。天の高みで鳥の鳴き声がするが、鳥の姿は見えな

い。虚声だけで実体がない。心中の誠信が失われ、外の華美だけが目立つ喩えである。このままでは正しさも滅びてしまうであろう。

＊「貞凶」については節卦上六でも述べたが、ここの「貞凶」は「貞節という点から見れば、その実が伴っていないため凶」の意味。つまり、名だけ高いが、誠信の実がないことを批判している。爻辞は「貞《てい》において凶」と読んでも同じ。

62　小過

☳☶艮下震上

小過。亨。利貞。可小事、不可大事。飛鳥遺之音。不宜上、宜下。大吉。

小過。亨る。貞しきに利あり。小事に可《か》にして、大事に可ならず。飛鳥　之れが音を遺《うしな》う。上《のぼ》るに宜《よろ》しからず、下《くだ》るに宜し。大いに吉。

小過とは、小事において程度が過ぎることをいう。大事が天下国家の祭祀や軍事など重要事をいうのに対し、小事は日常生活の細々した事。君子は小事について、程度の過ぎる行為をして、小人の過ちを改めさせる。大象伝にもあるように、行動は恭順に過ぎるくらい、服喪には哀悼に過ぎるくらい、用度は倹約に過ぎるくらいがよいのである。たとえば、小過の具体例として、斉の晏嬰は一枚の狐裘を三十年間使用した。これは小事における過剰な節約行為だが、この過剰によって彼は小人の華美の過ちを正した。「小過は亨《とお》る」(卦辞)は、君子のこのような小過を評価した言葉である。

小過は小人の過失を君子が過剰の行為、行動によって矯正する卦であるため、小過の世はやや乱れた時代。卦形も陽の君子が上下から陰の小人に囲まれて窮屈になっている。つまり、大通でなく小通の時代である。このような時には、君子は上を目指すのでなく、下を目指し卑順な態度を守るのがよい。鳥が上を目指せば居所がなく、下を目指せば落ち着く場所を得るようなものとみて、鳥の上下する様子でそれを示した。卦辞注に、「飛鳥がいつもの鳴き声を失い、哀しい鳴き声で安居《あんきょ》（巣のこと）を求めるが、上っていけば行くところがなく、下れば安居を得る。上れば上るほどますます窮まるのは、飛鳥以上のものはない」（卦辞注）とある。「上《のぼ》るに宜しからず、下《くだ》るに宜し」は上卦と下卦の重要な爻、六五と六二をとりあげても説明される。つまり、六五は陽剛（九四）の上に乗って危険、六二は陽剛（九三）を承けて安全、上るより下るのが落ち着くという理由である。「可小事、不可大事」は小事はできても大事は出来ない意味。

卦形は五の中位で尊位を陰（小）が占め、小が大（陽）より過ぎているとも見る。そこから、「小人が程度を越えている」「小人の行き過ぎ」の意味も生まれる。小過の「過」を程度の過剰と見てよいが、小人の場合には「過失」「罪過」「悪事」につながることが多い。

初六

飛鳥以凶。

飛鳥　以て凶なり。

【王弼】小過は上れば逆、下れば順であるのに、応が上卦に在る。そこで進んで逆に向かって行き、足を置くところがない。飛鳥の凶である。

＊　初六は応（九四）が上にあり、進んで行こうとする。しかし、小過は大通の時でなく、小通の時なので、

上に上って行くのは逆であり、下るのが順である。したがって、空の上に飛び行く鳥と同じで、落ち着く所もなく凶となる。逆とは陰が陽の上に乗ること、順は陰が陽を承ける（陽の下に在る）ことをいう。

六二

過其祖、遇其妣。不及其君、遇其臣。无咎。

其の祖《そ》を過ぎ、其の妣《ひ》に遇う。其の君に及ばず、其の臣に遇う。咎无し。

【王弼】初を過ぎて二に至り、当位つまり陰爻陰位を得る。これを「遇う」という。小過のとき、当位（位に当たるの）は、過ぎてこれを得る意味である。「祖」とは「始」である。初をいう。妣（母）とは内にいて中《ちゅう》を履み正しいものである。初を過ぎて二の位を履むから、「其の祖を過ぎ、其の妣に遇う」という。過ぎても出過ぎたふるまいに至らず、臣の位を尽すだけであるため、「其の君に及ばず、其の臣に遇う。咎无し」という。

＊「祖を過ぎ、妣（母）に遇う」の「祖」と「妣」は、初を卦の最初で祖と称し、二は内卦の中位。これを家の内で中道の正しい行為を実践する妣（母）と称する。小過の世で、二は初を少し過ぎた程度で止まる。それを「祖を過ぎ、妣（母）に遇う」という。六二は正位を得た正しい人物、しかも応がないため（六五は同じく陰）、五の君位にまで進む僭越さはなく、二の臣位で臣道を尽くす。それを「君に及ばず、臣に遇う」という。出過ぎたまねをしないから災難を免れる。

九三

弗過防之。從或戕之凶。

過ぎて之れを防がず。従えば、戕《そこな》うの凶或《あ》らん。

【王弼】小過の世では、大人《たいじん》は大きな働きによって徳を立てることができない。そのため、小人《しょうじん》を過分にさせてしまう。九三は下体の上にいて、陽を以て位に当たっているが、初六、六二が過分になるのを防ぐことができず、小人（初と二）を過まらせてしまい、自分はまた小人の上六に応じて従う。従えば残害される凶が至るであろう。そのため、「過度な行為によって小人の過ちを防がない。小人に従えば殺害される凶もあろう」という。

＊ 九三は陽爻陽位の正位。陽の盛大さで陰の小人たちの過分を止める役目を持っている。そこで、初六と六二の小人が、上にある上六と六五の陰と結託するのを防がねばならない。しかし、逆に自らが応である上六の小人と結託する。小過の世は大過の世（大過卦を参照）と違い、九三のように陽爻陽位で剛強、正位を得て盛大な者も、輝かしい働きで大きな徳を立てることができない場合がある。九三が過度な行為によって小人たちの過ちを防げなかったのは、自らの陽爻陽位の強さに自信を持ち過ぎた結果であろう。

九四

无咎。弗過遇之。往厲必戒。勿用永貞。

咎无し。過ぎずして之れに遇う。往けば厲《あやう》く、必ず戒む。永貞に用うる勿れ。

【王弼】陽爻を体しているが、その位におらず（陽爻陰位）、貴主でない。そのために、災難を受けることもない。位を失い下にいるため、過度の行動ができない。過度の行動ができないから、災難を免れるほどよさに合っている。その理由から、「過ぎずして、之れに遇う（災難のない状態を得る）」という。そもそも、宴楽は酖毒《ちんどく》であり、心にかけてはならない（上位者の宴楽を目指してはならない）小過のやすらかでない時にいて（多くの陰、つまり群小に取り巻かれている）、陽爻で陰位におり、何もできない者である。この状態で、自らを守るなら、災いを免れてよい。このままで出かけるのは危険な道である。しかし、人に交わらなければ、人もまた力になってくれず、手を差し入れて助けてくれない。そのため、危険なときなら必ず警戒していなければならないが、救いを請う所もない。怯弱の中に沈没して自らを守るだけだ。このようにして群小の中にいるのは、役目を十分に果たせない者である。したがって、「永貞に用いること勿《なか》れ」という。永く正義を実行しなければならない時に、仕事を任せるに十分でないことをいうのである。

＊九四は陽爻だが、陰位で能力が低く、貴い人物でもなく、度を越えた行為で陰を正すことができない。小過の世では、小人に過ちがあれば、大徳の人物はそれを防いで過失のないようにさせねばならない。しかし、度を越えた行為ができないため、逆に災難から免れている。この状態で進むのは危険であるため、

止まってじっと自らを守って居るのがよい。しかし、実は、このような態度を永く守り続けるのは正しくない。時を見て動き、世間や民衆を助けるべきである。群小の中で、本来正義を実行すべきだが、このようなありさまなので十分な使いものにはならない。

「宴楽は酖毒であり、心にかけてはならない」は『左伝』閔公元年、管仲のことば「宴楽は酖毒のようなもので、君主はそこへはまり込んではならない」による。

「貴主でない」は、整理本では「不為貴主」に作る。四庫全書本は「不為貴主」に作る。後者に従う。

六五

密雲不雨。自我西郊。公弋取彼在穴。

密雲して雨ふらず。我が西郊よりす。公　弋《いぐるみ》して彼の穴に在るを取る。


【王弼】小過とは、小なる者が盛大に過ぎるのである。六が五の位を得ているのは、陰が盛大なのである。だから、「密雲は雨降らぬまま」西の郊外に来ている。かの雨は、陰が上にあり、陽がこれに迫り、通過できなければ湿気がこもって雨となる。今、艮は下に止まり陰と交わらない。そのために、雨が降らない。このような理由で、小畜䷈の場合、下卦はなおも進んで行き、亨《とお》る（簡単に通過する）から雨にならない。小過䷽は陽が上って陰と交わらないため、やはり雨にならない。陰は上に盛んであるが、まだその施しを行うことができない。公は臣の極である。五は陰の盛んを極めているため、公と称する。弋《いぐるみ》とは射である。穴に在る者とは隠伏する物である。小過とは小さな過《あやま》ちで、世間から隠れ、まだ大ごとになっていないようなものである。五は陰の質を以て小さな過ちを治め、隠れている小さな過ち（罪過）を捕らえる者である。そこで、「公　弋して彼の穴に在るを取る」という（公が弋で穴に潜む獣を射て捕獲する）。しかし、過失（罪過）を除く道は（弋で取るような武によって）取るのでない（文徳によって自然に服従させるものだ）。弋で取るようなやり方は、密雲だけで、まだ雨が降らないというようなものである。

＊　六五は陰で、五の尊位に居る。小過の時に、陰が盛大に成りすぎている。そのため、「密雲」（厚く重なった雲）に喩える。雨は陰と陽が交わり、せめぎ合って生じる。小過の下卦は陽卦だが、艮で止まって動かない（艮の徳は「止まる」）。そのため、陰と陽が交わらず厚い雲が生じるだけで雨が降らない。「密雲して雨ふらず。我が西郊よりす」は小畜䷈にも見える。西郊（西の郊外）は、自分より離れた場所。遠くに雲が重なり雨が降りそうだが、この地にはまだ雨が降らない。人事でいえば、当地に恩沢の施しが及ばないのである。

六五は陰として位が最も高く、臣下のうちで最高位の「公」に当る。小過は過失があってもまだ小さく、獣が穴に隠れ、その大悪がまだ露見していない状態。五は公であっても陰で、文徳で相手を服従させる能力がない。そこで、武を用い、弋《いぐるみ》で穴に潜む獣を捕獲しようとする。この拙さは、密雲が生じるだけで、まだ恩沢の雨を降らすことができない譬喩に通じている。

＊　小過と小畜はともに雨が降らないが、その違いは次のようなことにある。小過では陰が上卦の中位で尊主の位にあり、陰が壮んである。しかし、雨とならないのは下卦の陽と交わらないため、つまり、下卦艮の徳は「止まる」で、その場所に止まってしまうためである。小畜の場合も雨が降らない。この場合は下

卦乾の上昇の勢いが強く、上卦巽にそれを止める力がなく、簡単に通過させる。つまり、両者のせめぎ合いがなく、湿気がこもらないため雨にならないのである。小過、小畜卦ともに雨にならないが、その理由は異なっている。

上六

弗遇過之。飛鳥離之。凶。是謂災眚。

遇わずして之れを過ぐ。飛鳥　之れに離《かか》る。凶。是を災眚《さいせい》と謂う。

【王弼】小人の行き過ぎがついに上極にまで至った。行き過ぎて限りを知らず、極みにまで至ったのである。行き過ぎが極みにまで至れば、一体何に遇うのだろうか。飛びつづけて、一体何に身を託すのだろうか。災いは自らが招いたのである。一体何かいうことがあろうか。

＊　上六は卦の頂上。小人の行き過ぎが悪い方向へ伸び、極限にまで至ったと見る。飛鳥が高く上り過ぎ、落ち着き場所に遇わないようなものである。これは自ら招いた災いゆえに、誰にも文句のつけようがない。

63　既済

䷾離下坎上

既濟。亨小。利貞。初吉終亂。

既済。小も亨《とお》る。貞《ただ》しきに利あり。初めは吉なるも、終わりは乱る。

既済《きせい》は「皆《み》な済《わた》る」意味。「済」とは川（困難）を渡ることで、そこから成就する、完成する意味になる。すべての爻が陽爻陽位、陰爻陰位で、剛柔みな正位を得ていることから、成就の意味が生まれる。仏教語の「済度《さいど》」は、苦しむ衆生を彼岸に渡らせ救うことで、済は救う意味にも通じている。

「亨小」は「小も亨る」と読み、「小人も亨る、よって大人が亨るのはいうまでもない」というニュアンスである。「小人も亨る」ことは、彖伝注に「小人が亨らなければ、いくら剛が正を得ていても既済ではない」と強調されている。卦形から見て、陰（小人）が下卦の中位を占めていることが、「小人も亨る」ことを示すとされる。「剛が正を得ている」とは、陽剛が五の尊位を占めていることを指す。五と二の重要な位置に陽と陰がいることが、既済の肝要な点である。

既済は成就で喜ばしいが、欠点も力説されている。「既済を安泰と考えるなら、道は極まって進むことが無く、最後には乱があるだけだ。そのため、〝初め吉であっても、終わりには乱れる〟という。自分で乱を為すのでなく、止まることによって乱れるのである。そのため、〝事の完成に止まっておれば（安住しておれば）乱れる（彖伝）〟という」（彖伝注）。完成に安住して努力しなければ乱を招くということである。

初九

曳其輪。濡其尾。无咎。
其の輪曳きずり、其の尾濡れる。咎无し。

【王弼】既済の最初にいて、始めて水を渡る者である。渡り始めで、まだ乾燥地には至らない。そのため、泥地に車輪を引きずり、尾を濡らす。まだ安楽に至らないが、心はもとのところを恋い慕うことなく、志は困難を振り切ろうとしている。義の上からみて、非難すべきところはない。

＊　初九は困難を渡る最初の爻。車にたより困難を渡ろうとするが、卦の最初で力はまだ微弱、十分に渡り切れない状態を示している。陸地を前にして水辺の泥地に車輪が取られ、尾（車の一番後の部分）も濡れ、乾燥した大地に思うようにたどりつけない。しかし、もとの場所を恋い慕うことなく（小過上六の災難を承け、それから逃れようとしている。陽爻ゆえに強さも持っている）、努力して困難を渡ろうとする姿に、非難すべき点はない。「車輪を引きずり」の原文は「輪曳」。未済九二にも見える。既済の場合は、車輪がねばついた泥に引きずられるようす。未済の場合は、車輪を引っ張る意味。狐は、水を渉る車の姿を狐に喩えたものであろう。

六二

婦喪其茀。勿逐。七日得。

婦　其の茀《ふつ》を喪《うしな》う。逐《お》う勿れ。七日にして得ん。

【王弼】中《ちゅう》におり、正を履み、文明の盛んにいて、五に応じている。陰の大いに盛んな者である。しかし、初と三の間にいて、近いけれども親密になれない。上は三を承けず、下は初に比さない（五に応じているため）。そもそも、大いに盛んな陰で、二陽の間にいて、近いのにどちらにも親密になれない。侵害されないことがあろうか。そこで、「其の茀《ふつ》を喪う」という。婦と称するのは、夫があることを明らかにしている。しかし、他人に侵される。茀とは首《こうべ》の飾りである。そもそも中道で貞正を守るのに侵されれば、衆が助けてくれる。既済の時には邪道を受け容れないのである。時は明らかでゆるみないうえに、衆も助ける。首飾りを盗んだ者が逃げ隠れても、彼を招き寄せる者はいない。この情勢を計算すれば、七日を過ぎないうち、自分が追わなくとも、自然に取り戻せるであろう。

＊　六二は陰爻陰位で正位を得、また中位にいる。中道を守り、貞正な行動をする陰（女性）で、九五の応が正式な交際相手である。隣の三・初の陽爻と親しまないので、彼らに侵害される。そこで「首《こうべ》の飾りが盗まれる」。しかし、「既済」は正道が行なわれ、邪悪を受け容れない時である。さらに、下卦離は文明を表し、文明の時に当る。そのため、罪人の味方をする者はなく、衆人は貞正な二を助ける。この情勢をみ

れば、おそらく七日ほどで首《こうべ》の飾りは自然に戻るであろう。

九三

高宗伐鬼方、三年克之。小人勿用。

高宗 鬼方を伐ち、三年にして之れに克《か》つ。小人は用いる勿れ。

【王弼】既済の時で、文明の終わりに居るが（下卦離は文明。三は下卦の終わり）、正位を履んでいる。衰末に居ても、困難を渡れる者である。高宗が鬼方を伐ち、三年かけて勝利したようなものである。君子がこの位に居るから、興隆できるのであり、小人がここに居れば、邦を喪うことになろう。

＊ 九三は下卦離の終わりで、文明衰退の時に当る。昔、殷の高宗は服従しない鬼方を伐ち、三年かけて漸く勝利し、国を中興させた。九三は文明衰退の時に、陽爻陽位の正位を得、困難を渡る能力がある。高宗が辛苦して夷狄を破り、国を中興させたのと似ている。しかし、もし小人がこの位におれば、国を失うであろう。

六四

繻有衣袽、終日戒。

繻《しゅ》に衣袽《いじょ》有るも、終日戒《いまし》む。

【王弼】繻は濡というべきである（「繻」字は誤りで「濡」に作るのが正しい）。衣袽（ぼろ布）は舟の水漏れを塞ぐもの。正位を履みながら、三と五と親密にできない（初と応じる）。そもそも、穴のあいた棄て舟であるのに、川を渡ることができるのは、衣袽があるからである。隣と親しくないのに、無事であるのは終日戒めるからである。

＊ 六四は六二の情況と同じく、正応がありながら、陽爻に比している。隣と親密になれない事態は、川を渡る舟に穴が空き、浸水で沈没する危険に喩えられる。そこで、万一に備え、常にぼろ布を用意し、穴を塞ぐことができるよう気をつけるべきである。終日警戒しておれば、身を守ることができる。

九五

東鄰殺牛、不如西鄰之禴祭。實受其福。
東隣に牛を殺すは、西隣の禴祭《やくさい》に如かず。実《まこと》に其の福を受く。

【王弼】牛（の犠牲を用いるの）は祭の盛んなものである。禴《やく》は祭の薄い（倹約）ものである。既済の時におり、尊位にいて、すべてが成就する。一体、何をしようとするのか。その務めとするのは祭祀だけである。祭祀の盛んなのは、徳を修める以上のものはない。この理由で、沼沚の毛、蘋蘩の菜（粗末な供物）でも鬼神に進めることができる（形式よりも心が大事なこと。『左伝』隠公三年）。そのため、「きびやあわが香りがあるのでなく、明徳こそが香りがある」（『尚書』周書・君陳）とある。こういうわけで、「東隣での牛を犠牲にする祭祀は西隣に及ばない。西隣はまことに神の福を受ける」。

＊九五は尊位、ここで既済の道は完成している。陽爻陽位で正を履み、中位で神が福を降すのを待っている。あとは、宗廟で祭祀を行うだけ。盛大な祭祀とは、供物の豪華さでなく、明徳を修め誠意をもって祭ることである。たとえ質素な供物でも、明徳の香りがあれば十分な福を受けることができる。九五は十分な徳の持ち主。たとえ質素な祭祀でも時宜を得たものといえる。

＊西隣、東隣について、王弼は何も述べない。『礼記』坊記にこの爻辞を引用している。その鄭玄注では、東隣は紂王の国の中、西隣は文王の国の中をいうとする。つまり、周の文王がいるのは殷の紂王の国の西隣。東の紂王の牛の犠牲を使った豪華な祭祀より、西の文王の倹約だが誠意ある祭祀の方が優っているというのである。しかし、王弼注はこのような故事に限定していないようである。

上六

濡其首。厲。
其の首《こうべ》を濡らす。厲《あやう》し。

【王弼】既済の極にいて、既済の道が窮まれば、未済に向かう。未済に向かえば、首《こうべ》がまず侵犯される。それでも進んで止まなければ、難に遇う。そこで、「其の首を濡らす」。身体が水に沈もうとし、長くはもたない。これ以上の危険はない。

＊　上六は九五の「既済《きせい》」の完成からさらに進み、すでに乱が始まり、「未済《びせい》」に入ろうとしている。「未済」は「未だ済らず」で未完成の意味。卦は既済の次に位置し、既済の上下を逆にした形で、未済の初爻と既済の上爻には連続性がある。上六が危険な領域に入ったことを、「首が濡れる」と表現した。このまま進めば、危険のただ中に入り、今にも水没して身を長く保つことはできないであろう。

64　未済

䷿坎下離上

未濟。亨。小狐汔濟、濡其尾。无攸利。

未濟。亨る。小狐　汔《つ》きんとして済《わた》り、其の尾を濡らす。利する攸无し。

未済《びせい》は既済の上下を逆にした形。すべての爻が陽爻陰位か陰爻陽位で不正になっている。しかし、すべての爻はそれぞれ陰陽（剛柔）応じている。不正という点では、未済（未完成）であり、困難を渡れない。しかし、陰陽（剛柔）応じるため、協調して困難に当ることができる。爻は五の尊位に温和な陰がいて、二の剛健の臣下と応じ、仕事を委任できる。よって、困難を渡る用意はできている。

王弼は「小さな狐は大川を渡ることができない。水が涸れ尽きようとするのを待ってのち、渡ることができる。未済の時におれば、必ず剛健（九二）によって難を抜けてのち、渡ることができる。水が尽きんとしてから、渡ることができるとは、まだ険難の中から出ることができないのである」という（象伝注）。

五の弱さのため、困難を渡り、岸に登るのは苦しいが、「未済」（まだ渡らない）は「不済」（渡らない）ではない。すぐに渡れなくとも、時を待ち、剛柔協調して渡ることは可能なのであり、ここに未済の大きな意味がある。

初六

濡其尾。吝。

其の尾を濡らす。吝。

【王弼】未済の初めにいて、険の最も下に居り、渡ることができない者である。ところが、その応に行こうとし、進めば身を溺れさせる。未済の始まりは、既済の上六に始まる。その首を濡らしても、まだ返ることをしない。その尾を濡らして、紀極（終わる）を知らないものである。しかし、陰を以て下にいるので、さらに進んで、その志を遂げようとする者ではない。苦しめば引き返すことができる。そのために凶といわない。己の力を量るのが大事なのに、必ず苦しんでから引き返すのでは、頑《かたく》なさもやはり甚だしい。そこで、「吝」という。

＊初六は、前述のように、既済の上六と連続性がある。既済の上六は進んで止まることを知らず、かえって未済の初六となり、難に遭う。既済の一番上で「首を濡らし」、そのまま進み、今度は未済の最下に来て「尾を濡らす」。初六は陰で下卦険難の最下に位置し、難を渡り切ることはできそうにない。九四と陰陽応じ、前進しようとしても、やはり陰柔で弱く、無理して志を最後まで遂げず、困難があれば引き返すことができる。微力で躊躇しつつ進むため、その危うさを「（小狐が）尾を濡らす」という。「凶」ではないが、あらかじめ自らの力量を計算できない点で「吝《りん》」（恥ずかしい）。

九二

曳其輪。貞吉。

其の輪を曳く。貞しくて吉。

【王弼】体は剛で中を履み、五に応じている。五の体は陰柔であり、二と応じて二に任を与え、仕事の能力を自負しない者である。二は未済の時におり、険難の中にいる。剛中の質を体し、仕事を任せ与えられる。危難を救い、困難を治めて秩序づける者である。健を用いて難を救い、正しさで難を安んじ、中道に違わない。そのため、「其の輪を曳く。貞しくて吉」である。

＊ 九二は陽で剛健だが、正位でない。また、下卦険難の真ん中にいる。しかし、尊位にある五は陰で弱く、応の二に困難を救う仕事を委任する。二は車輪を引くように苦労し、困難を解消しようとする。二は正位でないが力があり、中位を得た正しさもある。よって、重任を引き受け、この正しさを守っていくなら吉である。

六三

未濟。征凶。利渉大川。

未だ済《わた》らず。征《ゆ》けば凶。大川を渉るに利あり。

【王弼】陰の質を以て位を失い、険にいて、自ら渡ることができない者である。不正の身で、力を注いでも渡ることができないのに、進むことを求めては、その身を滅ぼす。そのため、「征けば凶」という。二は難を救うことができ、自分（三）は二に比している。自分を棄てて二に身をまかせ、二に載せられて行けば、溺れさせられようか。渡れないのをどうして憂えることがあろうか。そこで、「大川を渉るに利あり」という。

＊ 六三は陰で弱く、不正の位（陰爻陽位）で、下卦険難の極に居る。困難を渡る力がないのに、進もうとすれば身を滅ぼす。しかし、自己を過信せず、有能な二に頼って行けば、困難に溺れさせられることはなく、渡れないと心配することもない。

九四

貞吉、悔亡。震用伐鬼方。三年有賞于大國。
貞しければ吉にして、悔い亡ぶ。震いて用《もっ》て鬼方を伐つ。三年にして大国を賞とすること有り。

【王弼】未済の時にいて、険難の上に抜け出て、文明の初めにおり、剛質を体し、至尊（五）に近い。不正の位であるが、志が正しければ、吉であって悔いはない。正しい志が行なわれているなら、その威を禁ずることはない。よって、「怒りを震いたたせて鬼方を伐つ」という。鬼方を伐つとは、衰退を再興させる征伐である。そのため、つねに衰退を再興させることに義を取っている。文明の初めにいて、難から出たばかりであり、その徳はまだ盛んではない。そのため「三年」という。五は柔で尊位にいて、文明の盛を体しており、人の功績を奪わない者である。そこで、賞として四に大国を与える。

＊ 九四は五の尊主に近いが、不正の位である。しかし、正しい志をもつなら吉である。正しい志で怒りを震って夷狄を伐てば、衰退した国を再興できる。しかし、下卦険難を抜け、上卦文明に入ったばかりで徳はまだ盛んでない。よって、すぐには勝利できず、三年を要する。五の尊主は陰柔で和らいだ態度の持主で、臣下の功績を奪うようなことはせず、大国を賞として与える。「つねに衰退を再興させることに義を取っている」とは、既済の九三にも高宗が鬼方を伐つことを述べている。どちらも、国の衰退を再興させる意味を取っているというのである。

六五

貞吉、无悔。君子之光。有孚、吉。

貞しくて吉。悔い无し。君子の光あり。孚《まこと》有りて吉。

【王弼】柔を以て尊位におり、文明の盛にいて、未済の主である。そのため、正しくて、然る後に吉であり、吉であって悔いは無くなる。そもそも、柔順文明の質を以て尊位にいる。能力者（二）に仕事を授け与え、自ら労役せず、文でもって武をもちい、剛を扱うに柔を以てする。誠に君子の光がある。仕事を能力者に授けて疑わないなら、人（二）は力を尽くし、功はあがる。そのため、「孚有りて吉」（信頼して吉）という。

＊ 六五は尊位で上卦文明の中央、盛徳がある。しかし、陰爻陽位の不正ゆえに、正しい態度を持続してはじめて吉となり、悔いはなくなる。柔順で文徳があり、能力ある応の九二に仕事を委任し、自ら苦労することなく、相手を疑うこともない。このような態度なら、人は力を尽くし、功績はあがるであろう。「柔順文明の質」とは、五爻が上卦文明の中に在り、かつ陰爻だからである。

上九

有孚、于飲酒。无咎。濡其首。有孚、失是。
孚有り、飲酒に于《お》いてす。咎无し。其の首《こうべ》を濡らす。孚有りて、是《ここ》に失う。

【王弼】未済（未完成）の極になれば、既済（完成）に還る。既済の道とは任用した者が適任のことである。任用した者が適任であれば、これを信じて疑わず、自分は安逸である。だから、「孚有り、飲酒に于《お》いてす。咎无し」という。人を信じることができるため、安逸な生活を得て、事の荒廃する憂いはない。いやしくも、事の荒廃を憂えず、楽しみに甚だしく耽るなら、節度を失うに至る。孚が有る（信頼する）ことによって、節を失うことになる。そのため、「其の首《こうべ》を濡らす。孚有りて、是《ここ》に失う」という。

＊ 上九は未済の項上。極まればもとに戻るので、未済（未完成）の項上は既済（完成）の初に返る。既済はすべての爻が正位で完成しており、誰を任用しても適任である。そのため、上九は他人を任用して、能

力を疑わずに信頼し、自らは飲酒を楽しむ。このようにして咎はない。しかし、陽で勢いがあり、少々度をこす面がある。もし、相手を信頼し、全く相手任せで、逸楽して節度を失えば、首《こうべ》を水で濡らすような災難が再びおとずれる。相手を信頼することから、正道を失うことになろう。

周易略例

＊読者の便宜を考え、本文を適宜の章に分け番号を付し、段落も分けた。

明象

（1）

いったい彖伝とは何か。一卦全体を総括し、卦の主である一爻を明らかにするものである。

（2）

そもそも、群衆は群衆を治めることができない。群衆を治めるものは、極めて少数のものである。動くものは動くものを制御できない。天下の動くものを制御できるのは、静かで正しいあの一なるものである。このように一は重要であり、そのゆえに、群集がすべて生存できる理由は、根本のものが一に帰着するからである。動くものがすべて動くことができる理由は、もとはといえば、根源のものが二つに分散しないからである。

（3）

物事は盲目で動いているのでなく、必然の道理に従っている。これらを統率するには宗主がいて、それらを集めるにはリーダーがいる。宗主やリーダーがいるため、煩瑣であっても乱れず、衆《おお》くとも惑うことがない。というわけで、一卦に六爻が雑然と並んでいても、（主となる）一爻をあげて一卦の意義を明らかにできる。六爻（には陰柔と陽剛、さらに陰位と陽位があり、それら）が互いに入り交じっていても、主爻を立てることによって主従の関係を定めることができる。このゆえに、多くの爻が集っているうちで、さまざまな徳を撰び定め、是と非を明らかにするには、中爻（上卦と下卦の中央にあり、主爻の有力な候補である二爻と五爻のこと）が無くてはできない。したがって、統率ということから推量してみれば、物は衆いといっても、一（という、主爻が示すような根本のもの）を手にすれば、おさめることができるのがわかる。根本のものから（衆物を）観れば、義は広くとも、一という簡単な概念によって統括できるのがわかる。このようなことだから、天文観測の機器によって天地の大きな運行を観れば、天地の動きは錯綜していても怪しむほどのことはない。会要（綱要、根本のもの）によって将来を観れば、世界の混み合ったさまも、多いとするほどのことはないのである。このように重要なところをつかめば、効果があるのだから、一卦の名をあげるだけで、その卦の意味する主旨がわかることがあり、さらに彖伝の辞を観れば、卦の大半の意義はわかることがあるのである。

そもそも、古と今は別であり、軍事と政事の様子は異なるが、「中」（中正）の道の働きは大事であり、これから離れてはいけない。種類や制度は万変しても、宗主（つまり、一をいい、根本のものをいう）は必ず存在する。彖（彖伝）の尚ぶところ、（つまり一、宗主、根本のもの）は盛大である。

＊　何事にも中心になるもの、根本のものがあり、これをつかむことが重要である。これを一といったり、宗主といったりする。『易』の道の理解では二爻と五爻に多い主爻に注目することである。

(4)

いったい、少ないものは多いものに貴ばれる。寡ないものは衆《おお》いものに宗主と仰がれる。一卦が五陽で一陰であれば、一陰が主である。五陰で一陽であれば、一陽が主である。そもそも、陰の求めるのは陽であり、陽の求めるのは陰である。陽が仮にも一つだけなら、五陰はどうしてともにその陽に帰属しないであろうか。陰が仮にも一つだけなら、五陽はどうしてともにその陰に従わないであろうか。だから、陰爻は賤しいが一卦の主となるのは、極めて少数の地位にいるからである。

あるいは爻を棄て二体（上卦と下卦つまり上体と下体）をあげるものがあるが、それは卦全体の表す義が爻によらない（ため、上下二体によって説明する）のである。（六爻の複雑な変化は）繁であっても（読者は）混乱させられる恐れはなく、変化しても困惑させられる心配はない。約であって博を存し、簡であって衆（読者）を助けるのは彖（彖伝）だけであろうよ。たとえ（一卦の六爻が無秩序で）混乱しているように見えても、（読者は）惑わされず、複雑な変化があると見えても（読者は）思考をつぶされることはない。天下の至って奥深いものでなければ、誰がこのような働きの境地に参与できようか（彖伝こそ最も奥深い境地の者によって作られたものである）。だから、このような見方で彖伝をじっくり読めば、卦の義は現われてくる。

＊ 複雑な卦辞や六爻の辞にも、実は一つの中心的な概念がある。彖伝のいう主爻に注目する説（朱伯崑は一爻為主説と呼ぶ）をもとにしたり、卦の上下二体の考察などにより、一卦の義を理解すべきであると説いている。

明爻通変

(1)

いったい、爻とは何か。変化をいうものである。変化とは何か。情偽（実意と偽態、真と偽、実と虚、内面と外面）がつくるものである。かの情偽の動きは道理では求められない。そのため、爻義の変化には合するあり、散ずるあり、屈するあり、伸びるありと、その体と乖《そむ》き合う。

＊ 爻は爻相互の関係、爻の置かれた位置の関係などで、その性格、性質が色色と変化する。そのため卦の義、卦の主旨と乖き合うことがある。例えば、萃䷬は上卦は兌でその徳は説《よろこ》（悦）ぶ（兌説《だえつ》という言い方をするときがある）、下卦は坤でその徳は順う（坤順という言い方をするときがある）。つまり上が悦び、下が順うので萃《あつま》る意味がある。しかし、六二は、集ることなく静かにひっそり退くことを心がけている。これは「合」を求める中に「散」があることで、卦の体制と異なっているため、「その体と乖き合う」。また、乾䷀の初九は、身を潜め屈する時に当っているが、それによって憂うことなく、自分の志は伸びやかである。これは「屈」の中に「伸」がある。なお、「道理では求められない」の原文は「非数之所求也」。数を「道理」と訳したが、「象数」のことで、漢易で重視する象数では求められないという意味にも理解できる。

形は躁であるのに、静を好んだり、

＊帰妹☳☱は上卦は震動、下卦は兌説（兌悦）で、その体は悦んで動く。しかし、九四は静かに婚期の到来を待っている。これは、体は落ち着きがないが、心はかえって安静を好んでいる。また、大壮☳☰は陽が壮んでますます勢いを伸ばそうとするが、九二は謙虚でおとなしい。

質は柔であるのに、剛を愛する。

＊履☰☱は、上卦は乾で剛、下卦は兌で柔である。六三は柔の体に属している。しかし、爻辞に「人を武《しの》ぎて大君と為る」とあるように、剛強を好み目指している。また、坤卦☷☷の体質は柔だが、上六まで来ると強くなり、剛を好んで陽と争うことになる。

かくして、体と情が反したり、質と願いがそむくのである。（このような情偽の変化、つまり実と虚の作る変化は、）精密な暦法でもはかることができず、聡明な人物でも、いかなる定まった規則も立てることができない。法制でもそれを斉一にできず、度量でもそれを均一にできない。法制や度量を整備して大がかりにつくればよいのであろうか（いや、いくら完備したものをつくっても、外《はず》れて間違うものである）。

＊「法制」より以下の原文は「為之乎、豈在夫大哉」。右のように訳したが、「之《こ》れを為《おさ》むるや、豈《あ》に夫《か》の大に在るかな」と読み、「（老荘でいう）あの大なるものこそが、変化をおさめて通じさせるものではなかろうか」とも理解できる。

大国の軍隊をしのぐ勢いの者でも、朝廷の礼儀制度に恐れたり、威武をあらあらしくする者でも、酒色の楽しみに苦しんだりするのである。

＊陽で剛健の者でも陰柔に抑え退けられ、進むことができない。また体質は剛猛で威武を発揮する者も、朝廷での献酬や揖譲など微小なことに、汗を流して恐れるのである。例えば、大畜䷙の初九は乾に属し剛健だが、六四の陰柔に勢いを抑えられ、止まって修養し、九二も剛健だが、六五の陰に抑えられる。これらは、卦の中で強いはずの剛が時に弱によって教育されたり、剛が柔に怯えたりする例である。

(2)

爻位が近くても必ずしも親しまないし（屯䷂の初九と六二）、爻位が遠くても必ずしも乖《そむ》かない（屯の六二と九五）。

同じ音声のものは応じ合うが、その高下の位は（初位と四位、二位と五位、三位と上位が応じるように）必ずしも同じでない。

同じ気のものは（水気の雲と水気の龍のように）求め合うが、それらの体質は（陽剛と陰柔、また知覚があるか無いかというように）、必ずしも斉しくはない。雲を呼ぶのは龍であり、呂（陰声）に命ずるのは律（陽声）である。

だから、二人の女は同じ陰類でも乖き合うことがあるし（睽《けい》䷥は上卦は中女、下卦は末女で乖き合う）、剛柔で互いに異なるものも合体することがある（恒䷟は上卦震は陽卦で剛、下卦巽は陰卦で柔。剛柔合体して働きを強めている）。

河水の中にある建物の高い塀で長嘆すれば、遠い谷の中に響きが満ちて応じる（観䷓の九五と六二は、高いと低いの違いがあっても応じ合い、陰と陽と類を異にしながら、応じ合っている）。

武器を自分の領地に放棄し、外に逃亡するなら、自分の親族は安全たりえない。（遯䷠の九四と初六の関係。九四にとって初六は応で至親であるのに、自分は外に逃げている。これでは初六の身を守れない。剛柔の二爻はそれぞれ内と外に身を置いているが相互に影響しあっていることをいう）

同じ舟に乗り、河水を渡るなら、胡と越のように他国同士の者でも、相手の裏切りを心配しない。（向こう岸に渉る目的は同じだから、互いに助け合う。例えば、漸䷴の九三と六四は陽と陰で異なるが、助け合う。また、それぞれ下体と上体にいて、体を異にすることは、胡国と越国が異なるようだが、共通の利害関係が存在し同心で親しむ）

そのため、仮にもその情（実意、真相）を理解すれば、互いに遠く離れていることを心配することはない。仮にも相手の指向に明らかになれば武力を用いることに悩む必要もない。

爻の変化は、（それを知れば険難を予告し憂患を除くので）万物の心を悦ばせ、有為の諸侯の思慮を精密にさせる。

睽《そむ》いていても同じ仲間であることが分かり、道を異にしていてもその通じあう所が分かる（「男女は睽きあっていてもその志は通じ、万物は睽きあっても、その働きは同じ」と睽卦の彖伝に見える）。爻の道理に明らかな者であって（はじめて時宜を知り、安危を察し、吉凶を辯じ、変化を）理解できるのである。

＊ 以下、爻の変化のさまを示し、これに通暁して身を修めれば、事が順調に運ぶことを示す。

だから、近くは自らの身を修めることができれば、遠方の人もこれに応じてやって来るし（中孚䷼九二の爻辞）、宮の音声に命ずれば商の音声が応じる（同声が応じる）。下位にあっても、その身を修めることができれば、（否䷋の初に対し九四が命じ福を授けるように）高位に在る者も下って来て命を授け福を与え、（大有䷍六五爻辞のように）上位に在る者が下位に在る者に恩恵を与えれば、下位に在る者は心服する。

(3)

こういうわけで、爻と爻の間には情偽（実意と偽態）の感応がある（ここでは当位同士の感応を「情」と見、不当位同士の感応を「偽」と見る）。遠くても応じたり、近くで求め合ったりする。爻の相互の関係には愛あり憎ありで、攻め合ったり、勢いで相手を突き動かして、屈したり伸びたりし推移する。相手の実意を見るものは相手を得ることができるし、真っ直ぐ無暗に追い求めれば、必ず相手を得ることができずに背かれる。

だから、爻の変化に倣って人は自分の変化を成し遂げ、立派に器を完成させたと語れるようになって後

(つまり爻の変化の真髄を手に入れてはじめて)、法則が身につく。易の道が万物の主である理由は分からない。しかし、易の道は万物を鼓舞し、天下の万物はそれに随って変化している。ここに、易の実情が現われている。

(4)

こういうわけで、易は天地間の変化の働きを鋳型にとっているため、誤ることがなく、天地間の万物をつぶさに造型して漏らすことなく、昼夜の間の道理に通じていて、一定の形体がない。陰と陽がかわるがわる交代し、尽きて窮まることがない。天下で最も自在に変化するものでなければ、何ものもこの境地に参与することはできない(易こそ最も変化するもので、この境地に入ったものである)。こういうわけで、卦は時を存し(つまり、卦は時によって推移し)、爻は変化を示している。

* 王弼は、卦と爻の変化を、事物の変化、特に人事の変化を映すものと見て、人間の行動は爻の変化を模範とすべきだと考えている。

明卦適変通爻

(1)

そもそも卦とは時である。爻とは時の変化に適《かな》うものである。

＊「卦とは時である」とは、各卦が持っている固有の時間、固有の状況を示している。例えば、泰卦は安泰の時、師卦は戦争の時、咸卦は感応の時、井卦は賢者を養う時など。各爻は時と位を示す。例えば、乾卦では龍が潜龍や飛龍と呼称が異なる。それは剛健の徳がその時と位に応じて異なることを示している。

(2)

時には泰の時と否の時がある。だから、その時に随い、仕えて道を行ったり、仕えなかったりする。卦には陰が壮んな小と陽が壮んな大があり、陰が壮んな否の時には卦辞は険《けわし》く、陽の壮んな泰の時には卦辞は易《おだや》かであるごとく、卦辞は時によって異なる。「一時の制、反して用うべきなり。一時の吉、反して凶なるべきなり」で、つまり、制（制止）と用（能力の発揮）、吉と凶はある時になれば、互いに転化するのである。だから、卦象は（乾と坤、泰と否などのように）反対のものが対となり、その爻辞は卦体の変化によって変化する。（このように、卦は時によって推移し、爻もまた時に従って異なる）ゆえに、用には常道はなく、物事の処理には常軌がない。（このように、易の道というものは、絶えず変動し）動いたり、静かになったり、屈したり、伸びたりし、ただ変化の進行に任せるのみである。

ところで、卦の名についていえば、吉と凶の二つの類に分けることができる。卦の時についていえば、動と静の二つの用に分けることができる。卦名を推し尋ねてその吉凶を考え、卦の時を挙げてその動静を詳しく観察すれば、一卦の体の変化はそれで明らかになる。

＊　以上は卦辞あるいは卦義が時によって異なり、その爻義もそれに応じて変化することを述べている。これ以下は爻義の変化が卦の時と関係する以外に、爻自身にも特別な規則があることを述べる。

そもそも応とは、初と四、二と五、三と上のように応じて、志を同じくする象である。位とは爻が位置するところの象である。承と乗とは陰が陽の下にある「順」と、陰が陽の上にある「逆」の象である。難から遠いのと、難に近いのとは、「険」と「易」の象である。内（下体、下卦）と外（上体、上卦）とは、出ると処《お》るとの象である。初と上とは、始めと終りの象である。こういうわけで、上卦と下卦と遠く離れていても、動くことができるのは応があるからである（革六二）。険であってもそこに処ることができるのは、時を得ているからである（需上六）。弱くとも敵を懼れないのは、拠《よ》る所を得ているからである（師六五は尊位を得ている）。憂いても乱を懼れないのは、付《つ》く所を得ているからである（遯九五は外に逃げても尊位に付いている）。柔であってもおそれず果断に実行できるのは、人を治め服従させる権力を持っているからである（噬嗑六五）。体の後にあっても先となるのは、初爻に応じるものがあるからである（泰初九）。すべての物が競い合っているのに、唯独り静に安んじているのは、終わり方を把握しているからである（大有上九）。だから、爻の変動を観るのは、爻の応（と不応と）に在る。安危を洞察するのは、爻の位置に在る（得位なら安、失位なら危）。逆順を弁別するのは、陰陽の承乗に在る。出処を明らかにするのは、内外の位置関係に在る。

(3)

爻に遠、近、終、始があり（吉凶が分かれるが）、その吉凶は時機に合するか否かにある（その時に適《かな》えば吉、その時を失えば凶）。険を避けるには、遠ざかることを尊び（険を避ける原則は遠ざかること。遯上九）、時におもむく（応じる。宜しき時に向かう）には、近づくことを尊ぶ（観六四）。比卦と復卦は先に在るのを好み（初爻が吉）、乾卦、大壮卦は項上に在るのを憎む（吉でない）。明夷卦は明るさを隠すことに務め（初九は才能を隠し闇に務めているので良い）、豊卦は光大であることを尚ぶ（上六は初爻から最も遠く光明が見えないから凶）。豊卦という光大を尚ぶ時に闇さを志しているので凶）。時には吉凶があるので分際を越えて背いてはならない。動静にはふさわしい時があるので、タイミングを過ぎて行動してはならない。時の禁忌に逆らえば、（凶咎に遇い）、その罪の大小は関係ない。動静がふさわしい時を失えば（凶咎に遇い）、その過失の深い、深くないは関係ない。天下を動かし、君主を滅ぼすような大事には、それと一緒になって国を危険にするようなことはしてはならない（臣下の道を固く守らねば我が身を滅ぼすことになるから）。妻子を侮り、顔色を厳しくするような小さなことでも、おざなりにしてはいけない（そうでないと、悔吝に至るから）。だから、貴賤に列せられる時、つまり位の貴賤、爻の尊卑が確定すれば、その職分に抵触してはならない。悔、吝を心配する時に遇えば、それが軽小であっても侮ってはいけない。爻を観てその中の変化を考えれば、変化はすべてここに尽されている。

＊　王弼は卦爻の義は時によって変化するので、人々の活動もまたその時と位によって異なるべきだと考えている。

明象

（1）

象（『易』でいえば、龍や馬や牛など）は意（意味）を表すものである（意は聖人の心意、また卦爻の意義あるいは義理。例えば乾卦であれば、「剛健」がそれに当る）。言（ことば。卦爻辞。例えば、「潜龍なり。用いる勿《なか》れ」）は象を明らかにするものである。意味を十分明らかにするには象に及ぶものはなく、象を十分明らかにするにはことばに及ぶものはない。ことばは象から生じるので、ことばを尋ねて象を観ることができる。象は意味から生じるので、象を尋ねて意味を観ることができる。意味は象で尽され、象はことばで明らかになる。したがって、ことばとは象を明らかにするためのものであり、象を得ればことばを忘れて良いのである。象とは意味を存するためのものであり、意味を得れば象を忘れて良いのである。これはちょうど、蹄《わな》は兎《うさぎ》をとらえるためのものであり、兎をとらえれば蹄を忘れて良く、筌《うえ》は魚をとらえるためのものであり、魚を得れば筌を忘れて良いのと同じである。そうであるなら、ことばとは象（を得るため）の蹄である。象とは意味（を得るため）の筌である。

このようなわけで、ことばに止《とど》まるのは、象を得ている者ではない。象に止まるのは、意味を得た者ではない。象は意味から生じるのに、象に止まり続けるなら、その象は意味をつかんだ本当の象ではない

＊　龍の象は剛健の義から生じる。もし、龍の象に拘泥し、剛健は龍の象に限られていると見なせば、龍の象を借りて義を明らかにする働きを失う。卦爻象に執着するとかえって意味を得る妨げになり、卦爻辞に執着するとかえって象を得る妨げになることをいう。（朱伯崑参照）

ことばは象より生じているのに、ことばに止まり続けるなら、そのことばは象をつかんだ本当のことばではない。そうだとすれば、象を忘れる者は意味を得た者である。ことばを忘れる者は象を得た者である。意味を得るには象を忘れる必要があり、象を得るには、ことばを忘れる必要がある。したがって、卦象を立てて意を尽くしたなら、卦象は忘れて良い。六十四の卦形で十分に真実を尽したなら、卦形は忘れて良い。

＊　例えば、龍の象を得てしまえば、「潜龍なり。用うる勿れ」ということばは忘れてもよく、乾健の意味（義）を得てしまえば、その龍の象は捨ててもよいのである。（朱伯崑参照）

(2)

ところで、人は同じ類（同じ方向性を持つグループ）に接触すれば、象を立てることができ（龍、馬、牛など）、その義（剛健など）をあてはめて、その特徴となすことができる。

義が仮にも健に属するなら、どうして馬だけの象に拘《こだわ》る必要があろうか。類が仮にも順に属するなら、どうして牛だけの象に拘《こだわ》る必要があろうか。爻が仮にも順に合致するなら、どうして坤が牛に限るであろうか。義が仮にも健に応ずるなら、どうして乾が馬に限るであろうか。しかるに、ある者は乾を馬に定め、文を案じ、卦を追究する。馬があって乾が無ければ、偽説がいよいよ蔓延し、記録することができない。互体で足らなければ、卦変にまで及ぶ。卦変で足らなければ、五行までに推し及ぶ。ひとたび、その本来の旨を失えば、いよいよ譬喩を拡げる。たとえ、当っていたとしても、取るべき義はない。おもうに、象を存し、意を忘れているからであろう。象を忘れて意を求めれば、義はここに現われるのである。

＊　互体はある八卦のうち、通常は二、三、四爻と三、四、五爻を取りだし、新しい卦に当てること。卦変は六十四卦のうちのある卦は別の卦から変化して来たものと考える見方。五行は、木、火、土、金、水の五つの要素をいう。これを『易』の八卦と結び付ける方法。ともに漢易で流行するようになった。

辯位

（1）

思うに、象伝には初爻と上爻に得位、失位の文はない。また「繫辞」（繫辞伝下）にはただ三と五、二と四が功を同じうして位を異にすと論じても、初爻と上爻に言及しないのはどうしてか。ただ、乾の上九の文言伝に「貴くして位无し」という。需の上六に「位に当らずと雖も」という。もし、上を陰位とすれば、需の上六を位に当らずということはできない。もし、上を陽位とすれば、乾の上九を、貴くして位无しということはできない。陰陽がこれ（上）にいても、どちらも位に非ざることをいっている。そして、初もまた当位、失位を説いていない。そうだとすれば、初と上は事の終わりと始まりであり、陰陽の定位（固定した陰陽の爻位でない。つまり陰が居るべき正当の位と陽が居るべき正当の位）ではない（つまり、陰陽ともに当位にはならない。もちろん失位でもない）。そのため、乾の初では「潜」といい、五を過ぎれば无位であることをいう。当位であるのに「潜」というものはないし、上で位を有していて、无しというものはない。衆卦を歴観するに、すべてこのようである。初と上に陰陽の定位がないことは明らかである。

＊　王弼によれば、上と初は事の終始であり、禄位の地（在り処）を示すのではない。なお、一般に、当位（位に当る）とは、陽爻が奇数位（初、三、五の位。陽位ともいう）にいること、また陰爻が偶数位（二、

四、上の位。陰位ともいう）にいること。失位とは、陽爻が偶数位にいること、また陰爻が奇数位にいること。当位を得位ともいう。

(2)

そもそも位とは貴賎を並べる地であり、才能の使い道を待つ場所である。爻とは位分（地位、身分）の責務を守り（つまり、本来の職責を守り）、貴賎の序（ランク）に対応しているものである。位には尊卑があり、爻には陰陽がある。尊は陽の処るところで、卑は陰の履《ふ》むところである。そのために、尊を陽位とし、卑を陰位とする。初と上を除き、位分を論ずれば、三と五はそれぞれ一卦の上位にあるので、どうして陽位といわずにおれようか。二と四はそれぞれ一卦の下位にあるので、どうして陰位といわずにおれようか。初と上は体の終始であり、事の先後の象徴である。だから、この二つの位には陰陽の定まった分はなく、事には陰陽の定まった場所はない。陰陽で当位を定めるべきでない。中間の四爻の尊卑には定まった序（ランク）があるが、終と始（初爻と上爻）には定まった主はいない（陽爻なら良い、陰爻なら良いというような、定まった陰陽の主はない。つまり陰がおろうが陽がおろうが当位ではない）。

そのため、繋辞伝は但だ中間の四爻の爻位の通例を論じるだけで、初と上の定位には言及していない。しかし、事には終始がないわけにいかず、卦には六爻がないわけにはいかない。初と上には陰陽の本位がないとはいえ、ここは終始の場所である。総合して論ずれば、爻の処《お》る所を位という。卦は六爻から成立するので、これを「六位時に成る（六つの位は、それぞれの然るべき時に随って完成する）」（乾卦の彖伝）といわざるをえない。

略例下

(1)

およそ卦体で四徳（元亨利貞）を具えているものは、一段と勝《まさ》っている徳を先とする。そのため、「元亨利貞」という。（離卦のように）先に「貞」といい、後に「亨」というものは、「亨」が「貞」にもとづくからである。

およそ、陰陽は互いに求めるものである。近くても通じ合えないのは、志が別のところにあるからである（既済䷾の六二が初九と九三に親しまないのは、応の九五があるから）。だから、およそ陰陽の二爻はおおむね隣り合って比していても応でなければ、親しまない。（同人䷌の六二と九五のように）陰と陽で応じ合えば、遠くても親しむことができる。

(2)

しかし、時には困難と平易があり、卦には小（陰に勢いがある卦）と大（陽に勢いがある卦）がある。しかし、（陰同士、陽同士でも）互いに助け合って親しんだり、（陰陽応じていても、）疑い踈《うと》んじ合ったりする。もとより、この例に背くものもある。しかし、卦（ならびに爻）は、時に応じて変化することをもとにして考察すれば、その義は了解できる。

(3)

およそ彖伝とは、一卦の体（卦義）を総合的に論ずるものである。象伝（小象伝）とはそれぞれ一爻の義をはっきりさせるものである。だから、履卦䷉の六三は下卦兌《だ》の主で、上卦乾に応じており、一卦の義を成立させているのは、この一爻に在る。そのため、彖伝では六三の応について言及し、危険だが亨《とお》るとしている。象伝はそれぞれ六爻の義をいい、その吉凶に対応する行為を明らかにしている。六三が卦体（卦義）を成立させていることを述べずに、一爻の徳を指摘して説いている。そのため、危険であって亨《とお》ることができず、虎に咥《か》まれるのである。訟の九二もまた同様の義である。

(4)

およそ彖伝は一卦の体を通論するものである。一卦の体が必ず主となる一爻に基づいているならば、一爻の美を指摘して明らかにし、一卦の義を綜括する。大有䷍の類がそれである。卦体が一爻に基づかなければ、ひとまとめにして、二体（上卦と下卦の二体）の義で明らかにしている。豊卦䷶の類がそれである。

(5)

およそ「无咎」（咎无し）というのは、本来はみな咎（災難）があるのである。その道を防ぐため、「咎无し」を得るのである（乾䷀九三）。「吉、无咎」とは、やはりもともと咎がある。吉であることによって咎を免れることができるのである（師䷆の卦辞「貞。丈人、吉、无咎」）。

「咎无し。吉」とは先に咎から免れ、その後、吉がそれに従って来ること（適当な例はないが、邢璹の注には比䷇の初六を挙げている）。或は正しい時を得ていれば、吉は功績を待つまでもない。咎（罪）を犯さなければ、吉を得る（需䷄九二）。或は罪を自分から招き、誰も怨むことができない。それも「无咎」（咎むべきもの无し）という。だから、節䷻の六三に「節若《せつじゃく》たらざれば、則ち嗟若《さじゃく》たり。咎むべきもの无し」という。象伝に「節ならざるの嗟《なげ》き、又た誰をか咎めんや」というのはこの意味である。

卦略

䷂屯

この一卦は陰爻がみな陽を求めている。屯難の世に、弱者は自分を救うことができないため、必ず強者に頼り、民は自分たちの主を思う時である。そこで陰爻はすべて先に陽を求め、招かれなければ自ら出かけて行く。馬が行き悩んでも、なお出かけて行くのをやめない。主を得なければ頼るところがないためである。初は陽爻を体し、始まりに処り、下に居る。民の求めに応じ、民の望みに合致する。そのために、初爻は大いに民を得るのである。

䷃蒙

この一卦も陰爻がやはり先に陽を求める。そもそも、陰は昧《くら》く、陽は明るい。陰は童蒙（無知）であることに困《くる》しみ、陽はそれを啓発できる。総じて、無知の者は識者に問おうとし、識者の方から伝えようと求めることはない。暗い者が明を求め、明るい者の方から暗い者に相談しない。そのため、「童蒙が我（識者）に求め」、「我が童蒙に求めるのではない」。六三は（男女関係として見れば、六三の女の方から先に上九の男を求めるため）、もとより女として正しさに背いている。四は陽から遠いため、蒙に困《くる》しみ恥ずかしいことである。初は陽に比しているので、蒙を啓《ひら》くことができる。

☰☱☰履

雑卦伝に「履は処《お》らざるなり」という（雑卦伝の王弼云によれば、「処らざるなり」とは、陽爻が陽位にいない、つまり陽爻陰位の意味。この卦では陽爻陰位が以下の記述のように称賛される）。また、「履は礼なり」という（序卦伝、韓康伯注）。謙（謙虚、謙遜）で礼を制定するのであり、陽が陰位に処ることが謙である。この理由から、この一卦はみな陽が陰位に処るのを美とするのである。

☷☱臨

これは剛が長ずる卦である。剛が勝てば柔は危うい。柔に徳があれば咎を免れる。そのため、この一卦は陰爻が美といっても、「咎が无い」（災難を免れる）程度で、これを過ぎることはない。

☴☷観

観の義は目に見るものが美なのである。だから、尊の近くにあるのを尚《とうと》び、尊の遠くにあるのを吝とする。

☱☴大過

大過は棟が撓《たわ》む世である。本（初六）と末（上六）がどちらも弱く、棟がすでにたわんでいる。それなのに、通常のことを守っておれば、この危険を救うことができずに、凶の道である。陽が陰位に居るのが弱を助ける義である。そのため、陽爻が陰位に居るのを美とする。衰を救い、危を救うのに、ただ同好（応のこと）だけに限るのは、見るところが狭い。九四に応があるのは他の吝がある。九二に応がないのは、すべて順調にゆく。

＊　この卦は陽爻陰位で応が無いのが望ましい。陽で位を得て応があるのは凶である。

䷠遯

小人が次第に長じる。困難は内に在り、亨（通じる）は外に在り、臨卦と相対するものである。臨は剛が長じるので柔は危うく、遯は柔が長ずるので剛が遯（逃れる）のである。

䷡大壮

謙に逆らい、礼からはみ出して壮を全うしたものは、今までに一度もない。そのため、陽爻はみな陰位（偶数位）に居るのを美としている。壮を用いて謙に処る（陽爻陰位）なら壮は完全である。壮を用いて壮に処るなら、藩《まがき》に触れることになる（九三）。

䷣明夷

闇の主は上六にいる。初は最も上六から遠い。（義を尚《とうと》ぶ）ゆえに「君子于《ゆ》き行き」という。五は最も上六に近いが、険難も苦しみに陥らせることができない。そのゆえに、これを「箕子の貞、明にして息《や》むべからざるなり」（小象伝。箕子は貞正で身を全うし、その明智は滅ぶことがなかった）という。

䷥ 睽

睽《けい》とは、睽《そむ》いても通ずることである。両卦の極（下卦六三と上卦上九）においてこれを見れば、この義が最も現われる（上九と六三は結局和合して通ずるので）。睽（そむく）を極めて合し、異を極めて通ずる。そのため、先には怪を見るが、洽《やわ》らげば疑いはなくなる（睽上九）。

䷶ 豊

この一卦は明（下卦離明）で動く（上卦震動）卦である。光り輝くことを尚《とうと》び、その光輝を広くかかげ、阻礙なく通じさせるものである。だから、爻はみな陽位に居て陰に応じないのを美とし、その本筋は闇を憎むことにある。小闇を沛《はい》といい、大闇を蔀《しとみ》という。闇が甚だしいと明が尽き、尽きなければ、明が味《くら》くなる。明が尽きれば斗星を見、明が微《び》なれば味《まい》を見る。明がなければ世間のことにあずかれず、味を見れば大事ができない。右肱を折れば、左肱があったとしても用に足りるであろうか。日中の盛んなときに味を見るだけである。どうして役目に十分堪《た》えようか。

（『周易略例』には唐の邢璹の注があり役に立つ。本文の途中に二行で小さく書かれた割り注がそれである。その他、特に楼宇烈の『王弼集校釈』所収の「周易略例」や参考文献にあげた蘇東天の『易老子与王弼注辨義』、朱伯崑の『易学哲学史』訳註の第四章魏晋玄学派の易学哲学・第一節王弼『周易注』と『周易略例』、戸田豊三郎の『易経注釈史綱』の「王弼周易略例考」の部分、ならびに王弼『周易略例』詳解・易学網を参考にした。）

【参考文献】

『易経講話』公田連太郎　明徳出版社（一九五八年）
『易学』本田済　平楽寺書店（一九六〇年）
『易学注釈史綱』戸田豊三郎　風間書房（一九六八年）
『易経』高田真治　後藤基巳　岩波書店（一九六九年）
『周易本義』中村璋八　古藤友子　明徳出版社（一九九二年）
『易』本田済　朝日新聞社（一九九七年）
『周易正義』邱燮友　分断標点　國立編譯館主編（二〇〇一年）
『増訂易経』三浦國雄　東洋書院（二〇〇八年）
『易経』今井宇三郎　堀池信夫　間嶋潤一　明治書院（二〇〇八年）
『易学哲学史』訳注　朱伯崑著　伊東倫厚監訳　朋友書店（二〇〇九年）
『易経講座』本田済　明徳出版社（二〇〇六年）
『蘇東坡の易』塘　耕次　明徳出版社（二〇一〇年）

『周易精義』佐藤龍之進　青木嵩山堂（一八五三年序）
『周易講義』真勢達富（中州）　前川文永堂（一八九八年）
『周易経伝通解』伊藤長胤　冨山房（一九一三年）

『周易逢原』中井履軒　岡田利兵衛（一九二六年）
『周易抄の国語学的研究（影印篇）』鈴木博　清文堂（一九七二年）
『周易古写本』第1―6王弼注 陸徳明音義　早稲田大学図書館　書写年不明

『王弼及其易学』林麗真　国立台湾大学文史叢刊（一九七七年）
『王弼集校釈』楼宇烈　中華書局（一九八〇年）
『周易全解』金景芳　呂紹綱　吉林大学出版社（一九八九年）
『周易帛書今注今訳』張立文　台湾学生書局（一九九一年）
『易学基礎教程』朱伯崑主編　広州出版社（一九九三年）
『王弼評伝』王暁毅　南京大学出版社（一九九六年）
『易老子与王弼注辨義』蘇東天　文化芸術出版社（一九九六年）
『王弼思想与詮釈文本』田永勝　光明日報出版社（二〇〇三年）
『周易訳注』黄寿祺　張善文　上海古籍出版社（二〇〇四年）
『周易経伝梳理与郭店楚簡思想新釈』金春峰　中国言実出版社（二〇〇四年）
『周易口訣義疏証』徐芹庭　中国書店（二〇〇九年）
『周易挙正評述』徐芹庭　中国書店（二〇〇九年）
『王弼研究』楊鑒生　河南人民出版社（二〇一二年）

『周易辞典』金景芳　呂紹綱　吉林大学出版社（一九九二年）

『易学大辞典』張其成主編　華夏出版社（一九九二年）

『周易大辞典』伍華主編　中山大学出版社（一九九三年）

『周易辞典修訂版』張善文　中華大百科全書出版社（二〇〇五年）

「王弼の『易』解釈における卦主について」「王弼易学における『象』について」ほか一連の論文。西川靖二　龍谷紀要（二〇〇三年以降）

王弼『周易略例』詳解（二〇一六年）由 Jack 在 2016 七月発表（易学網）

おわりに

王弼の易注は漢代に盛行したいわゆる象数易を徐々に圧倒し、唐代には国家公認の学問となり、それ以後も長く易学の頂点を保ち続けた。王弼の生きた魏の時代は、儒教の影響力が低下し、代わりに老荘思想が人気を得ていた。王弼の易注も老荘思想に基づくといわれている。

儒教思想は政治文化主体で、道徳や倫理を優先したが、老荘思想は人間の情感をより高く評価した。教育では厳格な教育法で子を導くより、父の自然な姿を見せる指導法が尊ばれ、夫婦関係も厳しい差別より、親密で自然な男女の情愛が尊ばれた。学問でも漢代の注釈は訓詁が主で、年を重ねた研究者の地道な研究が尊ばれたが、魏晋六朝時代では、学問の蓄積よりむしろ若者の直感が重んじられた。王弼が「事功はもとより、長ずる所に非ず。人となりは浅くて物情を知らず」と批判されながら、「後生恐るべし」「自然に出抜す」と称賛されるのは、そのせいである。漢易（象数易）の煩瑣な易解釈と王弼の清新で明快な易解釈の違いは、この時代精神の違いを象徴的に語っているようである。

ここで、両者の違いを明らかにするため、漢易の解釈の例を示してみよう。

睽卦䷥の初九の爻辞に「悔《く》い亡《ほろ》ぶ。馬を喪《うしな》うも逐《お》う勿《なか》れ。自《おの》ずから復《かえ》らん。悪人に見《まみ》えて咎无し」とある。

漢易を代表する一人虞翻《ぐほん》は大略次のように解釈している。

「初九には応がないため本来は悔《く》いがある。しかし、四爻が陽から陰に動き、陰爻陰位となり位を得れば、初と応じるため〝悔いは亡ぶ〟。四爻は坎体の中に在り、坎の象は〝馬〟。四爻はもと失位であり、動いて正を得、陰に変われば、三爻から五爻までは坤☷となり、坤の象は〝喪〟。坎体も見えなくなるから、〝馬を喪う〟という。四爻が動いて陰になれば、二爻から四爻までは震☳となり、震の象は〝逐〟。上卦は艮《ごん》☶となり、艮の象は〝止〟。そのため、〝逐う勿れ〟という。坤の象は〝自〟。二から五までは互体復䷗の象であるため、〝復る〟という。四爻が動くと互体震☳で震の象は〝馬〟。よって〝逐う勿れ。自ずから復る〟という。離の象は〝見〟。〝悪人〟は四爻の陽をいう（離卦四爻の辞に「突如其れ来如。焚如、死如、棄如」とあるので）。四爻が動いて坤体の中に入れば、初爻と四爻は正応の関係に復す。そのため、悪人に見《まみ》えて咎を避けるというのである」

　これが初爻に対する虞翻の注釈すべてである。彼にとって、あらゆる卦は六爻がすべて正位である既済䷾に動くという法則がある。注の中で「動く」とか「変わる」というのはそのことを指している。つまり、失位の爻は動いて正位に変化するのである。互体とは、一卦の六爻の中から別の八卦を導く方法。通常は二、三、四爻と三、四、五爻を見る。睽卦䷥なら、二、三、四爻は互体に離☲を含み、三、四、五爻は互体に坎☵を含む。これで新しく既済䷾の卦ができる。さらに、二爻から四爻までを取ったり、二爻から五爻までを取って新しい卦を作ったりする。「二から五までは互体復䷗の象」というのは、睽卦の二爻から五爻までを取り上げ、二、三、四爻と三、四、五爻で新しい卦を作る。この場合、四爻は陰に変化しているので、復卦が出来上るのである。

　このように、漢易の注釈は新しい象や新しい方式を次々と生み出し、経文の語句を解釈しようとする。王弼が「偽説がいよいよ蔓延し、記録することができない。互体で足らなければ、卦変にまで及ぶ。卦変で足らなければ、五行までに推し及ぶ。ひとたび、その本来の旨を失えば、いよいよ譬喩を拡げる」と批判する通りである（『周易略例』明象）。その上、この解釈では語句の解釈だけに止まり、人生に役立つ知恵を与えてくれているようにも思えない。王弼の注釈と比較すれば、王弼の解釈がいかにシンプルで自然な経文の読み方をしているかが知られるであろう。

　彼が二十余歳で亡くなったことと、『易』や『老子』に見える清新な注釈、自然に出抜した特徴ということが前面に出過ぎ、才だけで書き、読書していないのではないかと疑われるおそれがあるかも知れない。しかし、彼の兄王宏は後漢の有名な儒者、蔡邕《さいよう》の所蔵していた万巻に近い書物を受け継いでいた。十余歳で老子、荘子を好み、弁がたち、流暢にしゃべったといわれる王弼のことだから、若年で書物に没頭し、多くの知識を得ていたに違いない。自然出抜と評されるのも、その蓄積の結果であろう。

　最後に筆者にふさわしい王弼の言葉を一つだけあげてみる。

「明るさが終わろうとしているのに、もし人に事を委ね、無為の志を養わなければ、老いぼれて歎きがあり、凶となる。よって、〝缶《ほとぎ》を鼓《う》ちて歌わなければ、大いに老いぼれて歎くことになろう。凶〟」（離卦九三）

　いつまでも若さが続くと妄想し、有能ぶっていれば、今に耄碌して嘆くことになる。ものに執着せず、能者に仕事をゆだね、土器を叩いて歌いつつ晩年を楽しめというのである。王弼より約八十年後の有名な書家、王羲之も次のようなことを述べている。「人生のたそがれの年になると、自然に哀楽に感じやすくなり、親友に別れると数日は心がふさがる思いがする。どうしても音楽で憂さ晴らしをする他はない」

　二人とも音楽を好んだが、楽器に堪能でない筆者などは無絃琴でも置いて楽しみとしようか。

　今回も本書の出版をご配慮いただいた明徳出版社と佐久間保行氏に深い感謝をささげたい。

塘　耕　次

【も】

【や】

【ゆ】

【よ】

【ら】

【り】

【ろ】

【す】

【せ】

【そ】

【た】

【ち】

索　　引

塘　耕次（つつみ・こうじ）
昭和 50 年　大阪大学大学院文学研究科博士課程修了
現在　愛知教育大学名誉教授
元　大阪大学、名古屋大学、愛知大学など非常勤講師
〔主な著書・訳書〕
『易学ガイド』（明徳出版社）
『米芾《べいふつ》』訳（L・レダローゼ著　二玄社）
『米芾』（大修館書店）
『蘇東坡の易』（明徳出版社）
『蘇東坡と易注』（汲古書院）

ISBN 978-4-89619-849-2

王弼の易注

二〇一八年七月二日　初版印刷
二〇一八年七月八日　初版発行

著者　塘　耕次
発行者　佐久間保行
印刷所　㈱　興学社
発行所　㈱　明徳出版社

〒162-0801 東京都新宿区山吹町三五三
（本社・東京都杉並区南荻窪一-二五-三）
電話　〇三-三二六六-〇四〇一
振替　〇〇一九〇-七-五八六三四

©Kouji　Tstutsumi　2018　Printed　in Japan

塘耕次著書

易学ガイド

易の六十四卦のうち、特に一年十二ヵ月に配当された消息卦と呼ばれる十二の卦について、蘇東坡、朱子、中井履軒等の興味深い解釈を紹介しながら、易の根本概念を解説した初学者にも好評の書。

B六判並製一六八頁　一五〇〇円

蘇東坡の易

易は蘇東坡が最も力を傾注した学問で、父蘇洵の研鑽の成果も継承してなったのが「東坡易伝」である。本書はその全卦につき解説し「易伝」の全容を究明した労作。索引・四庫全書本の原文を附す。

A五判函入七〇〇頁　二冊揃六五〇〇円

表示価格は税抜（本体価格）

王弼の易注

附録

文淵閣四庫全書本

周易注

明德出版社

欽定四庫全書

經部

周易註卷二

詳校官尚書臣德保

通政使司副使臣莫瞻菉覆勘

總校官知縣臣楊懋珩

校對官中書臣郭晋

謄録監生臣范荧

欽定四庫全書　　經部一

周易註　　易類

提要

臣等謹案周易註十卷魏王弼撰弼字輔嗣山陽高平人官尚書郎年二十四而卒事蹟具三國志本傳所註惟周易上下經又別作周易略例發明宗旨後東晉太常潁川韓康伯始續註繫辭說卦序卦雜卦四傳隋書經

籍志以王韓之書各著錄故易註作六卷略例作一卷繫辭註作三卷新舊唐書載弼註七卷則合略例計之今本十卷則併韓書計之也考王儉七志已稱弼易註十卷案七志今不傳此據經典釋文所引孔頴達周易正義亦合王韓為一書則其來已久矣吳仁傑古周易稱弼以繫辭上下傳字施之說卦前後二篇案仁傑主隋志說卦三篇之說故有此語然今本從宋岳珂荊溪家塾本翻雕繫辭以下實無傳字仁傑所見

或別本也一則誤以韓氏之書歸於王氏稅與權古周易稱韓康伯以上下繫為七八卷說序雜為第九卷略例為第十卷則又誤執周易正義康伯為弼弟子之說以今本為出康伯所編均之誤也案康伯晉簡文帝時人弼則歿于魏正始十年遠不相及王應麟困學紀聞已辨正義之誤自鄭氏傳費直之學始析易傳以附經至弼又更定之說者謂鄭本如今本之乾卦其坤卦以下又弼所割裂然鄭

氏易註至北宋尚存一卷崇文總目稱存者為文言說卦序卦雜卦四篇則鄭本文言尚各自為傳今本乾卦之後即附文言知全經皆弼所更定非復鄭氏之舊矣北宋以前學者皆宗弼本自晁說之以後始漸為刋正朱子據呂祖謙本作本義乃復其舊至明永樂中修周易大全又改從弼本坊刻遂沿之至今所謂積重者不可返歟原本六卷卷首題

乾傳第一泰傳第二噬嗑傳第三咸傳第四夬傳第五豐傳第六各以每卷之第一卦為名殊不可解相沿既久姑仍舊本録之略例一卷唐國子助教邢璹所註原附於末併仍其舊弼及康伯註皆無音此本之音全同經典釋文疑岳珂採摭釋文散諸句下今取便省覽亦兼存之弼之所註為後來言理之濫觴趙師秀詩所謂輔嗣易行無漢學也隋志

載晉揚州刺史顧夷等有周易難王輔嗣義一卷冊府元龜又載顧悦之（案悦之即顧夷之字）難王弼易義四十餘條京口閔康之又申王難顧是在當日已有異同至王儉顔延年以後此揚彼抑互詰不休平心而論使易不卜筮周公必不列太卜使易不明象孔子必不作象傳使易不用數孔子必不闡大衍之數揲以

聖訓作易之本始可知特末學支離或不免附會穿鑿耳是註廓除象數使易不雜於讖緯者實弼之功全廢象數使易遂入於老莊者亦弼之過其得其失兩不相掩正不必各執門户之見矣乾隆四十六年三月恭校上

總纂官臣紀昀 臣陸錫熊 臣孫士毅

總校官臣陸費墀

周易註卷一

魏 王弼 撰

周易上經乾傳第一

☰ 乾下乾上 乾元亨利貞初九潛龍勿用文言備矣乾竭然反亨許庚
九二見龍在田利見大人出潛離隱故曰見龍處於地上故曰在田德施周普居中不偏雖非君位君之德也初則不彰三則乾乾四則或躍上則過亢利見大人唯二五焉 見龍音現下見龍皆同利見如字下皆同離力智反處昌呂反衆經不音者放此施亢見後九三君子終日

乾乾夕惕若厲无咎處下體之極居上體之下在不中之位履重剛之險上不在天未可以安其尊也下不在田未可以寧其居也純修下道則居上之德廢純修上道則處下之禮曠故終日乾乾至于夕惕猶若厲也居上不驕在下不憂因時而惕不失其幾雖危而勞可以无咎處下卦之極愈於上九之亢故竭知力而後免於咎也乾三以處下卦之上故免亢龍之悔坤三以處下卦之上故免龍戰之災 惕他歷反厲力世反无音無易內皆作此字咎其久反易內同重直龍反下同知音智九四或躍在淵无咎去下體之極居上體之下乾道革之時也上不在天下不在田中不在人履重剛之險而无定位所處斯誠進退无常之時也近乎尊位欲進其道迫乎在下非躍所及欲靜其居居非所安持疑猶與未敢決志用心存公進不在私疑以為慮不謬於果故元咎也 躍羊灼反上音可意會猶以救反與音預謬靡幼反

九五飛龍在天利見大人不行不躍而在乎天非飛如何故曰飛龍也龍德在天則大人之路亨也夫位以德興德以位叙以至德而處盛位萬物之覩不亦宜乎 夫音符下皆同上九亢龍有悔用九見羣龍无首吉九天之德也能用天德乃見羣龍之義焉夫以剛健而居人之首則物之所不與也以柔順而為不正則佞邪之道也故乾吉在无首坤利在永貞 亢苦浪反
彖曰大哉乾元萬物資始乃統天雲行雨施品物流形大明終始六位時成時乘六龍以御天乾道變化各正性命天也者形之名也健也者用形者也夫形也者物之累也有天之形而能永保无虧為物之首統之者豈非至健哉大明乎終始之道故六位不失其時而成升降无常隨時而用處則乘潛龍出則乘飛龍故

曰時乘六龍也乘變化而御大器靜專動直不失大和豈非正性命之情者邪 彖吐亂反斷也施始鼓反卦內皆同累劣偽反保合大和乃利貞不和而剛暴首出庶物萬國咸寧萬國所以寧各以有君也象曰天行健君子以自强不息潛龍勿用陽在下也見龍在田德施普也終日乾乾反復道也以上言之則不驕以下言之則不憂反復皆通也 復芳服反或躍在淵進无咎也飛龍在天大人造也亢龍有悔盈不可久也用九天德不可為首也 文言曰元者善之長也亨者嘉之會也利者義之和也貞者事之幹也君子體仁足以長人嘉會足

以合禮利物足以和義貞固足以幹事君子行此四德者故曰乾元亨利貞初九曰潛龍勿用何謂也子曰龍德而隱者也不易乎世不為世俗所移易也造鄭徂早反王肅七到反長張丈反幹古旦反不成乎名遯世无悶不見是而无悶樂則行之憂則違之確乎其不可拔潛龍也九二曰見龍在田利見大人何謂也子曰龍德而正中者也庸言之信庸行之謹閑邪存其誠善世而不伐德博而化易曰見龍在田利見大人君德也九三曰君子終日乾乾夕惕若厲无咎何

謂也子曰君子進德修業忠信所以進德也修辭立其誠所以居業也知至至之可與幾也知終終之可與存義也處一體之極是至也居一卦之盡是終也處事之至而不犯咎知至者也故可與成務矣處終而能全其終知終者也夫進物之速者義不若利存物之終者利不及義故靡不有初鮮克有終夫可與存義者其唯知終者乎遯徒頓反悶門遜反樂音洛確苦學反拔蒲八反庸行下孟反幾既依反注同是故居上位而不驕在下位而不憂居下體之上在上體之下明夫終敝故不驕也知夫至至故不憂也故乾乾因其時而惕雖危无咎矣惕怵惕之謂也處事之極失時則廢懈怠則曠故因其時而惕雖危無咎怵敕力反懈佳賣反九四曰或躍在淵

无咎何謂也子曰上下无常非為邪也進退无恒非離羣也君子進德修業欲及時也故无咎九五曰飛龍在天利見大人何謂也子曰同聲相應同氣相求水流濕火就燥雲從龍風從虎聖人作而萬物覩本乎天者親上本乎地者親下則各從其類也上九曰亢龍有悔何謂也子曰貴而无位高而无民下无陰也賢人在下位而无輔賢人雖在下而當位不為之助當都浪反易內皆同是以動而有悔也處上卦之極而不當位故盡陳其闕也獨立而動物莫之與矣乾文言首不論乾而先說元下乃曰乾何也夫乾者統行四事

者也君子以自强不息行此四者故首不論乾而下曰乾元亨利貞餘爻皆說龍至於九三獨以君子為目何也夫易者象也象之所生生於義也有斯義然後明之以其物故以龍叙乾以馬明坤隨其事義而取象焉是故初九九二龍德皆應其義故可論龍以明之也至於九三乾乾夕惕非龍德也明以君子當其象矣統而舉之乾體皆龍別而叙之各隨其義潛龍勿用下也見龍在田時舍也終日乾乾行事也或躍在淵自試也飛龍在天上治也亢龍有悔窮之災也乾元用九天下治也此一章全以人事明之也九陽也陽剛直之物也夫能全用剛直放遠善柔非天下至理未之能也故乾元用九則天下治也夫識物之動則其所以然之理皆可知也龍之為德不為妄者也潛而勿用何乎必窮處於下也見而在田必以時之通舍也以爻

為人以位為時人不妄動則時皆可知也文王明夷則主可知矣仲尼旅人則國可知矣遠去聲潛龍勿用陽氣潛藏見龍在田天下文明終日乾乾與時偕行與天時俱不息或躍在淵乾道乃革飛龍在天乃位乎天德亢龍有悔與時偕極與時運俱終極乾元用九乃見天則此一章全說天氣以明之也九剛直之物唯乾體能用之用純剛以觀天天則可見矣乾元者始而亨者也利貞者性情也不為乾元何能通物之始不性其情何能久行其正是故始而亨者必乾元也利而正者必性情也乾始能以美利利天下不言所利大矣哉大哉乾乎剛健中正純粹精也六爻發揮旁通情也

時乘六龍以御天也雲行雨施天下平也君子以成德為行日可見之行也潛之為言也隱而未見行而未成是以君子弗用也君子學以聚之問以辯之以君德而處下體資納於物者也粹雖遂反為行下孟反下之行行而皆同未見賢遍反辯如字寬以居之仁以行之易曰見龍在田利見大人君德也九三重剛而不中上不在天下不在田故乾乾因其時而惕雖危无咎矣九四重剛而不中上不在天下不在田中不在人故或之或之者疑之也故无咎夫大人者與天地合其德

與日月合其明與四時合其序與鬼神合其吉凶先天而天弗違後天而奉天時天且弗違而況於人乎況於鬼神乎亢之為言也知進而不知退知存而不知亡知得而不知喪其唯聖人乎知進退存亡而不失其正者其唯聖人乎重剛直龍反下同夫音符發端之字皆放此先悉薦反後胡豆反喪息浪反

☷坤下坤上坤元亨利牝馬之貞坤貞之所利利於牝馬也馬在下而行者也而又牝馬順之至也至順而後乃亨故唯利於牝馬之貞坤困魂反牝頻忍反君子有攸往先迷後得主利西南得朋東北喪朋安貞吉西南致養之地與坤同道

者也故曰得朋東北反西南者也故曰喪朋陰之為物必離其黨之於反類而後獲安貞吉攸音由喪息浪反下並同離力智反彖曰至哉坤元萬物資生乃順承天坤厚載物德合无疆含弘光大品物咸亨牝馬地類行地无疆地之所以得无疆者以卑順行之故也乾以龍御天坤以馬行地疆居良反柔順利貞君子攸行先迷失道後順得常西南得朋乃與類行東北喪朋乃終有慶安貞之吉應地无疆地也者形之名也坤也者用地者也夫兩雄必爭二主必危有地之形與剛健為耦而能永保无疆用之者不亦至順乎若夫行之不以牝馬利之不以永貞方而又剛柔而又圓求安難矣象曰地勢坤地形不順其勢順君子以厚德

載物初六履霜堅冰至始於履霜至于堅冰所謂至柔而動也剛陰之為道本於卑弱
而後積著者也故取履霜以明其始陽之為物非基於始以至於著者也故以出處明之則以初為潛著張
慮反象曰履霜堅冰陰始凝也馴致其道至堅冰也六二
直方大不習无不利居中得正極於地質任其自然而物自生不假修營而功自成故不
習焉而无不利凝魚冰反馴似遵反象曰六二之動直以方也動而直方任其
質也不習无不利地道光也六三含章可貞或從王事无
成有終三處下卦之極而不疑於陽應斯義者也不為事始須唱乃應待命乃發含美而可正者也故
曰含章可貞也有事則從不敢為首故曰或從王事也不為事主順命而終故曰无成有終也象曰含

章可貞以時發也或從王事知光大也知慮光大故不擅其美知音
智注同六四括囊无咎无譽處陰之卦以陰居陰履非中位无直方之質不造陽事无含章之美
括結否閉賢人乃隱施慎則可非泰之道括古活反囊乃剛反譽音餘又音預造七到反否皮鄙反象
曰括囊无咎慎不害也六五黃裳元吉黃中之色也裳下之飾也坤為
臣道美盡於下夫體无剛健而能極物之情通理者也以柔順之德處於盛位任夫文理者也垂黃裳以獲元
吉非用武者也極陰之盛不至疑陽以文在中美之至也象曰黃裳元吉文在中也
用黃裳而獲元吉以文在中也上六龍戰于野其血玄黃陰之為道卑順不盈乃全
其美盛而不已固陽之地陽所不堪故戰于野象曰龍戰于野其道窮也用六

利永貞用六之利利永貞也象曰用六永貞以大終也能以永貞大終者也
文言曰坤至柔而動也剛至靜而德方動之方正不為邪也柔而又圓
消之道也其德至靜德必方也後得主而有常含萬物而化光坤道其
順乎承天而時行積善之家必有餘慶積不善之家必
有餘殃臣弒其君子弒其父非一朝一夕之故其所由
來者漸矣由辯之不早辯也易曰履霜堅冰至蓋言順
也直其正也方其義也君子敬以直內義以方外敬義
立而德不孤直方大不習无不利則不疑其所行也陰

雖有美含之以從王事弗敢成也地道也妻道也臣道
也地道無成而代有終也天地變化草木蕃天地閉賢
人隱易曰括囊无咎无譽蓋言謹也君子黃中通理正
位居體美在其中而暢於四支發於事業美之至也陰
疑於陽必戰辯之不早疑盛乃動故必戰殃於良反弒式志反蕃伐袁反暢敕亮反為其
嫌於无陽也為其嫌於非陽而戰為于偽反嫌戶謙反故稱龍焉猶未離
其類也猶未失其陰類為陽所滅離力智反故稱血焉猶與陽戰而相傷故稱血夫
玄黃者天地之雜也天玄而地黃

䷂震下坎上屯元亨利貞剛柔始交是以屯也不交則否故屯乃大亨也大亨則无險故利貞屯張倫反否備鄙反勿用有攸往往益屯也利建侯得主則定則定本亦作則寧

彖曰屯剛柔始交而難生動乎險中大亨貞始於險難至於大亨而後全正故曰屯元亨利貞難乃旦反卦內同雷雨之動滿盈雷雨之動乃得滿盈皆剛柔始交之所為天造草昧宜建侯而不寧屯體不寧故利建侯也屯者天地造始之時也造物之始始於冥昧故曰草昧也處造始之時所宜之善莫善建侯也造徂早反昧音妹

象曰雲雷屯君子以經綸君子經綸之時

初九磐桓利居貞利建侯處屯之初動則難生不可以進故磐桓也處此時也其利安在不唯居貞建侯乎夫息亂以靜守靜以侯安民在正弘正在謙屯難之世陰求於陽弱求於強民思其主之時也初處其首而又下焉爻備斯義宜其得民也磐步干反

象曰雖磐桓志行正也不可以進故磐桓也非為晏安棄成務也故雖磐桓志行正也以貴下賤大得民也陽貴而陰賤也下遐嫁反

六二屯如邅如乘馬班如匪寇婚媾女子貞不字十年乃字志在乎五不從於初屯難之時正道未行與初相近而不相得困於侵害故屯邅也時方屯難正道未通涉遠而行難可以進故曰乘馬班如也寇謂初也无初之難則與五婚矣故曰匪寇婚媾也志在於五不從於初故曰女子貞不字也屯難之世勢不過十年者也十年則反常反常則本志斯獲矣故曰十年乃字邅張連反乘繩證反又音繩媾古后反

象曰六二之難乘剛也十年乃字反常也

六三即鹿无虞惟入于林中君子幾不如舍往吝三既近五而无寇難四雖比五其志在初不妨已路可以進而无屯邅也見路之易不揆其志五應在二往必不納何異无虞以從禽乎雖見其禽而无其虞徒入于林中其可獲乎幾辭也夫君子之動豈取恨辱哉故不如舍往吝窮也幾音祈又音機舍式夜反止也徐音捨吝力刃反比皮志反下皆同易以豉反

象曰即鹿无虞以從禽也君子舍之往吝窮也

六四乘馬班如求婚媾往吉无不利二雖比初執貞不從不害己志者也求與合好往必見納矣故曰往吉无不利好呼報反下同

象曰求而往明也見彼之情狀也

九五屯其膏小貞吉大貞凶處屯難之時居尊位之上不能恢弘博施无物不與拯濟微滯亨于羣小而繫應在二屯難其膏非能光其施者也固志同好不容他間小貞之吉大貞之凶施式豉反下文同

象曰屯其膏施未光也

上六乘馬班如泣血漣如處險難之極下无應援進无所適雖比於五五屯其膏不與相得居不獲安行无所適窮困闉厄无所委仰故泣血漣如漣音連

象曰泣血漣如何可長也長直良反

䷃坎下艮上蒙亨匪我求童蒙童蒙求我初筮告再三瀆瀆則不告筮者決疑之物也童蒙之來求我欲決所惑也決之不一不知所從則復惑也故初筮則告再三則瀆瀆蒙也能為初筮其唯二乎以剛處中能斷夫疑者也筮市制反告古毒反三息暫反又如字瀆音獨利貞蒙之所利乃利正也夫明莫若聖昧莫若蒙蒙以養正乃聖功也然則養正以明失其道矣

象曰蒙山下有險險而止蒙退則困險進則闔山不知所適蒙之義也闔五代反蒙亨以亨行時中也時之所願唯願亨也以亨行之得時中也中張仲反注同又如字匪我求童蒙童蒙求我志應也我謂非童蒙者也非童蒙者即陽也凡不識者求問識者識者不求所告闇者求明明者不諮於闇故蒙之為義匪我求童蒙童蒙求我也童蒙之來求我志應故也初筮告以剛中也謂二也二為衆陰之主也无剛決中何由得初筮之告乎再三瀆瀆則不告瀆蒙也蒙以養正聖功也象曰山下出泉蒙山下出泉未知所適蒙之象也君子以果行育德果行者初筮之義育德者養正之功行下孟反下竝同初六發蒙利用刑人用說桎梏以往吝

處蒙之初二照其上故蒙發也蒙發疑明刑說當也以往吝刑不可長說吐活反又音稅桎音質梏古毒反在足曰桎在手曰梏象曰利用刑人以正法也刑人之道道所惡也以正法制故刑人也惡烏路反九二包蒙吉納婦吉子克家以剛居中童蒙所歸包而不距則遠近咸至故曰包蒙吉也婦者配已而成德者也體陽而能包蒙以剛而能居中以此納配物莫不應故納婦吉也處于卦內以剛接柔親而得中能幹其任施之於子克家之義象曰子克家剛柔接也六三勿用取女見金夫不有躬无攸利童蒙之時陰求於陽晦求於明各求發其昧者也六三在下卦之上上九在上卦之上男女之義也上不求三而三求上女先求男者也女之為體正行以待命者也見剛夫而求之故曰不有躬也施之於女行在不順故勿用取女而无攸利

取七住反下同象曰勿用取女行不順也六四困蒙吝獨遠於陽處兩陰之中闇莫之發故曰困蒙也困於蒙昧不能比賢以發其志亦以鄙矣故曰吝也遠于萬反下同象曰困蒙之吝獨遠實也陽稱實也六五童蒙吉以夫陰質居於尊位不自任察而委於二付物以能不勞聰明功斯克矣故曰童蒙吉象曰童蒙之吉順以巽也委物以能不先不為順以巽也巽音遜上九擊蒙不利為寇利禦寇處蒙之終以剛居上能擊去童蒙以發其昧者也故曰擊蒙也童蒙願發而已能擊去之合上下之願故莫不順也為之扞禦則物咸附之若欲取之則物咸叛矣故不利為寇利禦寇也擊經歷反去起呂反象曰利用禦寇上下順也

䷄乾下坎上需有孚光亨貞吉利涉大川象曰需須也險在前也剛健而不陷其義不困窮矣需有孚光亨貞吉位乎天位以正中也謂五也位乎天位用其中正以此待物需道畢矣故光亨貞吉需音需孚音數利涉大川往有功也乾德獲進往輒亨也象曰雲上於天需君子以飲食宴樂童蒙已發盛德光亨飲食宴樂其在茲乎上時掌反宴烏練反樂音洛初九需于郊利用恒无咎居需之時最遠於難能抑其進以遠險待時雖不應幾可以保常也遠于萬反下同難乃旦反下文同象曰需于郊不犯難行也利用恒无咎未失常也九二需于沙小有言終吉轉近於難故曰

需于沙也不至致寇故曰小有言也近不逼難遠不後時履健居中以待其會雖小有言以吉終也後胡豆反

象曰需于沙衍在中也雖小有言以吉終也九三需于泥致寇至以剛逼難欲進其道所以招寇而致敵也猶有須焉不陷其剛寇之來也自我所招敬慎防備可以不敗衍以善反象曰需于泥災在外也自我致寇敬慎不敗也六四需于血出自穴凡稱血者陰陽相傷者也陰陽相近而不相得陽欲進而陰塞之則相害也穴者陰之路也處坎之始居穴者也九三剛進四不能距見侵則辟順以聽命者也故曰需于血出自穴也辟音避下同象曰需于血順以聽也九五需于酒食貞吉需之所須以待達也已得天位暢其中正无所復須故酒食而已獲貞吉也已音紀又音

已象曰酒食貞吉以中正也上六入于穴有不速之客三人來敬之終吉六四所以出自穴者以不與三相得而塞其路不辟則害故不得不出自穴而辟之也至於上六處卦之終非塞路者也與三為應三來之己乃為己援故無畏害之辟而乃有入穴之固也三陽所以不敢進者須難之終也難終則至不待召也已居難終故自來也處无位之地以一陰而為三陽之主故必敬之而後終吉象曰不速之客來敬之終吉雖不當位未大失也處无位之地不當位者也敬之則得終吉故雖不當位未大失也

䷅坎下乾上訟有孚窒惕中吉窒謂窒塞也皆惕然後可以獲中吉訟才用反窒張栗反惕湯歷反終凶利見大人不利涉大川象曰訟上剛下險險而健訟訟有孚窒惕中吉剛來而得中也終凶訟不可成也利見大人尚中正也不利涉大川入于淵也凡不和而訟无施而可涉難特甚焉唯有信而見塞懼者乃可以得吉也猶復不可終中乃吉也不閑其源使訟不至雖每不枉而訟至終竟此亦凶矣故雖復有信而見塞懼猶不可以為終也故曰訟有孚窒惕中吉終凶也无善聽者雖有其實何由得明而令有信塞懼者得其中吉必有善聽之主焉其在二乎以剛而來正夫羣小斷不失中應斯任也難乃旦反覆扶又反令力呈反斷丁亂反象曰天與水違行訟君子以作事謀始聽訟吾猶人也必也使无訟乎无訟在於謀始謀始在於作制契之不明訟之所以生也物有其分職不相濫爭何由興訟之所以起契之過也故有德司契而不責於人契苦計反分符

問反初六不永所事小有言終吉處訟之始訟不可終故不永所事然後乃吉凡陽唱而陰和陰非先唱者也四召而應見犯乃訟處訟之始不為訟先雖不能不訟而了訟必辯明也象曰不永所事訟不可長也雖小有言其辯明也九二不克訟歸而逋其邑人三百戶无眚以剛處訟不能下物自下訟上宜其不克若能以懼歸竄其邑乃可以免災邑過三百非為竄也竄而據强災未免也逋補吳反眚生領反竄七亂反象曰不克訟歸逋竄也自下訟上患至掇也六三食舊德貞厲終吉或從王事无成體夫柔弱以順於上不為九二自下訟上不見侵奪保全其有故得食其舊德而不失也居爭訟之時處兩剛之間而皆近不相得故曰貞厲柔體不爭繫應在上

衆莫能傾故曰終吉上壯爭勝難可忤也故或從王事不敢成也掇徐都活反象曰食舊德
從上吉也九四不克訟初辯明也復即命渝安貞吉處上訟下可以
改變者也故其咎不大若能反從本理變前之命安貞不犯不失其道為仁由己故吉從之渝以朱反象
曰復即命渝安貞不失也九五訟元吉處得尊位為訟之主用其中正
以斷枉直中則不過正則不邪剛无所溺公无所偏故訟元吉象曰訟元吉以中正也
上九或錫之鞶帶終朝三褫之處訟之極以剛居上訟而得勝者也以訟受錫
榮何可保故終朝之間褫帶者三也錫星歷反鞶步干反三息暫反或如字褫敕紙反象曰以訟
受服亦不足敬也

䷆ 坎下坤上 師貞丈人吉无咎丈人嚴莊之稱也為師之正丈人乃吉也興役動衆
无功罪也故吉乃无咎也動尺證反象曰師衆也貞正也能以衆正可
以王矣剛中而應行險而順以此毒天下而民從之吉
又何咎矣毒猶役也王如字又往況反毒徒篤反象曰地中有水師君子
以容民畜衆初六師出以律否臧凶為師之始齊師者也齊衆以律失律
則散故師出以律律不可失失律而臧何異於否失令有功法所不赦故師出不以律否臧皆凶畜敕六反
王許六反否音鄙馬方有反臧作郎反象曰師出以律失律凶也九二在
師中吉无咎王三錫命以剛居中而應於上在師而得其中者也承上之寵為師之主

任大役重无功則凶故吉乃无咎也行師得吉莫善懷邦邦懷衆服錫莫重焉故乃得成命象曰在
師中吉承天寵也王三錫命懷萬邦也六三師或輿尸
凶以陰處陽以柔乘剛進則无應退无所守以此用師宜獲輿尸之凶象曰師或輿尸大
无功也六四師左次无咎得位而无應无應不可以行得位則可以處故左次之而
无咎也行師之法欲右背高故左次之象曰左次无咎未失常也雖不能有獲足
以不失其常也六五田有禽利執言无咎長子帥師弟子輿尸
貞凶處師之時柔得尊位陰不先唱柔不犯物犯而後應往必得直故田有禽也物先犯己故可以執言
而无咎也柔非軍帥陰非剛武故不躬行必以授也授不得主則衆不從故長子帥師可也弟子之凶固其宜

也長上聲下同帥音率又色類反象曰長子帥師以中行也弟子輿尸
使不當也上六大君有命開國承家小人勿用處師之極師之
終也大君之命不失功也開國承家以寧邦也小人勿用非其道也象曰大君有命以正
功也小人勿用必亂邦也
䷇ 坤下坎上 比吉原筮元永貞无咎不寧方來後夫凶象
曰比吉也比輔也下順從也原筮元永貞无咎以剛中也
處比之時將原筮以求无咎其唯元永貞乎夫羣黨相比而不以元永貞則凶邪之道也若不遇其主則雖永
貞而猶未足免於咎也使永貞而无咎者其唯九五乎比毗志反不寧方來上下應也

上下无陽以分其民五獨處尊莫不歸之上下應之既親且安安則不安者託焉故不寧方來上下應故也夫无者求有有者不求所與危者求安安者不求所保火有其炎寒者附之故已苟安焉則不寧之方皆來矣後夫凶其道窮也將合和親而獨在後親成則誅是以凶也象曰地上有水比先王以建萬國親諸侯萬國以比建諸侯以比親初六有孚比之无咎有孚盈缶終來有它吉處比之始為比之首者也夫以不信為比之首則禍莫大焉故必有孚盈缶然後乃得免比之咎故曰有孚比之无咎也處比之首應不在一心无私吝則莫不比之著信立誠盈溢乎質素之器則物終來无衰竭也親乎天下著信盈缶應者豈一道而來故必有它吉也缶方有反它敕多反象曰比之初六有它吉也六二比之自內貞吉處比之時居中得位而繫應在五不能來它故得其自內貞吉而已象曰比之自內不自失也六三比之匪人四自外比二為五貞近不相得遠則无應所與比者皆非已親故曰比之匪人象曰比之匪人不亦傷乎六四外比之貞吉外比於五履得其位比不失賢處不失位故貞吉也象曰外比於賢以從上也九五顯比王用三驅失前禽邑人不誡吉為比之主而有應在二顯比者也比而顯之則所親者狹矣夫无私於物唯賢是與則去之與來皆无失也夫三驅之禮禽逆來趣已則舍之背已而走則射之愛於來而惡於去也故其所施常失前禽也以顯比而居王位用三驅之道者也故曰王用三驅失前禽也用其中正征討有常伐不加邑動必討叛邑人无虞故不誡也雖不得乎大人之吉是顯比

之吉也此可以為上之使非為上之道射食亦反惡烏路反象曰顯比之吉位正中也舍逆取順失前禽也邑人不誡上使中也上六比之无首凶无首後也處卦之終是後夫也親道已成无所與終為時所棄宜其凶也舍音捨象曰比之无首无所終也

䷈乾下巽上小畜亨不能畜大止健剛志故行是以亨畜敕六反密雲不雨自我西郊象曰小畜柔得位而上下應之曰小畜謂六四也成卦之義在此爻也體无二陰以分其應故上下應之也既得其位而上下應之三不能陵小畜之義健而巽剛中而志行乃亨密雲不雨尚往也自我西郊施未行也小畜之勢足作密雲乃自我西郊未足以為雨也何由知未能為雨夫能為雨者陽上薄陰陰能固之然後烝而為雨今不能制初九之復自道固九二之牽復九三更以不能復為劣也下方尚往施豈得行故密雲而不能為雨尚往故也何以明之夫陰能固之然後乃雨乎上九獨能固九三之路故九三不可以進而輿說輻也能固其路而安於上故得既雨既處若四五皆能若上九之善畜則能雨明矣故舉一卦而論之能為小畜密雲而已陰苟不足以固陽則雖復至盛密雲自我西郊故不能雨也雨之未下即施之未行也象全論一卦之體故曰密雲不雨象各言一爻之德故曰既雨既處也施始鼓反說吐活反象曰風行天上小畜君子以懿文德未能行其施者故可以懿文德而已初九復自道何其咎吉處乾之始以升巽初四為已應不距已者也以陽升陰復自其道順而无違何所犯

咎得義之吉象曰復自道其義吉也九二牽復吉處乾之中以升彊五五非畜極非固已者也雖不能若陰之不違可牽以獲復是以吉也象曰牽復在中亦不自失也九三輿說輻夫妻反目上為畜盛不可牽征以斯而進故必說輻也已為陽極上為陰長畜於陰長不能自復方之夫妻反目之義也　輿音餘輻音福象曰夫妻反目不能正室也六四有孚血去惕出无咎夫言血者陽犯陰也四乘於三近不相得三務於進而已隔之將懼侵克者也上亦惡三而能制焉志與上合共同斯誠三雖逼已而不能犯故得血去懼除保无咎也　去起呂反惡烏路反象曰有孚惕出上合志也九五有孚攣如富以其鄰處得尊位不疑於二來而不距二牽已攣不為專固有孚

欽定四庫全書　　周易註

攣如之謂也以陽居陽處實者也居盛處實而不專固富以其鄰者也　攣力專反徐力轉反象曰有孚攣如不獨富也上九既雨既處尚德載婦貞厲月幾望君子征凶處小畜之極能畜者也陽不獲亨故既雨也剛不能侵故既處也體彊處上剛不敢犯尚德者也為陰之長能畜剛健德積載者也婦制其夫臣制其君雖貞近危故曰婦貞厲也陰之盈盛莫盛於此故曰月幾望也滿而又進必失其道陰疑於陽必見戰伐雖復君子以征必凶故曰君子征凶　幾徐音祈又音機象曰既雨既處德積載也君子征凶有所疑也夫處下可以征而无咎者唯泰也則然坤本體下又順而弱不能敵剛故可以全其類征而吉也自此以往則其進各有難矣夫彊雖不能若艮之善畜猶不肯為坤之順從也故可得少進不可盡陵也是以初九九二其復則

可至於九三則輿說輻也夫大畜者畜之極者也畜而不已畜極則通是以其畜之盛在於四五至於上九道乃大行小畜積極而後乃能畜是以四五可以進而上九說征之輻

䷉兌下乾上履虎尾不咥人亨象曰履柔履剛也說而應乎乾是以履虎尾不咥人亨凡象者言乎一卦之所以為主也成卦之體在六三也履虎尾者言其危也三為履主以柔履剛履危者也履虎尾而不見咥者以其說而應乎乾也乾剛正之德者也不以說行夫佞邪而以說應乎乾宜其履虎尾不見咥而亨　咥音迭說音悅剛中正履帝位而不疚光明也言五之德　疚音究象曰上天下澤履君子以辯上下定民志初九素履往无咎處履之初為履之始履道惡華故素乃无

欽定四庫全書　　周易註

咎處履以素何往不從必獨行其願物无犯也象曰素履之往獨行願也九二履道坦坦幽人貞吉履道尚謙不喜處盈務在致誠惡夫外飾者也而二以陽處陰履於謙也居內履中隱顯同也履道之美於斯為盛故履道坦坦无險厄也在幽而貞宜其吉也　坦吐但反象曰幽人貞吉中不自亂也六三眇能視跛能履履虎尾咥人凶武人為于大君居履之時以陽處陽猶曰不謙而況以陰居陽以柔乘剛者乎故以此為明眇目者也以此為行跛足者也以此履危見咥者也志在剛健不修所履欲以陵武於人為于大君行未能免於凶而志存于五頑之甚也　眇音渺跛波我反象曰眇能視不足以有明也跛能履不足以與行也咥人之凶位不當也武人

為于大君志剛也九四履虎尾愬愬終吉逼近至尊以陽乘陽處多懼之地故曰履虎尾愬愬也然以陽居陰以謙為本雖處危懼終獲其志故終吉也 愬山革反象曰愬愬終吉志行也九五夬履貞厲得位處尊以剛決正故曰夬履貞厲也履道惡盈而五處實是以危 夬古快反象曰夬履貞厲位正當也上九視履考祥其旋元吉禍福之祥生乎所履處履之極履道成矣故可視履而考祥也居極應説高而不危是其旋也履道大成故元吉也象曰元吉在上大有慶也

周易註卷一

欽定四庫全書

周易註卷二

魏 王弼 撰

周易上經泰傳第二

䷊乾下坤上泰小往大來吉亨象曰泰小往大來吉亨則是天地交而萬物通也上下交而其志同也內陽而外陰內健而外順內君子而外小人君子道長小人道消也象曰天地交泰后以財成天地之道輔相天地之宜以左右民泰者物大通之時也上下大通則物失其節故財成而輔相以左右民也

息亮反左音佐右音佑助也初九拔茅茹以其彙征吉茅之為物拔其根而相牽引者也茹相牽引之貌也三陽同志俱志在外初為類首已舉則從若茅茹也上順而應不為違距進皆得志故以其類征吉 拔蒲八反茹汝據反彙音謂象曰拔茅征吉志在外也九二包荒用馮河不遐遺朋亡得尚于中行體健居中而用乎泰能包含荒穢受納馮河者也用心弘大无所遐棄故曰不遐遺也无私无偏存乎光大故曰朋亡也如此乃可以得尚于中行尚猶配也中行謂五象曰包荒得尚于中行以光大也九三无平不陂无往不復艱貞无咎勿恤其孚于食有福乾本上也

坤本下也而得泰者降與升也而三處天地之際將復其所處復其所處則上守其尊下守其卑是故无往而不復也无平而不陂也處天地之將閉平路之將陂時將大變世將大革而居不失其正動不失其應艱而能貞不失其義故无咎也信義誠著故不恤其孚而自明也故曰勿恤其孚于食有福也　陂彼偽反　象曰无往不復天地際也天地將各分復之際六四翩翩不富以其鄰不戒以孚乾樂上復坤樂下復四處坤首不固所居見命則退故曰翩翩也坤爻皆樂下已退則從故不待富而用其鄰也莫不與已同其志願故不待戒而自孚也　象曰翩翩不富皆失實也不戒以孚中心願也六五帝乙歸妹以祉元吉婦人謂嫁曰歸泰者陰陽交通之時也女處尊位履中居順降身應二感以相與用中行願不失其禮帝乙歸妹誠

合斯義履順居中行願以祉盡夫陰陽交配之宜故元吉也　祉音恥又音止　象曰以祉元吉中以行願也上六城復于隍勿用師自邑告命貞吝居泰上極各反所應泰道將滅上下不交卑不上承尊不下施是故城復于隍卑道崩也勿用師不煩攻也自邑告命貞吝否道已成命不行也　隍音皇施始豉反否備鄙反　象曰城復于隍其命亂也

䷋坤下乾上否之匪人不利君子貞大往小來象曰否之匪人不利君子貞大往小來則是天地不交而萬物不通也上下不交而天下无邦也內陰而外陽內柔而外剛內小人而外君子小人道長君子道消也象曰天地不交否君子以儉德辟難不可榮以祿初六拔茅茹以其彙貞吉亨居否之初處順之始為類之首者也順非健也何可以征居否之時動則入邪三陰同道皆不可進故拔茅茹以類貞而不諂則吉亨　否備鄙反長丁丈反辟音避難乃旦反　象曰拔茅貞吉志在君也志在於君故不茍進六二包承小人吉大人否亨居否之世而得其位用其至順包承於上小人路通內柔外剛大人否之其道乃亨　象曰大人否亨不亂羣也六三包羞俱用小道以承其上而位不當所以包羞也　象曰包羞位不當也九四有命无咎疇離祉夫處否而不可以有命者

以所應者小人也有命於小人則消君子之道者也今初志在君處乎窮下故可以有命无咎而疇麗福也疇謂初也　象曰有命无咎志行也九五休否大人吉其亡其亡繫于苞桑居尊當位能休否道者也施否於小人否之休也唯大人而後能然故曰大人吉也處君子道消之時已居尊位何可以安故心存將危乃得固也　休虛虬反　象曰大人之吉位正當也上九傾否先否後喜先傾後通故後喜也始以傾為否後得通乃喜　象曰否終則傾何可長也

䷌離下乾上同人于野亨利涉大川利君子貞象曰同人柔得位得中而應乎乾曰同人二為同人之主同人曰同人于

野亨利涉大川乾行也所以能同人于野亨利涉大川非二之所能也是乾之所行故特曰同人曰文明以健中正而應君子正也行健不以武而以文明用之相應不以邪而以中正應之君子正也故曰利君子貞唯君子為能通天下之志君子以文明為德象曰天與火同人天體於上而火炎上同人之義也君子以類族辨物君子小人各得所同初九同人于門无咎居同人之始為同人之首者也无應於上心无係吝通夫大同出門皆同故曰同人于門也出門同人誰與為咎象曰出門同人又誰咎也六二同人于宗吝應在乎五唯同於主過主則否用心褊狹鄙吝之道否方有反象曰同人于宗吝道也九三伏戎于莽升其高陵三歲不興居同人之際履下卦之極不能包弘上下通夫大同物黨相分欲乖其道貪於所比據上之應其敵剛健非力所當故伏戎于莽不敢顯亢也升其高陵望不敢進量斯勢也三歲不能興者也三歲不能興則五道亦以成矣安所行焉莽莫蕩反興如字象曰伏戎于莽敵剛也三歲不興安行也安辭也九四乘其墉弗克攻吉處上攻下力能乘墉者也履非其位以與人爭二自五應三非犯已攻三求二尤而效之違義傷理衆所不與故雖乘墉而不克也不克則反反則得吉也不克乃反其所以得吉困而反則者也墉音容象曰乘其墉義弗克也其吉則困而反則也九五同人先號咷而後笑大師克相遇象曰柔得位得中而應乎乾曰同人然則體柔居中衆之所與執剛用直衆所未從故近隔乎二剛未獲厥志是以先號咷也居中處尊戰必克勝故後笑也不能使物自歸而用其強直故必須大師克之然後相遇也號戶羔反咷道刀反象曰同人之先以中直也大師相遇言相克也上九同人于郊无悔郊者外之極也處同人之時最在於外不獲同志而遠於內爭故雖无悔吝亦未得其志象曰同人于郊志未得也凡處同人而不泰焉則必用師矣不能大通則各私其黨而求利焉楚人亡弓不能忘楚愛國愈甚益為它災是以同人不弘剛健之爻皆至用師也

䷍乾下離上大有元亨不大通何由得大有乎大有則必元亨矣象曰大有柔得尊位大中而上下應之曰大有處尊以柔居中以大體無二陰以分其應上下應之靡所不納大有之義也其德剛健而文明應乎天而時行是以元亨德應於天則行不失時矣剛健不滯文明不犯應天則大時行無違是以元亨象曰火在天上大有君子以遏惡揚善順天休命大有包容之象也故遏惡揚善成物之美順夫天德休物之命遏於葛反又音謁休虛虬反初九无交害匪咎艱則无咎以夫剛健為大有之始不能履中滿而不溢術斯以往後害必至其欲匪咎艱則無咎也象曰大有初九无交害也九二大車以載任重而不危有攸往无咎健不違中為五所任任重不危致遠不泥故可以往而無咎也泥乃計反象曰大車以載積中不敗也九三公用亨于天子小人弗克處大有之

時居下體之極乘剛健之上而履得其位與五同功威權之盛莫此過焉公用斯位乃得通乎天子之道也小人不克害可待也　亨許庚反

象曰公用亨于天子小人害也

九四匪其彭无咎〔既失其位而上近至尊之威下比分權之臣其為懼也可謂危矣唯夫有聖知者乃能免斯咎也三雖至盛五不可舍能辯斯數專心承五常匪其旁則无咎矣旁謂三也　彭步郎反知音智〕

象曰匪其彭无咎明辯晳也〔明猶才也　晳章折反〕

六五厥孚交如威如吉〔居尊以柔處大以中无私於物上下應之信以發志故其孚交如也夫不私於物物亦公焉不疑於物物亦誠焉既公且信何難何備不言而教行何為而不威如為大有之主而不以此道吉可得乎〕

象曰厥孚交如信以發志也威如之吉易而無備也

上九自天祐之吉无不利〔大有豐富之世也處大有之上而不累於位志尚乎賢者也餘爻皆乘剛而已獨乘柔順也五為信德而已履焉履信之謂也雖不能體柔而以剛乘柔思順之義也居豐有之世而不以物累其心高尚其志尚賢者也爻有三德盡夫助道故繫辭具焉　易以豉反祐音又〕

象曰大有上吉自天祐也

䷎ 〔艮下坤上〕謙亨君子有終

彖曰謙亨天道下濟而光明地道卑而上行天道虧盈而益謙地道變盈而流謙鬼神害盈而福謙人道惡盈而好謙謙尊而光卑而不可踰君子之終也

象曰地中有山謙君子以裒多益寡稱物平施〔多者用謙以為裒少者用謙以為益隨物而與施不失平也　上時掌反惡烏路反好呼報反裒蒲侯反稱尺證反施始豉反〕

初六謙謙君子用涉大川吉〔處謙之下謙之謙者也能體謙謙其唯君子用涉大難物无害也〕

象曰謙謙君子卑以自牧也〔牧養也〕

六二鳴謙貞吉〔鳴者聲名聞之謂也得位居中謙而正焉〕

象曰鳴謙貞吉中心得也

九三勞謙君子有終吉〔處下體之極履得其位上下无陽以分其民衆陰所宗尊莫先焉居謙之世何可安尊上承下綏勞謙匪解是以吉也　解佳賣反〕

象曰勞謙君子萬民服也

六四无不利撝謙〔處三之上而用謙焉則是自上下下之義也承五而用謙順則是上行之道也盡乎奉上下下之道故无不利指撝皆謙不違則也　撝毀皮反〕

象曰无不利撝謙不違則也

六五不富以其鄰利用侵伐无不利〔居於尊位用謙與順故能不富而用其鄰也以謙順而侵伐所伐皆驕逆也〕

象曰利用侵伐征不服也

上六鳴謙利用行師征邑國〔最處於外不與內政故有名而已志功未得也處外而履謙順可以征邑國而已　與音預〕

象曰鳴謙志未得也可用行師征邑國也〔夫吉凶悔吝生乎動者也動之所起興於利者也故飲食必有訟訟必有衆起未有居衆人之所惡而為動者所害處不競之地而為爭者所奪是以六爻雖有失位无應乘剛而皆无凶咎悔吝者以謙為主也謙尊而光卑而不可踰信矣哉〕

䷏ 〔坤下震上〕豫利建侯行師

彖曰豫剛應而志行順以動

豫豫順以動故天地如之而況建侯行師乎天地以順
動故日月不過而四時不忒聖人以順動則刑罰清而
民服豫之時義大矣哉象曰雷出地奮豫先王以作樂
崇德殷薦之上帝以配祖考初六鳴豫凶處豫之初而特得志於上
樂過則淫志窮則凶豫何可鳴豫餘慮反奮方問反殷於勤反象曰初六鳴豫志窮
凶也六二介于石不終日貞吉處豫之時得位履中安夫貞正不求苟豫者也
順不苟從豫不違中是以上交不諂下交不瀆明禍福之所生故不苟說辯必然之理故不改其操介如石焉
不終日明矣象曰不終日貞吉以中正也六三盱豫悔遲有

悔居下體之極處兩卦之際履非其位承動豫之主若其睢盱而豫悔亦生焉遲而不從豫之所疾位非所
據而以從豫進退離悔宜其然矣盱香于反象曰盱豫有悔位不當也九四
由豫大有得勿疑朋盍簪處豫之時居動之始獨體陽爻衆陰所從莫不由之以得
其豫故曰由豫大有得也夫不信於物物亦疑焉故勿疑則朋盍疾也盍合也簪疾也盍胡臘反簪側林反
象曰由豫大有得志大行也六五貞疾恒不死四以剛動為豫
之主專權執制非已所乘故不敢與四爭權而又居中處尊未可得亡是以必常至于貞疾恒不死而已象
曰六五貞疾乘剛也恒不死中未亡也上六冥豫成有
渝无咎處動豫之極極豫盡樂故至于冥豫成也過豫不已何可長乎故必渝變然後无咎冥覓經

反又亡定反渝羊朱反象曰冥豫在上何可長也
䷐震下兌上隨元亨利貞无咎彖曰隨剛來而下柔動而
說隨大亨貞无咎而天下隨時隨時之義大矣哉震剛而兌
柔也以剛下柔動而之說乃得隨也為隨而不大通逆於時也相隨而不為利正災之道也故大通利貞乃得
无咎也為隨而令大通利貞得於時也得時則天下隨之矣隨之所施唯在於時也時異而不隨否之道也故
隨時之義大矣哉說音悅象曰澤中有雷隨君子以嚮晦入宴息
澤中有雷動說之象也物皆說隨可以无為不勞明鑒故君子嚮晦入宴息也嚮許亮反初九官
有渝貞吉出門交有功居隨之始上无其應无所偏係動能隨時意无所主者也隨不

以欲以欲隨宜者也故官有渝變隨不失正也出門无違何所失哉象曰官有渝從正吉
也出門交有功不失也六二係小子失丈夫陰之為物以處隨世
不能獨立必有係也居隨之時體於柔弱而以乘夫剛動豈能秉志違於所近隨此失彼弗能兼與五處已上
初處已下故曰係小子失丈夫也象曰係小子弗兼與也六三係丈夫
失小子隨有求得利居貞陰之為物以處隨世不能獨立必有係也雖體下卦二已
據初將何所附故舍初係四志在丈夫四俱无應亦欲於已隨之則得其所求矣故曰隨有求得也應非其正
以係於人何可以妄故利居貞也初處已下四處已上故曰係丈夫失小子也象曰係丈夫志
舍下也下謂初也九四隨有獲貞凶有孚在道以明何咎處說

之初下據二陰三求係已不距則獲故曰隨有獲也居於臣地履非其位以擅其民失於臣道違正者也故曰
貞凶體剛居說而得民心能幹其事而成其功者也雖違常義志在濟物心存公誠著信在道以明其功何咎
之有象曰隨有獲其義凶也有孚在道明功也九五孚于
嘉吉履正居中而處隨世盡隨時之宜得物之誠故嘉吉也象曰孚于嘉吉位正
中也上六拘係之乃從維之王用亨于西山隨之為體陰順陽者
也最處上極不從者也隨道已成而特不從故拘係之乃從也率土之濱莫非王臣而為不從王之所討也故
維之王用亨于西山也兌為西方山者塗之險隔也處西方而為不從故王用通于西山　拘音俱亨許庚反
象曰拘係之上窮也處于上極故窮也

䷑巽下艮上蠱元亨利涉大川先甲三日後甲三日彖曰蠱
剛上而柔下上剛可以斷制下柔可以施令　蠱音古後胡豆反巽而止蠱既巽又止
不競爭也有事而无競爭之患故可以有為也蠱元亨而天下治也有為而大亨非天下
治而何也利涉大川往有事也先甲三日後甲三日終則有
始天行也蠱者有事而待能之時也可以有為其在此時矣物已說隨則待夫作制以定其事也進
德修業往則亨矣故元亨利涉大川也甲者創制之令也創制不可責之以舊故先之三日後之三日使令洽
而後乃誅也因事申令終則復始若天之行用四時也象曰山下有風蠱君子以
振民育德蠱者有事而待能之時也故君子以濟民養德也初六幹父之蠱有

子考无咎厲終吉處事之首始見任者也以柔巽之質幹父之事能承先軌堪其任者也故
曰有子也任為事首能堪其事考乃无咎也故曰有子考无咎也當事之首是以危也能堪其事故終吉也
象曰幹父之蠱意承考也幹事之首時有損益不可盡承故意承而已九二
幹母之蠱不可貞居於內中宜幹母事故曰幹母之蠱也婦人之性難可全正宜屈已剛既
幹且順故曰不可貞也幹不失中得中道也象曰幹母之蠱得中道也九三
幹父之蠱小有悔无大咎以剛幹事而无其應故有悔也履得其位以正幹父雖小
有悔終无大咎象曰幹父之蠱終无咎也六四裕父之蠱往見
吝體柔當位幹不以剛而以柔和能裕先事者也然无其應往必不合故曰往見吝　裕羊樹反象曰

裕父之蠱往未得也六五幹父之蠱用譽以柔處尊用中而應承先
以斯用譽之道也象曰幹父用譽承以德也以柔處中不任威力也上九
不事王侯高尚其事最處事上而不累於位不事王侯高尚其事者也象曰不
事王侯志可則也
䷒兌下坤上臨元亨利貞至于八月有凶彖曰臨剛浸而
長說而順剛中而應大亨以正天之道也陽轉進長陰道日消君子
日長小人日憂大亨以正之義浸子鴆反長丁丈反說音悅至于八月有凶消不久
也八月陽衰而陰長小人道長君子道消也故曰有凶象曰澤上有地臨君子以

教思无窮容保民無疆 相臨之道莫若説順也不恃威制得物之誠故物无違也是以君子教思无窮容保民无疆也 思去聲疆居良反 初九咸臨貞吉 咸感也感應也有應於四感以臨者也四履正位而已應焉志行正者也以剛感順志行其正以斯臨物正而獲吉也 象曰咸臨貞吉志行正也九二咸臨吉无不利 有應在五感以臨者也剛勝則柔危而五體柔非能同斯志者也若順於五則剛德不長何由得吉无不利乎全與相違則失於感應其得咸臨吉无不利必未順命也 象曰咸臨吉无不利未順命也六三甘臨无攸利既憂之无咎 甘者佞邪説媚不正之名也履非其位居剛長之世而以邪説臨物宜其无攸利也若能盡憂其危改修其道剛不害正故咎不長 象曰甘臨位不當也既憂之咎不長也六四至臨无咎 處順應陽不忌剛長而乃應之履得其位盡其至者也剛勝則柔危柔不失正則得无咎也 象曰至臨无咎位當也六五知臨大君之宜吉 處於尊位履得其中能納剛以禮用建其正不忌剛長而能任之委物以能而不犯焉則聰明者竭其視聽知力者盡其謀能不為而成不行而至矣大君之宜如此而已故曰知臨大君之宜吉也 象曰大君之宜行中之謂也上六敦臨吉无咎 處坤之極以敦而臨者也志在助賢以敦為德雖在剛長剛不害厚故无咎也 象曰敦臨之吉志在內也

䷓ 坤下巽上 觀盥而不薦有孚顒若 王道之可觀者莫盛乎宗廟宗廟之可觀者莫盛於盥也至薦簡略不足復觀故觀盥而不觀薦也孔子曰禘自既灌而往者吾不欲觀之矣盡夫觀盛則下觀而化矣故觀至盥則有孚顒若也 觀官喚反盥音管薦牋練反顒魚恭反 象曰大觀在上 下賤而上貴也 順而巽中正以觀天下觀盥而不薦有孚顒若下觀而化也觀天之神道而四時不忒聖人以神道設教而天下服矣 統説觀之為道不以刑制使物而以觀感化物者也神則无形者也不見天之使四時而四時不忒不見聖人使百姓而百姓自服也 忒吐得反 象曰風行地上觀先王以省方觀民設教初六童觀小人无咎君子吝 處於觀時而最遠朝美體於陰柔不能自進无所鑒見故曰童觀趣順而已无所能為小人之道也故曰小人無咎君子處大

觀之時而為童觀不亦鄙乎 省悉井反遠袁萬反朝直遙反 象曰初六童觀小人道也六二闚觀利女貞 處在於內寡所鑒見體於柔弱從順而已猶有應焉不為全蒙所見者狹故曰闚觀居內得位柔順寡見故曰利女貞婦人之道也處大觀之時居中得位不能大觀廣鑒闚觀而已誠可醜也 闚苦規反 象曰闚觀女貞亦可醜也六三觀我生進退 居下體之極處二卦之際近不比尊遠不童觀觀風者也居此時也可以觀我生進退也 象曰觀我生進退未失道也 處進退之時以觀進退之幾未失道也 六四觀國之光利用賓于王 居觀之時最近至尊觀國之光者也居近得位明習國儀者也故曰利用賓于王也 觀如字或官喚反 象曰觀國之光尚賓也九五觀我生君子

无咎居於尊位為觀之主宣弘大化光于四表觀之極者也上之化下猶風之靡草故觀民之俗以察巳道百姓有罪在予一人君子風著已乃无咎上為化主將欲自觀乃觀民也象曰觀我生觀民也上九觀其生君子无咎觀我生自觀其道者也觀其生為民所觀者也不在於位最處上極高尚其志為天下所觀者也處天下所觀之地可不慎乎故君子德見乃得无咎生猶動出也見賢遍反象曰觀其生志未平也特處異地為衆所觀不為平易和光流通志未平也　易以豉反盡夫觀盛故觀至大觀在上王肅音官以觀天下徐唯此一字作音官觀盥而不薦觀之為道而以觀感風行地上觀處於觀時君子處大觀之時及大觀廣鑒亦音官居觀之時為觀之主觀之盛也從盡夫觀以下竝官喚反餘不出者竝音官

周易註卷二

欽定四庫全書 經部

周易註卷四三

詳校官尚書臣德保

通政使司副使臣莫瞻菉覆勘

總校官知縣臣楊懋珩

校對官中書臣郭晋

謄錄監生臣范炎

欽定四庫全書

周易註卷三

魏 王弼 撰

周易上經噬嗑傳第三

☲☳震下離上 噬嗑亨利用獄噬齧也嗑合也凡物之不親由有間也物之不齊由有過也有間與過齧而合之所以通也刑克以通獄之利也　噬市制反嗑胡臘反齧研節反彖曰頤中有物曰噬嗑頤中有物齧而合之噬嗑之義也噬嗑而亨有物有間不齧不合无由亨也剛柔分動而明雷電合而章剛柔分動不溷乃明雷電竝合不亂乃章皆利用獄之義　溷胡困反

柔得中而上行雖不當位利用獄也謂五也能為齧合而通必有其主五則是也上行謂所之在進也凡言上行皆所之在貴也雖不當位不害用獄也　上時掌反象曰雷電噬嗑先王以明罰勑法初九屨校滅趾无咎居无位之地以處刑初受刑而非治刑者也凡過之所始必始於微而後至於著罰之所始必始於薄而後至於誅過輕戮薄故屨校滅趾桎其行也足懲而已故不重也過而不改乃謂之過小懲大誡乃得其福故无咎也校者以木絞校者也即械也械者取其通名也　勑恥力反屨紀具反校爻教反桎章實反象曰屨校滅趾不行也過止於此六二噬膚滅鼻无咎噬齧也齧者刑克之謂也處中得位所刑者當故曰噬膚也乘剛而刑未盡順道噬過其分故滅鼻也刑得所疾故雖滅鼻而无咎也膚者柔脆之物也象曰噬膚滅鼻乘剛也六三噬腊肉遇毒小吝无咎處下體之極而履非其位以斯食物其物必堅豈惟堅乎將遇其毒噬以喻刑人腊以喻不服毒以喻怨生然承於四而不乘剛雖失其正刑不侵順故雖遇毒小吝无咎　腊音昔象曰遇毒位不當也九四噬乾胏得金矢利艱貞吉雖體陽爻為陰之主履不獲中而居非其位以斯噬物物亦不服故曰噬乾胏也金剛也矢直也噬乾胏而得剛直可以利於艱貞之吉未足以盡通理之道也　乾音干胏緇美反象曰利艱貞吉未光也六五噬乾肉得黃金貞厲无咎乾肉堅也黃中也金剛也以陰處陽以柔乘剛以噬於物物亦不服故曰噬乾肉也然處得尊位以柔乘剛而居於中能行其戮者也履不正而能行其戮剛勝者也噬

雖不服得中而勝故曰噬乾肉得黃金也已雖不正而刑戮得當故雖貞厲而无咎也象曰貞厲无咎得當也上九何校滅耳凶處罰之極惡積不改者也罪非所懲故刑及其首至于滅耳及首非誡滅耳非懲凶莫甚焉　何何可反又音何亦作荷象曰何校滅耳聰不明也聰不明故不慮惡積至于不可解也

☶☲離下艮上 賁亨小利有攸往象曰賁亨柔來而文剛故亨分剛上而文柔故小利有攸往剛柔不分文何由生故坤之上六來居二位柔來文剛之義也柔來文剛居位得中是以亨乾之九二分居上位分剛上而文柔之義也剛上文柔不得中位不若柔來文剛故小利有攸往　賁彼偽反上時掌反天文也剛柔交錯而成文焉天之文也

文明以止人文也 止物不以威武而以文明人之文也 觀乎天文以察時變觀乎人文以化成天下 解天之文則時變可知也解人之文則化成可為也 象曰山下有火賁君子以明庶政无敢折獄 處賁之時止物以文明不可以威刑故君子以明庶政而无敢折獄折之舌反 初九賁其趾舍車而徒 在賁之始以剛處下居於无位棄於不義安夫徒步以從其志者也故飾其趾舍車而徒義弗乘之謂也 舍音捨 象曰舍車而徒義弗乘也六二賁其須 得其位而无應三亦无應俱无應而比焉近而相得者也須之為物上附者也循其所履以附於上故曰賁其須也 象曰賁其須與上興也九三賁如濡如永貞吉 處下體之極居得其位與二相比俱履其

正和合相潤以成其文者也既得其飾又得其潤故曰賁如濡如也永保其貞物莫之陵故曰永貞吉也 濡如臾反 象曰永貞之吉終莫之陵也六四賁如皤如白馬翰如匪寇婚媾 有應在初而閡於三為己寇難二志相感不獲通亨欲靜則失初之應欲進則懼三之難故或飾或素內懷疑懼也鮮潔其馬翰如以待雖履正位未敢果其志也三為剛猛未可輕犯匪寇乃婚終无尤也 皤音婆翰戶旦反又寒案反媾古豆反 閡五戴反難乃旦反 象曰六四當位疑也匪寇婚媾終无尤也六五賁于丘園束帛戔戔吝終吉 處得尊位為飾之主飾之盛者也施飾於物其道害也施飾丘園盛莫大焉故賁于束帛丘園乃落賁于丘園帛乃戔戔用莫過儉泰而能約故必吝焉乃得終吉也 戔在干反又音牋 象曰六五之吉有喜也上九白賁无咎 處飾之終飾終反素故任其質素不勞文飾而无咎也以白為飾而无患憂得志者也 象曰白賁无咎上得志也

䷖ 坤下艮上 剝不利有攸往象曰剝剝也柔變剛也不利有攸往小人長也順而止之觀象也君子尚消息盈虛天行也 坤順而艮止也所以順而止之不敢以剛止者以觀其形象也強亢激拂觸忤以隕身身既傾焉功又不就非君子之所尚也 剝邦角反長丁丈反 象曰山附於地剝上以厚下安宅 厚下者牀不見剝也安宅者物不失處也厚下安宅治剝之道也 處昌呂反 初六剝牀以足蔑貞凶 牀者人之所以安也剝牀以足猶云剝牀之足也蔑猶削也剝牀之足滅下之

欽定四庫全書　周易註

道也下道始滅剛殞柔長則正削而凶來也 蔑莫結反 象曰剝牀以足以滅下也六二剝牀以辨蔑貞凶 蔑猶甚極之辭也辨者足之上也剝道浸長故剝其辨也稍近於牀轉欲滅物之所處長柔而削正以斯為德物所棄也 辨音辦鄭符勉反 象曰剝牀以辨未有與也六三剝之无咎 與上為應羣陰剝陽我獨協焉雖處於剝可以无咎 象曰剝之无咎失上下也 三上下各有二陰而三獨應於陽則失上下也 六四剝牀以膚凶 初二剝牀民所以安未剝其身也至四剝道浸長牀既剝盡以及人身小人遂盛物將失身豈唯削正靡所不凶 象曰剝牀以膚切近災也六五貫魚以宮人寵无不利 處剝之時居得尊位為剝之主者也剝之為害小人得寵以消君子者也若能施寵

小人於宮人而已不害於正則所寵雖衆終无尤也貫魚謂此衆陰也駢頭相次似貫魚也　貫古亂反駢薄田反
象曰以宮人寵終无尤也上九碩果不食君子得輿小人剝廬處卦之終獨全不落故果至于碩而不見食也君子居之則為民覆蔭小人用之則剝下所庇也　輿音餘廬力居反
象曰君子得輿民所載也小人剝廬終不可用也
䷗震下坤上復亨出入无疾朋來无咎反復其道七日來復利有攸往象曰復亨剛反動而以順行是以出入无疾入則為反出則長故无疾疾猶病也　反復音福朋來无咎朋謂陽也反復其道七日來復陽氣始剝

盡至來復時凡七日天行也以天之行反復不過七日復之不可遠也利有攸往剛長也往則小人道消也復其見天地之心乎復者反本之謂也天地以本為心者也凡動息則靜靜非對動者也語息則默默非對語者也然則天地雖大富有萬物雷動風行運化萬變寂然至无是其本矣故動息地中乃天地之心見也若其以有為心則異類未獲具存矣
象曰雷在地中復先王以至日閉關商旅不行后不省方方事也冬至陰之復也夏至陽之復也故為復則至於寂然大靜先王則天地而行者也動復則靜行復則止事復則无事也
初九不遠復无祇悔元吉最處復初始復者也復之不速遂至迷凶不遠而復幾悔而反以此修身患難遠矣錯之於事其殆庶幾乎故元吉也　祇音支
象曰不遠之復以修身

也六二休復吉得位處中最比於初上无陽爻以疑其親陽為仁行在初之上而附順之下仁之謂也既處中位親仁善鄰復之休也　休虛虯反
象曰休復之吉以下仁也六三頻復厲无咎頻頻蹙之貌也處下體之終雖愈於上六之迷已去復遠矣是以蹙也蹙而求復未至於迷故雖危无咎也復道宜速感而乃復義雖无咎它來難保
象曰頻復之厲義无咎也六四中行獨復四上下各有二陰而處厥中履得其位而應於初獨得所復順道而反物莫之犯故曰中行獨復也
象曰中行獨復以從道也六五敦復无悔居厚而履中居厚則无怨履中則可以自考雖不足以及休復之吉守厚以復悔可免也
象曰敦復无悔中以自考也上六迷復凶有災眚用行師終有

大敗以其國君凶至于十年不克征最處復後是迷者也以迷求復故曰迷復也用之行師難用有克也終必大敗用之於國則反乎君道也大敗乃復量斯勢也雖復十年修之猶未能征也　眚生領反下卦同
象曰迷復之凶反君道也
䷘震下乾上无妄元亨利貞其匪正有眚不利有攸往象曰无妄剛自外來而為主於內謂震也　妄亡亮反動而健震動而乾健也剛中而應謂五也大亨以正天之命也剛自外來而為主於內動而愈健剛中而應威剛方正私欲不行何可以妄使有妄之道滅无妄之道成非大亨利貞而何剛自外來而為主於內則柔邪之道消矣動而愈健則剛直之道通矣剛中而應則齊明之德著矣故大亨以正也天之教命何

可犯乎何可妄乎是以匪正則有眚而不利有攸往也其匪正有眚不利有攸往无妄之往何之矣天命不祐行矣哉匪正有眚不求改以從正而欲有所往居不可以妄之時而欲以不正有所往將欲何之天命之所不祐行矣哉佑音又象曰天下雷行物與无妄與辭也猶皆也天下雷行物皆不可以妄也先王以茂對時育萬物茂盛也物皆不敢妄然後萬物乃得各全其性對時育物莫盛於斯也初九无妄往吉體剛處下以貴下賤行不犯妄故往得其志象曰无妄之往得志也六二不耕穫不菑畬則利有攸往不耕而穫不穫菑而畬代終已成而不而造也不擅其美乃盡臣道故利有攸往穫黄郭反菑側其反畬音餘象曰不耕穫未富也六

三无妄之災或繫之牛行人之得邑人之災以陰居陽行違謙順是无妄之所以為災也牛者稼穡之資也二以不耕而穫利有攸往而三為不順之行故或繫之牛是有司之所以為獲彼人之所以為災也故曰行人之得邑人之災也行違及之行下孟反象曰行人得牛邑人災也九四可貞无咎處无妄之時以陽居陰以剛乘柔履於謙順比近至尊故可以任正固有所守而无咎也象曰可貞无咎固有之也九五无妄之疾勿藥有喜居得尊位為无妄之主者也下皆无妄害非所致而取藥焉疾之甚也非妄之災勿治自復非妄而藥之則凶故曰勿藥有喜象曰无妄之藥不可試也藥攻有妄者也而反攻无妄故不可試也上九无妄行有眚无攸利處不可妄之極唯宜靜保

其身而已故不可以行也象曰无妄之行窮之災也

䷙乾下艮上大畜利貞不家食吉利涉大川象曰大畜剛健篤實煇光日新其德凡物既厭而退者弱也既榮而隕者薄也夫能煇光日新其德者唯剛健篤實也畜勑六反厭於豔反剛上而尚賢謂上九也處上而大通剛來而不距尚賢之謂也能止健大正也健莫過乾而能止之非夫大正未之能也不家食吉養賢也利涉大川應乎天也有大畜之實以之養賢令賢者不家食乃吉也尚賢制健大正應天不憂險難故利涉大川也令力呈反象曰天在山中大畜君子以多識前言往行以畜其德物之可畜於懷令德不散盡於此也識如字劉作志行

下孟反初九有厲利已四乃畜已未可犯也故進則有厲已則利也已夷止反或音紀象曰有厲利已不犯災也處健之始未果其健者故能利已九二輿說輹五處畜盛未可犯也遇斯而進故輿說輹也居得其中能以其中不為馮河死而無悔遇難能止故无尤也輿音餘說吐活反輹音服又音福象曰輿說輹中无尤也九三良馬逐利艱貞曰閑輿衛利有攸往凡物極則反故畜極則通初二之進值於畜盛故不可以升至於九三升于上九而上九處天衢之亨塗徑大通進无違距可以馳騁故曰良馬逐也履當其位進得其時之乎通路不憂險阨故利艱貞也閑閑闑也衛護也進得其時雖涉艱難而无患也輿雖遇閑而故衛也與上合志故利有攸往也象曰利有攸往上合志也六四童牛之

牿元吉處艮之始履得其位能止健初距不以角柔以止剛剛不敢犯抑鋭之始以息强爭豈唯獨利
乃將有喜也牿古毒反象曰六四元吉有喜也六五豶豕之牙吉
豕牙橫猾剛暴難制之物謂二也五處得尊位為畜之主二剛而進能豶其牙柔能制健禁暴抑盛豈唯能固
其位乃將有慶也豶符云反劉云豕去勢曰豶象曰六五之吉有慶也上九
何天之衢亨處畜之極畜極則通大畜以至於大亨之時何辟也猶云何畜乃天之衢亨也何
音河又音賀衢其俱反象曰何天之衢道大行也
䷚震下艮上頤貞吉觀頤自求口實彖曰頤貞吉養正則
吉也觀頤觀其所養也自求口實觀其自養也天地養

萬物聖人養賢以及萬民頤之時大矣哉象曰山下有雷
頤君子以慎言語節飲食言語飲食猶慎而節之而況其餘乎頤以之反養如字
初九舍爾靈龜觀我朵頤凶朵頤者嚼也以陽處下而為動始不能令物由己養
動而求養者也夫安身莫若不競修己莫若自保守道則福至求祿則辱來居養賢之世不能貞其所履以全
其德而舍其靈龜之明兆羡我朵頤而躁求離其致養之至道闚我寵祿而競進凶莫甚焉舍音捨朵多果
反動也象曰觀我朵頤亦不足貴也六二顛頤拂經于丘
頤征凶養下曰顛拂違也經猶義也丘所履之常也處下體之中无應於上反而養初居下不奉上而
反養下故曰顛頤拂經于丘也以此而養未見其福也以此而行未見有與故曰頤征凶顛丁田反拂符弗

反象曰六二征凶行失類也類皆上養而二處下養初六三拂頤貞
凶十年勿用无攸利履夫不正以養於上納上以諂者也拂養正之義故曰拂頤貞凶也
處頤而為此行十年見棄者也立行於斯无施而利象曰十年勿用道大悖也六
四顛頤吉虎視眈眈其欲逐逐无咎體屬上體居得其位而應於初以上
養下得頤之義故曰顛頤吉也下交不可以瀆故虎視眈眈威而不猛不惡而嚴養德施賢何可有利故其欲
逐逐尚敦實也修此二者然後乃得全其吉而无咎觀其自養則履正察其所養則養陽頤爻之貴斯為盛矣
悖布内反視市志反眈丁南反象曰顛頤之吉上施光也六五拂經
居貞吉不可涉大川以陰居陽拂頤之義也行則失類故宜居貞也无應於下而比於上
故可守貞從上得頤之吉雖得居貞之吉處頤違謙難未可涉也象曰居貞之吉順以

欽定四庫全書 周易註

從上也上九由頤厲吉利涉大川以陽處上而履四陰陰不能獨為主必宗
於陽也故莫不由之以得其養故曰由頤為衆陰之主不可瀆也故屬乃吉有似家人悔厲之義貴而无位是
以厲也高而有民是以吉也為養之主物莫之違故利涉大川也象曰由頤厲吉大有
慶也
䷛巽下兌上大過音相過之過棟橈利有攸往亨彖曰大過大
者過也大者乃能過也棟丁貢反橈乃教反棟橈本末弱也初為本而上為末也
剛過而中謂二也居陰過也處二中也拯弱興衰不失其中也巽而說行巽而說行以此

救難難乃濟也 說音悅利有攸往乃亨危而弗持則將安用故往乃亨大過之時
大矣哉是君子有為之時也象曰澤滅木大過君子以獨立不懼
遯世无悶此所以為大過非凡所及也 遯徒遜反初六藉用白茅无咎以柔
處下過而可以无咎其唯慎乎 藉在夜反象曰藉用白茅柔在下也九二
枯楊生稊老夫得其女妻无不利稊者楊之秀也以陽處陰能過其本而救
其弱者也上无其應心无特吝處過以此无衰不濟也故能令枯楊更生稊老夫更得少妻拯弱興衰莫盛斯
爻故无不利也老過則枯小過則稚以老分少則稚者長以稚分老則枯者榮過以相與之謂也大過至衰而
已至壯以至壯輔至衰應斯義也 稊徒稽反夫如字象曰老夫女妻過以相與

也九三棟橈凶居大過之時處下體之極不能救危拯弱以隆其棟而以陽處陽自守所居又
應於上係心在一宜其淹溺而凶衰也象曰棟橈之凶不可以有輔也九
四棟隆吉有它吝體屬上體以陽處陰能拯其弱不為下所橈者也故棟隆吉也而應在初
用心不弘故有它吝也象曰棟隆之吉不橈乎下也九五枯楊生
華老婦得其士夫无咎无譽處得尊位而以陽處陽未能拯危處得尊位亦未有
橈故能生華不能生稊能得夫不能得妻處棟橈之世而為无咎无譽何可長哉故生華不可久士夫誠可醜
也 華如字又音花譽音預又音餘象曰枯楊生華何可久也老婦士夫
亦可醜也上六過涉滅頂凶无咎處大過之極過之甚也涉難過甚故至于

滅頂凶志在救時故不可咎也 頂都冷反象曰過涉之凶不可咎也雖凶无咎
不害義也
䷜坎下坎上習坎坎險陷之名也習謂便習之 坎苦感反便婢面反有孚維心亨
剛正在內有孚者也陽不外發而在乎內心亨者也行有尚內亨外闇內剛外順以此行險行有尚也
象曰習坎重險也坎以險為用故特名曰重險言習坎者習乎重險也 重直龍反水
流而不盈行險而不失其信險陗之極故水流而不能盈也處至險而不失剛中
行險而不失其信者習險之謂也 陗七妙反維心亨乃以剛中也行有尚往
有功也便習於坎而之坎地盡坎之宜故往必有功也天險不可升也不可得升故得

保其威尊地險山川丘陵也有山川丘陵故物得以保全也王公設險以守
其國國之為衛恃於險也言自天地以下莫不須險也險之時用大矣哉非用之常
用有時也象曰水洊至習坎重險縣絕故水洊至也不以坎為隔絕相仍而至習乎坎也
洊在薦反君子以常德行習教事至險未夷教不可廢故以常德行而習教事也習於
坎然後乃能不以險難為困而德行不失常也故則夫習坎以常德行而習教事也 行下孟反初六
習坎入于坎窞凶習坎者習為險難之事也最處坎底入坎窞者也處重險而復入坎底其
道凶也行險而不能自濟習坎而入坎窞失道而窮在坎底上无應援可以自濟是以凶也 窞徒坎反坎底
也象曰習坎入坎失道凶也九二坎有險求小得履失其位

故曰坎上无應援故曰有險坎而有險未能出險之中也處中而與初三相得故可以求小得也初三未足以為援故曰小得也 象曰求小得未出中也六三來之坎坎險且枕入于坎窞勿用 既履非其位而又處兩坎之間出則之坎居則亦坎故曰來之坎坎也枕者枝而不安之謂也出則无之處則无安故曰險且枕也來之皆坎无所用之徒勞而已 枕針鴆反 象曰來之坎坎終无功也六四樽酒簋貳用缶納約自牖終无咎 處重險而履正以柔居柔履得其位以承於五五亦得位剛柔各得其所不相犯位皆无餘應以相承比明信顯著不存外飾處坎以斯雖復一樽之酒二簋之食瓦缶之器納此至約自進於牖乃可羞之於王公薦之於宗廟故終无咎也 簋音軌缶方有反牖音酉 象曰樽酒簋貳剛柔際

也 剛柔相比而相親焉際之謂也 九五坎不盈祇既平无咎 為坎之主而无應輔可以自佐未能盈坎者也坎之不盈則險不盡矣祇辭也為坎之主盡平乃无咎故曰祇既平无咎也說既平乃无咎明九五未免於咎也 祇音支又祁支反 象曰坎不盈中未大也上六係用徽纆寘于叢棘三歲不得凶 險陗之極不可升也嚴法峻整難可犯也宜其囚執寘于思過之地三歲險道之夷也險終乃反故三歲不得自脩三歲乃可以求復故曰三歲不得凶也 徽許韋反纆音墨三股曰徽兩股曰纆皆索名寘之豉反叢才公反 象曰上六失道凶三歲也

䷝ 離下離上 離利貞亨 離之為卦以柔為正故必貞而後乃亨故曰利貞亨也 畜牝牛吉 柔處于内而履正中牝之善也外强而内順牛之善也離之為體以柔順為主者也故不可以畜剛猛之物而吉於畜牝牛也 畜許六反牝頻忍反 象曰離麗也 麗猶著也各得所著之宜 著直略反 日月麗乎天百穀草木麗乎土重明以麗乎正乃化成天下柔麗乎中正故亨是以畜牝牛吉也 柔著于中正乃得通也柔通之吉極於畜牝牛不能及剛猛也 重直龍反 象曰明兩作離大人以繼明照于四方 繼謂不絕也明照相繼不絕曠也 初九履錯然敬之无咎 錯然者警慎之貌也處離之始將進而盛未在既濟故宜慎其所履以敬為務辟其咎也 錯七各反又七路反 象曰履錯之敬以辟咎也六二黃離元吉 居中得位以柔

處柔履文明之盛而得其中故曰黃離元吉也 象曰黃離元吉得中道也九三日昃之離不鼓缶而歌則大耋之嗟凶 嗟憂歎之辭也處下離之終明在將没故曰日昃之離也明在將終若不委之於人養志无為則至于耋老有嗟凶矣故曰不鼓缶而歌則大耋之嗟凶也 昃本作反耋田節反 象曰日昃之離何可久也九四突如其來如焚如死如棄如 處於明道始變之際昏而始曉没而始出故曰突如其來如其明始進其炎始盛故曰焚如逼近至尊履非其位欲進其盛以炎其上命必不終故曰死如違離之義无應无承衆所不容故曰棄如也 突徒忽反 象曰突如其來如无所容也六五出涕沱若戚嗟若吉 履非其位不勝所履以柔乘剛不能制下下剛而進將來害已憂傷

之深至于沱嗟也然所麗在尊四為逆首憂傷至深衆之所助故乃沱嗟而獲吉也　出如字又尺遂反涕他米反沱徒河反戚千寂反象曰六五之吉離王公也上九王用出征有嘉折首獲匪其醜无咎離麗也各得安其所麗謂之離處離之極離道已成則除其非類以去民害王用出征之時也故必有嘉折首獲匪其醜乃得无咎也　離音麗折之舌反象曰王用出征以正邦也

周易註卷三

欽定四庫全書

周易註卷四

魏 王弼 撰

周易下經咸傳第四

䷞ 艮下兌上 咸亨利貞取女吉彖曰咸感也柔上而剛下二氣感應以相與是以亨也取音娶下同止而說故利貞也說音悅男下女取女吉也是以亨利貞取女吉也天地感而萬物化生二氣相與乃化生也聖人感人心而天下和平觀其所感而天地萬物之情可見矣天地萬物之情見於所感也凡感之為道不能感非類者也故引取女以明同

類之義也同類而不相感應以其各亢所處也故女雖應男之物必下之而後取女乃吉也見於音現象曰山上有澤咸君子以虛受人以虛受人物乃感應初六咸其拇處咸之初為感之始所感在末故有志而已如其本實未至傷靜拇茂后反足大指象曰咸其拇志在外也四屬外卦六二咸其腓凶居吉咸道轉進離拇升腓腓體動躁者也感物以躁凶之道也由躁故凶居則吉矣處不乘剛故可以居而獲吉腓房非反離力智反象曰雖凶居吉順不害也陰而為居順之道也不躁而居順不害也九三咸其股執其隨往吝股之為物隨足者也進不能制動退不能靜處所感在股志在隨人者也志在隨人所執亦以賤矣用斯以往吝其宜也股音古象曰咸其股亦不處也志在隨人所執下也九四貞吉悔亡憧憧往来朋從爾思處上卦之初應下卦之始居體之中在股之上二體始相交感以通其志心神始感者也凡物始感而不以之於正則至於害故必貞然後乃吉吉然後乃得亡其悔也始在於感未盡感極不能至於无思以得其黨故有憧憧往来然後朋從其思也憧昌容反又音童音鍾象曰貞吉悔亡未感害也未感於害故可正之得悔亡也憧憧往来未光大也九五咸其脢无悔脢者心之上口之下進不能大感退亦不為无志其志淺末故无悔而已脢武杯反又音每背脊肉也又音灰象曰咸其脢志末也上六咸其輔頰舌咸道轉末故在口舌言語而已象曰咸其輔頰舌滕口說也輔頰舌者所以為語之具也咸其輔頰舌則滕口說也憧

憧往来猶未光大況在滕口薄可知也滕徒登反

䷟ 巽上震下 恒亨无咎利貞恒而亨以濟三事也恒之為道亨乃无咎也恒通无咎乃利正也恒如字久也利有攸往各得所恒修其常道終則有始往而无違故利有攸往也象曰恒久也剛上而柔下剛尊柔卑得其序也雷風相與長陽長陰能相成也巽而動動无違也剛柔皆應不孤媲也恒皆可久之道恒亨无咎利貞久於其道也道得所久則常通无咎而利貞也天地之道恒久而不已也得其所久故不已也利有攸往終則有始也得其常道故終則復始往无窮極日月得天而能久照四時變化而能久成聖人久於其

道而天下化成言各得其所恒故皆能長久觀其所恒而天地萬物
之情可見矣天地萬物之情見於所恒也象曰雷風恒長陽長陰合而相與可久
之道也君子以立不易方得其所久故不易也初六浚恒貞凶无攸
利處恒之初最處卦底始求深者也求深窮底令物无餘蘊漸以至此物猶不堪而況始求深者乎以此為
恒凶正害德无施而利也浚荀閏反象曰浚恒之凶始求深也九二悔
亡雖失其位恒位於中可以消悔也象曰九二悔亡能久中也九三不
恒其德或承之羞貞吝處三陽之中居下體之上處上體之下上不全尊下不全卑中
不在體體在乎恒而分无所定无恒者也德行无恒自相違錯不可致詰故或承之羞也施德於斯物莫之納

鄙賤甚矣故曰貞吝也象曰不恒其德无所容也九四田无禽恒於
非位雖勞无獲也象曰久非其位安得禽也六五恒其德貞婦
人吉夫子凶居得尊位為恒之主不能制義而係應在二用心專貞從唱而已婦人之吉夫子之
凶也象曰婦人貞吉從一而終也夫子制義從婦凶也上
六振恒凶夫靜為躁君安為動主故安者上之所處也靜者可久之道也處卦之上居動之極以此
為恒无施而得也振之刃反象曰振恒在上大无功也
䷠艮下乾上遯亨小利貞象曰遯亨遯而亨也遯之為義遯乃通也
遯徒巽反剛當位而應與時行也謂五也剛當位而應非否亢也遯不否亢能與

時行也否備鄙反小利貞浸而長也陰道欲浸而長正道亦未全滅故小利貞也浸子
鴆反長丁丈反遯之時義大矣哉象曰天下有山遯天下有山陰長之象
君子以遠小人不惡而嚴初六遯尾厲勿用有攸往遯之
為義辟內而之外者也尾之為物最在體後者也處遯之時不往何災而為遯尾禍所及也危至而後求行難
可免乎厲則勿用有攸往也遠袁萬反辟音避象曰遯尾之厲不往何災也
六二執之用黃牛之革莫之勝說居內處中為遯之主物皆遯已何以固之
若能執乎理中厚順之道以固之也則莫之勝解勝升證反又音升說如字象曰執用黃牛
固志也九三係遯有疾厲畜臣妾吉在內近二以陽附陰宜遯而係故曰
欽定四庫全書 周易註
係遯遯之為義宜遠小人以陽附陰係於所在不能遠害亦已憊矣宜其屈辱而危厲也係於所在畜臣妾可
也施於大事凶之道也係古詣反象曰係遯之厲有疾憊也畜臣妾吉
不可大事也九四好遯君子吉小人否處於外而有應於內君子好遯
故能舍之小人繫戀是以否也好呼報反否音鄙徐方有反又備鄙反象曰君子好遯小
人否也九五嘉遯貞吉遯而得正反制於內小人應命率正其志不惡而嚴得正之吉
遯之嘉也象曰嘉遯貞吉以正志也上九肥遯无不利最處外極
无應於內超然絕志心无疑顧憂患不能累矰繳不能及是以肥遯无不利也繳章略反象曰肥
遯无不利无所疑也

䷡乾下震上大壯利貞彖曰大壯大者壯也大者謂陽爻小道將滅大者獲正故利貞也剛以動故壯大壯利貞大者正也正大而天地之情可見矣天地之情正大而已矣弘正極大則天地之情可見矣象曰雷在天上大壯剛以動也君子以非禮弗履壯而違禮則凶凶則失壯也故君子以大壯而順禮也初九壯于趾征凶有孚夫得大壯者必能自終成也未有陵犯於物而得終其壯者在下而壯故曰壯于趾也居下而用剛壯以斯而進窮凶可必也故曰征凶有孚象曰壯于趾其孚窮也言其信窮九二貞吉居得中位以陽居陰履謙不亢是以貞吉象曰九二貞吉以中也九三小人用壯君子用罔貞厲羝

羊觸藩羸其角處健之極以陽處陽用其壯者也故小人用之以為壯君子用之以為羅已者也貞厲以壯雖復羝羊以之觸藩能無羸乎羝音低羖羊也觸處六反藩方袁反羸律悲反象曰小人用壯君子罔也九四貞吉悔亡藩決不羸壯于大輿之輹下剛而進將有憂虞而以陽處陰行不違謙不失其壯故得貞吉而悔亡也已得其壯而上陰不罔已路故藩決不羸也壯于大輿之輹无有能說其輹者可以往也決音穴輿音餘輹音福說吐活反象曰藩決不羸尚往也六五喪羊于易无悔居於大壯以陽處陽猶不免咎而況以陰處陽以柔乘剛者乎羊壯也必喪其羊失其所居也能喪壯于易不于險難故得无悔二履貞吉能幹其任而已委焉則得无悔委之則難不至居之則敵寇來故曰喪羊于易喪息浪反易以豉反象

曰喪羊于易位不當也上六羝羊觸藩不能退不能遂无攸利艱則吉有應於三故不能退懼於剛長故不能遂持疑猶豫志無所定以斯決事未見所利雖處剛長剛不害正苟定其分固志在一以斯自處則憂患消亡故曰艱則吉也象曰不能退不能遂不詳也艱則吉咎不長也

䷢坤下離上晉康侯用錫馬蕃庶晝日三接彖曰晉進也明出地上順而麗乎大明柔進而上行凡言上行者所之在貴也蕃音煩晝竹又反三息暫反上時掌反凡上行竝同是以康侯用錫馬蕃庶晝日三接也康美之名也順以著明臣之道也柔進而上行物所與也故得錫馬而蕃庶以訟受服則終朝

三褫柔進受寵則一晝三接也著直略反下著明同褫勑紙反象曰明出地上晉君子以自昭明德以順著明自顯之道初六晉如摧如貞吉罔孚裕无咎處順之初應明之始明順之德於斯將隆進明退順不失其正故曰晉如摧如貞吉也處卦之始功業未著物未之信故曰罔孚方踐卦始未至履位以此為足自喪其長者也故必裕之然後无咎摧罪雷反著張慮反喪息浪反象曰晉如摧如獨行正也裕无咎未受命也未得履位未受命也六二晉如愁如貞吉受茲介福于其王母進而无應其德不昭故曰晉如愁如居中得位履順而正不以无應而回其志處悔能致其誠者也修德以斯聞乎幽昧得正之吉也故曰貞吉母者處內而成德者也鳴鶴在陰則其子和之立誠於闇闇亦應之故其初愁如履貞

不回則乃受茲大福于其王母也　愁狀由反鄭子小反象曰受茲介福以中正也六三衆允悔亡處非其位悔也志在上行與衆同信順而麗明故得悔亡也象曰衆允之志上行也九四晉如鼫鼠貞厲履非其位上承於五下據三陰履非其位人負且乘无業可安志无所據以斯為進正之危也進如鼫鼠无所守也　鼫音石子夏傳作碩鼠象曰鼫鼠貞厲位不當也六五悔亡失得勿恤往吉无不利柔得尊位陰為明主能不用察不代下任也故雖不當位能消其悔失得勿恤各有其司術斯以往无不利也象曰失得勿恤往有慶也上九晉其角維用伐邑厲吉无咎貞吝處進之極過明之中明將夷焉已在乎角而猶進之非亢如何失夫道化无為之事必須攻伐然後服邑危乃得吉吉乃无咎用斯為正亦以賤矣象曰維用伐邑道未光也

䷣離下坤上明夷利艱貞象曰明入地中明夷內文明而外柔順以蒙大難文王以之利艱貞晦其明也內難而能正其志箕子以之象曰明入地中明夷君子以莅衆莅衆顯明蔽衛百姓者也故以蒙養正以明夷莅衆　難乃旦反卦內同莅履二反用晦而明藏明於內乃得明也顯明於外巧所辟也　辟音避下同初九明夷于飛垂其翼君子于行三日不食有攸往主人有言明夷之主在於上六上六為至闇者也初處卦之始最遠於難也遠難過甚明夷遠遯絕跡匿形不由軌路故曰明夷于飛懷懼而行行不敢顯故曰垂其翼也尚義而行故曰君子于行也志急于行飢不遑食故曰三日不食也殊類過甚以斯適人人必疑之故曰有攸往主人有言　遠袁萬反象曰君子于行義不食也六二明夷夷于左股用拯馬壯吉夷于左股示行不能壯也以柔居中用夷其明進不殊類退不近難不見疑憚順以則也故可用拯馬而壯吉也不垂其翼然後乃免也　股音古象曰六二之吉順以則也順之以則故不見疑九三明夷于南狩得其大首不可疾貞處下體之上居文明之極上為至晦入地之物也故夷其明以獲南狩得大首也南狩者發其明也既誅其主將正其民民之迷也其日固已久矣化宜以漸不可速正故曰不可疾貞　狩手又反象曰

南狩之志乃大得也去闇主也　去羌呂反六四入于左腹獲明夷之心于出門庭左者取其順也入于左腹得其心意故雖近不危雖時辟難門庭而已能不逆忤也象曰入于左腹獲心意也六五箕子之明夷利貞最近於晦與難為比險莫如茲而在斯中猶闇不能沒明不可息正不憂危故利貞也象曰箕子之貞明不可息也上六不明晦初登于天後入于地處明夷之極是至晦者也本其初也在乎光照轉至于晦遂入于地象曰初登于天照四國也後入于地失則也

䷤離下巽上家人利女貞家人之義各自修一家之道不能知家外他人之事也統而論

之非元亨利君子之貞故利女貞其正在家内而已彖曰家人女正位乎内謂二也男正位乎外謂五也家人之義以内為本故先說女也男女正天地之大義也家人有嚴君焉父母之謂也父父子子兄兄弟弟夫夫婦婦而家道正正家而天下定矣象曰風自火出家人由内以相成熾也君子以言有物而行有恒家人之道修於近小而不妄也故君子以言必有物而口无擇言行必有恒而身无擇行行下孟反初九閑有家悔亡凡教在初而法在始家瀆而後嚴之志變而後治之則悔矣處家人之初為家人之始故宜必以閑有家然後悔亡也象曰閑有家志未變也六二无攸遂在中饋貞吉居内處中履得其位以陰應陽盡婦人之正義无所必遂職乎中饋巽順而已是以貞吉也饋巨愧反象曰六二之吉順以巽也九三家人嗃嗃悔厲吉婦子嘻嘻終吝以陽處陽剛嚴者也處下體之極為一家之長者也行與其慢寧過乎恭家與其瀆寧過乎嚴是以家人雖嗃嗃悔厲猶得其道婦子嘻嘻乃失其節也嗃呼落反嘻喜悲反象曰家人嗃嗃未失也婦子嘻嘻失家節也六四富家大吉能以其富順而處位故大吉也若但能富其家何足為大吉體柔居巽履得其位明於家道以近至尊能富其家也象曰富家大吉順在位也九五王假有家勿恤吉假至也履正而應處尊體巽王至斯道以有其家者也居於尊位而明於家道則下莫不化矣父父子子兄兄弟弟夫夫婦婦六親

欽定四庫全書　周易註

和睦交相愛樂而家道正正家而天下定矣故王假有家則勿恤而吉假更白反象曰王假有家交相愛也上九有孚威如終吉處家人之終居家道之成刑于寡妻以著于外者也故曰有孚凡物以猛為本者則患在寡恩以愛為本者則患在寡威故家人之道尚威嚴也家道可終唯信與威身得威敬人亦如之反之於身則知施於人也象曰威如之吉反身之謂也

䷥兌下離上睽小事吉彖曰睽火動而上澤動而下二女同居其志不同行說而麗乎明柔進而上行得中而應乎剛是以小事吉事皆相違害之道也何由得小事吉以有此三德也睽苦圭反上時掌反下同說音悅天地睽而其事同也男女睽而其志通也萬物睽而其事類也睽之時用大矣哉睽離之時非小人之所能用也象曰上火下澤睽君子以同而異同於通理異於職事初九悔亡喪馬勿逐自復見惡人无咎處睽之初居下體之下无應獨立悔也與四合志故得悔亡馬者必顯之物處物之始乖而喪其馬物莫能同其私必相顯也故勿逐而自復也時方乖離而位乎窮下上无應可援下无權可恃顯德自異為惡所害故見惡人乃得免咎也喪息浪反象曰見惡人以辟咎也九二遇主于巷无咎處睽失位將无所安然五亦失位俱求其黨出門同趣不期而遇故曰遇主于巷也處睽得援雖失其位未失道也辟音避巷户絳反象曰遇主于

巷未失道也六三見輿曳其牛掣其人天且劓无初有
終凡物近而不相得則凶處睽之時履非其位以陰居陽以柔乘剛志在於上而不和於四二應於五則近
而不相比故見輿曳輿曳者履非其位失所載也其牛掣者滯隔所在不獲進也其人天且劓者四從上取二
從下取而應在上九執志不回初雖受困終獲剛助 曳以制反掣昌逝反劓魚器反截鼻也象曰見
輿曳位不當也无初有終遇剛也九四睽孤遇元夫交
孚厲无咎无應獨處五自應二三與已睽故曰睽孤也初亦无應特立處睽之時俱在獨立同處體
下同志者也而已失位比於三五皆與已乖處无所安故求其疇類而自託焉故曰遇元夫也同志相得而无
疑焉故曰交孚也雖在乖隔志故得行故雖危无咎 夫如字象曰交孚无咎志行也

六五悔亡厥宗噬膚往何咎非位悔也有應故亡厥宗謂二也噬膚者齧柔也三
雖比二二之所噬非妨已應者也以斯而往何咎之有往必合也 噬市制反象曰厥宗噬膚
往有慶也上九睽孤見豕負塗載鬼一車先張之弧後
說之弧匪寇婚媾往遇雨則吉處睽之極睽道未通故曰睽孤已居炎極三處
澤盛睽之極也以文明之極而觀至穢之物睽之甚也豕而負塗穢莫過焉至睽將合至殊將通恢詭譎怪道
將為一未至於洽先見殊怪故見豕負塗甚可穢也見鬼盈車吁可怪也先張之弧將攻害也後說之弧睽怪通也四剠
其應故為寇也睽志將通匪寇婚媾往不失時睽疑亡也貴於遇雨和陰陽也陰陽既和羣疑亡也 弧音胡
說吐活反媾古豆反譎古穴反剠其京反象曰遇雨之吉羣疑亡也

䷦艮下坎上蹇利西南不利東北西南地也東北山也以難之平則難解以難之
山則道窮 蹇紀免反難乃旦反卦內及解卦皆同解音蟹上六註同利見大人往則濟也貞
吉爻皆當位各履其正居難履正正邦之道也正道未否難由正濟故貞吉也遇難失正吉可得乎 否備
鄙反象曰蹇難也險在前也見險而能止知矣哉蹇利西
南往得中也不利東北其道窮也利見大人往有功也
當位貞吉以正邦也蹇之時用大矣哉蹇難之時非小人之所能用也
知音智象曰山上有水蹇山上有水蹇難之象君子以反身修德除難
莫若反身修德初六往蹇来譽處難之始居止之初獨見前識覩險而止以待其時知矣哉故

往則遇蹇来則得譽象曰往蹇來譽宜待也六二王臣蹇蹇匪躬
之故處難之時履當其位居不失中以應於五不以五在難中私身遠害執心不回志匡王室者也故曰
王臣蹇蹇匪躬之故履中行義以存其上處蹇以此未見其尤也象曰王臣蹇蹇終无
尤也九三往蹇來反進則入險来則得位故曰往蹇来反為下卦之主是內之所恃也
象曰往蹇來反內喜之也六四往蹇來連往則无應来則乘剛往来
皆難故曰往蹇來連得位履正當其本實雖遇於難非妄所招也 連力善反鄭如字象曰往蹇
來連當位實也九五大蹇朋來處難之時獨在險中難之大者也故曰大蹇然
居不失正履不失中執德之長不改其節如此則同志者集而至矣故曰朋来也象曰大蹇朋

來以中節也上六往蹇來碩吉利見大人往則長難來則難終難終則衆難皆濟志大得矣故曰往蹇來碩吉險夷難解大道可興故曰利見大人也　長丁丈反象曰往蹇來碩志在內也有應在內往則失之來則志獲志在外也利見大人以從貴也

䷧坎下震上解利西南西南衆也解難濟險利施於衆也亦不困于東北故不言不利東北也　解音蟹无所往其來復吉有攸往夙吉未有善於解難而迷於處安也解之為義解難而濟厄者也无難可往以解來復則不失中有難而往則以速為吉也无難則能復其中有難則能濟其厄也象曰解險以動動而免乎險解動乎險外故謂之免免險則解

故謂之解解利西南往得衆也其來復吉乃得中也有攸往夙吉往有功也天地解而雷雨作雷雨作而百果草木皆甲坼天地否結則雷雨不作交通感散雷雨乃作也雷雨之作則險厄者亨否結者散故百果草木皆甲坼也　坼勑宅反否備鄙反解之時大矣哉无所而不釋也難解之時非治難時故不言用體盡於解之名无有幽隱故不曰義象曰雷雨作解君子以赦過宥罪

初六无咎解者解也屯難盤結於是乎解也處蹇難始解之初在剛柔始散之際將赦罪厄以夷其險處此之時不煩於位而无咎也象曰剛柔之際義无咎也或有過咎非其理也義猶理也九二田獲三狐得黃矢貞吉狐者隱伏之物也剛中而應為五所任處於險中知險之情以斯解物能獲隱伏也故曰田獲三狐也黃理中之稱也矢直也田而獲三狐得乎理中之道不失枉直之實能全其正者也故曰田獲三狐得黃矢貞吉也　解佳買反凡解難解而解其同象曰九二貞吉得中道也六三負且乘致寇至貞吝處非其位履非其正以附於四用夫柔邪以自媚者也乘二負四以容其身寇之來也自已所致雖幸而免正之所賤也　乘如字王繩證反象曰負且乘亦可醜也自我致戎又誰咎也九四解而拇朋至斯孚失位不正而比於三故三得附之為其拇也三為之拇則失初之應故解其拇然後朋至而信矣　拇茂后反象曰解而拇未當位也六五君子維有解吉有孚于小人居尊履中而應乎剛可以有解而獲吉矣以君子之道解難釋

險小人雖闇猶知服之而无怨矣故曰有孚于小人也　維有解音蟹象曰君子有解小人退也上六公用射隼于高墉之上獲之无不利初為四應二為五應三不應上失位負乘處下體之上故曰高墉墉非隼之所處高非三之所履上六居動之上為解之極將解荒悖而除穢亂者也故用射之極而後動成而後舉故必獲之而无不利也　射食亦反隼荀尹反墉音容象曰公用射隼以解悖也解佳買反

䷨兌下艮上損有孚元吉无咎可貞利有攸往曷之用二簋可用享象曰損損下益上其道上行艮為陽兌為陰凡陰順於陽者也陽止於上陰說而順損下益上上行之義也　損孫本反簋音軌享香兩反上行時掌反凡上行皆同損

而有孚元吉无咎可貞利有攸往損之為道損下益上損剛益柔也損下益上非補不足也損剛益柔非長君子之道也為損而可以獲吉其惟有孚乎損而有孚則元吉无咎而可正利有攸往矣損剛益柔不以消剛損下益上不以盈上損剛而不為邪益上而不為諂則何咎而可正雖不能拯濟大難以斯有往物无距也長丁丈反曷之用曷辭也曷之用言何用豐為也二簋可用享二簋質薄之器也行損以信雖二簋而可用享二簋應有時至約之道不可常也損剛益柔有時下不敢剛貴於上行損剛益柔之謂也剛為德長損之不可以為常也損益盈虛與時偕行自然之質各定其分短者不為不足長者不為有餘損益將何加焉非道之常故必與時偕行也象曰山下有澤損山下有澤損之象也君子以懲忿窒欲

可損之善莫善忿欲也懲直升反忿芳粉反窒珍栗反初九已事遄往无咎酌損之損之為道損下益上損剛益柔以應其時者也居於下極損剛奉柔則不可以逸處損之始則不可以盈事已則往不可宴安乃獲无咎也剛以奉柔雖免乎咎猶未親也故既獲无咎復自酌損乃得合志也遄速也已音以遄市專反象曰已事遄往尚合志也尚合於志故速往也九二利貞征凶弗損益之柔不可全益剛不可全削下不可以无正初九已損剛以順柔九二履中而復損已以益柔則剝道成焉故不可遄往而利貞也進之乎柔則凶矣故曰征凶也故九二不損而務益以中為志也象曰九二利貞中以為志也六三三人行則損一人一人行則得其友損之為道損下益上其道上行三人謂自六三已上三陰也三陰竝

行以承於上則上失其友內无其主名之曰益其實乃損故天地相應乃得化淳男女匹配乃得化生陰陽不對生可得乎故六三獨行乃得其友三陰俱行則必疑矣象曰一人行三則疑也六四損其疾使遄有喜无咎履得其位以柔納剛能損其疾也疾何可久故速乃有喜損疾以離其咎有喜乃免故使速乃有喜有喜乃无咎也離力智反象曰損其疾亦可喜也六五或益之十朋之龜弗克違元吉以柔居尊而為損道江海處下百谷歸之履尊以損則或益之矣朋黨也龜者決疑之物也陰非先唱柔非自任尊以自居損以守之故人用其力事竭其功知者慮能明者慮策弗能違也則衆才之用盡矣獲益而得十朋之龜足以盡天人之助也象曰六五元吉自上祐也上九弗損益之无咎貞吉

利有攸往得臣无家處損之終上无所奉損終反益剛德不損乃反益之而不憂於咎用正而吉不制於柔剛德遂長故曰弗損益之无咎貞吉利有攸往也居上乘柔處損之極尚夫剛德為物所歸故曰得臣得臣則天下為一故无家也象曰弗損益之大得志也

䷩震下巽上益利有攸往利涉大川彖曰益損上益下民說无疆震陽也巽陰也巽非違震者也處上而巽不違於下損上益下之謂也說音悅疆居良反自上下下其道大光利有攸往中正有慶五處中正自上下下故有慶也以中正有慶之德有攸往也何適而不利哉下下遐嫁反下如字注同利涉大川木道乃行木者以涉大川為常而不溺者也以益涉難同乎木也益動而巽日進无

疆天施地生其益无方損上益下施始豉反凡益之道與時偕
行益之為用施未足也滿而益之害之道也故凡益之道與時偕行也象曰風雷益君子
以見善則遷有過則改遷善改過益莫大焉初九利用為大作元
吉无咎處益之初居動之始體夫剛德以莅其事而之乎巽以斯大作必獲大功夫居下非厚事之地
在卑非任重之處大作非小功所濟故元吉乃得无咎也象曰元吉无咎下不厚事
也時可以大作而下不可以厚事得其時而无其處故元吉乃得无咎也六二或益之十
朋之龜弗克違永貞吉王用享于帝吉以柔居中而得其位處内履中
居益以沖益自外來不召自至不先不為則朋龜獻策同於損卦六五之位位不當尊故吉在永貞也帝者生

物之主興益之宗出震而齊巽者也六二居益之中體柔當位而應於巽享帝之美在此時也享香兩反
象曰或益之自外來也六三益之用凶事无咎有孚中
行告公用圭以陰居陽求益者也故曰益之益不外來已自為之物所不與故在謙則戮救凶則
免以陰居陽處下卦之上壯之甚也用救衰危物所恃也故用凶事乃得无咎也若能益不為私志在救難壯
不至亢不失中行以此告公國主所任也用圭之禮備此道矣故曰有孚中行告公用圭也公者臣之極也凡
事足以施天下則稱王次天下之大者則稱公六三之才不足以告王足以告公而得用圭也故曰中行告公
用圭也象曰益用凶事固有之也用施凶事乃得固有之也六四中行
告公從利用為依遷國居益之時處巽之始體柔當位在上應下卑不窮下高不處亢

位雖不中用中行者也以斯告公何有不從以斯依遷誰有不納也象曰告公從以益志
也志得益也九五有孚惠心勿問元吉有孚惠我德得位履尊為益
之主者也為益之大莫大於信為惠之大莫大於心因民所利而利之焉惠而不費惠心者也信以惠心盡物
之願故不待問而元吉有孚惠我德也以誠惠物物亦應之故曰有孚惠我德也象曰有孚惠
心勿問之矣惠我德大得志也上九莫益之或擊之立
心勿恒凶處益之極過盈者也求益无已心无恒者也无厭之求人弗與也獨唱莫和是偏辭也人
道惡盈怨者非一故曰或擊之也厭於鹽反象曰莫益之偏辭也或擊之自
外來也

周易註卷四

欽定四庫全書

經部

周易註卷五六

詳校官尚書臣德保

通政使司副使臣莫瞻菉覆勘

總校官知縣臣楊懋珩

校對官中書臣郭晋

謄錄監生臣范菼

欽定四庫全書

周易註卷五

魏 王弼 撰

周易下經夬傳第五

䷪ 乾下兌上 夬揚于王庭孚號有厲告自邑不利即戎利有攸往 夬與剝反者也剝以柔變剛至於剛幾盡夬以剛決柔如剝之消剛剛隕則君子道消柔消則小人道隕君子道消則剛正之德不可得直道而用刑罰之威不可得坦然而行揚于王庭其道公也 夬古快反 象曰夬決也剛決柔也健而說決而和 健而說則決而和矣 說音悅 揚于王

庭柔乘五剛也 剛德齊長一柔為逆衆所同誅而无忌者也故可揚于王庭 長丁丈反 孚號有厲其危乃光也 剛正明信以宣其令則柔邪者危故曰其危乃光也 告自邑不利即戎所尚乃窮也 以剛斷制告令可也告自邑謂行令於邑也用剛即戎尚力取勝也尚力取勝物所同疾也 利有攸往剛長乃終也 剛德愈長柔邪愈消故利有攸往道乃成也 象曰澤上於天夬君子以施祿及下居德則忌 澤上於天夬之象也澤上於天必來下潤施祿及下之義也夬者明法而決斷之象也忌禁也法明斷嚴不可以慢故居德以明禁也施而能嚴嚴而能施健而能說決而能和美之道也 初九壯于前趾往不勝為咎 居健之初為決之始宜審其策以行其事壯其前趾往而不勝宜其咎也 象曰不勝而往咎也 不勝之理在往前也 九二惕號莫夜有戎勿恤 居健履中以斯決事能審己度物而不疑者也故雖有惕懼號呼莫夜有戎不憂不惑故勿恤也 惕勅歷反 號戶羔反 莫音暮 呼火故反 象曰有戎勿恤得中道也九三壯于頄有凶君子夬夬獨行遇雨若濡有愠无咎 頄面權也謂上六也最處體上故曰權也剝之六三以應陽為善夫剛長則君子道興陰盛則小人道長然則處陰長而助陽則善處剛長而助柔則凶矣夬為剛長而三獨應上六助於小人是以凶也君子處之必能棄夫情累決之不疑故曰夬夬也若不與衆陽為羣而獨行殊志應於小人則受其困焉遇雨若濡有恨而无所咎也 頄求龜反又音求 濡而朱反 愠紆運反 象曰君子夬夬終无咎也九四臀无膚其行次且牽羊悔亡聞言不信

下剛而進非己所據必見侵食失其所安故臀无膚其行次且也羊者牴很難移之物謂五也五為夬主非下所侵若牽于五則可得悔亡而已剛亢不能納言自任所處聞言不信以斯而行凶可知矣 臀徒敦反 次本亦作趑七私反 且本亦作趄七餘反 象曰其行次且位不當也聞言不信聰不明也 同於噬嗑滅耳之凶 九五莧陸夬夬中行无咎 莧陸草之柔脆者也決之至易故曰夬夬也夬之為義以剛決柔以君子除小人者也而五處尊位最比小人躬自決者也以至尊而敵至賤雖其克勝未足多也處中而行足以免咎而已未足光也 莧閑辦反又胡練反一本作莞華板反 脆七歲反 象曰中行无咎中未光也上六无號終有凶 處夬之極小人在上君子道長衆所共棄故非號咷所能延也 咷徒刀反 象曰无號之凶終

不可長也

䷫巽下乾上姤女壯勿用取女象曰姤遇也柔遇剛也施之於人即女遇男也一女而遇五男為壯至甚故不可取也姤古豆反取七喻反下同勿用取女不可與長也天地相遇品物咸章也四乃功成也剛遇中正天下大行也化乃大行也姤之時義大矣哉凡言義者不盡於所見中有意謂者也象曰天下有風姤后以施命誥四方初六繫於金柅貞吉有攸往見凶羸豕孚蹢躅金者堅剛之物柅者制動之主謂九四也初六處遇之始以一柔而乘五剛體夫躁質得遇而通散而無主自縱者也柔之為物不可以不牽臣妾之道

不可以不貞故必繫于正應乃得貞吉也若不牽于一而有攸往行則唯凶是見矣羸豕謂牝豕也羣豕之中豭强而牝弱故謂之羸豕也孚猶務躁也夫陰質而躁恣者羸豕特甚焉言以不貞之陰失其所牽其為淫醜若羸豕之孚務蹢躅也誥古報反鄭作詰起一反柅乃履反羸劣隨反蹢直戟反躅直録反牝頻忍反象曰繫于金柅柔道牽也九二包有魚无咎不利賓初陰而窮下故稱魚不正之陰處遇之始不能逆近者也初自樂来應己之厨非為犯奪故无咎也擅人之物以為己惠義所不為故不利賓也包白交反下同鄭百交反象曰包有魚義不及賓也九三臀无膚其行次且厲无大咎處下體之極而二據於初不為己乘居不獲安行无其應不能牽據以固所處故曰臀无膚其行次且也然履得其位非為妄處不遇其時故使危厲災

非已招是以无大咎也象曰其行次且行未牽也九四包无魚起凶二有其魚故失之也无民而動失應而作是以凶也象曰无魚之凶遠民也九五以杞包瓜含章有隕自天杞之為物生於肥地者也包瓜為物繫而不食者也九五履得尊位而不遇其應得地而不食含章而未發不遇其應命未流行然處得其所體剛居中志不舍命不可傾隕故曰有隕自天也遠袁萬反杞音起苟杞馬云大木鄭云柳象曰九五含章中正也有隕自天志不舍命也上九姤其角吝无咎進之於極无所復遇遇角而已故曰姤其角也進而无遇獨恨而已不與物爭其道不害故无凶咎也舍音捨下同復扶又反象曰姤其角上窮吝也

欽定四庫全書 周易註

䷬坤下兌上萃亨聚乃通也萃在季反王假有廟假至也王以聚至有廟也假更白反利見大人亨利貞聚得大人乃得通而利正也用大牲吉全夫聚道用大牲乃吉也聚道不全而用大牲神不福也利有攸往彖曰萃聚也順以說剛中而應故聚也但順而說則邪佞之道也剛而違於中應則强亢之德也何由得聚順說而以剛為主主剛而履中履中以應故得聚也說音悅王假有廟致孝享也全聚乃得致孝之享也利見大人亨聚以正也大人體中正者也通聚以正聚乃得全也用大牲吉利有攸往順天命也順以說而不損剛順天命者也天德剛而不違中順天則說而以剛為主也觀其所聚而天地萬物之情可見矣方以類聚

物以羣分情同而後乃聚氣合而後乃羣象曰澤上於地萃君子以除戎器戒不虞聚而无防則衆心生上時掌反除如字初六有孚不終乃亂乃萃若號一握為笑勿恤往无咎有應在四而三承之心懷嫌疑故有孚不終也不能守道以結至好迷務競爭故乃亂乃萃也一握者小之貌也為笑者愞劣之貌也已為正妃三以近寵若安夫卑退謙以自牧則勿恤而往无咎也號户報反鄭户羔反握烏學反好呼報反愞乃亂反妃音配象曰乃亂乃萃其志亂也六二引吉无咎孚乃利用禴居萃之時體柔當位處坤之中已獨處正與衆相殊異操而聚民之多僻獨正者危未能變體以遠於害故必見引然後乃吉而无咎也禴殷春祭名也四時祭之省者也居聚之時處於中正而行以忠信故可以省薄薦於鬼神也

禴羊略反遠袁萬反省生領反象曰引吉无咎中未變也六三萃如嗟如无攸利往无咎小吝履非其位以比於四四亦失位不正相聚相聚不正患所生也干人之應害所起也故萃如嗟如无攸利也上六亦无應而獨立處極而憂危思援而求朋巽以待物者也與其萃於不正不若之於同志故可以往而无咎也二陰相合猶不若一陰一陽之至故有小吝也象曰往无咎上巽也九四大吉无咎履非其位而下據三陰得其所據失其所處處聚之時不正而據故必大吉立夫大功然後无咎也象曰大吉无咎位不當也九五萃有位无咎匪孚元永貞悔亡處聚之時最得盛位故曰萃有位也四專而據已德不行自守而已故曰无咎匪孚夫脩仁守正久必悔消故曰元永貞悔亡象曰萃有位志未光也上六齎咨涕洟无咎處聚之時居於上極五非所乘内无應援處上獨立近遠无助危莫甚焉齎咨嗟嘆之辭也若能知危之至懼禍之深憂病之甚至于涕洟不敢自安亦衆所不害故得无咎也齎將池反王肅將啼反咨音諮涕音體洟他麗反又音夷象曰齎咨涕洟未安上也

䷭巽下坤上升元亨用見大人勿恤巽順可以升陽爻不當尊位无嚴剛之正則未免於憂故用見大人乃勿恤也南征吉以柔之南則麗乎大明也象曰柔以時升柔以其時乃得升也巽而順剛中而應是以大亨純柔則不能自升剛亢則物不從既以時升又巽而順剛中而應以此而升故得大亨用見大人勿恤有慶也南

征吉志行也巽順以升至于大明志行之謂也象曰地中生木升君子以順德積小以高大初六允升大吉允當也巽卦三爻皆升者也雖无其應處升之初與九二九三合志俱升當升之時升必大得是以大吉也象曰允升大吉上合志也九二孚乃利用禴无咎與五為應往必見任體夫剛德進不求寵閑邪存誠志在大業故乃利用納約于神明矣象曰九二之孚有喜也九三升虛邑履得其位以陽升陰以斯而舉莫之違距故若升虛邑也虛如字徐去餘反象曰升虛邑无所疑也往必得也六四王用亨于岐山吉无咎處升之際下升而進可納而不可距也距下之進攘來自專則殃咎至焉若能不距而納順物之情以通庶志則得吉而无咎矣岐

山之會順事之情无不納也岐其宜反象曰王用亨于岐山順事也六五貞吉升階升得尊位體柔而應納而不距任而不專故得貞吉升階而尊也象曰貞吉升階大得志也上六冥升利于不息之貞處升之極進而不息者也進而不息故雖冥猶升也故施於不息之正則可用于為物之主則喪矣終於不息消之道也冥覓經反喪息浪反象曰冥升在上消不富也勞不可久也

䷮坎下兌上困亨窮必通也處窮而不能自通者小人也貞大人吉无咎處困而得无咎吉乃免也有言不信象曰困剛揜也剛見揜於柔也揜於檢反險以說困而不失其所亨處險而不改其說困而不失其所亨也說音悅其唯

君子乎貞大人吉以剛中也處困而用剛不失其中履正而能體大者也能正而不能大博未能濟困者也故曰貞大人吉也有言不信尚口乃窮也處困而言不見信之時也非行言之時而欲用言以免必窮者也其吉在于貞大人口何為乎象曰澤无水困君子以致命遂志澤无水則水在澤下水在澤下困之象也處困而屈其志者小人也君子固窮道可忘乎初六臀困于株木入于幽谷三歲不覿最處底下沈滯卑困居无所安故曰臀困于株木也欲之其應二隔其路居則困于株木進不獲拯必隱遯者也故曰入于幽谷也困之為道不過數歲者也以困而藏困解乃出故曰三歲不覿臀徒敦反株張愚反覿大歷反遯徒困反象曰入于幽谷幽不明也言幽者不明之辭也入于不明以自藏也九二

困于酒食朱紱方來利用享祀征凶无咎以陽居陰尚謙者也居困之時處得其中體夫剛質而用中履謙應不在一心无所私盛莫先焉夫謙以待物物之所歸剛以處險難之所濟履中則不失其宜无應則心无私恃以斯處困物莫不至不勝豐衍故曰困于酒食美之至矣坎北方之卦也朱紱南方之物也處困以斯能招異方者也故曰朱紱方來也豐衍盈盛故利用享祀盈而又進傾之道也以此而征凶誰咎乎故曰征凶无咎紱音弗下同享許兩反象曰困于酒食中有慶也六三困于石據于蒺蔾入于其宮不見其妻凶石之為物堅而不納者也謂四也三以陰居陽志武者也四自納初不受已者也二非所據剛非所乘上比困石下據蒺蔾无應而入焉得配耦在困處斯凶其宜也蒺音疾蔾音黎象曰據于蒺蔾乘剛

也入于其宮不見其妻不祥也九四來徐徐困于金車吝有終金車謂二也二剛以載者也故謂之金車徐徐者疑懼之辭也志在於初而隔於二履不當位威命不行棄之則不能欲往則畏二故曰來徐徐困于金車也有應而不能濟之故曰吝也然以陽居陰履謙之道量力而處不與二爭雖不當位物終與之故曰有終也象曰来徐徐志在下也下謂初也雖不當位有與也九五劓刖困于赤紱乃徐有說利用祭祀以陽居陽任其壯者也不能以謙致物物則不附忿物不附而用其壯猛行其威刑異方愈乖遐邇愈判刑之欲以得乃益所以失也故曰劓刖困于赤紱也二以謙得之五以剛失之體在中直能不遂迷困而後能用其道者也致物之功不在於暴故曰徐也困而後乃徐徐則有說矣故曰困于赤紱乃徐有

說也祭祀所以受福也履夫尊位困而能改不遂其迷以斯祭祀必得福焉故曰利用祭祀也 劓魚器反刖五刮反又音月 象曰劓刖志未得也乃徐有說以中直也利用祭祀受福也上六困于葛藟于臲卼曰動悔有悔征吉 居困之極而乘於剛下无其應行則愈繞者也行則纏繞居不獲安故曰困于葛藟于臲卼也下句无困因於上也處困之極行无通路居无所安困之至也凡物窮則思變困則謀通處至困之地用謀之時也曰者思謀之辭也謀之所行有隙則獲言將何以通至困乎曰動悔令生有悔以征則濟矣故曰動悔有悔征吉也 藟力軌反臲五結反王肅妍喆反卼五骨反又音月 象曰困于葛藟未當也 所處未當故至此困也 動悔有悔吉行也

䷯ 巽下坎上 井改邑不改井 井以不變為德者也 井精領反 无喪无得 德有常也 喪息浪反 往來井井 不渝變也 汔至亦未繘井 已來至而未出井也 汔許訖反王其乞反繘音橘汲水索也又其律反 羸其瓶凶 井道以已出為功也幾至而覆與未汲同也 羸律悲反瓶白經反 象曰巽乎水而上水井 音舉上之上上時掌反下皆同 井養而不窮也改邑不改井乃以剛中也 以剛處中故能定居其所而不變也 養如字 汔至亦未繘井未有功也 井以已成為功 羸其瓶是以凶也象曰木上有水井君子以勞民勸相 木上有水井之象也上水以養養而不窮者也相猶助也可以勞民勸助莫若養而不窮也 勞力報反相息亮反 初六

井泥不食舊井无禽 最在井底上又无應沈滯滓穢故曰井泥不食也井泥而不可食則是久井不見渫治者也久井不見渫治禽所不嚮而況人乎一時所共棄舍也井者不變之物居德之地恒德至賤物无取也 泥乃計反舍上聲下同 象曰井泥不食下也舊井无禽時舍也九二井谷射鮒甕敝漏 谿谷出水從上注下水常射焉井之為道以下給上者也而无應于上反下與初故曰井谷射鮒鮒謂初也失井之道水不上出而反下注故曰甕敝漏也夫處上宜下處下宜上井已下矣而復下注其道不交則莫之與也 谷古木反又音浴射食亦反徐食夜反鮒音附甕屋送反敝婢世反 象曰井谷射鮒无與也九三井渫不食為我心惻可用汲王明並受其福 渫不停污之謂也處下卦之上履得其位而應于上

得井之義也當井之義而不見食脩己全潔而不見用故為我心惻也為猶使也不下注而應上故可用汲也王明則見照明既嘉其行又欽其用故曰王明竝受其福也 渫息列反徐食列反惻音測汲音急行下孟反下同 象曰井渫不食行惻也 行感于誠故曰惻也 求王明受福也六四井甃无咎 得位而无應自守而不能給上可以修井之壞補過而已 甃側舊反 象曰井甃无咎脩井也九五井洌寒泉食 洌潔也居中得位體剛不撓不食不義中正高潔故井洌寒泉然後乃食也 洌音列 象曰寒泉之食中正也上六井收勿幕有孚元吉 處井上極水已出井井功大成在此爻矣故曰井收也羣下仰之以濟淵泉由之以通者也幕猶覆也不擅其有不私其利則物歸之往无窮矣故曰勿幕有孚元吉也 收詩救

反又如字幕音莫象曰元吉在上大成也

䷰離下兌上革已日乃孚元亨利貞悔亡夫民可與習常難與適變可與樂成難與慮始故革之為道即日不孚已日乃孚也孚然後乃得元亨利貞悔亡也已日而不孚革不當也悔吝之所生生乎變動者也革而當其悔乃亡也象曰革水火相息二女同居其志不相得曰革凡不合而後乃變生變之所生生于不合者也故取不合之象以為革也息者生變之謂也火欲上而澤欲下水火相戰而後生變者也二女同居而有水火之性近而不相得也息如字已日乃孚革而信之文明以說大亨以正革而當其悔乃亡夫所以得革而信者文明以說也文明以說履正而行以斯為革應天順民大亨以正者也革而大

亨以正非當而何說音悅天地革而四時成湯武革命順乎天而應乎人革之時大矣哉象曰澤中有火革君子以治歷明時歷數時會存乎變也初九鞏用黃牛之革在革之始革道未成固夫常中未能應變者也此可以守成不可以有為也鞏固也黃中也牛之革堅韌不可變也固之所用常中堅韌不肯變也鞏九勇反象曰鞏用黃牛不可以有為也六二已日乃革之征吉无咎陰之為物不能先唱順從者也不能自革革已乃能從之故曰已日乃革之也二與五雖有水火殊體之異同處厥中陰陽相應往必合志不憂咎也是以征吉而无咎象曰已日革之行有嘉也九三征凶貞厲革言三就有孚已處火極上卦三爻雖體

水性皆從革者也自四至上從命而變不敢有違故曰革言三就其言實誠故曰有孚革言三就有孚而猶征之凶其宜也行如字又下孟反象曰革言三就又何之矣九四悔亡有孚改命吉初九處下卦之下九四處上卦之下故能變也无應悔也與水火相比能變者也是以悔亡處水火之際居會變之始能不固吝不疑於下信志改命不失時願是以吉也有孚則見信矣見信以改命則物安而无違故曰悔亡有孚改命吉也處上體之下始宣命也象曰改命之吉信志也信志而行九五大人虎變未占有孚未占而孚合時心也象曰大人虎變其文炳也上六君子豹變小人革面居變之終變道已成君子處之能成其文小人樂成則變面以順上也炳兵領反征

凶居貞吉改命創制變道已成功成則事損事損則无為故居則得正而吉征則躁擾而凶也象曰君子豹變其文蔚也小人革面順以從君也蔚音尉又紆弗反

䷱巽下離上鼎元吉亨革去故而鼎取新取新而當其人易故而法制齊明吉然後乃亨故先元吉而後亨也鼎者成變之卦也革既變矣則制器立法以成之焉變而无制亂可待也法制應時然後乃吉賢愚有別尊卑有序然後乃亨故先元吉而後乃亨鼎丁冷反象曰鼎象也法象也以木巽火亨飪也亨飪鼎之用也亨普庚反下並同飪入甚反徐而鴆反聖人亨以享上帝而大亨以養聖賢亨者鼎之所為也革去故而鼎成新故為亨飪調和之器

也去故取新聖賢不可失也飪孰也天下莫不用之而聖人用之乃上以享上帝而下以大亨養聖賢也　享
香兩反　巽而耳目聰明聖賢獲養則已不為而成矣故巽而耳目聰明也　柔進而
上行得中而應乎剛是以元亨謂五也有斯二德故能成新獲大亨也　上時
掌反　象曰木上有火鼎君子以正位凝命凝者嚴整之貌也鼎者取新成
變者也革去故而鼎成新正位者明尊卑之序也凝命者以成教命之嚴也　凝魚承反　初六鼎顛
趾利出否得妾以其子无咎凡陽為實而陰為虛鼎之為物下實而上虛而今陰
在下則是為覆鼎也鼎覆則趾倒矣否謂不善之物也取妾以為室主亦顛趾之義也處鼎之初将在納新施
顛以出穢得妾以為子故无咎也　顛丁田反趾音止出尺遂反或如字否悲已反下同覆芳目反倒丁老反

象曰鼎顛趾未悖也倒以寫否故未悖也　悖必內反　利出否以從貴
也棄穢以納新也　九二鼎有實我仇有疾不我能即吉以陽之質處鼎
之中有實者也有實之物不可復加益之則溢反傷其實我仇謂五也困于乘剛之疾不能就我則我不溢得
全其吉也　仇音求復扶又反　象曰鼎有實慎所之也有實之鼎不可復有所取才任
已極不可復有所加　我仇有疾終无尤也九三鼎耳革其行塞雉
膏不食方雨虧悔終吉鼎之為義虛中以待物者也而三處下體之上以陽居陽守實
无應无所納受耳宜空以待鉉而反全其實塞故曰鼎耳革其行塞雖有雉膏而終不能食也雨者陰陽交和
不偏亢者也雖體陽爻而統屬陰卦若不全任剛亢務在和通方雨則悔虧終則吉也　行下孟反塞悉則反

象曰鼎耳革失其義也九四鼎折足覆公餗其形渥凶
處上體之下而又應初既承且施非已所堪故曰鼎折足也初已出否至四所盛則已絜矣故曰覆公餗也渥
沾濡之貌也既覆公餗體為渥沾知小謀大不堪其任受其至辱災及其身故曰其形渥凶也　折之舌反餗
送鹿反渥於角反施始豉反盛音成知音智　象曰覆公餗信如何也不量其力果致
凶災信如之何　六五鼎黃耳金鉉利貞居中以柔能以通理納乎剛正故曰黃耳金鉉
利貞也耳黃則能納剛正以自舉也　鉉玄典反又古玄反　象曰鼎黃耳中以為實
也以中為實所受不妄也　上九鼎玉鉉大吉无不利處鼎之終鼎道之成也居
鼎之成體剛履柔用勁施鉉以斯處上高不誡亢得夫剛柔之節能舉其任者也應不在一則靡所不舉故曰

大吉无不利也　勁古政反　象曰玉鉉在上剛柔節也
䷲震下震上　震亨懼以成則是以亨　震來虩虩笑言啞啞震之為義威至
而後乃懼也故曰震來虩虩恐懼之貌也震者驚駭怠惰以肅解慢者也故震來虩虩恐致福也笑言啞啞後
有則也　虩許逆反啞烏客反解佳賣反　震驚百里不喪匕鬯威震驚乎百里則足可以
不喪匕鬯矣匕所以載鼎實鬯香酒奉宗廟之盛也　喪息浪反卦內竝同匕必以反鬯勑亮反　彖曰
震亨震來虩虩恐致福也笑言啞啞後有則也震驚百
里驚遠而懼邇也威震驚乎百里則惰者懼於近矣　出可以守宗廟社稷
以為祭主也明所以堪長子之義也不喪匕鬯則已出可以守宗廟　長丁丈反已音紀　象

曰洊雷震君子以恐懼脩省初九震來虩虩後笑言啞啞吉體夫剛德為卦之先能以恐懼脩其德也　洊在薦反象曰震來虩虩恐致福也笑言啞啞後有則也六二震來厲億喪貝躋于九陵勿逐七日得震之為義威駭怠懈肅整惰慢者也初幹具任而二乘之震來則危喪其資貨亡其所處矣故曰震來厲億喪貝億辭也貝資貨糧用之屬也犯逆受戮无應而行行无所舍威嚴大行物莫之納无糧而走雖復超越陵險必困于窮匱不過七日故曰勿逐七日得也　億於其反下同鄭如字喪去聲貝如字躋子西反復扶又反象曰震來厲乘剛也六三震蘇蘇震行无眚不當其位位非所處故懼蘇蘇也而无乘剛之逆故可以懼行而无眚也　眚生領反象曰震蘇

蘇位不當也九四震遂泥處四陰之中居恐懼之時為衆陰之主宜勇其身以安於衆若其震也遂困難矣履夫不正不能除恐使物安已德未光也　泥乃計反䓛本遂作隊泥乃低反難乃旦反象曰震遂泥未光也六五震往來厲億无喪有事往則无應來則乘剛恐而往來不免於危夫處震之時而得尊位斯乃有事之機也而懼往來將喪其事故曰億无喪有事也象曰震往來厲危行也其事在中大无喪也大則无喪往來乃危也上六震索索視矍矍征凶震不于其躬于其鄰无咎婚媾有言處震之極極震者也居震之極求中未得故懼而索索視而矍矍无所安親也已處動極而復征焉凶其宜也若恐非已造彼動故懼懼鄰而戒合於備豫故无咎也極懼相疑故雖婚媾而有言也　索桑落反矍俱縛反徐許縛反媾古豆反象曰震索索中未得也雖凶无咎畏鄰戒也

䷳艮下艮上艮其背目无患也　艮根恨反不獲其身所止在後故不得其身也行其庭不見其人相背故也　背音佩无咎凡物對面而不相通否之道也艮者止而不相交通之卦也各止而不相與何得无咎唯不相見乃可也施止於背不隔物欲得其所止也背者无見之物无見則自然靜止靜止而无見則不獲其身矣相背者雖近而不相見故行其庭不見其人也夫施止不於无見令物自然而止而強止之則姦邪竝興近而不相得則凶其得无咎艮其背不獲其身行其庭不見其人故也　否備鄙反強其兩反象曰艮止也時止則止時行則行動靜

不失其時其道光明止道不可常用必施於不可以行適於其時道乃光明也艮其止止其所也易背曰止以明背即止也施止不可於面施背乃可也施止於止不施止於行得其所矣故曰艮其止止其所也上下敵應不相與也是以不獲其身行其庭不見其人无咎也象曰兼山艮君子以思不出其位各止其所不侵官也初六艮其趾无咎利永貞處止之初行无所之故止其趾乃得无咎至靜而定故利永貞象曰艮其趾未失正也六二艮其腓不拯其隨其心不快隨謂趾也止其腓故其趾不拯也腓體躁而處止而不得拯其隨又不能退聽安靜故其心不快也　腓符非反快苦夬反象曰不拯其隨未退聽也九

三艮其限列其夤厲薰心限身之中也三當兩象之中故曰艮其限夤當中脊之肉也止加其身中體而分故列其夤而憂危薰心也艮之為義各止於其所上下不相與至中則列矣列加其夤危莫甚焉危亡之憂乃薰灼其心也施止體中其體分焉體分兩主大器喪矣　夤引真反又音脢薰許云反象曰艮其限危薰心也六四艮其身无咎中上稱身履得其位止求諸身得其所處故不陷於咎也象曰艮其身止諸躬也自止其躬不分全體六五艮其輔言有序悔亡施止於輔以處於中故口无擇言能亡其悔也象曰艮其輔以中正也能用中正故言有序也上九敦艮吉居止之極極止者也敦重在上不陷非妄宜其吉也象曰敦艮之吉以厚終也

䷴艮下巽上漸女歸吉利貞漸者漸進之卦也止而巽以斯適進漸進者也以止巽為進故女歸吉也進而用正故利貞也　漸捷檢反象曰漸之進也之於進也女歸吉也進得位往有功也進以正可以正邦也其位剛得中也以漸進得位也止而巽動不窮也象曰山上有木漸君子以居賢德善俗賢德以止巽則居風俗以止巽乃善初六鴻漸于干小子厲有言无咎鴻水鳥也適進之義始於下而升者也故以鴻為喻六爻皆以進而履之為義焉始進而位乎窮下又无其應若履于干危不可以安也始進而未得其位則困於小子窮於謗言故曰小子厲有言也困於小子讒諛之言未傷君子之義故曰无咎也象曰小子之厲義无咎也六二鴻漸于磐飲食衎衎吉磐山石之安者也進而得位居中而應本无祿養進而得之其為歡樂願莫先焉　磐畔干反衎苦旦反養羊尚反象曰飲食衎衎不素飽也九三鴻漸于陸夫征不復婦孕不育凶利禦寇陸高之頂也進而之陸與四相得不能復反者也夫征不復樂於邪配則婦亦不能執貞矣非夫而孕故不育也三本艮體而棄乎羣醜與四相得遂乃不反至使婦孕不育見利忘義貪進忘舊凶之道也異體合好順而相保物莫能間故利禦寇也　孕以證反復扶又反象曰夫征不復離羣醜也婦孕不育失其道也利用禦寇順相保也六四鴻漸于木或得其桷无咎鳥而之木得其宜也或得其桷遇安棲也雖乘于剛志相得也　離力智反桷音角象曰

或得其桷順以巽也九五鴻漸于陵婦三歲不孕終莫之勝吉陵次陸者也進得中位而隔乎三四不得與其應合故婦三歲不孕也各履正而居中三四不能久塞其塗者也不過三歲必得所願矣進以正邦三年有成成則道濟故不過三歲也象曰終莫之勝吉得所願也上九鴻漸于陸其羽可用為儀吉進處高潔不累於位无物可以屈其心而亂其志峩峩清遠儀可貴也故曰其羽可用為儀吉　累劣偽反象曰其羽可用為儀吉不可亂也

䷵兌下震上歸妹征凶无攸利妹者少女之稱也兌為少陰震為長陽少陰而承長陽說以動嫁妹之象也　少詩照反下同稱尺證反長丁丈反下同象曰歸妹天地之大

義也天地不交而萬物不興歸妹人之終始也陰陽既合長少又交天地之大義人倫之終始說以動所歸妹也少女而與長男交少女所不樂也而今說以動所歸必妹也雖與長男交嫁而係娣是以說也征凶位不當也履於不正說動以進妖邪之道也无攸利柔乘剛也以征則有不正之凶以處則有乘剛之逆象曰澤上有雷歸妹君子以永終知敝歸妹相終始之道故以永終知敝　敝婢世反初九歸妹以娣跛能履征吉少女而與長男為耦非敵之謂是娣從之義也妹少女之稱也少女之行善莫若娣夫承嗣以君之子雖幼而不妄行少女以娣雖跛能履斯乃恒久之義吉而相承之道也以斯而進吉其宜也　娣大計反跛波我反從才用反象曰歸妹以娣以恒也

跛能履吉相承也九二眇能視利幽人之貞雖失其位而居內處中眇猶能視足以保常也在內履中而能守其常故利幽人之貞也　眇彌小反象曰利幽人之貞未變常也六三歸妹以須反歸以娣室主猶存而求進焉進未值時故有須也不可以進故反歸待時以娣乃行也　須如字象曰歸妹以須未當也九四歸妹愆期遲歸有時夫以不正无應而適人也必須彼道窮盡无所與交然後乃可以往故愆期遲歸以待時也　愆起虔反遲雉夷反又直冀反象曰愆期之志有待而行也六五帝乙歸妹其君之袂不如其娣之袂良月幾望吉歸妹之中獨處貴位故謂之帝乙歸妹也袂衣袖所以為禮容者也其君之袂謂帝乙所寵也即五也為帝乙所崇飾故謂之其君之袂也配在九二兊少震長以長從少不若以少從長之為美也故曰不若其娣之袂良也位在乎中以貴而行極陰之盛以斯適配雖不若少往亦必合故曰月幾望吉也　袂彌世反幾音機又音祈象曰帝乙歸妹不如其娣之袂良也其位在中以貴行也上六女承筐无實士刲羊无血无攸利羊謂三也處卦之窮仰无所承下又无應為女而承命則筐虛而莫之與為士而下命則刲羊而无血刲羊而无血不應所命也進退莫與故曰无攸利也　筐曲亡反刲苦圭反象曰上六无實承虛筐也

周易注卷五

欽定四庫全書

周易註卷六

魏 王弼 撰

周易下經豐傳第六

䷶離下震上 豐亨王假之大而亨者王之所至假庚白反又古雅反勿憂宜日中豐之為義闡弘微細通夫隱滯者也為天下之主而令微隱者不亨憂未已也故至豐亨乃得勿憂也用夫豐亨不憂之德宜處天中以偏照者也故曰宜日中也象曰豐大也音闡大之大也明以動故豐王假之尚大也大者王之所尚故至之也勿憂宜日中宜

照天下也以勿憂之德故宜照天下也日中則昃月盈則食天地盈虛與時消息而況於人乎況於鬼神乎豐之為用困於昊食者也施於未足則尚豐施於已盈則方溢不可以為常故具陳消息之道者也象曰雷電皆至豐君子以折獄致刑文明以動不失情理也折之舌反斷也初九遇其配主雖旬无咎往有尚處豐之初其配在四以陽適陽以明之動能相光大者也旬均也雖均无咎往有尚也初四俱陽爻故曰均也旬如字又尚純反象曰雖旬无咎過旬災也過均則爭交斯叛也六二豐其蔀日中見斗往得疑疾有孚發若吉蔀覆曖鄣光明之物也處明動之時不能自豐以光大之德既處乎內而又以陰居陰所豐在蔀幽而无覩者也故曰豐其蔀日中見斗也日中者明之盛也斗見者闇之極也處盛明而豐其蔀故曰日中見斗不能自發故往得疑疾然履中當位處闇不邪有孚者也若辭也有孚可以發其志不困於闇故獲吉也蔀音部王普苟反曖音愛彰音章又音障斗見音現不見同象曰有孚發若信以發志也九三豐其沛日中見沬折其右肱无咎沛幡幔所以禦盛光也沬微昧之明也應在上六志在乎陰雖愈乎以陰處陰亦未足以免於闇也所豐在沛日中見沬之謂也施明則見昧而已施用則折其右肱故可以自守而已未足用也沛本或作旆又普貝反沬武蓋反又亡對反肱古弘反幡芳袁反幔末半反禦魚呂反象曰豐其沛不可大事也明不足也折其右肱終不可用也雖有左在不足用也九四豐其蔀日中見斗遇其夷

主吉以陽居陰豐其蔀也得初以發夷主吉也象曰豐其蔀位不當也日中見斗幽不明也遇其夷主吉行也六五來章有慶譽吉以陰之質來適尊陽之位能自光大章顯其德獲慶譽也象曰六五之吉有慶也上六豐其屋蔀其家闚其戶闃其无人三歲不覿凶屋藏蔭之物以陰處極而最在外不履於位深自幽隱絕迹深藏者也既豐其屋又蔀其家屋厚家覆闇之甚也雖闚其戶闃其无人棄其所處而自深藏也處於明動尚大之時而深自幽隱以高其行大道既濟而猶不見隱不為賢更為反道凶其宜也三年豐道之成治道未濟隱猶可也既濟而隱以治為亂也闚苦規反闃苦鶪反徐苦鶪反覿徒歷反象曰豐其屋天際翔也翳光最甚者也闚其戶闃其

无人自藏也可以出而不出自藏之謂也非有為而藏不出戶庭失時致凶況自藏乎凶其宜也為于偽反

䷷艮下離上旅小亨旅貞吉不足全夫貞吉之道唯足以為旅之貞吉故特重曰旅貞吉也彖曰旅小亨柔得中乎外而順乎剛止而麗乎明是以小亨旅貞吉也夫物失其主則散柔乘於剛則乖既乖且散物皆羇旅何由得小亨而貞吉乎夫陽為物長而陰皆順陽唯六五乘剛而復得中乎外以承于上陰各順陽不為乖逆止而麗明動不履妄雖不及剛得尊位恢弘大通足以小亨令附旅者不失其正得其所安也旅之時義大矣哉旅者大散物皆失其所居之時也咸失其居物願所附豈非知者有為之時知音智象曰山上

有火旅君子以明慎用刑而不留獄止而明之刑戮詳也初六旅瑣瑣斯其所取災最處下極寄旅不得所安而為斯賤之役所取致災志窮且困瑣悉果反小也象曰旅瑣瑣志窮災也六二旅即次懷其資得童僕貞次者可以安行旅之地也懷來也得位居中體柔奉上以此寄旅必獲次舍懷來資貨得童僕之所正也旅不可以處盛故其美盡於童僕之正也過斯以往則見害矣童僕之正義足而已象曰得童僕貞終无尤也九三旅焚其次喪其童僕貞厲居下體之上與二相得以寄旅之身而為施下之道與萌侵權主之所疑也故次焚僕喪而身危也喪息浪反卦內并下卦同施始鼓反象曰旅焚其次亦以傷矣以旅與下其義喪也

九四旅于處得其資斧我心不快斧所以斫除荆棘以安其舍者也雖處上體之下不先於物然而不得其位不獲平坦之地客于所處不得其次而得其資斧之地故其心不快也快若夬反象曰旅于處未得位也得其資斧心未快也六五射雉一矢亡終以譽命射雉以一矢而復亡之明雖有雉終不可得矣寄旅而進雖處於文明之中居於貴位此位終不可有也以其能知禍福之萌不安其處以乘其下而上承於上故終以譽而見命也射食亦反象曰終以譽命上逮也上九鳥焚其巢旅人先笑後號咷喪牛于易凶居高危而以為宅巢之謂也客而得上位故先笑也以旅而處於上極衆之所嫉也以不親之身而當嫉害之地必凶之道也故曰後號咷牛者稼穡之資以旅處上衆

所同嫉故喪牛於易不在於難物莫之與危而不扶喪牛于易故莫之聞莫之聞則傷之者至矣號戶羔反咷道羔反易以鼓反王音亦象曰以旅在上其義焚也喪牛于易終莫之聞也

䷸巽下巽上巽小亨全以巽為德是以小亨也上下皆巽不違其令命乃行也故申命行事之時上下不可以不巽也利有攸往巽悌以行物无距也利見大人大人用之道愈隆彖曰重巽以申命命乃行也未有不巽而命行也重直龍反剛巽乎中正而志行以剛而能用巽處于中正物所與也柔皆順乎剛明无違逆故得小亨是以小亨利有攸往利見大人象曰隨風巽君子以申命行

事初六進退利武人之貞處令之初未能服令者也故進退也成命齊邪莫善武人故利武人之貞以整之象曰進退志疑也巽順之志進退疑懼利武人之貞志治也九二巽在牀下用史巫紛若吉无咎處巽之中既在下位而復以陽居陰卑巽之甚故曰巽在牀下也卑甚失正則入于咎過矣能以居中而施至卑於神祇而不用之於威勢則乃至于紛若之吉而亡其過矣故曰用史巫紛若吉无咎也象曰紛若之吉得中也九三頻巽吝頻頻蹙不樂而窮不得已之謂也以其剛正而為四所乘志窮而巽是以吝也蹙子六反象曰頻巽之吝志窮也六四悔亡田獲三品乘剛悔也然得位承五卑得所奉雖以柔御剛而依尊履正以斯行命必能獲强暴遠不仁者也獲而有益莫

善三品故曰悔亡田獲三品一曰乾豆二曰賓客三曰充君之庖象曰田獲三品有功也九五貞吉悔亡无不利无初有終先庚三日後庚三日吉以陽居陽損於謙巽然秉乎中正以宣其令物莫之違故曰貞吉悔亡无不利也化不以漸卒以剛直用加於物故初皆不說也終於中正邪道以消故有終也申命令謂之庚夫以正齊物不可卒也民迷固久直不可肆也故先申三日令著之後復申三日然後誅而无咎怨矣甲庚皆申命之謂也先西薦反後胡豆反象曰九五之吉位正中也上九巽在牀下喪其資斧貞凶處巽之極極巽過甚故曰巽在牀下也斧所以斷者也過巽失正喪所以斷故曰喪其資斧貞凶也象曰巽在牀下上窮也喪其資斧正乎凶也

䷹兊下兊上兊亨利貞象曰兊說也剛中而柔外說以利貞說而違剛則諂剛而違說則暴剛中而柔外所以說以利貞也剛中故利貞柔外故說亨是以順乎天而應乎人天剛而不失說者也說以先民民忘其勞說以犯難民忘其死說之大民勸矣哉象曰麗澤兊君子以朋友講習麗猶連也施說之盛莫盛於此先西薦反又如字難乃旦反初九和兊吉居兊之初應不在一无所黨係和兊之謂也說不在諂履斯而行未見有疑之者吉其宜矣象曰和兊之吉行未疑也九二孚兊吉悔亡說不失中有孚者也失位而說孚吉乃悔亡也象曰孚兊之吉信志也其志信也六三來兊凶以陰柔之質履非其

位來求說者也非正而求說邪佞者也象曰來兊之凶位不當也九四商兊未寧介疾有喜商商量裁制之謂也介隔也三為佞說將近至尊故四以剛德裁而隔之匡內制外是以未寧也處於幾近閑邪介疾宜其有喜也象曰九四之喜有慶也九五孚于剝有厲比於上六而與相得處尊正之位不說信乎陽而說信乎陰孚于剝之義也剝之為義小人道長之謂象曰孚于剝位正當也以正當之位信於小人而疏君子故曰位正當也上六引兊以夫陰質最處說後靜退者也故必見引然後乃說也象曰上六引兌未光也

䷺坎下巽上渙亨王假有廟利涉大川利貞象曰渙亨剛

來而不窮柔得位乎外而上同二以剛來居內而不窮於險四以柔得位乎外而與上同內剛而无險困之難外順而无違逆之乖是以亨利涉大川利貞也凡剛得暢而无忌回之累柔履正而同志乎剛則皆亨利涉大川利貞也假庚白反難乃旦反王假有廟王乃在中也王乃在乎渙然之中故至有廟也利涉大川乘木有功也乘木即涉難也木者專所以涉川也涉難而常用渙道必有功也象曰風行水上渙先王以享于帝立廟初六用拯馬壯吉渙散也處散之初乖散未甚故可以遊行得其志而違於難也不在危劇而後乃行逃竄故曰用拯馬壯吉象曰初六之吉順也觀難而行不與險爭故曰順也九二渙奔其机悔亡机承物者也謂初也二俱无應與初相得而初得散道離

散而奔得其所安故悔亡也象曰渙奔其机得願也六三渙其躬无悔渙之為義內險而外安者也散躬志外不固所守與剛合志故得无悔也象曰渙其躬志在外也六四渙其羣元吉渙有丘匪夷所思踰乎險難得位體巽與五合志內掌機密外宣化命者也故能散羣之險以光其道然處於卑順不可自專而為散之任猶有丘墟匪夷之慮雖得元吉所思不可忘也象曰渙其羣元吉光大也九五渙汗其大號渙王居无咎處尊履正居巽之中散汗大號以盪險阨者也為渙之主唯王居之乃得无咎也汗下旦反象曰王居无咎正位也正位不可以假人上九渙其血去逖出无咎逖遠也最遠於害不近侵克散其憂傷遠出者也散患於遠害之地誰將

咎之哉去羌呂反逖湯歷反遠袁萬反象曰渙其血遠害也

䷻兌下坎上節亨苦節不可貞象曰節亨剛柔分而剛得中坎陽而兌陰也陽上而陰下剛柔分也剛柔分而不亂剛得中而為制主節之義也節之大者莫若剛柔分男女別也苦節不可貞其道窮也為節過苦則物不能堪也物不能堪則不可復正也說以行險當位以節中正以通然後乃亨也无說而行險過中而為節則道窮也說音悅天地節而四時成節以制度不傷財不害民象曰澤上有水節君子以制數度議德行初九不出戶庭无咎為節之初將整離散而立制度者也故明於通塞慮於險偽不出戶庭慎密不失然後事濟而

无咎也行下孟反下注同象曰不出戶庭知通塞也九二不出門庭凶初已造之至二宜宣其制矣而故匿之失時之極則遂廢矣故不出門庭則凶也象曰不出門庭凶失時極也六三不節若則嗟若无咎若辭也以陰處陽以柔乘剛違節之道以至哀嗟自己所致无所怨咎故曰无咎也象曰不節之嗟又誰咎也六四安節亨得位而順不改其節而能亨者也承上以斯得其道也象曰安節之亨承上道也九五甘節吉往有尚當位居中為節之主不失其中不傷財不害民之謂也為節而不苦非甘而何術斯以往往有尚也象曰甘節之吉居位中也上六苦節貞凶悔亡過節之中以至亢極苦節者也以斯施正物所不堪正之

凶也以斯脩身行在无妄故得悔亡象曰苦節貞凶其道窮也

䷼兌下巽上中孚豚魚吉利涉大川利貞象曰中孚柔在內而剛得中說而巽孚有上四德然後乃孚豚徒尊反乃化邦也信立而後邦乃化也柔在內而剛得中各當其所也剛得中則直而正柔在內則靜而順說而以巽則乖爭不作如此則物无巧競敦實之行著而篤信發乎其中矣豚魚吉信及豚魚也魚者蟲之隱者也豚者獸之微賤者也爭競之道不興中信之德淳著則雖微隱之物信皆及之利涉大川乘木舟虛也乘木於用舟之虛則終已无溺也用中孚以涉難若乘木舟虛也難乃旦反中孚以利貞乃應乎天也盛之至也象曰澤上有風中孚君子以

議獄緩死信發於中雖過可亮初九虞吉有它不燕虞猶專也為信之始而應在四得乎專吉者也志未能變繫心於一故有它不燕也象曰初九虞吉志未變也

九二鳴鶴在陰其子和之我有好爵吾與爾靡之處內而居重陰之下而履不失中不徇於外任其真者也立誠篤志雖在闇昧物亦應焉故曰鳴鶴在陰其子和之也不私權利唯德是與誠之至也故曰我有好爵與物散之和胡卧反好如字又呼報反靡亡池反又亡彼反

象曰其子和之中心願也六三得敵或鼓或罷或泣或歌三居少陰之上四居長陰之下對而不相比敵之謂也以陰居陽欲進者也欲進而閡敵故或鼓也四履正而承五非已所克故或罷也不勝而退懼見侵陵故或泣也四履乎順不與物校退而不見害故或歌也不量其力進退无恒憊可知也罷如字又音皮闕五代反憊備拜反象曰或鼓或罷位不當也六四月幾望馬匹亡无咎居中孚之時處巽之始應說之初居正履順以承於五內毗元首外宣德化者也充乎陰德之盛故曰月幾望馬匹亡者弃羣類也若夫居盛德之位而與物校其競爭則失其所盛矣故曰絕類而上履正承尊不與三爭乃得无咎也幾音機又音祈象曰馬匹亡絕類上也類謂三俱陰爻故曰類也九五有孚攣如无咎攣如者繫其信之辭也處中誠以相交之時居尊位以為羣物之主信何可舍故有孚攣如乃得无咎也攣力圓反

象曰有孚攣如位正當也上九翰音登于天貞凶翰高飛也飛音者音飛而實不從之謂也居卦之上處信之終信終則衰忠篤內喪華美外揚故曰翰音登于天也翰音登

天正亦滅矣翰胡旦反象曰翰音登于天何可長也

䷽艮下震上小過亨利貞可小事不可大事飛鳥遺之音不宜上宜下大吉飛鳥遺其音聲哀以求處上愈无所適下則得安愈上則愈窮莫若飛鳥也遺如字上時掌反象曰小過小者過而亨也小者謂凡諸小事也過於小事而通者也過以利貞與時行也過而得以利貞應時宜也施過於恭儉利貞者也柔得中是以小事吉也剛失位而不中是以不可大事也成大事者必在剛也柔而浸大剝之道也有飛鳥之象焉不宜上宜下即飛鳥之象飛鳥遺之音不宜上宜下大吉上逆而下順也上則乘剛逆也下則承陽

順也施過於不順凶莫大焉施過於順過更變而為吉也象曰山上有雷小過君子以行過乎恭喪過乎哀用過乎儉初六飛鳥以凶小過上逆下順而應在上卦進而之逆无所錯足飛鳥之凶也　行去聲象曰飛鳥以凶不可如何也六二過其祖遇其妣不及其君遇其臣无咎過而得之謂之過在小過而當位過而得之之謂也祖始也謂初也妣者居內履中而正者也過初而履二位故曰過其祖而遇其妣過而不至於僭盡於臣位而已故曰不及其君遇其臣无咎　妣必履反象曰不及其君臣不可過也九三弗過防之從或戕之凶小過之世大者不立故令小者得過也居下體之上以陽當位而不能先過防之至令小者咸過而復應而從焉其從之也則戕之凶至矣故曰弗過防之從或戕之凶也　戕在良反象曰從或戕之凶如何也九四无咎弗過遇之往厲必戒勿用永貞雖體陽爻而不居其位不為貴主故得无咎也失位在下不能過者也以其不能過故得合於免咎之宜故曰弗過遇之夫宴安酖毒不可懷也處於小過不寧之時而以陽居陰不能有所為者也以此自守免咎可也以斯攸往危之道也不交於物物亦弗與无援之助故危則必戒而已无所告救也沈沒怯弱自守而已以斯而處於羣小之中未足任者也故曰勿用永貞言不足用之於永貞象曰弗過遇之位不當也往厲必戒終不可長也六五密雲不雨自我西郊公弋取彼在穴小過者小者過於大也六得五位陰之盛也故密雲不雨至于西郊也夫雨者陰布于上而陽薄之而不得通則蒸而為雨今艮止於下而不交焉故不雨也是故小畜尚往而亨則不雨也小過陽不上交亦不雨也雖陰盛於上未能行其施也公者臣之極也五極陰盛故稱公也弋射也在穴者隱伏之物也小過者過小而難未大作猶在隱伏者也以陰質治小過能獲小過者也故曰公弋取彼在穴也除過之道不在取之足及密雲未能雨也　弋餘職反象曰密雲不雨已上也陽已上故止也上六弗遇過之飛鳥離之凶是謂災眚小人之過遂至上極過而不知限至於亢也過至於亢將何所遇飛而不已將何所託災自已致復何言哉　眚生領反象曰弗遇過之已亢也

䷾離下坎上既濟亨小利貞初吉終亂象曰既濟亨小者亨也既濟者以皆濟為義者也小者不遺乃為皆濟故舉小者以明既濟也利貞剛柔正而位當也剛柔正而位當則邪不可以行矣故唯正乃利貞也初吉柔得中也終止則亂其道窮也柔得中則小者亨也柔不得中則小者未亨小者未亨雖剛得正則為未既濟也故既濟之要在柔得中也以既濟為象者道極无進終唯有亂故曰初吉終亂不為自亂由止故亂故曰終止則亂也象曰水在火上既濟君子以思患而豫防之存不忘亡既濟不忘未濟也初九曳其輪濡其尾无咎最處既濟之初始濟者也始濟未涉於燥故輪曳而尾濡也雖未造易心无顧戀志棄難者也其於義也无所咎矣　曳以制反濡音儒造七報反易以豉反象曰曳其輪義无咎也六二婦喪其茀勿逐七日得居中履正處文明之盛而應乎五陰之光盛者也然居初三之閒而近不相得上不承三下不比初

夫以光盛之陰處二陽之間近而不相得能无見侵乎故曰喪其茀也稱婦者以明自有夫而它人侵之也茀首飾也夫以中道執乎貞正而見侵者衆之所助也處既濟之時不容邪道者也時既明峻衆又助之竊之者逃竄而莫之歸矣量斯勢也不過七日不須已逐而自得也喪息浪反茀方弗反象曰七日得以中道也九三高宗伐鬼方三年克之小人勿用處既濟之時居文明之終履得其位是居衰末而能濟者也故伐鬼方三年乃克也君子處之故能興也小人居之遂喪邦也象曰三年克之憊也六四繻有衣袽終日戒繻宜曰濡衣袽所以塞舟漏也履得其正而近不與三五相得夫有隙之棄舟而得濟者有衣袽也鄰於不親而得全者終日戒也憊備拜反繻而朱反鄭音須袽女居反絲袽也王音如象曰終日戒有所疑也

九五東鄰殺牛不如西鄰之禴祭實受其福牛祭之盛者禴祭之薄者居既濟之時而處尊位物皆濟矣將何為焉其所務者祭祀而已祭祀之盛莫盛脩德故沼沚之毛蘋蘩之菜可羞於鬼神故黍稷非馨明德惟馨是以東鄰殺牛不如西鄰之禴祭實受其福也禴羊略反象曰東鄰殺牛不如西鄰之時也在於合時不在於豐也實受其福吉大來也上六濡其首厲處既濟之極既濟道窮則之於未濟之於未濟則首先犯焉過進不已則遇於難故濡其首也將没不久危莫先焉象曰濡其首厲何可久也

䷿坎下離上未濟亨小狐汔濟濡其尾无攸利彖曰未濟亨柔得中也以柔處中不違剛也能納剛健故得亨也小狐汔濟未出中也小狐不能涉大川須汔然後乃能濟處未濟之時必剛健拔難然後乃能濟汔乃能濟未能出險之中濡其尾无攸利不續終也小狐雖能渡而无餘力將濟而濡其尾力竭於斯不能續終險難猶未足以濟也濟未濟者必有餘力也雖不當位剛柔應也位不當故未濟剛柔應故可濟象曰火在水上未濟君子以慎辨物居方辨物居方令物各當其所也初六濡其尾吝處未濟之初最居險下不可以濟者也而欲之其應進則溺身未濟之始始於既濟之上六也濡其首猶不反至於濡其尾不知紀極者也然以陰處下非為進亢遂其志者也困則能反故不曰凶事在已量而必困乃反頑亦甚矣故曰吝也象曰濡其尾亦不知極也九二曳其輪貞吉體剛履中而應於五五體陰柔應與而不自任者也居未濟之時處

險難之中體剛中之質而見任與拯救危難經綸屯蹇者也用健施難循難在正而不違中故曳其輪貞吉也象曰九二貞吉中以行正也位雖不正中以行正也六三未濟征凶利涉大川以陰之質失位居險不能自濟者也以不正之身力不能自濟而求進焉喪其身也故曰征凶也二能拯難而已比之棄已委二載二而行溺可得乎何憂未濟故曰利涉大川象曰未濟征凶位不當也九四貞吉悔亡震用伐鬼方三年有賞于大國處未濟之時而出險難之上居文明之初體乎剛質以近至尊雖履非其位志在乎正則吉而悔亡矣其志得行靡禁其威故曰震用伐鬼方也伐鬼方者興衰之征也故每至興衰而取義焉處文明之初始出於難其德未盛故曰三年也五居尊以柔體乎文明之盛不奪物功者也故以大國賞之也象曰

貞吉悔亡志行也六五貞吉无悔君子之光有孚吉以柔居尊處文明之盛為未濟之主故必正然後乃吉吉乃得无悔也夫以柔順文明之質居於尊位付與於能而不自役使武以文御剛以柔斯誠君子之光也付物以能而不疑也物則竭力功斯克矣故曰有孚吉象曰君子之光其暉吉也上九有孚于飲酒无咎濡其首有孚失是未濟之極則反於既濟既濟之道所任者當也所任者當則可信之无疑而已逸焉故曰有孚于飲酒无咎也以其能信于物故得逸豫而不憂於事之廢苟不憂於事之廢而耽於樂之甚則至於失節矣由於有孚失於是矣故曰濡其首有孚失是也　暉許歸反耽于南反象曰飲酒濡首亦不知節也

周易註卷六

欽定四庫全書

經部

周易註卷十七至

詳校官尚書臣德保

通政使司副使臣莫瞻菉覆勘

總校官知縣臣楊懋珩

校對官中書臣郭晉

謄錄監生臣席大賓

欽定四庫全書

周易註卷七

晉 韓康伯 撰

周易繫辭上第七

天尊地卑乾坤定矣 乾坤其易之門戶先明天尊地卑以定乾坤之體 卑高以陳貴賤位矣 天尊地卑之義既列則涉乎萬物貴賤之位明矣 動靜有常剛柔斷矣 剛動而柔止也動止得其常體則剛柔之分著矣 方以類聚物以羣分吉凶生矣 方有類物有羣則有同有異有聚有分順其所同則吉乖其所趣則凶故吉凶生矣 在天成象在地

成形變化見矣 象況日月星辰形況山川草木也懸象運轉以成昏明山澤通氣而雲行雨施故變化見矣 是故剛柔相摩 相切摩也言陰陽之交感也摩末何反 八卦相盪 相推盪也言運化之推移盪音蕩 鼓之以雷霆潤之以風雨日月運行一寒一暑乾道成男坤道成女乾知大始坤作成物乾以易知坤以簡能 天地之道不為而善始不勞而善成故曰易簡○大音泰易以豉反 易則易知簡則易從易知則有親易從則有功 順萬物之情故曰有親通天下之志故曰有功 有親則可久有功則可大 有易簡之德則能成可久可大之功 可久則賢人之德可大則賢人之業 天地易簡萬物各載其形聖人不為羣方各遂其業德業既成則入於形器故以賢人目其德業 易簡而天下之理得矣 天下之理莫不由於易簡而各得順其分位也 天下之理得而成位乎其中矣 成位況立象也極易簡則能通天下之理通天下之理故能成象竝乎天地言其中則明竝天地也

聖人設卦觀象 此揔言也 繫辭焉而明吉凶剛柔相推而生變化 繫辭所以明吉凶剛柔相推所以明變化也吉凶者存乎人事也變化者存乎運行也 是故吉凶者失得之象也 由有失得故吉凶生 悔吝者憂虞之象也 失得之微者足以致憂虞而已故曰悔吝 變化者進退之象也 往復相推迭進退也 剛柔者晝夜之象也 晝則陽剛夜則陰柔始總言吉凶變化而下別明悔吝晝夜者悔吝則吉凶之

類晝夜亦變化之道吉凶之類則同因繫辭而明變化之道則俱由剛柔而著故始總言之下則明失得之輕重辨變化之小大故別序其義也 六爻之動三極之道也 三極三材也兼三材之道故能見吉凶成變化也○見賢遍反 是故君子所居而安者易之序也 序易象之次序 所樂而玩者爻之辭也是故君子居則觀其象而玩其辭動則觀其變而玩其占是以自天祐之吉无不利 ○樂音岳玩五亂反祐音又

彖者言乎象者也 彖總一卦之義也 爻者言乎變者也 爻各言其變也○爻音肴 吉凶者言乎其失得也悔吝者言乎其小疵也无

咎者善補過也是故列貴賤者存乎位爻之所處曰位六位有貴賤也
○疵才斯反齊小大者存乎卦卦有小大也齊猶言辯也即象者言乎象也辯吉
凶者存乎辭辭爻辭也即爻者言乎變也言象所以明小大言變所以明吉凶故小大之義存乎
卦吉凶之狀見乎爻至於悔吝无咎其例一也吉凶悔吝小疵无咎皆生乎變事有小大故下歷言五者之差
也憂悔吝者存乎介介纖介也王弼曰憂悔吝之時其介不可慢也即悔吝者言乎小疵
也震无咎者存乎悔无咎者善補過也震動也故動而无咎存乎悔過也是故卦
有小大辭有險易其道光明曰大君子道消曰小之泰則其辭易之否則其辭險○易以豉
反否備鄙反辭也者各指其所之易與天地準作易以準天地故能

彌綸天地之道仰以觀於天文俯以察於地理是故知
幽明之故原始反終故知死生之說幽明者有形无形之象死生者始終
之數也
精氣爲物遊魂爲變精氣烟熅聚而成物聚極則散遊魂爲變也遊魂言其遊散也是
故知鬼神之情狀盡聚散之理則能知變化之道无幽而不通也與天地相似
故不違德合天地故曰相似知周乎萬物而道濟天下故不過知周
萬物則能以道濟天下也○知音智道如字鄭云當作導旁行而不流應變旁通而不流淫也
樂天知命故不憂順天之化故曰樂也○樂音洛安土敦乎仁故能愛

安土敦仁者萬物之情也物順其情則仁功贍矣○贍涉豔反範圍天地之化而不過
範圍者擬範天地而周備其理也曲成萬物而不遺曲成者乘變以應物不係一方者也
則物宜得矣通乎晝夜之道而知通幽明之故則无不知也○知如字或音智故
神无方而易无體自此以上皆言神之所爲也方體者皆係乎形器者也神則陰陽不測易
則唯變所適不可以一方一體明一陰一陽之謂道道者何无之稱也无不通也无不由
也況之曰道寂然无體不可為象必有之用極而无之功顯故至乎神无方而易无體而道可見矣故窮變以
盡神因神以明道陰陽雖殊无一以待之在陰為无陰陰以之生在陽為无陽陽以之成故曰一陰一陽也○
稱尺證反繼之者善也成之者性也仁者見之謂之仁知者

見之謂之知仁者資道以見其仁知者資道以見其知各盡其分知音智百姓日用
而不知故君子之道鮮矣君子體道以為用也仁知則滯於所見百姓則日用而不
知體斯道者不亦鮮矣故常无欲以觀其妙始可以語至而言極也鮮悉淺反
顯諸仁藏諸用衣被萬物故曰顯諸仁日用而不知故曰藏諸用也衣於既反被皮寄反
鼓萬物而不與聖人同憂萬物由之以化故曰鼓萬物也聖人雖體道以為用未能
全无以為體故順通天下則有經營之迹也盛德大業至矣哉夫物之所以通事之所以
理莫不由乎道也聖人功用之母體同乎道盛德大業所以能至富有之謂大業廣大悉備
故曰富有日新之謂盛德體化合變故曰日新生生之謂易陰陽轉易以成化生

成象之謂乾擬乾之象效法之謂坤效坤之法極數知來之謂占
通變之謂事物窮則變變而通之事之所由生也陰陽不測之謂神神也者變
化之極妙萬物而為言不可以形詰者也故曰陰陽不
測當試論之曰原夫兩儀之運萬物之動豈有使之然
哉莫不獨化於大虛欻爾而自造矣造之非我理自□
應化之无主數自冥運故不知所以然而況之神是以
明兩儀以太極爲始言變化而稱極乎神也夫唯知天
之所爲者窮理體化坐忘遺照至虛而善應則以道爲
稱不思而玄覽則以神爲名蓋資道而
同乎道由神而冥於神也　欻況勿反夫易廣矣大矣
以言乎遠則不禦窮幽極深无所止也　禦魚呂反以言乎邇則靜而
正則近而當以言乎天地之間則備矣夫乾其靜也專其動

欽定四庫全書　　周易註

也直是以大生焉專專一也直剛正也夫坤其靜也翕其動也闢
是以廣生焉翕斂也止則翕斂其氣動則闢開以生物
也乾統天首物為變化之元通乎形外者
也坤則順以承陽功盡於已用止乎形者也故乾以專
直言乎其材坤以翕闢言乎其形　翕虛級反闢婢亦
反廣大配天地變通配四時陰陽之義配日月易簡之
善配至德易之所載配此四義子曰易其至矣乎夫易聖人所以
崇德而廣業也窮理入神其德崇也兼濟萬物其業廣也知崇禮卑知以崇爲貴禮
以卑為用知音智崇效天卑法地極知之崇象天高而統物備禮之用象地廣而載物也
天地設位而易行乎其中矣天地者易之門戶而易之爲義兼周萬物故曰行乎

其中矣成性存存道義之門物之存成由乎道義也
聖人有以見天下之賾而擬諸其形容象其物宜乾剛坤柔
各有其體故曰擬諸形容　賾仕責反是故謂之象聖人有以見天下之
動而觀其會通以行其典禮典禮適時之所用繫辭焉以斷其
吉凶是故謂之爻言天下之至賾而不可惡也言天下
之至動而不可亂也易之為書不可遠也惡之則逆於順錯之則乖於理　斷丁亂反惡
也音亞又烏路反鄭烏洛反　遠袁萬反惡烏路反錯七各反擬之而後言議之而後
動擬議以成其變化擬議以動則盡變化之道鳴鶴在陰其子和之

欽定四庫全書　　周易註

我有好爵吾與爾靡之鶴鳴則子和脩誠則物應我有好爵與物散之物亦以善應也
明擬議之道繼以斯義者誠以吉凶失得存乎所動同
乎道者道亦得之同乎失者失亦違之莫不以同相順
以類相應動之斯來綏之斯至鶴鳴于陰氣同則和出
言戶庭千里或應出言猶然況其大者乎千里或應況其
邇者乎故夫憂悔吝者存乎纖介定失得者慎於樞機
是以君子擬議以動慎其微也　和胡卧反靡亡池反
又亡彼反子曰君子居其室出其言善則千里之外應之況
其邇者乎居其室出其言不善則千里之外違之況其
邇者乎言出乎身加乎民行發乎邇見乎遠言行君子
之樞機樞機制動之主　行下孟反見賢遍反樞機之發榮辱之主也言

行君子之所以動天地也可不慎乎同人先號咷而後
笑子曰君子之道或出或處或默或語二人同心其利
斷金同人終獲後笑者以有同心之應也夫所况同者豈係乎一方哉君子出處默語不違其中則其跡
雖異道同則應號戶羔反咷道羔反默亡北反斷丁亂反又丁管反同心之言其臭如
蘭
初六藉用白茅无咎子曰苟錯諸地而可矣藉之用茅
何咎之有慎之至也夫茅之爲物薄而用可重也慎斯
術也以往其无所失矣勞謙君子有終吉子曰勞而不

伐有功而不德厚之至也語以其功下人者也德言盛
禮言恭謙也者致恭以存其位者也亢龍有悔子曰貴
而无位高而无民賢人在下位而无輔是以動而有悔
也不出戶庭无咎子曰亂之所生也則言語以爲階君
不密則失臣臣不密則失身幾事不密則害成是以君
子慎密而不出也子曰作易者其知盜乎言盜亦乘釁而至也藉
在夜反茅卯交反錯七故反慎時震反易曰負且乘致寇至負也者小人
之事也乘也者君子之器也小人而乘君子之器盜思

奪之矣上慢下暴盜思伐之矣慢藏誨盜冶容誨淫易
曰負且乘致寇至盜之招也乘也者如字一繩證反藏才浪反冶音也
大衍之數五十其用四十有九王弼曰演天地之數所賴者五十也其用四十
有九則其一不用也不用而用以之通非數而數以之成斯易之大極也四十有九數之極也夫无不可以无
明必因於有故常於有物之極而必明其所由之宗也衍延善反演也分而爲二以象兩
掛一以象三揲之以四以象四時歸奇於扐以象閏五
歲再閏故再扐而後掛奇況曰揲之餘不足復揲者也分而為二既揲之餘合掛於一
故曰再扐而後掛凡閏者十九年七閏為一章五歲再閏者二故略舉其凡也掛卦買反王音卦揲時設反

奇紀宜反扐郎得反天數五五奇也地數五五耦也五位相得而各有
合天地之數各五五數相配以合成金木水火土天數二十有五五奇合為二十五地
數三十五耦合為三十凡天地之數五十有五此所以成變化
而行鬼神也變化以此成鬼神以此行乾之策二百一十有六陽爻六一
爻三十六策六爻二百一十六策坤之策百四十有四陰爻六一爻二十四策六爻百
四十四策凡三百有六十當期之日二篇之策萬有一千五
百二十當萬物之數也二篇三百八十四爻陰陽各半合萬一千五百二十策期音
基是故四營而成易分而爲二以象兩一營也掛一以象三二營也揲之以四三營也歸

奇於扐四營也十有八變而成卦八卦而小成引而伸之伸之六卜四卦觸類而長之天下之能事畢矣顯道顯明也長丁丈反神德行由神以成其用行下孟反是故可與酬酢可與祐神矣可以應對萬物之求助成神化之功也酬酢猶應對也酬市由反又音疇酢在洛反祐音又子曰知變化之道者其知神之所爲乎夫變化之道不爲而自然故知變化者則知神之所為易有聖人之道四焉以言者尚其辭以動者尚其變以制器者尚其象以卜筮者尚其占此四者存乎器象可得而用也是以君子將有爲也將有行也問焉而以言其

受命也如響无有遠近幽深遂知來物非天下之至精其孰能與於此參伍以變錯綜其數通其變遂成天地之文極其數遂定天下之象非天下之至變其孰能與於此易无思也无爲也寂然不動感而遂通天下之故非天下之至神其孰能與於此夫非忘象者則无以制象非遺數者无以極數至精者无籌策而不可亂至變者體一而无不周至神者寂然而无不應斯蓋功用之母象數所由立故曰非至精至變至神則不得與於斯也與音預參七南反錯七各反綜宗統反夫易聖人之所以極深而研幾也唯深也故能通天下之志唯幾也故

能成天下之務極未形之理則曰深適動微之會則曰幾幾本作機幾微也唯神也故不疾而速不行而至子曰易有聖人之道四焉者此之謂也四者由聖道以成故曰聖人之道天一地二天三地四天五地六天七地八天九地十易以極數通神明之德故明易之道先舉天地之數也子曰夫易何爲者也夫易開物成務冒天下之道如斯而已者也冒覆也言易通萬物之志成天下之務其道可以覆冒天下也冒莫報反覆去聲是故聖人以通天下之志以定天下之業以斷天下之疑是故蓍之德圓而神卦之德

方以知圓者運而不窮方者止而有定言蓍以圓象神卦以方象知也唯變所適无數不周故曰圓卦列爻分各有其體故曰方也斷丁亂反蓍音尸知音智分扶問反六爻之義易以貢貢告也六爻變易以告吉凶易以鼓反韓音亦聖人以此洗心洗濯萬物之心洗悉殄反又悉禮反退藏於密言其道深微萬物日用而不能知其原故曰退藏於密猶藏諸用也吉凶與民同患表吉凶之象以同民所憂患之事故曰吉凶與民同患也神以知來知以藏往明蓍卦之用同神知也蓍定數於始於卦爲來卦成象於終於蓍爲往往來之用相成猶神知也其孰能與於此哉古之聰明叡知神武而不殺者夫暇萬物而不以威刑也○與音預殺所成反又所例反或如字夫音符是以明於天之道而察

於民之故是興神物以前民用 定吉凶於始也 聖人以此齊戒 洗心曰齊防患曰戒 齊側皆反 以神明其德夫是故闔戸謂之坤 坤道包物 闔胡臘反 闢戸謂之乾 乾道施生 闢亦婢反 一闔一闢謂之變往來不窮謂之通見乃謂之象 兆見曰象 見賢遍反 形乃謂之器 成形曰器 制而用之謂之法利用出入民咸用之謂之神

是故易有大極是生兩儀 夫有必始於无故大極生兩儀 儀也大極者无稱之稱不可得而名取其有之所極況之大極者也 大音泰稱尺證反 兩儀生四象四象生八卦 卦以象之 八卦定吉凶 八卦既立則吉凶可定 吉凶生大業 既定吉凶則廣大悉備 是故法象莫大乎天地變通莫大乎四時縣象著明莫大乎日月崇高莫大乎富貴 位所以一天下之動而濟萬物 縣音玄 備物致用立成器以為天下利莫大乎聖人探賾索隱鉤深致遠以定天下之吉凶成天下之亹亹者莫大乎蓍龜是故天生神物聖人則之天地變化聖人效之天垂象見吉凶聖人象之河出圖洛出書聖人則之易有四象所以示也繫辭焉所以告也定之以吉凶所以斷也易曰自天祐之吉无不利子曰祐者助也天之所助者順也人之所助者信也履信思乎順又以尚賢也是以自天祐之吉无不利也 探吐南反賾色白反 亹亡偉反見賢遍反

子曰書不盡言言不盡意然則聖人之意其不可見乎子曰聖人立象以盡意設卦以盡情偽繫辭焉以盡其言變而通之以盡利 極變通之數則盡利也故曰易窮則變變則通通則久 鼓之舞之以盡神乾坤其易之縕邪 縕淵奧也縕紆粉反又於憤反 乾坤成列而易立乎其中矣乾坤毀則无以見易易不可見則乾坤或幾乎息矣是故形而上者謂之道形而下者謂之器化而裁之謂之變 因而制其會通適變之道也 上時掌反 推而行之謂之通 乘變而往者无不通也 舉而錯之天下之民謂之事業 事業所以濟物故舉而錯之於民 錯七故反 是故夫象聖人有以見天下之賾而擬諸其形容象其物宜是故謂之象聖人有以見天下之動而觀其會通以行其典禮繫辭焉以斷其吉凶是故謂之爻極天下之賾者存乎卦鼓天下之動者存乎辭 辭爻辭也爻以鼓動效天下之動也 化而裁之存乎變推而行之存乎通神而明之存乎其人 體神而明之不假於象故存乎其人 裁音才 黙

而成之不言而信存乎德行德行賢人之德行也順足於內故默而成之也體與理會故不言而信也行下孟反

周易註卷七

周易註卷八

晉　韓康伯　撰

周易繫辭下第八

八卦成列象在其中矣備天下之象也因而重之爻在其中矣夫八卦備天下之理而未極其變故因而重之以象其動用擬諸形容以明治亂之宜觀其所應以著適時之功則爻卦之義所存各異故爻在其中矣剛柔相推變在其中矣繫辭焉而命之動在其中矣剛柔相推況八卦相盪或否或泰繫辭焉而斷其吉凶況之六爻動以適時者也立卦之義則

見於彖象適時之功則存之爻辭王氏之例詳矣吉凶悔吝者生乎動者也有變動而後有吉凶剛柔者立本者也變通者趣時者也立本況卦趣時況爻吉凶者貞勝者也貞者正也一也夫有動則未免乎累殉吉則未離乎凶盡會通之變而不累於吉凶者其唯貞者乎老子曰王侯得一以為天下貞萬變雖殊可以執一御也天地之道貞觀者也明夫天地萬物莫不保其貞以全其用也觀官煥反日月之道貞明者也天地之動貞夫一者也夫乾確然示人易矣夫坤隤然示人簡矣確剛貌也隤柔貌也乾坤皆恒一其德物由以成故簡易也確苦角反易以豉反隤大回反爻也者效此者也象也者像此者也爻象動乎內兆數見於卦也吉凶見乎外失得驗於事也功業見乎變功業由變以興故見乎變也聖人之情見乎辭辭也者各指其所之故曰情也天地之大德曰生施生而不為故能常生故曰大德也聖人之大寶曰位夫无用則无所寶有用則有所寶也无用而常足者莫妙乎道有用而弘道者莫大乎位故曰聖人之大寶曰位何以守位曰仁何以聚人曰財財所以資物生也理財正辭禁民為非曰義禁音金又金鴆反

古者包犧氏之王天下也仰則觀象於天俯則觀法於地觀鳥獸之文與地之宜聖人之作易无大不極无微不究大則取象天地細則觀鳥獸之文與地之宜也包又作庖白交反王于況反近取諸身遠取諸物於是

始作八卦以通神明之德以類萬物之情作結繩而為罔罟以佃以漁蓋取諸離離麗也罔罟之用必審物之所麗也魚麗於水獸麗於山也罟音古佃音田包犧氏沒神農氏作斲木為耜揉木為耒耒耨之利以教天下蓋取諸益制器致豐以益萬物斲陟角反耜音似耒力對反耨奴豆反日中為市致天下之民聚天下之貨交易而退各得其所蓋取諸噬嗑噬嗑合也市人之所聚異方之所合設法以合物噬嗑之義也市時止反噬市制反嗑胡臘反神農氏沒黃帝堯舜氏作通其變使民不倦通物之變故樂其器用不懈倦也神而化之使民宜之易窮則變

變則通通則久通變則无窮故可久是以自天祐之吉无不利黃
帝堯舜垂衣裳而天下治蓋取諸乾坤垂衣裳以辨貴賤乾尊坤卑之
義也祐音又刳木爲舟剡木爲楫舟楫之利以濟不通致遠
以利天下蓋取諸渙渙者乘理以散動也刳口孤反又口溝反剡以冉反楫將輒反徐
音集服牛乘馬引重致遠以利天下蓋取諸隨隨隨宜也服牛乘馬
隨物所之各得其宜也重門擊柝以待暴客蓋取諸豫取其備豫重直龍
反柝他洛反暴白報反斷木爲杵掘地爲臼臼杵之利萬民以濟
蓋取諸小過以小用而濟物也斷丁緩反又徒緩反杵昌呂反掘其月反弦木爲弧

剡木爲矢弧矢之利以威天下蓋取諸睽睽乖也物乖則爭興弧矢
之用所以威乖爭也弧音胡剡以冉反睽苦圭反上古穴居而野處後世聖人
易之以宮室上棟下宇以待風雨蓋取諸大壯宮室壯大於穴
居故制爲宮室取諸大壯也古之葬者厚衣之以薪葬之中野不封
不樹喪期无數後世聖人易之以棺椁蓋取諸大過取其
過厚衣於既反數色具反上古結繩而治後世聖人易之以書契
百官以治萬民以察蓋取諸夬夬決也書契所以決斷萬事也是故易
者象也象也者像也彖者材也材才德也彖言成卦之材以統卦義也爻

也者效天下之動者也是故吉凶生而悔吝著也陽卦
多陰陰卦多陽其故何也陽卦奇陰卦耦夫少者多之所宗一者衆
之所歸陽卦二陰故奇爲之君陰卦一陽故耦爲之主奇紀宜反其德行何也辨陰陽二卦之
德行也行下孟反陽一君而二民君子之道也陰二君而一民
小人之道也陽君道也陰臣道也君以无為統衆无為則一也臣以有事代終有事則二也故陽
爻畫奇以明君道必一陰爻畫兩以明臣體必二斯則陰陽之數君臣之辨也以一爲君君之德也二居君位
非其道也故陽卦曰君子之道陰卦曰小人之道也易曰憧憧往來朋從爾思天下
之動必歸乎一思以求朋未能一也一以感物不思而至憧昌容反子曰天下何思何

慮天下同歸而殊途一致而百慮天下何思何慮夫少則得
多則惑塗雖殊其歸則同慮雖百其致不二苟識其要不在博求一以貫之不慮而盡矣日往則月
來月往則日來日月相推而明生焉寒往則暑來暑往
則寒來寒暑相推而歲成焉往者屈也來者信也屈信
相感而利生焉尺蠖之屈以求信也龍蛇之蟄以存身
也精義入神以致用也精義物理之微者也神寂然不動感而遂通故能乘天下之微
會而通其用也屈丘勿反信音申蠖紆縛反又烏郭反蟄直立反利用安身以崇德也
利用之道皆安其身而後動也精義由於入神以致其用利用由于安身以崇其德理必由乎其宗事各本乎

其根歸根則寧天下之理得也若役其思慮以求動用忘其安身以徇功美則僞彌多而理愈失名彌美而累愈彰矣過此以往未之或知也窮神知化德之盛也
易曰困于石據于蒺藜入于其宮不見其妻凶子曰非
所困而困焉名必辱非所據而據焉身必危既辱且危
死期將至妻其可得見邪易曰公用射隼于高墉之上
獲之无不利子曰隼者禽也弓矢者器也射之者人也
君子藏器於身待時而動何不利之有動而不括是以
出而有獲語成器而動者也括結也君子待時而動則无結閡之患也　射食亦反隼恤允反墉音容括古活反閡五代反子曰小人不恥不仁不畏不義不
見利不勸不威不懲小懲而大誡此小人之福也易曰
屨校滅趾无咎此之謂也善不積不足以成名惡不積
不足以滅身小人以小善爲无益而弗爲也以小惡爲
无傷而弗去也故惡積而不可揜罪大而不可解易曰
何校滅耳凶子曰危者安其位者也亡者保其存者也
亂者有其治者也是故君子安而不忘危存而不忘亡
治而不忘亂是以身安而國家可保也易曰其亡其亡

繫于苞桑子曰德薄而位尊知小而謀大力小而任重
鮮不及矣易曰鼎折足覆公餗其形渥凶言不勝其任
也子曰知幾其神乎君子上交不諂下交不瀆其知幾
乎形而上者況之道形而下者況之器於道不冥而有求焉未離乎諂也於器不絶而有交焉未免乎瀆也
能无諂瀆窮理者也　校胡孝反何河可反乂音河知音智鮮先善反折之舌反覆芳六反餗音速勝音升離
力智反幾者動之微吉之先見者也幾者去无入有理而未形不可以名尋不
可以形覩者也唯神也不疾而速感而遂通故能朗然玄照鑒於未形也合龜之木起於毫末吉凶之彰始於
微兆故爲吉之先見也　見賢遍反君子見幾而作不俟終日易曰介于
石不終日貞吉介如石焉寧用終日斷可識矣定之於始故不
待終日也　斷丁亂反君子知微知彰知柔知剛萬夫之望此知幾其神乎
子曰顔氏之子其殆庶幾乎有不善未嘗不知知之未
嘗復行也在理則昧造形而悟顔子之分也失之於幾故有不善得之於二不遠而復故知之未嘗
復行也　復行去聲易曰不遠復无祇悔元吉吉凶者失得之象也得二者於理不
盡未至成形故得不遠而復舍凶之吉免夫祇悔而終獲元吉祇大也　祇祁支反王音支舍音捨天地
絪縕萬物化醇男女搆精萬物化生易曰三人行則損
一人一人行則得其友言致一也致一而後化成也　絪音因縕紆云反子

曰君子安其身而後動易其心而後語定其交而後求君子脩此三者故全也危以動則民不與也懼以語則民不應也无交而求則民不與也莫之與則傷之者至矣易曰莫益之或擊之立心勿恒凶夫虚己存誠則衆之所不迕也躁以有求則物之所不與也易以豉反迕五路反子曰乾坤其易之門邪乾陽物也坤陰物也陰陽合德而剛柔有體以體天地之撰撰數也撰仕勉反以通神明之德其稱名也雜而不越備物極變故其名雜也各得其序不相踰越況爻繇之辭也繇直救反下同於稽其類其衰世之意邪有憂患而後作易世衰則失得彌彰爻繇之辭所以辨失得故知衰世之意邪稽猶考也稽古兮反夫易彰往而察來而微顯闡幽易无往不彰无來不察而微以之顯幽以之闡闡明也闡昌善反開而當名辨物正言斷辭則備矣開釋爻卦使各當其名也理類辨明故曰斷辭也斷丁亂反其稱名也小其取類也大托象以明義因小以喻大其旨遠其辭文其言曲而中變化无恒不可爲典要故其言曲而中也中丁仲反其事肆而隱事顯而理微也因貳以濟民行以明失得之報貳則失得也因失得以通濟民行故明失得之報也失得之報者得其會則吉乖其理則凶

欽定四庫全書　周易註

易之興也其於中古乎作易者其有憂患乎无憂患則不為而足也是故履德之基也基所蹈也謙德之柄也復德之本也夫動本於靜語始於默復者各反其所始故爲德之本也柄兵病反恒德之固也固不傾移也損德之脩也益德之裕也能益物者其德寬大也困德之辯也困而益明辯如字又卜免反井德之地也所處不移象居得其所也巽德之制也巽所以申命明制也履和而至和而不至從物者也和而能至故可履也謙尊而光復小而辯於物微而辨之不遠復也恒雜而不厭雜而不厭是以能恒厭於豔反損先難而後易刻損以脩身故先難也身脩而无患故後易也易以豉反益長裕而不設有所興為以益於物故曰長裕因物興務不虛設也長丁丈反困窮而通處窮而不屈其道也井居其所而遷改邑不改井井所居不移而能遷其施也井施始豉反巽稱而隱稱揚命令而百姓不知其由也稱尺證反又尺升反履以和行謙以制禮復以自知求諸己也行下孟反恒以一德以一為德也損以遠害止於脩身故可以遠害而已遠于萬反益以興利困以寡怨困而不濫无怨於物井以辯義施而无私義之方也巽以行權權反經而合道必合乎巽順而後可以行權也易之爲書也不可遠擬議而動不可遠也遠袁萬反又如字爲道也屢遷變動不居周流六虛六虛六位也上下无常剛柔相易不可

爲典要不可立定準也上時掌反唯變所適變動貴於適時趣舍存乎會也其出入以度外内使知懼明出入之度使物知外內之戒也出入猶行藏外內猶隱顯遯以遠時爲吉豐以幽隱致凶漸以高顯爲美明夷以處昧利貞此外內之戒也文明於憂患與故故事故也无有師保如臨父母安而不忘危存而不忘亡終日乾乾不可以怠也初率其辭而揆其方既有典常能循其辭以度其義原其初以要其終則唯變所適是其常典也明其變者存其要也故曰苟非其人道不虛行揆葵癸反度也度待洛反以要平聲下要終亦要同苟非其人道不虛行

易之爲書也原始要終以爲質也質體也卦兼終始之義也六爻相

雜唯其時物也爻各存乎其時物事也其初難知其上易知本末也初辭擬之卒成之終夫事始於微而後至於著初者數之始擬議其端故難知也上者卦之終事皆成著故易知也易以豉反若夫雜物撰德辯是與非則非其中爻不備噫亦要存亡吉凶則居可知矣知者觀其彖辭則思過半矣夫彖者舉立象之統論中爻之義約以存博簡以兼衆雜物撰德而一以貫之形之所宗者道衆之所歸者一其事彌繁則愈滯乎形其理彌約則轉近乎道彖之爲義存乎一也一之爲用同乎道矣形而上者可以觀道過半之益不亦宜乎噫於其反要一妙反又一遥反知音智彖吐貫反思息吏反二與四同功同陰功也而異位有內外也其善不同二多譽

二處中和故多譽也四多懼近也位逼於君故多懼也柔之爲道不利遠者其要无咎其用柔中也四之多懼以近君也柔之爲道須援而濟故有不利遠者二之能无咎柔而處中也三與五同功同陽功也而異位有貴賤也三多凶五多功貴賤之等也其柔危其剛勝邪三五陽位柔非其位處之則危居以剛健勝其任也夫所貴剛者閑邪存其誠動而不違其節者也所貴柔者含弘居中順而不失其貞者也若剛以犯物則非剛之道柔以卑佞則非柔之義也勝升證反一音升易之爲書也廣大悉備有天道焉有人道焉有地道焉兼三材而兩之故六六者非它也三材之道也說卦備矣道有變動故曰爻爻有等

故曰物等類也乾陽物也坤陰物也爻有陰陽之類而後有剛柔之用故曰爻爻有等故曰物物相雜故曰文剛柔交錯玄黃相雜文不當故吉凶生焉易之興也其當殷之末世周之盛德邪當文王與紂之事邪文王以盛德蒙難而能亨其道故稱文王之德以明易之道也是故其辭危文王與紂之事危其辭也危者使平易者使傾易慢易也易以豉反其道甚大百物不廢懼以終始其要无咎此之謂易之道也夫文不當而吉凶生則保其存者亡不忘亡者存有其治者亂不忘危者安懼以終始歸於无咎安危之所由爻象之大體也夫乾天下之至健也德行恒易以知險夫坤天下之至

順也德行恒簡以知阻能說諸心能研諸侯之慮諸侯物主有為者也能說萬物之心能精爲者之務行下孟反易以鼓反阻莊呂反說音悅定天下之吉凶成天下之亹亹者是故變化云爲吉事有祥象事知器占事知來夫變化云爲者行其吉事則獲嘉祥之應觀其象事則知制器之方玩其占事則覩方來之驗也亹亡偉反天地設位聖人成能聖人乘天地之正萬物各成其能人謀鬼謀百姓與能人謀況議於衆以定失得也鬼謀況寄卜筮以考吉凶也不役思慮而失得白明不勞探射而吉凶自著類萬物之情通幽深之故故百姓與能樂推而不厭也射食亦反八卦以象告以象告人爻彖以情言辭有險易而各得其情也剛柔雜居而吉凶可見矣變動以利言變而通之以盡利也盡津忍反吉凶以情遷吉凶无定唯人所動情順乘理以之吉情逆違道以蹈凶故曰吉凶以情遷也是故愛惡相攻而吉凶生泯然同順何吉何凶愛惡相攻然後逆順者殊故吉凶生惡烏路反鄭烏洛反遠近相取而悔吝生相取猶相資也遠近之爻互相資取而後有悔吝也情僞相感而利害生情以感物則得利僞以感物則致害也凡易之情近而不相得則凶近況比爻也易之情剛柔相摩變動相適者也近而不相得必有乖違之患或有相違而无患者得其應也相順而皆凶者乖於時也存事以考之則義可見矣或害之悔且吝夫无對於物而後盡全順之道豈可有欲害之者乎雖能免濟必有悔吝也或欲害之辭也將叛者其辭慙

中心疑者其辭枝吉人之辭寡躁人之辭多誣善之人
其辭游失其守者其辭屈

周易註卷八

欽定四庫全書

周易註卷九

周易說卦第九

晉 韓康伯 撰

昔者聖人之作易也幽贊於神明而生蓍〔幽深也贊明也蓍受命如響不知所以然而然也贊子旦反蓍音尸〕參天兩地而倚數〔參奇也兩耦也七九陽數六八陰數 參七南反倚於綺反奇紀宜反〕觀變於陰陽而立卦〔卦象也蓍數也卦則雷風相薄山澤通氣擬象陰陽變化之體蓍則錯綜天地參兩之數蓍極數以定象卦備象以盡數故蓍曰參

天兩地而倚數卦曰觀變於陰陽也〕發揮於剛柔而生爻〔剛柔發散變動相生〕和順於道德而理於義窮理盡性以至於命〔命者生之極窮理則盡其極也〕

昔者聖人之作易也將以順性命之理是以立天之道曰陰與陽立地之道曰柔與剛〔在天成象在地成形陰陽者言其氣柔剛者言其形變化始於氣象而後成形萬物資始乎天成形乎地故天曰陰陽地曰柔剛也或有在形而言陰陽者本其始也在氣而言柔剛者要其終也〕立人之道曰仁與義兼三才而兩之故易六畫而成卦分陰分陽迭用柔剛故易六位而成章〔設六爻以效三才之動故六畫而成卦也六位爻所處之位也二四為陰三五為陽故曰分陰分陽六爻升降或柔或剛故曰迭用柔剛也 迭田節反〕

天地定位山澤通氣雷風相薄水火不相射八卦相錯數往者順知來者逆〔易八卦相錯變化理備於往則順而知之於來則逆而數之 射食亦反數色具反又色主反〕是故易逆數也〔作易以逆觀來事以前民用〕

雷以動之風以散之雨以潤之日以烜之艮以止之兌以說之乾以君之坤以藏之帝出乎震齊乎巽相見乎離致役乎坤說言乎兌戰乎乾勞乎坎成言乎艮萬物出乎震震東方也齊乎巽巽東南也齊也者言萬物之

絜齊也離也者明也萬物皆相見南方之卦也聖人南面而聽天下嚮明而治蓋取諸此也坤也者地也萬物皆致養焉故曰致役乎坤兌正秋也萬物之所說也故曰說言乎兌戰乎乾乾西北之卦也言陰陽相薄也坎者水也正北方之卦也勞卦也萬物之所歸也故曰勞乎坎艮東北之卦也萬物之所成終而所成始也故曰成言乎艮神也者妙萬物而為言者也〔於此言神者明八卦運動變化推移莫有使之然者神則无物妙萬物而為言也則雷疾風行火炎水潤莫不自然相與為變化故能萬物既

成也烜況晚反說音悅鸖許亮反後同動萬物者莫疾乎雷橈萬物者莫疾乎風燥萬物者莫熯乎火說萬物者莫說乎澤潤萬物者莫潤乎水終萬物始萬物者莫盛乎艮故水火相逮雷風不相悖山澤通氣然後能變化既成萬物也橈乃飽反王乃教反又呼勞反熯呼但反徐音漢悖必内反

乾健也坤順也震動也巽入也坎陷也離麗也艮止也兌說也

乾爲馬坤爲牛震爲龍巽爲雞坎爲豕離爲雉艮爲狗兌爲羊

乾爲首坤爲腹震爲足巽爲股坎爲耳離爲目艮爲手兌爲口

乾天也故稱乎父坤地也故稱乎母震一索而得男故謂之長男巽一索而得女故謂之長女坎再索而得男故謂之中男離再索而得女故謂之中女艮三索而得男故謂之少男兌三索而得女故謂之少女索色白反長丁丈反下皆同中丁仲反下同少詩照反下皆同

欽定四庫全書　周易註

乾爲天爲圜爲君爲父爲玉爲金爲寒爲冰爲大赤爲良馬爲老馬爲瘠馬爲駮馬爲木果圜音圓瘠在亦反駮邦角反

坤爲地爲母爲布爲釜爲吝嗇爲均爲子母牛爲大輿爲文爲衆爲柄其於地也爲黑釜房甫反

震爲雷爲龍爲玄黄爲旉爲大塗為長子爲決躁爲蒼筤竹爲萑葦其於馬也爲善鳴爲馵足爲作足爲的顙其於稼也爲反生其究爲健爲蕃鮮旉音孚筤音郎萑音丸葦韋鬼反馵主樹反的丁歷反顙桑黨反的顙白顛反生麻豆之屬蕃音煩鮮息連反

巽爲木爲風爲長女爲繩直爲工爲白爲長爲高爲進退爲不果爲臭其於人也爲寡髮爲廣顙爲多白眼爲近利市三倍其究爲躁卦

坎爲水爲溝瀆爲隱伏爲矯輮爲弓輪其於人也爲加憂爲心病爲耳痛爲血卦爲赤其於馬也爲美脊爲亟心爲下首爲薄蹄爲曳其於輿也爲多眚爲通爲月爲盜其於木也爲堅多心矯紀表反輮如九反王奴又反又女九反脊精亦反亟紀力反王去記反曳以制反眚生領反

離爲火爲日爲電爲中女爲甲冑爲戈兵其於人也爲大腹爲乾卦爲鼈爲蟹爲蠃爲蚌爲龜其於木也爲科上槁冑直又反乾古丹反鄭云乾當爲幹蠃力禾反蚌步項反槁苦老反艮爲山爲徑路爲小石爲門闕爲果蓏爲閽寺爲指爲狗爲鼠爲黔喙之屬其於木也爲堅多節蓏力火反閽音昏寺如字徐音侍黔其廉反徐音禽喙況廢反兌爲澤爲少女爲巫爲口舌爲毀折爲附決其於地也爲剛鹵爲妾爲羊巫亡符反決如字徐音穴鹵力材反

周易序卦第十

有天地然後萬物生焉盈天地之間者唯萬物故受之以屯屯者盈也屯者物之始生也屯剛柔始交故爲物之始生也物生必蒙故受之以蒙蒙者蒙也物之穉也物穉不可不養也故受之以需需者飲食之道也飲食必有訟故受之以訟夫有生則有資有資則爭興也穉直吏反訟必有衆起故受之以師師者衆也衆必有所比故受之以比衆起而不比則爭无由息必相親比而後得寧也比毗志反比者比也比必有所畜故受之以小畜比非大通之道則各有所畜以相濟也由比而畜故曰小畜而不能大也畜敕六反物畜然後有禮故受之以履履者禮也禮所以適用也故既畜則宜用有用則須禮也履而泰然後安故受之以泰泰者通也物不可以終通故受之以否物不可以終否故受之以同人否則思通人人同志故可出門同人不謀而合否備鄙反與人同者物必歸焉故受之以大有有大者不可以盈故受之以謙有大而能謙必豫故受之以豫豫必有隨順以動者衆之所隨故受之以隨以喜隨人者必有事故受之以蠱蠱者事也有事而後可大可大之業由事而生故受

欽定四庫全書 周易註

之以臨臨者大也物大然後可觀故受之以觀可觀而後有所合故受之以噬嗑可觀則異方合會也以觀官換反嗑者合也物不可以苟合而已故受之以賁賁者飾也物相合則須飾以脩外也致飾然後亨則盡矣故受之以剝極飾則實喪也亨許庚反鄭許兩反剝者剝也物不可以終盡剝窮上反下故受之以復復則不妄矣故受之以无妄有无妄然後可畜故受之以大畜物畜然後可養故受之以頤頤者養也不養則不可動故受之以大過不養則不可動養過則厚物不可以終過故

受之以坎坎者陷也過而不已則陷没也陷必有所麗故受之以離離者麗也物窮則變極陷則反所麗也

有天地然後有萬物有萬物然後有男女有男女然後有夫婦有夫婦然後有父子有父子然後有君臣有君臣然後有上下有上下然後禮義有所錯言咸卦之義也凡序卦所明非易之緼也蓋因卦之次託以明義咸柔上而剛下感應以相與夫婦之象莫美乎斯人倫之道莫大乎夫婦故夫子慇懃深述其義以崇人倫之始而不係之於離也先儒以乾至離為上經天道也咸至未濟為下經人事也夫易六畫成卦三材必備錯綜天人以效變化豈有天道人事偏於上下哉斯蓋守文而不求義失之遠矣錯七各反徐七路反緼紆粉反夫婦之道不可以不久也故受之以恒恒者久也物不可以久居其所故受之以遯遯者退也夫婦之道以恒為貴而物之所居不可以恒宜與世升降有時而遯也物不可以終遯遯君子以遠小人遯而後亨何可終邪則小人遂陵君子日消也故受之以大壯陽盛陰消君子道勝物不可以終壯故受之以晉晉以柔而進也晉者進也雖以柔而進要是進也進必有所傷故受之以明夷日中則昃月盈則食夷者傷也傷於外者必反於家故受之以家人傷於外必反脩諸内家道窮必乖室家至親過在失節故家人之義唯嚴與敬樂勝則流禮勝則離家人尚嚴其敝必

乖也故受之以睽睽者乖也乖必有難故受之以蹇蹇者難也物不可以終難故受之以解解者緩也緩必有所失故受之以損損而不已必益故受之以益益而不已必決益而不已則盈故必決也難乃旦反解音蟹故受之以夬夬者決也決必有遇以正決邪必有嘉遇也故受之以姤姤者遇也物相遇而後聚故受之以萃萃者聚也聚而上者謂之升故受之以升升而不已必困故受之以困困乎上者必反下故受之以井井道不可不革井久則濁穢宜革易其故故受之以革革物者莫若鼎故受之以鼎革去故鼎取新既以去故則宜制器立法以治新也鼎所以和齊生物成新之器也故取象焉和去聲又如字齊才細反主器者莫若長子故受之以震震者動也物不可以終動動必止之故受之以艮艮者止也物不可以終止故受之以漸漸者進也進必有所歸故受之以歸妹得其所歸者必大故受之以豐豐者大也窮大者必失其居故受之以旅旅而无所容故受之以巽旅而无所容以巽則得所入也長丁丈反巽者入也入而後說之故受之以兌兌者說也說而後散之故受之

以渙 說不可偏係故宜散也說音悅 渙者離也 渙者發暢而无所壅滯則殊趣各肆而不反則遂乖離也 物不可以終離故受之以節 夫事有其節則物之所同守而不散越也 節而信之故受之以中孚 孚信也既已有節則宜信以守之 有其信者必行之故受之以小過 守其信者則失貞而不諒之道而以信為過故曰小過也 有過物者必濟 行過乎恭禮過乎儉可以矯世厲俗有所濟也 故受之以既濟物不可窮也故受之以未濟終焉 有為而能濟者以已窮物者也物窮則乖功極則亂其可濟乎故受之以未濟也

周易雜卦第十一

乾剛坤柔比樂師憂 親比則樂動衆則憂比毗志反下同樂音洛 臨觀之義或與或求 以我臨物故曰與物來觀我故曰求觀古亂反 屯見而不失其居 屯利建侯君子以經綸之時雖見而盤桓利貞不失其居也見賢遍反鄭如字 蒙雜而著 雜者未知所定也求發其蒙則終得所定著定也 震起也艮止也損益盛衰之始也 極損則益極益則損 大畜時也 因時而畜故能大也 无妄災也 无妄之世妄則災也 萃聚而升不來也 來還也方在上升故不還也 謙輕而豫怠也 謙者不自重大 噬嗑食也賁无色也 飾貴合衆无定色也 兌見而巽伏也 兌貴顯說巽貴卑退 隨无故也蠱則飭也 隨時之宜不繫於故也隨則有事受之以蠱飭整治也蠱則所以整治其事也 剥爛也 物孰則剥落也 復反也晉晝也明夷誅也 誅傷也 井通而困相遇也 井物所通用而不吝也困安於所遇而不濫也 咸速也 物之相應莫速乎咸 恒久也渙離也節止也解緩也蹇難也睽外也 相踈外也 家人內也否泰反其類也大壯則止遯則退也 大正則小人止小人亨則君子退 大有衆也同人親也革去故也鼎取新也小過過也中孚信也豐多故也 高者懼危滿者戒盈豐大者多憂故也 去起呂反 親寡旅也 親寡故寄旅也 離上而坎下也 火炎上水潤下 小畜寡也 不足以兼濟也 履不處也 王弼云履卦陽爻皆以不處其位為吉也 需不進也 畏險而止也

訟不親也大過顛也 本末弱也 遘遇也柔遇剛也漸女歸待男行也 女從男也 頤養正也既濟定也歸妹女之終也 女終於出嫁也 未濟男之窮也 剛柔失位其道未濟故曰窮也 夬決也剛決柔也君子道長小人道憂也

周易註卷九

周易註卷十

魏 王弼 撰

原夫兩儀未位神用藏於視聽一氣化矣至賾隱乎名言於是河龍負圖犧皇畫卦仰觀俯察遠物近身八象窮天地之情六位備剛柔之體言大道之妙有一陰一陽論聖人之範圍顯仁藏用寔三元之胎祖鼓舞財成爲萬有之蓍龜知來藏往是以孔丘三絶未臻樞奧劉

安九師尚迷宗旨臣舞象之年鼓篋鱣序漁獵墳典偏習周易研窮耽玩無舍寸陰是知卦之紀綱周文王之言略矣象之吉凶魯仲尼之論備矣至如王輔嗣略例大則揔一部之指歸小則明六爻之得失承乘逆順之理應變情僞之端用有行藏辭有險易觀之者可以經緯天地探測鬼神匡濟邦家推辟咎悔雖人非上聖亦近代一賢臣謹依其文輒爲註解雖不足數弘易道庶幾有裨於教義亦猶螢爝增輝於太陽涓流助深於巨壑臣之志也敢不上聞

周易略例上

明彖

夫彖者何也將釋其義故假設問端而曰何統論一卦之體明其所由之主者也統論一卦功用之體明辯也辯卦體功用所由之主立主之義義在一爻明辯也夫衆不能治衆治衆者至寡者也萬物是衆一是寡衆不能治衆治衆者至少以治之也夫動不能制動制天下之動者貞夫一者也天下之動動則不能自制制其動者貞之一者也老子曰王侯得一以爲天下貞然則一爲君體君體合道動是衆衆由

一制也制衆歸一故靜爲躁君安爲動主夫音符後同故衆之所以得咸存者主必致一也致猶歸也衆得皆存其存有必歸於一故無心於存皆得其存也動之所以得咸運者原必无二也動所以運運不已者謂无二物動故無心於動而動不息也物无妄然必由其理物衆也妄虛妄也天下之衆衆皆无妄无妄之理必由君主統之也統之有宗會之有元統領之以宗主會合之以元首故繁而不亂衆而不惑統之有宗主雖繁而不亂會之以元首雖衆而不惑故六爻相錯可舉一以明也錯雜也六爻或陰或陽錯雜交亂舉貞一之主以明其用剛柔相乘可立主以定也六爻有剛有柔或乘或據有逆有順可立主以定之是故雜物撰德撰數也雜聚也聚其

物體數其德行辯是與非辯明也得位而承之是也失位而據之非也則非其中爻
莫之備矣然則非是中之一爻莫之能備訟彖云訟有孚窒惕中吉剛來而得中也困彖云貞大人
吉以剛中也之例是也故自統而尋之物雖衆則知可以執一御
也无為之一者道也君也統而推尋萬物雖殊一之以神道百姓雖衆御之以君主也由本以觀
之義雖博則知可以一名舉也博廣也本謂君也道也義雖廣舉之在一也
故處琁璣以觀大運則天地之動未足怪也據會要以
觀方來則六合輻湊未足多也天地雖大覩之以琁璣六合雖廣據之以會要
天地之運不足怪其大六合輻湊不足稱其多琁悉全反璣音機輻音福湊千豆反故舉卦之

名義有主矣觀其彖辭則思過半矣彖揔卦義義主中爻簡易者道也君
也道能化物君能御民智者觀之思過其半夫古今雖殊軍國異容中之為
用故未可遠也古今革變軍國殊別中正之用終無䟽遠遠于萬反品制萬變
宗主存焉彖之所尚斯爲盛矣品變積萬存之在一夫少者多之
所貴也寡者衆之所宗也自此已下明至少者爲至多之所主豈直指其中爻而已
一卦五陽而一陰則一陰爲之主矣同人履小畜大有之例是也五
陰而一陽則一陽爲之主矣師比謙豫復剝之例是也夫陰之所求
者陽也陽之所求者陰也王弼曰夫陰陽相求之物以所求者貴也陽苟一

焉五陰何得不同而歸之陰苟隻焉五陽何得不同而
從之故陰爻雖賤而爲一卦之主者處其至少之地也
王氏曰陽貴而陰賤以至少處至多之地爻雖賤衆亦從之小畜彖云柔得位而上下應之是也或有
遺爻而舉二體者卦體不由乎爻也遺棄也棄此一爻而舉二體以明其
義卦體之義不在一爻豐歸妹之類是也繁而不憂亂變而不憂惑約以存
博簡以濟衆其唯彖乎簡易者道也君也萬物是衆道能生物君子能養民物雖繁不
憂錯亂爻雖變不憂迷惑亂而不能惑變而不能渝非天下之至賾
其孰能與於此乎萬物雖雜不能惑其君六爻雖變不能渝其主非天下之至賾神武之君

其孰能與於此言不能也與音預故觀彖以斯義可見矣觀彖以斯其義可見

明爻通變

夫爻者何也將釋其義假設問辭言乎變者也爻者效也物剛效剛物柔效柔遇物
而變動有所之故云言乎變者也故變者何也情僞之所爲也變之所生生於情僞
情僞所適巧詐多端故云情僞之所爲也夫情僞之動非數之所求也情欲偽動
數莫能求故合散屈伸與體相乖物之爲體或性同行乖情貌相違同歸殊塗一致百
慮故萃卦六二引吉无咎萃之為體貴相從就六二志在静退不欲相就人之多辟已獨取正其體雖合志則
不同故曰合散乾之初九潛龍勿用扣九身雖潛屈情無憂悶其志則申故曰屈伸形躁好静質

柔愛剛體與情反質與願違至如風虎雲龍嘯吟相感物之體性形願相從此則
情體乖違質願相反故歸妹九四歸妹愆期遲歸有時四體是震是形躁也愆期待時是好靜也履卦六三武
人爲于大君志剛也兌體是陰是質柔也志懷剛武爲于大君是愛乎剛也巧歷不能定其
算數聖明不能爲之典要萬物之情動變多端雖復巧歷聖明不能定其算數制典
法立要會也法制所不能齊度量所不能均也雖復法制度量不能均齊
詐偽長短爲之乎豈在夫大哉情有巧偽變動相乖不在於大而聖明巧歷尚測不知豈
在乎大哉陵三軍者或懼於朝廷之儀暴威武者或困於酒
色之娛陵三軍暴威武視死如歸若獻酬揖讓汗成霡霂此皆體質剛猛懼在微小故大畜初九有厲

利已九三輿說輻雖復剛健怯於柔弱也近不必比遠不必乖近爻不必親比遠爻不必
乖離屯六二初九爻雖相近守貞不從九五雖遠十年乃字此例是也　比毗志反同聲相應高
下不必均也同氣相求體質不必齊也初四二五三上同聲相應不必
均高卑也同氣相求不必齊形質也召雲者龍命呂者律雲水氣也龍水畜也召水氣者
水畜此明有識感无識命陰呂者陽律此明无識感有識故二女相違而剛柔合體
二女俱是陰類而相違剛柔雖異而合體此明異類相應隆墀永歎遠壑必盈隆高也墀
水中墀也永長也處高墀而長嘆遠壑之中盈響而應九五尊高喻於隆墀六二卑下同於遠壑唱和相應也
墀直其反投戈散地則六親不能相保投置也散逃也置兵戈於逃散之地

雖是至親不能相保守也遯卦九四好遯君子吉處身於外難在於內處外則超然遠遯初六至親不能相保
守也同舟而濟則胡越何患乎異心同在一舟而俱濟彼岸胡越雖殊其心皆
同若漸卦三四異體和好物莫能間順而相保似若同在一舟上下殊體猶若胡越利用禦寇何患乎異心
故苟識其情不憂乖遠苟明其趣不煩強武苟識同志之情何憂
胡越也苟知逃散之趣不勞用其威武也能說諸心能研諸慮諸物之心憂其凶患爻變
示之則物心皆說諸侯之慮在於育物爻變告之其慮益精　說音悅睽而知其類異而
知其通睽彖曰萬物睽而其事類也男女睽而其志同也其唯明爻者乎知趣舍察
安危辯吉凶知變化其唯明爻者乎故有善邇而遠至命宮而商應善脩治也

邇近也近脩治言語千里遠應若中孚之九二鳴鶴在陰其子和之鳴於此和於彼聲同則應有若宮商也
脩下而高者降與彼而取此者服矣處下脩正高必命之否之初六拔茅
貞吉九四有命疇離祉也與謂上也取謂下也君上福祿不獨有之下人服者感君之德大有六五厥孚交如
威如吉之例是也是故情偽相感遠近相追正應相感是實情蹇之二五之例不
正相感是偽情頤之三上之例有應雖遠而相追睽之三上之例无應近則相取賁之二三之例是也愛
惡相攻屈伸相推同人三四有愛有惡迭相攻伐否泰二卦一屈一伸更相推謝見情
者獲直往則違獲得也見彼之情往必得志屯之六四求婚媾往吉无不利之例不揆則往彼
必相違六三即鹿无虞惟入于林中君子幾不如舍往吝之例是也故擬議以成其變化

語成器而後有格格作括括結也動則擬議極於變化語成器而後无結閡之患也不知其所以爲主鼓舞而天下從者見乎其情者也鼓舞猶變化也易道變化應人如響退藏於密不知為主也其爲變化萬物莫不從之而變是顯見其情繫辭曰聖人之情見乎辭又曰鼓之舞之以盡神是故範圍天地之化而不過曲成萬物而不遺範法也圍周圍也模範周圍天地變化之道而不過差委曲成就萬物而不有遺失通乎晝夜之道而无體一陰一陽而无窮陽通晝陰通夜晝夜猶變化也極神妙之道而无體可明一者道也道者虛无也在陰之時不以生長而為功在陽之時不以生長而為力是以生長无窮若以生長為功各盡於有物之功極豈得无窮乎非天下之至變其孰能

與於此哉非六爻至極通變以應萬物則不能與於此也與音預是故卦以存時爻以示變

明卦適變通爻

夫卦者時也爻者適時之變者也卦者統一時之大義爻者適時中之通變夫時有否泰故用有行藏泰時則行否時則藏卦有小大故辭有險易陰長則小陽生則大否卦辭險泰卦辭易易以豉反一時之制可反而用也一時之吉可反而凶也一時有大畜之制反有天衢之用一時有豐亨之吉反有羇旅之凶是也羇居宜反故卦以反對而爻亦皆變諸卦之體兩相反正其爻

隨卦而變泰之初九拔茅彙征吉否之初六拔茅彙貞卦既隨時爻變亦準也是故用无常道事无軌度動靜屈伸唯變所適卦既推移道用无常爻逐時變故事无軌度動出靜入屈往伸來唯變所適也故名其卦則吉凶從其類存其時則動靜應其用名其謙比則吉從其類名其蹇剝則凶從其類震時則動應其用艮時則靜應其用尋名以觀其吉凶舉時以觀其動靜尋謙比蹇剝則觀知吉凶也舉艮震則觀知動靜也則一體之變由斯見矣夫應者同志之象也位者爻所處之象也得應則志同相和陰位小人所處陽位君子所處承乘者逆順之象也遠近者險易之象也陰承陽則順陽承陰則逆故小過六五乘剛逆也六

二承陽順也遠難則易近難則險需卦九三近坎險也初九遠險易矣內外者出處之象也初上者始終之象也內卦是處外卦為出初為始上為終是故雖遠而可以動者得其應也雖險而可以處者得其時也上下雖遠而動者有其應也革六二去五雖遠陰陽相應往者无咎也雖險可以處者得其時也需上六居險之上不憂出穴之凶得其時也弱而不懼於敵者得所據也憂而不懼於亂者得所附也師之六五為師之主體是陰柔禽來犯田執言往討處得尊位所以不懼也遯九五嘉遯貞吉處遯之時小人浸長君子道消逃遯於外附著尊位率正小人不敢爲亂也柔而不憂於斷者得所御也雖後而敢爲之先者應其始也體雖柔弱

不憂斷制良由柔御於陽終得剛勝則噬嗑六五噬乾肉得黄金之例初爻處下有應於四者即是體後而敢
為之先則泰之初九拔茅茹以其彙征吉之例是也　斷丁亂反物競而獨安於靜者
要其終也物甚爭競己獨安靜會其終也大有上九自天祐之吉无不利餘竝乘剛競其豐富己獨
安靜不處於位由居上極要其終也故觀變動者存乎應察安危者存乎
位爻有變動在乎應有應而動動則不失若謙之九三勞謙君子有終吉之例爻之安危在乎位得位則安
若節之六四安節亨之例失位則危若晉之九四晉如鼫鼠貞厲之類是辯逆順者存乎承
乘陰乘於陽逆也師之六三師或輿尸凶陰承於陽順也噬嗑六三小吝无咎承於九四雖失其正小吝无
咎也明出處者存乎外內遯君子處外臨君子處內遠近終始各存其

會適得其時則吉失其要會則凶辟險尚遠趣時貴近遯之上九肥遯无不利此尚遠
也觀之六四觀國之光利用賓于王此貴近也　辟音避比復好先乾壯惡首比初六有
孚无咎上六比之无首凶復之初九不遠復无祇悔元吉上六迷復凶乾上九亢龍有悔大壯上六羝羊觸藩
不能退不能遂无攸利之例是也　比毗志反明夷務闇豐尚光大明夷彖云利艱貞晦
其明也豐彖云勿憂宜日中是也吉凶有時不可犯也時有吉凶不可越分輕犯動
靜有適不可過也動靜適時不可過越而動犯時之忌罪不在大失
其所適過不在深若夬之九三壯于頄有凶得位有應時方陽長同決小人三獨應之犯時
之忌凶其宜也大過九四棟隆吉有它吝大過之時陽處陰位為美九四陽處陰位能隆其棟良由應初則有

它吝此所適違時也動天下滅君主而不可危也事之大者震動宇宙弒滅君主
違於臣道不可傾危若離之九四突如其來如焚如死如棄如之例是也侮妻子用顏色而
不可易也事之小者侮慢妻子用顏色若家人尚嚴不可慢易家人九三家人嗃嗃悔厲吉婦子嘻
嘻終吝是也故當其列貴賤之時其位不可犯也位有貴賤爻有尊卑
職分既定不可觸犯遇其憂悔吝之時其介不可慢也吉凶之始彰也存乎
微兆悔吝纖介雖細不可慢易而不慎也觀爻思變變斯盡矣

明象

夫象者出意者也言者明象者也立象所以表出其意作其言者顯明其象

若乾能變化龍是變物欲明乾象假龍以明乾欲明龍者假言以象龍龍則象之意也盡意莫若
象盡象莫若言象以表意言以盡象言生於象故可尋言以觀象
若言能生龍尋言可以觀龍象生於意故可尋象以觀意乾能明意尋乾以觀
其意意以象盡象以言著意之盡也象以盡之象之著也言以著之故言者所
以明象得象而忘言象者所以存意得意而忘象既得龍象
其言可忘既得乾意其龍可捨猶蹄者所以在兔得兔而忘蹄蹄以喻言兔以
喻象存蹄得兔得兔忘蹄筌者所以在魚得魚而忘筌也求魚在筌得魚弃筌
筌七全反然則言者象之蹄也象者意之筌也啼以喻言筌以比象

是故存言者非得象者也存象者非得意者也未得象者存言則非象未得意者存象象則非意象生於意而存象焉則所存者乃非其象也所存者在意也言生於象而存言焉則所存者乃非其言也所存者在象也然則忘象者乃得意者也忘言者乃得象者也忘象得意忘言得象得意在忘象得象在忘言棄執而後得之故立象以盡意而象可忘也重畫以盡情而畫可忘也盡意可遣象盡情可遣畫若盡和同之意忘其天火之象得同志之心拔茅之畫盡可棄也重直龍反是故觸類可爲其象合義可爲其徵徵驗也觸逢事類則爲象魚龍牛馬鹿狐鼠之類大

人君子義同爲驗也義苟在健何必馬乎類苟在順何必牛乎大壯九三有乾亦云羝羊坤卦无乾象亦云牝馬爻苟合順何必坤乃爲牛義苟應健何必乾乃爲馬遯无坤六二亦稱牛明夷无乾六二亦稱馬應音鷹而或者定馬於乾唯執乾爲馬其象未弘也案文責卦有馬无乾則僞說滋漫難可紀矣互體不足遂及卦變變又不足推致五行廣推金木水火土爲象也漫末半反一失其原巧愈彌甚一失聖人之原旨廣爲譬喻失之甚縱復或値而義无所取蓋存象忘意之由也失魚兔則空守筌蹄遺健順則空說龍馬忘象以求其意義斯見矣

辯位

案象无初上得位失位之文陰陽居之不云得失又繫辭但論三五二四同功異位亦不及初上何乎問其意也唯乾上九文言云貴而无位陽居之也需上六云雖不當位陰居之也若以上爲陰位邪則需上六不得云不當位也若以上爲陽位邪則乾上九不得云貴而无位也陰陽處之皆云非位而初亦不說當位失位也不論當位失位凶吉之由然則初上者是事之終始无陰陽定位也初爲始上爲終施之於人爲終始非祿位之地也故

乾初謂之潛過五謂之无位未有處其位而云潛上有位而云无者也歷觀衆卦盡亦如之初上无陰陽定位亦以明矣夫位者列貴賤之地待才用之宅也宅居也二四陰賤小人居之三五陽貴君子居之爻者守位分之任應貴賤之序者也各守其位應之以序分扶問反位有尊卑爻有陰陽尊者陽之所處卑者陰之所履也故以尊爲陽位卑爲陰位去初上而論位分則三五各在一卦之上亦何得不謂之陽位二四各在一卦之下亦何得不謂之陰位初上者體之終

始事之先後也故位无常分事无常所非可以陰陽定也尊卑有常序終始无常主 四爻有尊卑之序終始无陰陽之常主也 去羌呂反 故繫辭但論四爻功位之通例而不及初上之定位也然事不可无終始卦不可无六爻初上雖无陰陽本位是終始之地也統而論之爻之所處則謂之位卦以六爻爲成則不得不謂之六位時成也

略例下

凡體具四德者則轉以勝者爲先故曰元亨利貞也 元為

生物之始春也亨為會聚於物夏也利為和諧品物秋也貞能幹濟於物冬也乾用此四德以成君子大人之法也 其有先貞而後亨者亨由於貞也 離卦云利貞亨 凡陰陽者相求之物也近而不相得者志各有所存也 比之六三處二四之間四自外比二為五貞所與比者皆非己親是有所存者也 故凡陰陽二爻率相比而无應則近而不相得 隨之六三係丈夫九四隨有獲是无應而相得之例也 率音類又音律又所律反比毗志反 有應則雖遠而相得 既濟六二有應於五與初三相近情不相得之例 然時有險易卦有小大 否險泰易遯小臨大 同救以相親同辟以相疏 睽之初九九四陰陽非應俱是睽孤同處體下交孚相救而得悔亡是同救相親困之初六有應於四潛身幽谷九四有應於初來徐徐志意懷疑同避金車兩相疏遠也 故或有違斯例者也然存時以考之義可得也 或有情偽生違此例者存其時考其驗莫不得之 凡彖者統論一卦之體者也象者各辯一爻之義者也 彖統論卦體象各明一爻之義 故履卦六三爲兊之主以應於乾成卦之體在斯一爻故彖敘其應雖危而亨也 彖云柔履剛說而應乎乾是以履虎尾不咥人亨也 象則各言六爻之義明其吉凶之行去六三成卦之體而指說一爻之德故危不獲亨而見咥也 六三履虎尾咥人凶彖言不咥象言見咥明爻彖其義各異也 行下孟反去羌呂反咥直結

反 訟之九二亦同斯義 訟彖云有孚窒惕中吉剛來而得中注云其在二乎以剛而來正夫羣小斷不失中應斯任矣九二不克訟歸而逋其邑人三百戶无眚也 凡彖者通論一卦之體者也一卦之體必由一爻爲主則指明一爻之美以統一卦之義䷍大有之類是也卦體不由乎一爻則全以二體之義明之䷶豐卦之類是也凡言无咎者本皆有咎者也防得其道故得无咎也 乾之九三君子終日乾乾无咎若防失其道則有過咎也 吉无咎者本亦有咎由吉故得免也 師貞丈人吉无咎注云興役動衆无功罪也故吉乃免咎 无咎吉者先免於咎而後

吉從之也比初六有孚比之无咎終來有它吉之例也或亦處得其時吉不待功不犯於咎則獲吉也需之九二需于沙小有言終吉注云近不逼難遠不後時履健居中以待其會雖小有言以吉終也或有罪自已招无所怨咎亦曰无咎故節六三曰不節若則嗟若无咎象曰不節之嗟又誰咎也此之謂矣

卦略 凡十一卦

䷂屯此一卦皆陰爻求陽也屯難之世弱者不能自濟必依於彊民思其主之時也故陰爻皆先求陽不召

自往馬雖班如而猶不廢不得其主无所馮也初體陽爻處首居下應民所求合其所望故大得民也江海處下百川歸之君能下物萬民歸之難乃旦反馮皮冰反

䷃蒙此一卦陰爻亦先求陽夫陰昧而陽明陰困童蒙陽能發之凡不識者求問識者識者不求所告闇者求明明者不諮於闇故童蒙求我匪我求童蒙也故六三先唱則犯於爲女四遠於陽則困蒙吝初比於陽則發蒙也遠袁願反

䷉履雜卦曰履不處也又曰履者禮也謙以制禮陽處陰位謙也故此一卦皆以陽處陰爲美也九五夬履貞厲履道惡盈而五處尊位三居陽位則見咥也

䷒臨此剛長之卦也剛勝則柔危矣柔有其德乃得免咎故此一卦陰爻雖美莫過无咎也長丁丈反

䷓觀之爲義以所見爲美者也故以近尊爲尚遠之爲吝遠爲童觀近爲觀國觀古亂反

䷛大過者棟橈之世也本末皆弱棟已橈矣而守其

常則是危而弗扶凶之道也以陽居陰拯弱之義也故陽爻皆以居陰位爲美濟衰救危唯在同好則所贍褊矣九四有應則有它吝九二无應則无不利也大過之時陽處陰位心无係應爲吉陽得位有應則凶也橈乃孝反贍常豔反

䷠遯小人浸長難在於内亨在於外與臨卦相對者也臨剛長則柔危遯柔長故剛遯也遯以遠時爲吉不係爲美上則肥遯初則有屬

䷡大壯未有違謙越禮能全其壯者也故陽爻皆以

處陰位爲美用壯處謙壯乃全也用壯處壯則觸藩矣

䷣明夷爲闇之主在於上六初最遠之故曰君子于行五最近之而難不能溺故謂之箕子之貞明不可息也三處明極而征至闇故曰南狩獲其大首也遠難藏明明夷之義遠于萬反難乃旦反

䷥睽者睽而通也於兩卦之極觀之義最見矣極睽而合極異而通故先見怪焉洽乃疑亡也火動而上澤動而下睽義見矣最見賢遍反

䷶豐此一卦明以動之卦也尚於光顯宣揚發暢者也故爻皆以居陽位又不應陰爲美其統在於惡闇而已矣小闇謂之沛大闇謂之蔀闇甚則明盡未盡則明昧明盡則斗星見明微故見昧无明則无與乎世見昧則不可以大事折其右肱雖左肱在豈足用乎日中之盛而見昧而已豈足任乎豐之為義貴在光大惡於闇昧也惡烏路反沛步貝反又普貝反蔀步口反與如字又音預

周易註卷十

塘　耕次（つつみ・こうじ）
昭和 50 年　大阪大学大学院文学研究科博士課程修了
現在　愛知教育大学名誉教授
元　大阪大学、名古屋大学、愛知大学など非常勤講師
〔主な著書・訳書〕
『易学ガイド』（明徳出版社）
『米芾《べいふつ》』訳（L・レダローゼ著　二玄社）
『米芾』（大修館書店）
『蘇東坡の易』（明徳出版社）
『蘇東坡と易注』（汲古書院）

ISBN 978-4-89619-849-2

王弼の易注　付録

二〇一八年七月二日　初版印刷
二〇一八年七月八日　初版発行

著者　塘　耕次
発行者　佐久間保行
印刷所　㈱興学社
発行所　㈱明徳出版社
〒162-0801 東京都新宿区山吹町三五三
（本社・東京都杉並区南荻窪一−二五−三）
電話　〇三−三二六六−〇四〇一
振替　〇〇一九〇−七−五八六三四

©Kouji Tstutsumi 2018 Printed in Japan

塘耕次著書

易学ガイド

易の六十四卦のうち、特に一年十二ヵ月に配当された消息卦と呼ばれる十二の卦について、蘇東坡、朱子、中井履軒等の興味深い解釈を紹介しながら、易の根本概念を解説した初学者にも好評の書。

B六判並製一六八頁　一五〇〇円

蘇東坡の易

易は蘇東坡が最も力を傾注した学問で、父蘇洵の研鑽の成果も継承してなったのが「東坡易伝」である。本書はその全卦につき解説し「易伝」の全容を究明した労作。索引・四庫全書本の原文を附す。

A五判函入七〇〇頁　二冊揃六五〇〇〇円

表示価格は税抜(本体価格)